Basistexte
Geschichte

Herausgegeben von
Aloys Winterling

Band 9

Josef Memminger

DIDAKTIK DER GESCHICHTE

Franz Steiner Verlag

Bibliografische Information der Deutschen Nationalbibliothek:
Die Deutsche Nationalbibliothek verzeichnet diese Publikation in der Deutschen
Nationalbibliografie; detaillierte bibliografische Daten sind im Internet über
<http://dnb.d-nb.de> abrufbar.

Dieses Werk einschließlich aller seiner Teile ist urheberrechtlich geschützt.
Jede Verwertung außerhalb der engen Grenzen des Urheberrechtsgesetzes
ist unzulässig und strafbar.
© Franz Steiner Verlag, Stuttgart 2021
Layout und Herstellung durch den Verlag
Druck: Druckerei Steinmeier GmbH & Co. KG, Deiningen
Gedruckt auf säurefreiem, alterungsbeständigem Papier.
Printed in Germany.
ISBN 978-3-515-11486-8 (Print)

Inhalt

JOSEF MEMMINGER
Einleitung 7

I. Zentralkategorien „Geschichtsbewusstsein" und „Geschichtskultur"

KARL-ERNST JEISMANN
Didaktik der Geschichte
*Die Wissenschaft von Zustand, Funktion und Veränderung
geschichtlicher Vorstellungen im Selbstverständnis der Gegenwart* [1977] 37

HANS-JÜRGEN PANDEL
Dimensionen des Geschichtsbewußtseins
*Ein Versuch, seine Struktur für Empirie und Pragmatik
diskutierbar zu machen* [1987] 55

BERND SCHÖNEMANN
Geschichtsdidaktik und Geschichtskultur [2000] 75

II. Kritische Bestandsaufnahmen zum Geschichtsunterricht

KLAUS BERGMANN
Warum sollen Schüler Geschichte lernen? [1976] 107

BÄRBEL VÖLKEL
Immer mehr desselben?
*Einladung zu einer kritischen Auseinandersetzung
mit dem chronologischen Geschichtsunterricht* [2011] 125

III. Historisches Erzählen und Narrativität

JÖRN RÜSEN
Die vier Typen der historischen Sinnbildung [2013; im Anschluss an 1982]   139

MICHELE BARRICELLI
Narrativität [2012] 147

IV. Kompetenzmodelle historischen Lernens

MICHAEL SAUER
Kompetenzen für den Geschichtsunterricht
*Ein pragmatisches Modell als Basis für die Bildungsstandards
des Verbandes der Geschichtslehrer* [2006] 183

WALTRAUD SCHREIBER / ANDREAS KÖRBER / BODO V. BORRIES /
REINHARD KRAMMER / SIBYLLA LEUTNER-RAMME / SYLVIA MEBUS /
ALEXANDER SCHÖNER / BÉATRICE ZIEGLER
Ein Kompetenz-Strukturmodell des historischen Denkens [2007] 201

PETER GAUTSCHI
Schulfach für „Historisches Lernen" – Kompetenzmodell
für den Geschichtsunterricht [2009] 219

V. Empirie in der Geschichtsdidaktik

BODO VON BORRIES
Nationalsozialismus in Schulbüchern und Schülerköpfen
*Quantitative und qualitative Annäherungen an ein
deutsches Trauma-Thema* [2006] 235

Nachweis der Druckorte 253
Auswahlbibliographie 255
Personenregister 261

Einleitung

JOSEF MEMMINGER

Die Didaktik der Geschichte ist eine vergleichsweise junge wissenschaftliche – insbesondere universitäre – Disziplin, die sich im Laufe der 70er Jahre sukzessive etablierte. Selbstverständlich heißt das nicht, dass es vorher keine Geschichtsdidaktik gegeben hätte; dass nicht geschichtsdidaktisch gedacht oder umfangreich auch geforscht worden wäre.[1] Die akademische Aufbruchsphase ist aber im Wesentlichen in den 70ern zu verorten.[2] Seither ist mehrfach eine „Krise der Geschichtsdidaktik" beschworen worden, bis hin zur Vorstellung die Disziplin sei „ein Auslaufmodell", vielleicht sogar „schon tot".[3] Viele Faktoren bedingten diese (zwischenzeitliche?) Geringschätzung: Das Lehrkräfteüberangebot in Zeiten geringer Lehrkräftenachfrage ließ vielerorts

---

[1] Zur Geschichte der Geschichtsdidaktik (Auswahl): Siegfried Quandt, Deutsche Geschichtsdidaktiker des 19. und 20. Jahrhunderts, Paderborn 1978; Klaus Bergmann / Gerhard Schneider (Hg.), Gesellschaft – Staat – Geschichtsunterricht, Düsseldorf 1982; Paul Leidinger (Hg.), Geschichtsunterricht und Geschichtsdidaktik vom Kaiserreich bis zur Gegenwart, Stuttgart 1988; Wolfgang Hasberg / Manfred Seidenfuß (Hg.), Geschichtsdidaktik(er) im Griff des Nationalsozialismus?, Münster 2005; Wolfgang Hasberg / Manfred Seidenfuß (Hg.), Modernisierung im Umbruch. Geschichtsdidaktik und Geschichtsunterricht nach 1945, Berlin 2008.

[2] Vgl. Anke John, Disziplin am Scheideweg. Die Konstituierung einer universitären Geschichtsdidaktik in den 1970er Jahren, in: Michele Barricelli / Axel Becker / Christian Heuer (Hg.), Jede Gegenwart hat ihre Gründe. Geschichtsbewusstsein, historische Lebenswelt und Zukunftserwartung im frühen 21. Jahrhundert, Schwalbach/Ts. 2011, S. 192–213. Problematisierend dazu Wolfgang Hasberg, Unde venis? Betrachtungen zur Zukunft der Didaktik der Geschichte, in: Arand, Tobias / Seidenfuß, Manfred (Hg.): Neue Wege – neue Themen – neue Methoden? Ein Querschnitt aus der geschichtsdidaktischen Forschung des wissenschaftlichen Nachwuchses (Beihefte zur Zeitschrift für Geschichtsdidaktik, Bd. 7), Göttingen 2014, S. 15–62. Überaus erhellend ist auch die Zusammenstellung von Interviews mit einflussreichen Protagonisten bei Thomas Sandkühler, Historisches Lernen denken. Gespräche mit Geschichtsdidaktikern der Jahrgänge 1928–1947. Mit einer Dokumentation zum Historikertag 1976, Göttingen 2014.

[3] Simone Rauthe, Geschichtsdidaktik – ein Auslaufmodell? Neue Impulse der amerikanischen Public History, in: Zeithistorische Forschungen / Studies in Contemporary History, Online-Ausgabe, 2 (2005), H. 2, (URL: https://zeithistorische-forschungen.de/2-2005/4647, zuletzt aufgerufen: 20.01.2020), Druckausgabe: S. 287–291.

auch die Bedeutung der akademischen Geschichtsdidaktik fragwürdig erscheinen – besonders in den 80er Jahren und nach der Jahrtausendwende; die Disziplin galt als allgemein zu theorielastig und praxisfern. In der Folge wurden Professuren und Lehrstühle nicht wiederbesetzt und die Lehre an vielen Standorten auf den Mittelbau übertragen – was wiederum zu einem Rückgang im Potenzial bei der Forschung führte.

Die Krise scheint heutzutage im Wesentlichen überwunden, auch wenn eine Weiterentwicklung und ständige Selbstreflexion der Disziplin natürlich angeraten und vonnöten ist. Verschiedene Entwicklungen trugen zu dieser ‚Erholung' bei, nur wenige können hier genannt werden: Der bildungspolitische Trend hin zur Kompetenzorientierung nach dem PISA-Schock forderte die Expertise der Geschichtsdidaktik in Hinblick auf das historische Lernen; der Bologna-Prozess im Hochschulwesen führte vielerorts zur verbindlichen Festschreibung von (weiteren) geschichtsdidaktischen Inhalten in Modulen der Studienordnungen; die Studierendenzahlen stabilisierten sich vor dem Hintergrund eines momentan zu konstatierenden partiellen Lehrkräftemangels, die (geschichts-)didaktische Ausbildung gewann wieder an Wichtigkeit; nicht zuletzt ist der Bedeutungszuwachs der Disziplin im akademischen Drittmittelwettbewerb zu nennen, der z. B. durch die „Qualitätsoffensive Lehrerbildung" – oft im Zusammenspiel mit anderen Disziplinen außerhalb der Geschichtswissenschaft – ermöglicht wurde. Schließlich ist Didaktik der Geschichte in der allgemeinen Wahrnehmung mittlerweile nicht mehr nur ausschließlich auf den Kosmos Schule fixiert, sondern wird durchaus als Player in den Kontexten von Public History und dem allgemeinen Umgang mit Geschichte in der Gesellschaft wahrgenommen.[4]

Die elf in diesem Band abgedruckten Texte repräsentieren Theorien, Konzepte und thematische Ansätze, die die gegenwärtige deutschsprachige Geschichtsdidaktik entscheidend geprägt haben und prägen oder bestimmte Positionen wiedergeben, die nicht zuletzt für die heutige geschichtsdidaktische Forschung und Lehre relevant sind. Selbstverständlich konnte hier nur eine (subjektive) Auswahl getroffen werden, die in vielerlei Hinsicht diskutabel ist. Der älteste Aufsatz in diesem Band ist aus dem Jahr 1976. Es ließe sich kritisch fragen: Müsste nicht die geschichtsdidaktische Tradition der Weimarer Republik und der frühen Bundesrepublik mit vertreten sein? Müsste nicht auch auf die Tradition historisch-didaktischen Denkens bis mindestens ins 18. Jahrhundert verwiesen werden? Müsste nicht Johann Gustav Droysen als eine unhintergehbare Referenz für viele theoretische Zugriffe der Disziplin auftauchen? Fehlen nicht Artikel von weiteren wichtigen Autorinnen und Autoren, die die Geschichtsdidaktik inspirierten? Und ist nicht die DDR-Geschichtsmethodik auch auf ihre Weise produktiv gewesen?[5] Sind nicht in (noch) jüngerer Zeit viele Texte verfasst worden,

---

4 Vgl. z. B. dazu das anfangs vor allem von Geschichtsdidaktikerinnen und Geschichtsdidaktikern auf den Weg gebrachte Projekt des internationalen Blogjournals „Public History Weekly": https://public-history-weekly.degruyter.com, zuletzt aufgerufen: 20.01.2020.
5 Dazu grundlegend Marko Demantowsky, Die Geschichtsmethodik in der SBZ und DDR. Idstein 2003.

die die Zukunft der Geschichtsdidaktik intensiv beeinflussen werden? Die Antwort auf all diese Fragen lautet: ja. Nützliche Textsammlungen, die sich diesen Aspekten widmen, stehen also noch aus. Dem hier vorgelegten Band liegt aber die Entscheidung zugrunde, Programmatisches vorzulegen, das beginnend mit der Gründungs- oder Formierungsphase der Geschichtsdidaktik als eigenständiger wissenschaftlicher Disziplin im Laufe der 70er Jahre bis in die jüngere Vergangenheit reicht und konkrete Wirkungen bis heute hat.[6]

Noch um 1970 wurde die Geschichtsdidaktik weitestgehend als Geschichtsmethodik betrachtet, deren Aufgabe es war, Wege aufzuzeigen, wie von der Forschung eruierte Sachverhalte den Schülerinnen und Schülern am effektivsten zu vermitteln seien. Es ließe sich von einer Didaktik des Geschichtsunterrichts sprechen, noch zugespitzter könnte man sagen: Es war eine „Didaktik der Geschichtsstunde".[7] Das Theoriedefizit der Disziplin war offensichtlich. Jedoch war nicht nur die Didaktik theoriebedürftig, auch die Geschichtswissenschaft als Ganzes steckte in einer Legitimationskrise, weil sie sich theoretisch und methodologisch seit dem 19. Jahrhundert nicht mehr entscheidend weiter entwickelt hatte.[8] Beim Historikertag 1970 wurde die Frage „Wozu noch Geschichte?" verhandelt, 1972 dann: „Ohne Geschichte leben?". Das verweist beredt auf die Tatsache, dass gesellschaftliche Veränderungen im Gange waren, die die Geschichtswissenschaft zu der Zeit etwas behäbig aussehen ließen.[9] Aus unterschiedlichen Richtungen waren schließlich Impulse gekommen, die zu – auch strukturellen – Weiterentwicklungen beitrugen. Einmal ist in diesem Zusammenhang die Bildungsreform zu nennen, die unter der sozialliberalen Regierung an Fahrt gewonnen hatte. Hochschulen wurden ausgebaut oder neu gegründet, es gab bald nicht mehr nur an einzelnen Standorten eigene Professuren für die Didaktik der Geschichte. Dozentinnen und Dozenten der Pädagogische Hochschulen (PH) stießen im Rahmen der Eingliederung der PHs an die Universitäten (Ausnahme: Baden-Württemberg) hinzu. 1973 entstand der Fachverband der Disziplin, der ab 1975 offiziell Konferenz für Geschichtsdidaktik hieß.[10] Die forcierte bundesdeutsche Reformpolitik legte im Kultur- und Bildungsbereich in ihrem Demokratisierungsbestreben den Fokus stark auf Fragen der Gegenwart und Zukunft. Das Schulfach Geschichte hatte folglich auch das

---

6 Zur disziplinären Selbstvergewisserung gegen Ende der 70er Jahre: Eberhardt Schwalm (Hg.), Texte zur Didaktik der Geschichte, Braunschweig 1979; Hans Süssmuth (Hg.), Geschichtsdidaktische Positionen. Bestandsaufnahme und Neuorientierung, Paderborn 1980.
7 Thomas Sandkühler, Geschichtsdidaktik als gesellschaftliche Repräsentation. Diskurse der Disziplin im zeitgeschichtlichen Kontext um 1970, in: Michael Sauer / Charlotte Bühl-Gramer / Anke John / Marko Demantowsky / Alfons Kenkmann (Hg.), Geschichtslernen in biographischer Perspektive. Nachhaltigkeit – Entwicklung – Generationendifferenz (Beihefte zur Zeitschrift für Geschichtsdidaktik, Bd. 9), S. 313–332, hier: 327.
8 Vgl. Anke John, Disziplin am Scheideweg (wie Anm. 2), S. 196 f.
9 Vgl. ausführlich Sandkühler, Historisches Lernen denken (wie Anm. 2), S. 24 ff.
10 Zur Gründungszeit des Verbandes detailliert Friederike Volkmer-Tolksberg, Zur Verbandsgeschichte der KGD 1970–1995, in: Sauer u. a., Geschichtslernen (wie Anm. 7), S. 333–348.

Verhältnis zu Fächerverbünden wie Gemeinschaftskunde oder Gesellschaftslehre zu klären. Es geriet nun wie die Geschichtswissenschaft, die viele als Historische Sozialwissenschaft verstanden wissen wollten, unter Druck zu zeigen, was die Beschäftigung mit Geschichte für das Heute und das Morgen leisten könne. Die heftigen Auseinandersetzungen um die Hessischen Rahmenrichtlinien für Gesellschaftslehre ab 1972 waren ein Ausdruck der Richtungssuche dieser Zeit – dazu später mehr. In dieser Aufbruchszeit hatte die junge universitäre Disziplin der Didaktik der Geschichte sich zu bewähren. Sie tat das vernehmlich und mit einigem Einfluss. Mehr als je vorher schien nun auch mit der Geschichtsforschung ein Dialog auf Augenhöhe möglich. Das bekräftigte der Mannheimer Historikertag von 1976.[11] Gegen Ende der 70er Jahre kehrte in dieser Hinsicht jedoch bereits wieder Ernüchterung ein.

I

Am Anfang war Jeismann.[12] Der Eindruck drängt sich auf, wenn man die vielen Verweise auf den Autor in Bezug auf die Etablierung der zentralen Kategorie „Geschichtsbewusstsein" und die Herausbildung der Wissenschaftsdisziplin Geschichtsdidaktik in den 70er Jahren liest.[13] Freilich ist das zu simpel: Selbstverständlich hat Karl-Ernst Jeismann (1925–2012) weder den Begriff Geschichtsbewusstsein erfunden[14] noch als erster gefordert, die Geschichtsdidaktik müsse über die Schule hinaus wirken. Und doch ist Jeismann eine zentrale Figur, wenn es darum geht, nachzuzeichnen, wie sich (fast) eine ganze Disziplin nach und nach auf das Geschichtsbewusstsein als Hauptbezugspunkt in Forschung und Lehre verständigte. Viele Einführungs- und Überblickswerke der Disziplin rekurrieren auf Jeismann, wenn sie die „Didaktik der Geschichte" als Wissenschaft sehen, die es mit dem „Geschichtsbewußtsein in der Gesellschaft"[15]

---

11 Belege für die fruchtbaren Gespräche über die Grenzen der Teildisziplinen der Geschichtswissenschaft hinweg bei Erich Kosthorst (Hg.), Geschichtswissenschaft. Didaktik – Forschung – Theorie, Göttingen 1977. Dieser Historikertag war auch geprägt durch harsche Kontroversen zwischen ‚Konservativen' und ‚Progressiven' innerhalb der Geschichtsdidaktik. In Erinnerung blieb vor allem die Auseinandersetzung zwischen Joachim Rohlfes und Annette Kuhn. Akribisch dokumentiert bei Sandkühler, Historisches Lernen denken (wie Anm. 2), S. 506–538.
12 Frei nach „Am Anfang war Napoleon" von Thomas Nipperdey, Deutsche Geschichte, Bd. 1. 1800–1866: Bürgerwelt und starker Staat. München 1983, S. 11. Bernd Schönemann rekurriert in seinem in diesem Band abgedruckten Text ebenfalls auf diesen rhetorischen Einstieg (hier S. 75–103, S. 75): „Am Anfang war Nietzsche".
13 Bei Ulrich Baumgärtner, Wegweiser Geschichtsdidaktik. Historisches Lernen in der Schule, Paderborn 2015, S. 45 heißt es beispielsweise, der in diesem Band abgedruckte Text sei „gleichsam die Gründungsurkunde der wissenschaftlichen Disziplin Geschichtsdidaktik".
14 Vgl. dazu jetzt die überaus gründlich nach Wurzeln des Begriffs forschende Studie: Jörg van Norden, Geschichte ist Bewusstsein. Historie einer geschichtsdidaktischen Fundamentalkategorie, Frankfurt a. M. 2018.
15 Unten, S. 39.

zu tun habe (hier S. 37–54).[16] Dieser umfassende Anspruch weist den Weg zu einer disziplinären Selbstverortung, die weit über jenen einer klassischen (Schul-)Fachdidaktik hinaus geht. Die Zuständigkeit der Geschichtsdidaktik für die Phänomene der Geschichtskultur – der Begriff ist im eigentlichen Sinne zu der Zeit noch nicht modelliert – wird dadurch reklamiert und grundgelegt. Was genau unter dem Begriff Geschichtsbewusstsein zu verstehen ist, bleibt allerdings durchaus wolkig, wenn es bei Jeismann heißt, der Terminus sei „in einem sehr allgemeinen Sinne als das Insgesamt der unterschiedlichsten Vorstellungen von und Einstellungen zur Vergangenheit"[17] zu sehen. Diese Unbestimmtheit wurde verschiedentlich moniert, bis hin zu der zuspitzenden Frage, ob der Begriff Geschichtsbewusstsein nicht eher „Leerformel" denn Fundamentalkategorie sei.[18] Ziemlich präzise umreißt Jeismann hingegen, in welchen Sektoren die Didaktik der Geschichte das Geschichtsbewusstsein zu erforschen habe: Einmal müsse im Bereich der *Morphologie* mit „empirisch analytischer Methode"[19] die Beschaffenheit des Geschichtsbewusstseins eruiert werden; daneben seien *Genese* und *Funktion* in den Blick zu nehmen. Im Zusammenhang mit der Forschung in diesen drei Sektoren – und auf deren Ergebnisse reagierend und aufbauend – habe sich schließlich die *Pragmatik* mit Fragen der Vermittlung auseinanderzusetzen, um auf Vorstellungen von Geschichte einzuwirken – in der Schule, aber auch über sie hinaus (z. B. in den Medien, im Museumsbereich, in der Denkmalpflege).[20]

Ähnlich einflussreich wie die Zentrierung der Geschichtsdidaktik auf das Phänomen Geschichtsbewusstsein wurde Jeismanns klare Verortung der Disziplin als Teil der Geschichtswissenschaft. In ihr wirke die Didaktik neben und im Zusammenspiel mit Geschichtstheorie und Forschung. Besonders deutlich wird damit die Auffassung zurückgewiesen, die Geschichtsdidaktik sei lediglich eine „fachspezifische Konkretisierung der allgemeinen Didaktik".[21] Die enge Beziehung zur Geschichtsforschung sieht Jeismann gleichsam als Grundgegebenheit an: Weil jede Aussage über Vergange-

---

16 Ausführliche wörtliche Zitate z. B. bei Baumgärtner, Wegweiser (wie Anm. 13), S. 31 sowie bei Bernd Schönemann, Geschichtsdidaktik, Geschichtskultur, Geschichtswissenschaft, in: Hilke Günther-Arndt / Meik Zülsdorf-Kersting (Hg.), Geschichts-Didaktik. Praxishandbuch für die Sekundarstufe I und II, 6. überarb. Neuaufl., Berlin 2014, S. 11 oder bei Lars Deile, Didaktik der Geschichte, Version: 1.0, in: Docupedia-Zeitgeschichte, 27.1.2014 (URL: http://docupedia.de/zg/Didaktik_der_Geschichte?oldid=130132, zuletzt aufgerufen: 11.01.2020).
17 Unten, S. 40.
18 Joachim Rohlfes, Geschichtsbewußtsein. Leerformel oder Fundamentalkategorie?, in: Ursula A. J. Becher / Klaus Bergmann (Hg.), Geschichte – Nutzen oder Nachteil für das Leben? Düsseldorf 1986, S. 92–95. Jeismann selbst hat durchaus Modifizierungen und Präzisierungen in seinem Verständnis von Geschichtsbewusstsein vorgenommen. Er unterschied Ende der 80er Jahre zwischen „Geschichtsverlangen" (affektive Hinwendung zur Vergangenheit), „Geschichtsbild", „historischem Verstehen" und Geschichtsbewusstsein. Zu diesen (und weiteren) Entwicklungen sehr fundiert und ausführlich van Norden, Geschichte ist Bewusstsein (wie Anm. 14), S. 284 ff.
19 Unten, S. 40.
20 Vgl. unten, S. 40 ff.
21 Unten, S. 44.

nes von einem „gegenwärtigen Orientierungswillen" geprägt sei, besitze die Historie – selbst bei Leopold von Ranke, wie er betont – immer eine „didaktische Grundfunktion".[22] Genauso stünden Didaktik und Theorie in engem Wechselverhältnis. Während Jeismann das Verhältnis dieser beiden Bereiche der Geschichtswissenschaft als „noch unbelastet" bezeichnet, charakterisiert er die Beziehung zwischen Forschung und Didaktik als problematisch und „voller Mißverständnisse" sowie „bisweilen voller Mißtrauen".[23] Das zeige sich einerseits, wenn die Forschung die Didaktik auf Methodik reduziere, aber andererseits genauso, wenn Didaktikerinnen und Didaktiker Geschichte „nach Maßgabe eines bestimmten Zukunftswillens einsetzen wollen und damit hinter die wissenschaftliche Geschichtsforschung wieder zurückfallen".[24] Jeismann spricht hier in polemischer Zuspitzung – nicht zuletzt durch ihre Nennung im Fußnotenapparat – vor allem Annette Kuhn an, deren geschichtsdidaktischen Zielsetzungen als Vertreterin einer kritisch-kommunikativen und emanzipatorisch orientierten Geschichtsdidaktik er sehr reserviert gegenüberstand.[25]

Insgesamt erweist sich der Text Jeismanns als kühne programmatische Positionierung, die überaus selbstbewusste Ziele formuliert: Die Didaktik der Geschichte sei als „neue, zu entwickelnde Disziplin der Geschichtswissenschaft [...] in Verbindung zur Historik und zur Forschung [...] aufgerufen, Geschichte und Gesellschaft auf eine neue und verantwortbare Weise wieder ins Verhältnis zu setzen".[26] Retrospektiv lässt sich sagen, dass diese Überlegungen, die nicht zuletzt auf Diskussionen und Zusammenarbeit mit Vertretern der Geschichtstheorie und Geschichtsforschung auf dem Mannheimer Historikertag 1976 zurückgingen, letztlich erstaunlich wirkmächtig waren.[27]

Auf das oben angesprochene Problem der fehlenden Konturiertheit und der Unbestimmtheit des Terminus Geschichtsbewusstsein versuchte in den 8oer Jahren unter anderem Hans-Jürgen Pandel (*1940) zu reagieren. Das strukturanalytische Dimensionen-Modell Pandels darf sicher als eines der bekanntesten geschichtsdidaktischen Konzepte überhaupt gelten (hier S. 55–73). Wenn es um das Thema Geschichtsbewusstsein geht, gehört es in der Lehre an Universitäten und Pädagogischen Hochschulen genauso zu den ‚kanonischen' Inhalten wie in den Ausbildungsseminaren der zweiten Phase der Lehrerbildung. Durch seine Abgegrenztheit und die klare Strukturierung ist es pragmatisch handhabbar und hat viele Impulse auch für empirische Forschung geliefert. Lehrkräfte verwenden die Kategorien häufig, um im Geschichtsunterricht Ziele zu bestimmen. Zentral ist dabei die Annahme, dass Geschichtsbewusstsein sich

---

22 Unten, S. 44.
23 Unten, S. 51.
24 Unten, S. 52.
25 Annette Kuhn, Einführung in die Didaktik der Geschichte, München 1974.
26 Unten, S. 54.
27 Vgl. neben dem hier abgedruckten Beitrag von Jeismann weitere in: Kosthorst, Geschichtswissenschaft (wie Anm. 11).

nach Pandel im Wesentlichen in narrativer Kompetenz zeige. Schlicht gesagt, bedeutet das im Wesentlichen die Fähigkeit, „Geschichte zu erzählen und zu verstehen".[28] Pandel beschreibt davon ausgehend das Geschichtsbewusstsein als eine von jedem Individuum zu entwickelnde „mentale Struktur", die von „sieben aufeinander bezogenen Doppelkategorien"[29] gekennzeichnet wird. In der Ausdifferenzierung dieser Kategorien werde im Laufe des Aufwachsens eines Menschen das kognitive Bezugssystem grundgelegt, ohne das Geschichte weder verstanden noch erzählt werden könne.[30] Als die drei Basiskategorien, die den anderen vier „vorausliegen"[31], gelten: Das Zeit- oder Temporalbewusstsein, das Differenzierungen und Zuordnungen zwischen den Polen von „früher – heute" ermöglicht, das Wirklichkeits- oder Realitätsbewusstsein (real – imaginär) sowie das Wandel- oder Historizitätsbewusstsein (statisch – veränderlich). Dazu kommen vier gesellschaftliche Kategorien: Identitätsbewusstsein (wir – ihr/sie), politisches Bewusstsein (oben – unten), ökonomisch-soziales Bewusstsein (arm – reich) und moralisches Bewusstsein (richtig – falsch).[32]

Wie breitenwirksam Pandels normative Strukturierung des Geschichtsbewusstseins geworden ist, zeigt sich nicht zuletzt daran, dass auch Lehrpläne sie als Grundlage für die Entwicklung ihrer Lernbereiche heranziehen. Gleichwohl wurden immer wieder Einwände gegen das Modell vorgebracht und Erweiterungsvorschläge geliefert: Klaus Bergmann und Susanne Thurn regten an, die Kategorie Geschlechterbewusstsein zu ergänzen, Michael Sauer schlug ein Perspektivenbewusstsein vor, Peter Gautschi ein Raumbewusstsein.[33] Pandel wies grundlegende Modifikationen immer zurück, hat sein Modell selbst jüngst aber um die Kategorie „Emotionalität" ergänzt.[34]

Der Begriff „Geschichtskultur" entwickelte sich spätestens in den 90er Jahren des letzten Jahrhunderts zum zweiten Zentralbegriff geschichtsdidaktischer Forschung und Lehre (neben dem Geschichtsbewusstsein). In der von Jeismann geforderten Positionierung der Geschichtsdidaktik wurde die Reklamierung der Zuständigkeit der

---

28 Unten, S. 57.
29 Unten, S. 58.
30 Vgl. unten, S. 58.
31 Unten, S. 58.
32 Vgl. unten, S. 58 f.
33 Vgl. dazu mit weiteren Beispielen Barbara Hanke, Dimensionen des Geschichtsbewusstseins 2.0 – ein Vorschlag, in: Zeitschrift für Didaktik der Gesellschaftswissenschaften 10, 2019, H. 1, S. 126–136, hier: S. 129 f. Die Autorin liefert selbst in Anschluss an Martin Lücke einen grundlegenden Modifikationsvorschlag: Sie möchte den geschichtlichen Dimensionen Zeit-, Wandel- und Wirklichkeitsbewusstsein die drei gesellschaftlichen Dimensionen „Differenzbewusstsein", „Identitätsbewusstsein" und „Wertebewusstsein" an die Seite stellen. Vgl. ebd., S. 130 ff.
34 Vgl. Hans-Jürgen Pandel, Geschichtsdidaktik. Eine Theorie für die Praxis, Schwalbach Ts. 2013, S. 148–150. Ulrich Baumgärtner merkt mit Recht kritisch an, dass diese Kategorie quer zu den anderen sieben liege und sich nicht konsequent in Pandels Ursprungskonzept einpasst, nicht zuletzt weil sie als einzige nicht als Doppelkategorie angegeben wird. Vgl. Baumgärtner, Wegweiser (wie Anm. 13), S. 37.

Disziplin in Fragen des außerschulischen Gebrauchs der Historie ja bereits deutlich. Diesen Weg beschritt die Geschichtsdidaktik in der Folge zunehmend konsequenter, was von anderen Teildisziplinen der Geschichtswissenschaft mitunter durchaus kritisch gesehen wurde (und wird).[35] In dem in diesem Band vorgelegten Text von Bernd Schönemann (*1954), der sich mit dem Verhältnis von „Geschichtsdidaktik und Geschichtskultur" beschäftigt (hier S. 75–103) und der auf das Grundsatzreferat der Zweijahrestagung der Konferenz für Geschichtsdidaktik 1999 zurückgeht,[36] wird der Begriff gründlich kontextualisiert und auch historisch verortet. Von Nietzsche ausgehend beleuchtet der Autor in einem ersten Kapitel zunächst Entwicklungen außerhalb der Geschichtswissenschaft, die für die Genese einer akademischen Auseinandersetzung mit Geschichtskultur von Bedeutung waren. Als Einflussgrößen aus der Geschichtstheorie führt er Johann Huizinga und Jörn Rüsen an. Für das Gebiet der historischen Forschung sieht Schönemann fünf Themenkomplexe, von denen einschlägige Impulse für die Analyse von Geschichtskultur ausgingen („Geschichte als Argument", „National- und Kriegerdenkmäler", „Feste und Feiern", „Öffentlichkeitshistorismus", „Erinnerungs- und Memorialkultur").[37] Schließlich wendet sich der Autor den geschichtsdidaktischen Zugängen zu, die er seit dem Ende der 70er Jahre nachzeichnet. Mit Beginn der 90er Jahre konstatiert Schönemann einen entscheidenden Schub für die Auseinandersetzung der Disziplin mit der Geschichtskultur. Vor allem die Publikationen Jörn Rüsens hätten dazu geführt, dass Geschichtskultur eine zentrale disziplinäre Kategorie werden konnte.[38] Damit habe sich auch der Blick auf die Schule verändert: War sie vorher meist antipodisch der außerschulischen Öffentlichkeit und der Alltagswelt gegenübergestellt, ist sie bei Rüsen ein selbstverständlicher Faktor – eine Institution – innerhalb des Kosmos der Geschichtskultur. Rüsen prägte in einem wichtigen Aufsatz von 1994 auch die gängige Formel, die die beiden geschichtsdidaktischen Zentralkategorien in einen Zusammenhang bringt: „Geschichtskultur läßt sich also definieren als praktisch wirksame Artikulation von Geschichtsbewußtsein im Leben einer Gesellschaft."[39]

---

[35] Vgl. hier mit besonderem Bezug auf die Zeitgeschichte Martin Sabrow, Nach dem Pyrrhussieg. Bemerkungen zur Zeitgeschichte der Geschichtsdidaktik, in: Zeithistorische Forschungen/Studies in Contemporary History, Online-Ausgabe, 2 (2005), H. 2 (URL: https://zeithistorische-forschungen.de/2-2005/4668, zuletzt aufgerufen: 11.01.2020), Druckausgabe: S. 268–273.
[36] Vgl. den kompletten Tagungsband: Bernd Mütter / Bernd Schönemann / Uwe Uffelmann (Hg.), Geschichtskultur. Theorie – Empirie – Pragmatik (Schriften zur Geschichtsdidaktik, Bd. 11), Weinheim 2000.
[37] Vgl. unten, S. 75–83.
[38] Vgl. unten, S. 87.
[39] Jörn Rüsen, Was ist Geschichtskultur? Überlegungen zu einer neuen Art, über Geschichte nachzudenken, in: Klaus Füßmann / Heinrich Theodor Grütter / Jörn Rüsen (Hg.), Historische Faszination. Geschichtskultur heute, Köln u. a. 1994, S. 3–26, hier: S. 5. Von wesentlicher Bedeutung ist in diesem Zusammenhang auch die Auffächerung der Geschichtskultur in drei Dimensionen – nämlich die ästhetische, die politische und kognitive –, die mit dem Fühlen, Wollen und Denken respektive den Prinzipien von Kunst

Die folgenden Kapitel des Textes verlassen die historische Betrachtung und liefern systematische und empirische Überlegungen, von denen einige heutzutage als grundlegend für die Analyse von Geschichtskultur gelten können. Zunächst findet Schönemann im Anschluss an Rüsen ein eingängiges Bild für den bereits angesprochenen Zusammenhang von Geschichtsbewusstsein und Geschichtskultur: Beide seien als „zwei Seiten einer Medaille" zu verstehen – Ersteres als *individuelles* Konstrukt, das sich in Internalisierungs- und Sozialisierungsprozessen aufbaut, auf der anderen Seite Geschichtskultur als *kollektives* Konstrukt, das auf dem entgegengesetzten Wege der Externalisierung entsteht und uns in Objektivationen mit dem Anspruch auf Akzeptanz entgegentritt".[40] Der Terminus sei zudem vor allem wissenssoziologisch und weniger anthropologisch (wie bei Rüsen) als „heuristische Kategorie"[41] zu begreifen. Schönemann sieht Geschichtskultur als ein von Kommunikation durchformtes soziales System, das dimensional nach Institutionen, Professionen, Medien sowie Adressaten bzw. Publika gegliedert ist und dementsprechend untersucht werden kann.[42] Intensiv rezipiert werden nicht zuletzt die Leitmuster gesellschaftlicher Geschichtskultur, die der Autor für verschiedene Zeitabschnitte postuliert: Für die Vormoderne sieht er das Muster „Geschichte als Nutzen" wirken, während sich in der Moderne „Geschichte als Bildung" herausgeschält habe. Für die Postmoderne (nach 1968) sei insbesondere das Leitmuster „Geschichte als Event" prägend. Vor allem die letzte Zuschreibung scheint trotz ihres verallgemeinernden und kulturkritischen Tones in vielen Kontexten anschlussfähig, wenn diagnostiziert wird, dass Geschichte im zeitgenössischen Umgang „nicht als nützliche Kenntnis oder als Bildungsgut, sondern als Erlebnis" im Kurs steht, z. B. „in der historisch kostümierten Gastronomie, beim Ritterturnier auf dem Mittelaltermarkt oder eben während der Reise".[43]

Im letzten Kapitel zeigt Schönemann resümierend Perspektiven geschichtsdidaktischer Beschäftigung in den Bereichen Empirie und Pragmatik auf. Zwei der prag-

---

(Schönheit), Politik (Macht) und Wissenschaft (Wahrheit) korrespondierten. Ebd., S. 17 sowie bei Schönemann in diesem Band unten, S. 88.
40 Unten, S. 90. Als solche Objektivationen, die die Außenseite gesellschaftlichen Geschichtsbewusstseins repräsentieren, sind beispielsweise Denkmäler, historische Feste, Jubiläen oder Institutionen wie Museen zu betrachten. Vgl. dazu auch Schönemann, Geschichtsdidaktik, Geschichtskultur, Geschichtswissenschaft (wie Anm. 16), S. 17.
41 Unten, S. 92.
42 Vgl. S. 93. Der Terminus „soziales System" wird in abgedrucktem Text noch nicht verwendet; in späteren Publikationen schärfte sich die Begrifflichkeit: Schönemann, Geschichtsdidaktik, Geschichtskultur, Geschichtswissenschaft (wie Anm. 16), S. 18 f.
43 Unten, S. 96. Die Untersuchung von Geschichtskultur in ihrer historischen Dimension – z. B. über die angegebenen Leitmuster – unterscheidet Schönemanns Auffassung des Forschungsfeldes von den Überlegungen Hans-Jürgen Pandels, der den geschichtsdidaktischen Zugriff auf die Geschichtskultur nur in der Betrachtung der „Verarbeitung von Geschichte in der *gegenwärtigen* Lebenswelt" sehen will. Hans-Jürgen Pandel, Geschichtskultur, in: Michele Barricelli / Martin Lücke (Hg.): Handbuch Praxis des Geschichtsunterrichts. Bd 1, Schwalbach/Ts. 2012, S. 147–159, hier: S. 150. Alles andere gehört nach Pandel in den Bereich der Kulturgeschichte.

matischen Aspekte seien hier hervorgehoben, weil sie verdeutlichen, wie sensibel gegenwärtige Entwicklungen zur Entstehungszeit des Textes antizipiert wurden: Einmal setzt sich der Autor vehement dafür ein, Geschichtskultur zum Unterrichtsinhalt in der Schule zu machen – dass dies mittlerweile, wenn auch nicht vollgültig, so aber doch tendenziell umgesetzt wurde, zeigen auch nur flüchtige Blicke in aktuelle Lehrpläne und Schulbücher; für so gut wie alle Geschichtsdidaktikerinnen und Geschichtsdidaktiker ist diese Forderung mittlerweile ein Allgemeinplatz.[44] Geschichtskultur kann dabei im Unterricht als Lernanlass, als Lernort sowie als Lerngegenstand dienen.[45] Zum zweiten spricht er an, was mittlerweile in der Herausbildung einer akademisch orientierten geschichtswissenschaftlichen Disziplin ‚Public History' immer stärker verwirklicht scheint: Die universitäre Geschichtsdidaktik müsse z. B. im Rahmen eines Magisterstudiengangs „auch für diejenigen Studierenden attraktiver werden, die bewußt *kein* Lehramt anstreben, sondern sich später in außerschulischen Arbeitsfeldern professionell mit der Vermittlung von Geschichte befassen wollen: in Museen, Archiven und Gedenkstätten, in Presse, Rundfunk und Fernsehen oder in Einrichtungen der Erwachsenenbildung".[46]

II

1976 wurde auf dem Mannheimer Historikertag mit der „Geschichtsdidaktik (Probleme Projekte Perspektiven)" eine neue Zeitschrift präsentiert. Sie sollte dem jungen, engagierten und sich ‚progressiv' verstehenden wissenschaftlichen Nachwuchs ein Forum bieten.[47] Nicht zuletzt sah man darin eine Chance, der als über Gebühr konservativ empfundenen ‚Gegenseite', die mehrheitlich in der GWU („Geschichte in Wissenschaft und Unterricht") publizierte und nicht zuletzt Karl-Ernst Jeismann und Joachim Rohlfes als Wortführer hatte, eine Veröffentlichungsplattform entgegenzusetzen.

Um die Zeitschrift versammelten sich viele Autorinnen und Autoren, die in der heißen Debatte um die Hessischen Rahmenrichtlinien Gesellschaftslehre ab 1972 immer

---

44 Vgl. dagegen die kritische Diagnose, dass nur ein oberflächliches Verständnis von Geschichtskultur bei Lehrkräften nachzuweisen ist, bei Daniel Münch, Geschichtskultur im Geschichtsunterricht – Deutungen reflektieren oder Inhalte vermitteln?, in: Zeitschrift für Geschichtsdidaktik 16, 2017, S. 176–182.
45 Vgl. hierzu Dietmar von Reeken, Geschichtskultur im Geschichtsunterricht – Begründungen und Perspektiven, in: Geschichte in Wissenschaft und Unterricht 55, 2004, S. 233–240, hier: 238 ff.
46 Unten, S. 103. Dass die Herausbildung einer Public History-Community nicht immer (eng) mit der Geschichtsdidaktik verbunden ist und bisweilen sogar als eine Art ‚Konkurrenz' wahrgenommen wird, bedarf hier keiner weiteren Erläuterung. Die enge Beziehung zwischen Geschichtsdidaktik und Public History wird zurecht betont in Martin Lücke / Irmgard Zündorf, Einführung in die Public History, Göttingen 2018.
47 Als Herausgeber fungierten: Klaus Bergmann, Werner Boldt, Annette Kuhn, Jörn Rüsen, Gerhard Schneider und Lothar Steinbach.

wieder als deren Verteidiger auftraten.[48] Die konsequente Ausrichtung dieser Rahmenrichtlinien an der Sozial- und Strukturgeschichte, der ideologiekritische, die pure Chronologie aufbrechende Ansatz sowie die integrative Ausrichtung, die den Geschichtsunterricht mit den anderen Arbeitsschwerpunkten Sozialkunde und Geographie zusammenbringen sollte, löste eine harsche Kontroverse um den vermeintlichen ‚Ausverkauf' der Geschichte aus, die nicht nur Geschichtswissenschaft und -didaktik berührte, sondern weit in gesellschaftliche und politische Sphären hineinlappte.[49]

1973 wurde der Plan für die neue Zeitschrift ins Auge gefasst, zwei Jahre später konkretisierten sich dann die Überlegungen.[50] Der allererste Aufsatz in der ersten Ausgabe 1976, den Klaus Bergmann (1938–2002) beisteuerte, stellt gleich die Gretchenfrage: „Warum sollen Schüler Geschichte lernen?" (hier S. 107–124). Er darf als programmatisch für manche Positionen der kritisch-kommunikativen Geschichtsdidaktik gelten.[51] Bergmann setzt historisch an, indem er knapp die Entstehung und Entwicklung des Schulfachs Geschichte seit dem 19. Jahrhundert als unkritisches „Gesinnungsfach" nachzeichnet, das in der Vermittlung von verordnetem Geschichtswissen dem historischen „Selbstverständnis des Staates und der herrschenden Machtgruppen"[52] unterworfen war. Von der Geschichtstheorie ausgehend betont Bergmann dagegen den

---

48 Zur detaillierten Kontextualisierung: Waltraud Schreiber, Schulreform in Hessen zwischen 1967 und 1982. Die curriculare Reform der Sekundarstufe I. Schwerpunkt: Geschichte in der Gesellschaftslehre (Bayerische Studien zur Geschichtsdidaktik, Bd. 10), Neuried 2005.
49 Eine ausführliche Dokumentation und Deutung der mitunter hochemotional geführten Debatte lieferten Klaus Bergmann / Hans-Jürgen Pandel, Geschichte und Zukunft. Didaktische Reflexionen über veröffentlichtes Geschichtsbewusstsein, Frankfurt a. M. 1975. Überaus kritisch und mit dem Vorwurf, die Rahmenrichtlinien gäben sich ideologiekritisch, seien aber selbst ideologisch in ihrer Sozialutopie, hatten sich geäußert: Karl-Ernst Jeismann / Erich Kosthorst, Geschichte und Gesellschaftslehre. Die Stellung der Geschichte in den Rahmenrichtlinien für die Sekundarstufe I in Hessen und den Rahmenlehrplänen für die Gesamtschulen in Nordrhein-Westfalen. Eine Kritik, in: Geschichte in Wissenschaft und Unterricht 24, 1973, S. 261–288.
50 Einer der Hautprotagonisten für die Etablierung der Zeitschrift, Gerhard Schneider, nennt als ein auslösendes Moment eine Auseinandersetzung auf der Göttinger Tagung „Geschichtsdidaktik und Curriculumentwicklung" im Oktober 1973, wo ein Beitrag wegen „angeblich kommunistischer Orientierung" scharf angegriffen wurde. Daraufhin hätten sich 15 junge Wissenschaftler, die der Studentenbewegung nahe standen und die „eine gewisse Unzufriedenheit mit dem Fortgang der Reform der Geschichtsdidaktik und des Geschichtsunterrichts" und ein „hilfloses Verblüfftsein über die öffentliche Diskreditierung der Hessischen Rahmenrichtlinien Gesellschaftslehre" verband, getroffen und den Plan für eine neue Zeitschrift gefasst. Gerhard Schneider, Wie die Zeitschrift Geschichtsdidaktik entstand – Erinnerungen eines Beteiligten, in: Becher/Bergmann, Geschichte – Nutzen oder Nachteil (wie Anm. 18), S. 157. Annette Kuhn sprach in einem Interview schließlich davon, dass die Zeitschrift in ihrem Wohnhaus in Bonn geboren worden sei. Tatsächlich fand eine von Gerhard Schneider protokollierte Gründungsbesprechung dort statt. Vgl. Sandkühler, Historisches Lernen denken (wie Anm. 2), S. 177.
51 So wird diese geschichtsdidaktische Richtung, der z. B. Annette Kuhn und (mit Einschränkungen) Hans-Jürgen Pandel zugerechnet werden können, unter anderem bei John, Disziplin (wie Anm. 2), insbesondere S. 201–206, genannt. Der kritisch-kommunikativen Position steht in diesem Verständnis die „Wissenschaftsdidaktik" Karl-Ernst Jeismanns und anderer gegenüber.
52 Unten, S. 108.

Konstruktcharakter von Geschichte, der im Unterricht offengelegt werden müsse.[53] Die Schülerinnen und Schüler sieht er als „anspruchsberechtigte Subjekte", die „nicht mehr als Verfügungsobjekte gesehen werden, die für die staatlich verhängten Zwecke der Zeit abgerichtet werden sollen".[54] Die Nähe der kritisch-kommunikativen Geschichtsdidaktik zu den Ideen Habermas' und dem übergeordneten Ziel der ‚Emanzipation' des Individuums wird durch den ganzen Text hindurch deutlich. Im Zentrum der Auseinandersetzung mit Geschichte ist nach Bergmann immer vordringlich, dass Schülerinnen und Schüler von sich aus lernten, „historisch zu fragen und historisch zu denken".[55] Lern- und Rezeptionsprozesse geschähen ohnehin automatisch auch außerschulisch (und zwanglos), während die Schule das Geschichtslernen in einem „obligatorischen Schulfach" gleichsam verordne. Daher sei es Aufgabe der Didaktik, nach der Bedeutung von Geschichte für „das rezipierende und erkennende Subjekt"[56] zu fragen und den Zwang zum Lernen von Geschichte zu begründen. Dabei sei eine kritische und geschichtstheoretisch fundierte Fachorientierung mit der Subjektorientierung zu versöhnen. In diesem Zusammenhang betont Bergmann die Zuständigkeit der Geschichtsdidaktik auch für inhaltliche Entscheidungen des schulischen historischen Lernens, indem Kriterien zu finden seien, „das Lernmögliche vom Lernwürdigen und das Wissensmögliche vom Wissenswürdigen zu scheiden".[57] Durch das systematische und disziplinierte fachliche Denken würden Emanzipationsprozesse ermöglicht, die nicht zuletzt zum kritischen Hinterfragen vorgefertigter – möglicherweise ideologisch geprägter – Wissensbestände führten. Die pointiert vorgetragenen Thesen sind zu diesem Zeitpunkt provokativer und radikaler, als sich Bergmann später äußerte.

In ihnen ist aber angelegt, was der Autor dann in seinen Publikationen zur Multiperspektivität[58] und zum Gegenwartsbezug[59] weiter ausarbeitete, sodass es für die Geschichtsdidaktik bis heute als grundlegend gelten kann: Die konsequente Einbeziehung der historischen Perspektive ‚von unten' in geschichtsdidaktische Überlegungen sowie das Ernstnehmen der Lebenswelt der Schülerinnen und Schüler beim Treffen von unterrichtlichen Entscheidungen zum historischen Lernen wurden zentrale Prämissen von geschichtsdidaktisch reflektierter Unterrichtsplanung und -durchführung. Genauso bedeutend ist die auf Bergmann zurückgehende kategoriale Unterscheidung von Ursachen- und Sinnzusammenhang, wenn Vergangenheit und Gegenwart in Beziehung zueinander gesetzt werden.

---

53 Vgl. unten, S. 111 f.
54 Ebd.
55 Unten, S. 116.
56 Unten, S. 117.
57 Unten, S. 118.
58 Klaus Bergmann, Multiperspektivität. Geschichte selber denken, Schwalbach/Ts. 2000.
59 Klaus Bergmann, Der Gegenwartsbezug im Geschichtsunterricht, Schwalbach/Ts. 2001.

In der Literatur wird mitunter beklagt, dass mit der Einstellung der Zeitschrift „Geschichtsdidaktik" nach zwölf Jahren viel Innovationspotenzial verloren ging und sich die wissenschaftsorientierte Geschichtsdidaktik im Gefolge Jeismanns weitgehend durchgesetzt habe. Ein Teil der Herausgeberschaft wandte sich mit der Praxiszeitschrift „Geschichte lernen" zwar einem Nachfolgeprojekt zu, diesem wurden (und werden) jedoch mitunter Vorbehalte entgegengebracht, weil es sich – vorgeblich auf Kosten der Theorie – zu sehr an praktischen Fragen des Geschichtsunterrichts orientier(t)e.[60] Sicher gab es ab Mitte der 80er Jahre nicht mehr die zugespitzten Richtungskämpfe, die oft mit Vorwürfen der Ideologisierung unterfüttert wurden. Und dennoch blieben abseits eines Mainstreams (der per se noch gar nicht negativ konnotiert sein muss) Strömungen, die eine Vielfalt von geschichtsdidaktischen Ansätzen abbildeten.[61]

In den letzten Jahren werden verstärkt (wieder) Stimmen laut, die ein Unbehagen an dem Ist-Zustand des geschichtsdidaktischen Diskurses wiedergeben und entweder im Rückgriff auf bereits früher (z. B. in der kritisch-kommunikativen Geschichtsdidaktik) artikulierte Positionen oder in der Ausformung neuer Konzepte auf Leerstellen in der Auseinandersetzung mit historischem Lernen hinweisen. Mitunter wird dabei auch eine einseitige Fixierung auf die Kategorie Geschichtsbewusstsein zurückgewiesen. Schon bei Bergmann und Kuhn ist z. B. die Forderung nach stärkerer Subjektorientierung angelegt, die jüngst in mehreren Publikationen in den Mittelpunkt gestellt wurde.[62] Neue Akzente setzen auch Bemühungen um die Anerkennung von Diversität und geschichtsdidaktische Zugänge zum Thema Inklusion[63] oder zum sprachsensiblen Geschichtsunterricht.[64] Mit großer Konstanz wird bei der kritischen Betrachtung von Geschichtsunterricht das rein chronologisch ausgerichtete historische Lernen kritisiert. Bärbel Völkel (*1960) hat 2011 in einem Aufsatz (hier: S. 125–136) erneuert und um eigene Akzente aufgefrischt, was beispielsweise in Klaus Bergmanns Plädoyer für den konsequenten Gegenwartsbezug und Uwe Uffelmanns Modellierung des problemorientierten Geschichtsunterrichts bereits grundsätzlich in Frage gestellt wur-

---

60 Vgl. Hasberg, Unde venis (wie Anm. 2), S. 23f.
61 Hasberg bezeichnet in diesem Zusammenhang z. B. die Überlegungen Peter Schulz-Hageleits als „humanistische Geschichtsdidaktik" oder verweist auf Hilke Günther-Arndts Einsatz für die Einpassung geschichtsdidaktischer Untersuchungen in den Kontext der „Conceptual-Change-Forschung"; ausgesprochen negativ sieht er rein unterrichtspragmatische Positionen. Vgl. ebd., S. 25. Zu früheren Kategorisierungen geschichtsdidaktischer Ansätze Joachim Rohlfes, Geschichte und ihre Didaktik, 2. bibliographisch ergänzte Auflage, Göttingen 1997, S. 177–190.
62 Z.B. Heinrich Ammerer / Thomas Hellmuth / Christoph Kühberger (Hg.): Subjektorientierte Geschichtsdidaktik, Schwalbach 2015.
63 Sebastian Barsch / Bettina Degner / Christoph Kühberger / Martin Lücke (Hg.), Handbuch Diversität im Geschichtsunterricht. Zugänge zu einer inklusiven Geschichtsdidaktik, Frankfurt a. M. 2020.
64 Saskia Handro, "Sprachsensibler Geschichtsunterricht". Systematisierende Überlegungen zu einer überfälligen Debatte. In: Wolfgang Hasberg / Holger Thünemann (Hg.), Geschichtsdidaktik in der Diskussion. Grundlagen und Perspektiven. (Geschichtsdidaktik diskursiv – Public History und historisches Denken; Bd. 1), Frankfurt/M. 2016, S. 265–296.

de.⁶⁵ Sie stellt dabei einleitend zur Diskussion, ob der klassische – oft sogar zweimalige – chronologische ‚Durchgang', der in vielen Bildungsplänen und darauf aufbauend in Schulbuchreihen zugrunde gelegt wird, noch zeitgemäß sein kann. Sie vermutet immer noch den alten „ereignisgeschichtliche[n] Geschichtsunterricht"⁶⁶ am Werk. Schulbücher würden in der Tradition des Historismus vorwiegend der Darstellung der politischen Geschichte Raum geben, alles andere erhalte den Status von „Sondergeschichten".⁶⁷ Insgesamt entstünde so „ein Geschichtsverständnis, welches durchaus deterministische Züge tragen kann, da der Konstruktionscharakter der Erzählung in der Regel unreflektiert bleibt".⁶⁸ Ausgehend von dieser Problemdiagnose zeitige der chronologische Geschichtsunterricht etliche Neben- und Folgewirkungen: Das strikte Nacheinander von Ereignissen werde der Komplexität von Geschichte – z.B. im Sinne einer Gleichzeitigkeit des Ungleichzeitigen – nicht gerecht, lasse keinen Raum für die Untersuchung anderer als europäischer Kulturen, was einem Kulturimperialismus im Denken gleichkomme und sei über Gebühr an der Kategorie ‚Nation' ausgerichtet. Letzteres münde in einen politisch fragwürdigen Geschichtsunterricht, der einer Welt, die von Migration und Globalisierung geprägt sei, nicht mehr gerecht werde. Würden Kinder und Jugendliche unterschiedlicher Herkunft sich stets vor allem mit deutscher Geschichte und mit dem nationalen Verhältnis zu Europa und der Welt beschäftigen, stelle sich die Frage: „Steht ein solcher Unterricht nicht viel eher in der Gefahr, eine Vorstellung des Nichtdazugehörens und vielleicht sogar des Nicht-dazu-gehören-Wollens auch noch historisch zu fundieren?"⁶⁹ Mit solchen Überlegungen steht Bärbel Völkels Beitrag exemplarisch für nicht wenige Stimmen, die diagnostizieren, dass die zeitgenössische deutsche Geschichtsdidaktik mit ihrem traditionell herangezogenen Theoriefundament nicht ausreichend für die Herausforderungen der Gegenwart gerüstet sei.⁷⁰

Nach den ausführlichen Problemdiagnosen stellt die Autorin dar, in welche Richtung der Geschichtsunterricht sich entwickeln solle, wenn er sich vom einengenden Korsett der Chronologie getrennt habe. Dabei bringt sie Argumente vor, die vermutlich die Mehrheit der geschichtsdidaktischen Community unterstützt: Die Beschäftigung mit Geschichte habe vom Menschen und Situationen der Gegenwart auszugehen, um die Grundlage für verantwortliches Handeln in der Zukunft zu legen. Kontrovers ist hier lediglich die utilitaristische Zuspitzung, der Geschichtsunterricht müsse obligatorisch für „jegliche Inhaltsentscheidung" den „Schüler in seiner aktu-

---

65 Klaus Bergmann, Gegenwartsbezug (wie Anm. 58); Uwe Uffelmann, Problemorientierter Geschichtsunterricht. Grundlegung und Konkretionen, Villingen-Schwenningen 1990.
66 Unten, S. 126.
67 Unten, S. 127.
68 Unten, S. 128.
69 Unten, S. 129.
70 Dazu jüngst eine Analyse bei Lale Yildirim, Der Diasporakomplex. Geschichtsbewusstsein und Identität bei Jugendlichen mit türkeibezogenem Migrationshintergrund der dritten Generation (Histoire, Bd. 141), Bielefeld 2018.

ellen Situation als Ausgangspunkt" haben.⁷¹ Darüber hinaus plädiert Völkel für mehr exemplarisches statt kanongeleitetes Lernen und die stärkere Einbeziehung der gegenwärtigen Geschichtskultur in den Unterricht.

Der Beitrag ist als bewusst pointierter Diskussionsbeitrag konzipiert und bedient sich daher auch einiger provokanter Behauptungen.⁷² Es wird unter anderem postuliert, dass das Vergessen oder Nicht-Erinnern von Wissensbeständen durch Schülerinnen und Schüler im ‚normalen' Geschichtsunterrichts eigentlich eine intelligente Leistung sei, weil damit Platz für die „‚wirklich wichtigen' Dinge"⁷³ geschaffen werde. Auch die Schlussfolgerung, die neuere Gedächtnisforschung habe dem chronologischen Geschichtsunterricht durch ihre Erkenntnisse die Basis entzogen, darf in ihrer empirischen Belastbarkeit durchaus als diskutabel gelten. Es wäre hier der Gegenbeweis zu erbringen: Würde ein anders strukturierter Geschichtsunterricht denn eine stärkere und nachweisbare Behaltensleistung generieren und würde dieser als ideal gedachte Unterricht im ‚Denkfach' Geschichte Schülerinnen und Schüler mit den tatsächlich wichtigen Kompetenzen für eine erfolgreiche Lebens- und Weltgestaltung ausstatten? Niemand hätte etwas dagegen, wenn dieser Nachweis geliefert würde.⁷⁴

III

Die Orientierung an Narrativität als entscheidender geschichtsdidaktischer Größe prägt die disziplinäre Debatte der letzten Jahrzehnte beinahe ebenso wie die Hochschätzung der Kategorien Geschichtsbewusstsein und Geschichtskultur. Beides ist ja – in der Deutung vieler Autorinnen und Autoren – miteinander unauflöslich verwoben. Von kaum zu überschätzender Bedeutung für die Etablierung des „Erzählens" als Paradigma sind die Beiträge Jörn Rüsens (*1938), die unter anderem an die geschichtsphilosophische Arbeit von Arthur C. Danto anschließen.⁷⁵ Auch Hans-Jürgen Pan-

---

71 Unten, S. 132.
72 Vgl. zur detaillierten Auseinandersetzung mit Grundannahmen des Beitrags auch die vehemente Gegenrede von Gerhard Fritz, „Immer mehr desselben?" Anmerkungen zu Bärbel Völkel, in: Geschichte in Wissenschaft und Unterricht 63, 2012, H. 1/2, S. 92–100.
73 Unten, S. 130.
74 Es ist an dieser Stelle noch hinzuzufügen, dass die jüngste Generation von Lehr- und Bildungsplänen (z. B. in Berlin-Brandenburg und Bayern) zwar nicht von der Chronologie als grundsätzlichem Strukturprinzip ablässt, es aber zu merklichen Auflockerungen gekommen ist. Neben dem chronologisch-genetischen Strukturierungsprinzip gewinnen Quer- und vor allem Längsschnitte sowie exemplarische Fallanalysen an Bedeutung. Vgl. zum Längsschnitt in der historischen Entwicklung und zu unterrichtlichen Konkretionen Josef Memminger, Historisches Lernen in größeren Zusammenhängen – Längsschnittartige, epochenübergreifende Geschichtsbetrachtung im Unterricht. In: Geschichte lernen 187, 2019, S. 2–11.
75 Arthur C. Danto: Analytische Philosophie der Geschichte, Frankfurt/Main 1974. Als wichtiger Bezugspunkt ist daneben zu sehen: Hans-Michael Baumgartner, Narrativität. In: Klaus Bergmann u. a. (Hg.): Handbuch der Geschichtsdidaktik, 5. überarb. Auflage, Seelze-Velber 1997, 157–160.

dels Schriften rekurrieren auf ähnliche geschichtstheoretische Bezugspunkte.[76] Jörn Rüsen ist seit Mitte der 70er Jahre zudem disziplinpolitisch eine zentrale Figur, weil er sowohl gute Verbindungen zu den eher konservativen Protagonisten in der Community wie auch zum Kreis um die Zeitschrift „Geschichtsdidaktik" pflegte. Das mag etwa zur breiten Akzeptanz der nicht zuletzt von Rüsen propagierten Zentralkategorie Geschichtsbewusstsein beigetragen haben. Wie kein anderer verbindet dieser Autor nicht nur disziplinäre ‚Lager', sondern geschichtstheoretische mit geschichtsdidaktischen Ansätzen – mit Bezügen auch in die Geschichtsforschung hinein.[77] Die Formel vom Erzählen als „Sinnbildung über Zeiterfahrung"[78] als Substanz des historischen Lernens ist in der Disziplin zum vielzitierten Topos geworden.[79] Rüsens Definition von Geschichtsbewusstsein – in ihrer Prägnanz vielleicht die brauchbarste – macht daneben die elementare Bedeutung deutlich, die dem Erzählen und den damit verbundenen individuellen Deutungsleistungen für eine Orientierung im Heute zugeschrieben wird: „In wenigen Worten zusammengefasst, lässt sich Geschichtsbewusstsein als die mentale Tätigkeit der historischen Erinnerung beschreiben, die die Erfahrung der Vergangenheit deutend so vergegenwärtigt, dass gegenwärtige Lebensverhältnisse verstanden und Zukunftsperspektiven der Lebenspraxis erfahrungskonform entwickelt werden können."[80]

Außerordentlich einflussreich – und zwar über die Geschichtsdidaktik hinaus – wurde Jörn Rüsens Typologie des historischen Erzählens, die er 1982 zum ersten Mal ausführlich entfaltete.[81] 2013 integrierte er die Darstellung dieser Typen einmal

---

76 Für die Grundlegung des Erzählens in der Geschichtsdidaktik sehr bedeutsam: Hans-Jürgen Pandel, Historisches Erzählen, in: Geschichte lernen 2, 1988, S. 8–12 und Ders., Historisches Erzählen. Narrativität im Geschichtsunterricht, Schwalbach/Ts. 2010. Vgl. zu Pandels Referenzen aus der Geschichtstheorie auch: Hans-Jürgen Pandel, Geschichtstheorie. Eine Historik für Schülerinnen und Schüler – aber auch für ihre Lehrer, Schwalbach 2017.
77 Vgl. jüngst Thomas Sandkühler / Horst Walter Blanke (Hg.), Historisierung der Historik. Jörn Rüsen zum 80. Geburtstag (Beiträge zur Geschichtskultur, Bd. 39), Köln 2018.
78 Z. B. in Jörn Rüsen, Historisches Lernen. Grundlagen und Paradigmen, Köln/Weimar/Wien 1994, S. 31.
79 Kritisch dazu Michael Sauer, „Sinnbildung über Zeiterfahrung". In: Public History Weekly 2, 2014, 4, (DOI: dx.doi.org/10.1515/phw-2014–1203, zuletzt aufgerufen: 11.01.2020). Aufschlussreich sind hier nicht zuletzt die Kommentare von Rüsen u. a. zu dem Artikel.
80 Jörn Rüsen, Das ideale Schulbuch, in: Internationale Schulbuchforschung 14, 1992, S. 237–250, hier: S. 240.
81 Jörn Rüsen, Die vier Typen des historischen Erzählens, in: Reinhart Koselleck / Heinrich Lutz / Jörn Rüsen (Hg.), Formen der Geschichtsschreibung (DTV Wissenschaft, Bd. 4), München 1982, S. 514–605. Achim Saupe und Felix Wiedemann ordnen Rüsens Theorie als „funktionale Erzähltheorie" in den größeren Kontext narratologischer Ansätze in der Geschichtstheorie ein. Sie sind von poetologischen bzw. rhetorischen Ansätzen – wie postmodern bei Hayden White – abzusetzen. Eine Bezugnahme auf Droysens Überlegungen in der zweiten Hälfte des 19. Jahrhunderts ist jedoch augenfällig. Jener differenzierte zwischen „untersuchenden", „erzählenden", „didaktischen" und „diskussiven" Darstellungsformen. Vgl. Achim Saupe / Felix Wiedemann, Narration und Narratologie. Erzähltheorien in der Geschichtswissenschaft, Version: 1.0, in: Docupedia-Zeitgeschichte, 28.01.2015, (DOI: http://dx.doi.org/10.14765/zzf.dok.2.580.v1, zuletzt aufgerufen: 11.01.2020).

mehr knapp und zusammenfassend in seiner nun auf einen Band komprimierten Historik.[82] Der entsprechende Abschnitt ist in vorliegendem Buch abgedruckt (hier S. 139–145). Rüsen geht es darum, die Grundmuster der Möglichkeiten, Vergangenheit in der jeweiligen Gegenwart lebendig zu halten, idealtypisch zu charakterisieren. Er unterscheidet zwischen „traditionalem", „exemplarischem", „kritischem" und „genetischem" Erzählen. Das traditionale Erzählen wirkt nach Rüsen identitätsstiftend durch die Bekräftigung von Kontinuität. Das exemplarische Erzählen hebt Ereignisse hervor, die im Grunde „Handlungsregeln" aufzeigen und dadurch überzeitliche Geltung beanspruchen können. Das genetische Erzählen integriert dynamisch Entwicklungen und Veränderungen, indem andere und fremde „Lebensformen" konstruktiv auf das Heute bezogen werden. Veränderung und Wandel werden dann zu Konstanten, die die menschliche Lebensform ausmachen. Das kritische Erzählen hingegen setzt sich von den üblichen (drei) Formen ab, es stellt bewusst eine Gegenposition in den Raum. Brüche, Diskontinuitäten und Gegenläufigkeiten charakterisieren die Zeitverlaufsvorstellung in diesem Typ des Erzählens.[83]

Rüsen geht mithin davon aus, dass die vier Typen im Prinzip „zu allen Zeiten und in den unterschiedlichsten kulturellen Kontexten"[84] ausgemacht werden können. Er schreibt ihnen also eine überaus große allgemeine Gültigkeit zu, wenn er betont, die Typologie könne sogar als „Entwurf einer Universalgeschichte der historischen Sinnbildung"[85] dienen. Gleichwohl treten die Typen auch in Rüsens Darlegung nie in Reinform auf; sie überlagern, durchdringen und überlappen sich gegenseitig. Er will seine Überlegungen zwar nicht so verstanden wissen, als würde eine Erzählform die andere ablösen;[86] allerdings ist nicht von der Hand zu weisen, dass das „traditionale" und „exemplarische" Erzählen eher überholt wirken gegenüber der „kritischen" und vor allem der rational ausgleichenden „genetischen" Form.[87]

Die Wirkmächtigkeit der Ausführungen Rüsens für die Geschichtsdidaktik zeigt sich nicht zuletzt darin, wie verschiedentlich versucht wurde, die Erzähltypologie in Unterrichtszusammenhängen zugrunde zu legen oder sie sogar detailliert in Texten von Schülerinnen und Schülern empirisch nachzuweisen.[88]

---

82 Jörn Rüsen, Historik. Theorie der Geschichtswissenschaft. Köln/Weimar/Wien 2013.
83 Zu allen paraphrasierenden Passagen in zurückliegendem Absatz mit Kurzzitaten vgl. unten, S. 141–143.
84 Unten, S. 143.
85 Unten, S. 144.
86 Vgl. unten, S. 144.
87 Vgl. Saupe/Wiedemann, Narration und Narratologie (wie Anm. 81).
88 Michele Barricelli, Schüler erzählen Geschichte. Narrative Kompetenz im Geschichtsunterricht, Schwalbach/Ts. 2005; Britta Wehen, Macht das (historischen) Sinn? Narrative Strukturen von Schülern vor und nach der De-Konstruktion eines geschichtlichen Spielfilms, Berlin 2018.

Michele Barricelli (*1966) ist sicher der Geschichtsdidaktiker, der die umfassendste – und idealistischste – geschichtsdidaktische Vorstellung vom Erzählen hat.[89] Er baut auf den zum Teil bereits dargelegten Vorarbeiten auf und entwickelt sie zu einem System, in dem das historische Lernen und Denken komplett auf das Erzählen hin ausgerichtet wird. Er hat (als bisher einziger Autor in den gängigen Standardwerken) in einem einschlägigen Handbuch die Narrativität zum bedeutend(st)en Unterrichtsprinzip erhoben. Sein Artikel (hier: S. 147–179) ist eine große Abhandlung zum Erzählen, die viel mehr darstellt als nur die Darlegung didaktischer Implikationen zum Thema. Der Text ist ein leidenschaftliches Plädoyer für die Akzeptanz der Narrativität als dem entscheidenden geschichtlichen Paradigma. Sie stellt für ihn das „bestimmende Ordnungsmittel historischer Aussagen" dar „und, darüber hinausgehend, das spezifische Strukturmerkmal von Geschichte überhaupt".[90] Für die Darlegung seiner Gedanken holt er überaus weit aus und geht dabei sicher über die intellektuellen Ansprüche vieler hinaus, die als Adressaten eines „Handbuch[s] Praxis im Geschichtsunterricht", in dem der Beitrag zuerst erschienen ist, gelten können (z. B. Studierende, Referendarinnen und Referendare, Lehrkräfte); gleichwohl oder gerade deshalb wird er auch für Kenner der Materie zur inspirierenden Zusammenfassung der Einflüsse, die auf den Erzählbegriff mittelbar oder unmittelbar einwirkten. Der Beitrag kontextualisiert Narrativität alltagsweltlich sowie für Geschichtswissenschaft und Geschichtsunterricht. Daran anschließend liefert er einen detailreichen Grundkurs durch mannigfache Verästelungen der (narrativistischen) Geschichtstheorie, der in den Überschriften mit echten Statements versehen ist: „Erzählen in der Geschichte heißt, Vergangenheit durch Formgebung zu erklären und zu deuten."[91] Oder: „Bei einer Erzählung versieht die Form das Wiedergegebene mit Sinn."[92] Und noch zugespitzter und bestimmt für viele in der Historikerzunft immer noch provokativ: „Historische Erzählungen sind sinnvolle narrative Fiktionen."[93] Schließlich leitet Barricelli zu einer ausführlichen Erörterung über, warum gerade das Erzählen die Kompetenzorientierung im Geschichtsunterricht möglich mache. Er verweist darauf, dass seit geraumer Zeit die „narrative Kompetenz" ein wichtiges Ziel, „wenn nicht *die* Zielbestimmung historischen Lernens"[94] darstellt, was sowohl in Lehrplänen bzw. Kerncurricula, den EPA oder geschichtsdidaktischen Kompetenzmodellen – von denen später noch ausführlich die Rede sein wird – ersichtlich werde. Im letzten Abschnitt werden schließlich ausführlich „didaktische und methodische Zugänge für einen narrativitätssensiblen Umgang mit Geschichte im

---

89 Der Autor legte das Fundament dazu bereits mit seiner Dissertation: Michele Barricelli, Schüler erzählen Geschichte (wie Anm. 88).
90 Unten, S. 147.
91 Unten, S. 150.
92 Unten, S. 157.
93 Unten, S. 162.
94 Unten, S. 164.

Unterricht"⁹⁵ diskutiert und vorgestellt. Dabei werden simple Impulse (in Streifen zerschnittene Erzählungen ordnen, Bildunterschriften formulieren) ebenso geliefert wie äußerst komplexe Anregungen („narrative Abbreviaturen ‚auserzählen'" oder „Emplotment-Wechsel"⁹⁶).

Bei aller Überzeugungskraft, die Barricellis mit stilistischer Eloquenz vorgetragenen Appelle für die Narrativität entwickeln: Es sollte nicht unter den Tisch fallen, dass Geschichtsphilosophie und Geschichtswissenschaft als Ganzes der narrativistischen Geschichtstheorie durchaus nicht so uneingeschränkt zu folgen gewillt sind wie (mehrheitlich) die Didaktik der Geschichte.⁹⁷ Und auch innerhalb der Disziplin gibt es vermehrt kritische Stimmen demgegenüber, dass sich die Geschichtsdidaktik fast durchgehend am Paradigma der Narrativität orientiert.⁹⁸ Unterrichtspragmatisch gesehen ist es sicher eine der hauptsächlichen Herausforderungen, das Erzählen für das Schulfach Geschichte zu operationalisieren: Welche Aufgaben mit welchen Operatoren werden eigentlich dem Prinzip Narrativität wirklich gerecht?⁹⁹ Oder entspringt die allgemeine Hochschätzung der narrativen Kompetenz lediglich einem geschichtstheoretischen „‚Höhenkamm'-Diskurs?"¹⁰⁰ Die geschichtsdidaktische Auseinandersetzung mit dem Thema ist praktisch an diesem Punkt bestimmt noch nicht zu Ende geführt, obwohl er im Grundsatz (sprich: theoretisch) schon mehrere Jahrzehnte andauert.

IV

Der PISA-Schock um die Jahrtausendwende brachte viel Bewegung in die deutsche Bildungslandschaft. Obwohl das Fach Geschichte nicht Bestandteil der großen Studien (neben PISA z. B. auch TIMMS) war, wurden in der Geschichtsdidaktik ver-

---

95 Unten, S. 170.
96 Unten, S. 171 f. und 172 f..
97 Vgl. z. B. Doris Gerber, Analytische Metaphysik der Geschichte. Handlungen, Geschichten und ihre Erklärung, Frankfurt/M. 2012 und analytisch bilanzierend gegenüber anderen Ansätzen Andreas Frings, Erklären und Erzählen. Narrative Erklärungen historischer Sachverhalte, in: Andreas Frings / Johannes Marx (Hg.), Erzählen, Erklären, Verstehen. Beiträge zur Wissenschaftstheorie und Methodologie der Historischen Kulturwissenschaften, Berlin 2008, S. 129–164.
98 Besonders vehement Peter Geiss, Objektivität als Zumutung. Überlegungen zu einer postnarrativistischen Geschichtsdidaktik, in: Zeitschrift für Geschichtsdidaktik 17, 2018, S. 28–41.
99 Vgl. Markus Bernhardt / Mareike-Cathrine Wickner, Die narrative Kompetenz vom Kopf auf die Füße stellen. Sprachliche Bildung als Konzept der universitären Geschichtslehrerausbildung, in: Claudia Benholz / Magnus Frank / Erkan Gürsoy (Hg.), Deutsch als Zweitsprache in allen Fächern. Konzepte für Lehrerbildung und Unterricht, Stuttgart 2015, S. 281–296. Barricelli plädiert stets vehement für den Gebrauch des Operators „Erzählen" in konkreten Unterrichtssituationen und hat dazu einige Vorschläge erarbeitet: Michele Barricelli, Worte zur Zeit. Historische Sprache und narrative Sinnbildung im Geschichtsunterricht, in: Zeitschrift für Geschichtsdidaktik 14, 2015, S. 25–46, insbesondere S. 31–44.
100 Markus Bernhardt / Franziska Conrad, Sprachsensibler Geschichtsunterricht, in: Geschichte lernen 182, 2018, S. 2–9, hier: S. 4.

schiedene Modelle entwickelt, die auf den allgemeinen bildungspolitischen Trend der Kompetenzorientierung reagierten. Auch das historische Lernen sollte nun in erster Linie darauf hin ausgerichtet werden, was Schülerinnen und Schüler oder Lernende allgemein an Kompetenzen erwerben – letztlich also tatsächlich ‚können' (und nicht lediglich ‚wissen'). Dieser Prozess war und ist umstritten.[101] Im Folgenden sollen exemplarisch drei Kompetenzmodelle im Mittelpunkt stehen, die zu den verbreitetsten und einflussreichsten in der Geschichtsdidaktik zählen dürften:[102] Die Modelle von Michael Sauer, der Forschergruppe „FUER Geschichtsbewusstsein"[103] und von Peter Gautschi.

Den meisten in der Geschichtsdidaktik entwickelten Kompetenzmodellen – über die hier angeführten hinaus – gemein ist, dass sie sich mehr oder weniger von der narrativistischen Geschichtstheorie Rüsens inspiriert zeigen, indem sie den Lebenswelt-Bezug betonen und in unterschiedlicher Form auf die Schrittfolge *Wahrnehmung/ Erfahrung – Deutung – Orientierung* rekurrieren.[104] Sie setzen also den Schwerpunkt darauf, „historisches Denken" zu fokussieren, wenn das im Einzelnen auch sehr unterschiedlich ausdifferenziert wird.[105]

Das Modell Michael Sauers (*1955) ist sicher das pragmatischste und das dem traditionellen Geschichtsunterricht am nächsten stehende (hier S. 183–199). Es war die Grundlage für einen Vorschlag zu gymnasialen Bildungsstandards, den der Verband der Geschichtslehrer Deutschlands 2006 erarbeitete und modifiziert nochmals 2010

---

101 Vgl. zu der aus geschichtsdidaktischer Sicht wenig ergiebigen Extremposition, Kompetenzorientierung bedeute im Grunde Eliminierung von Inhalten: Josef Memminger, Der Untergang?! Ist der Geschichtsunterricht noch zu retten? In: Public History Weekly 4 (2016) 39 (DOI: http://dx.doi.org/10.1515/phw-2016-7764, zuletzt aufgerufen: 11.01.2020). Zu geschichtsdidaktischen Positionen zum „Wissen" allgemein: Christoph Kühberger (Hg.), Historisches Wissen. Geschichtsdidaktische Erkundung zu Art, Tiefe und Umfang für das historische Lernen, Schwalbach/Ts. 2012.
102 Dazu treten müsste von der Bedeutung her eigentlich auch das Modell von Hans-Jürgen Pandel, Geschichtsunterricht nach PISA. Kompetenzen, Bildungsstandards und Kerncurricula, Schwalbach/Ts. 2005, insbesondere 24–52. Auf dessen Abdruck wurde aufgrund der Prämisse verzichtet, dass im vorliegenden Band nur jeweils ein Beitrag pro Autor(in) erscheinen soll. Insgesamt existieren vermutlich weit mehr als zehn verschiedene Kompetenzmodelle; zu den von der Geschichtsdidaktik entwickelten kommen nämlich noch etliche den Lehr- und Bildungsplänen verschiedener Bundesländer zugrunde liegende Neuschöpfungen. Zu einem Überblick über in der Disziplin anerkannte Konzepte vgl. Michele Barricelli / Peter Gautschi / Andreas Körber, Historische Kompetenzen und Kompetenzmodelle, in: Barricelli/Lücke, Handbuch Praxis (wie Anm. 43), S. 207–235. Daneben ausgewogen auch Ulrich Mayer, Keine Angst vor Kompetenzen – eine typologische, historische und systematische Einordnung, in: Geschichte für heute 3, 2014, Heft 3, S. 6–19.
103 FUER = **F**örderung **u**nd **E**ntwicklung eines **r**eflektierten und (selbst-)reflexiven Geschichtsbewusstseins.
104 Vgl. Mayer, Keine Angst (wie Anm. 102), S. 6. Rüsen, Historisches Lernen (wie Anm. 78), S. 64–73.
105 Vgl. Michael Sauer, Geschichte unterrichten. Eine Einführung in die Didaktik und Methodik. 10. erneut aktualisierte und erweiterte Auflage, Seelze-Velber 2012, S. 22 f.

auf dem Historikertag präsentierte.[106] Diese Bildungsstandards haben viel Kritik erfahren. Insbesondere die unter dem Kompetenzbereich „Sachkompetenz" aufgelisteten Inhalte, die den Großteil der Standards ausmachen, sind dabei als problematisch gewertet worden. Es handle sich dabei um einen „ganz und gar klassischen, an kanonischen Inhalten orientierten Stoffkatalog" mit vermeintlich „historische Sicherheit abbildenden Wissensbeständen, deren Bedingtheit, Standortgebundenheit, Gültigkeit" kaum reflektiert werde.[107] Diese Kritik ist zumindest in Teilen berechtigt. Daher sei der Blick noch einmal auf das Grundmodell Sauers gelenkt, das diese genauen und kleinschrittigen inhaltlichen Zuschreibungen noch nicht enthält und in die drei übergeordneten Kompetenzbereiche „Sachkompetenz", „Deutungs- und Reflexionskompetenz" sowie „Medien-Methoden-Kompetenz" gegliedert ist.[108] Ihm wird nämlich – vor allem für den mittleren Kompetenzbereich – durchaus zugestanden, „die Erkenntnisse einer konstruktivistisch reflektierten Geschichtstheorie" aufzunehmen.[109] Die Geister scheiden sich in der Beurteilung aber auch hier besonders stark an der „Sachkompetenz", für die Sauer eine Zweiteilung vorsieht: Die erste Rubrik ist mit „Themenbezogene Sachkompetenz" überschrieben und enthält die Kenntnis von Ereignissen, Entwicklungen und Strukturen sowie von Ursächlichkeiten bis hin zu Daten, Fakten und Begriffen. Die zweite Rubrik, „Orientierung in der Geschichte", meint vor allem das chronologische und räumliche Zurechtfinden des Individuums in der Auseinandersetzung mit der Historie. Das ist ein fundamentaler Unterschied zur Art und Weise, wie fast alle übrigen Kompetenzmodelle ‚Orientierung' verstehen, nämlich im Sinne Rüsens als ein Sich-Zurechtfinden in der Gegenwart durch und über Geschichte. Die Notwendigkeit eines eigenen Bereichs für „Sachkompetenz" wird in der Geschichtsdidaktik grundsätzlich kontrovers diskutiert,[110] obwohl im Wesentlichen Einigkeit darüber besteht, dass historische Kompetenzen immer an Inhalten erworben werden müssen und daher ein prinzipielles Ausspielen von „Kompetenzen" versus „Wissen" wenig

---

106 Verband der Geschichtslehrer Deutschlands (VGD) (Hg.), Bildungsstandards Geschichte. Rahmenmodell Gymnasium 5.–10. Jahrgang, Schwalbach/Ts. 2006; die modifizierte Fassung von 2010 war bis vor Kurzem auf der Homepage des VGD abrufbar, ist mittlerweile aber nicht mehr verfügbar.
107 Barricelli/Gautschi/Körber, Historische Kompetenzen (wie Anm. 102), S. 227 f.; daneben Karl-Heinrich Pohl, Bildungsstandards im Fach Geschichte. Kritische Überlegungen zum Modellentwurf des Verbandes der Geschichtslehrer Deutschlands (VGD), in: Geschichte in Wissenschaft und Unterricht 11, 2008, Heft 11, S. 647–653.
108 In dieser Grundvariante findet sich das Modell auch zusammengefasst in dem geschichtsdidaktischen Einführungswerk des Autors: Sauer, Geschichte unterrichten (wie Anm. 105), S. 23 ff.
109 Barricelli/Gautschi/Körber, Historische Kompetenzen (wie Anm. 102), S. 227.
110 Besonders scharf in der Gegenposition: Pandel, Geschichtsdidaktik (wie Anm. 34), S. 218 f. Aber auch Sauer ist sich der Problematik bewusst: „Unklarheit herrscht darüber, ob der Bereich des Sachwissens überhaupt in der Kompetenzbegrifflichkeit zu fassen ist (‚Sachkompetenz')." Sauer, Geschichte unterrichten (wie Anm. 105), S. 25.

zielführend ist.[111] Die Frage, inwieweit Wissensbestände aber als grundlegend deklariert werden können oder gar müssen, ist freilich noch nicht zu Ende verhandelt.[112]

Auch im Kompetenzmodell „Historisches Denken" der Forschergruppe FUER Geschichtsbewusstsein (hier: S. 201–218) findet sich ein Kompetenzbereich „Historische Sachkompetenz". Die Autorinnen und Autoren setzen sich jedoch deutlich davon ab, darin lediglich Wissen und das Verfügen-Können über z. B. Daten, Fakten oder Zeitverläufe zu sehen. Vielmehr umfasst der Bereich für sie „die Fähigkeit, Fertigkeit und Bereitschaft, die Domäne des Historischen zu strukturieren und mit dafür entwickelten bzw. adaptierten Begriffen zu erschließen".[113] Als Kernkompetenzen werden demnach eine historische Begriffs- sowie eine historische Strukturierungskompetenz gesehen. Dabei ist das Bemühen erkennbar, einerseits nicht einem überholten (Sach-)Wissensbegriff aufzusitzen und andererseits z. B. für Lehrplanverantwortliche und potenziell skeptische Lehrkräfte ein Zeichen zu senden, dass die Ausrichtung des historischen Denkens und Lernens an Kompetenzen natürlich ‚die Sache' nicht außer Acht lassen kann. Dieser an „Prinzipien/Konzepte[n]/Kategorien/Scripts" entlang strukturierte Bereich steht drei Kompetenzbereichen gegenüber, die „durch Operationen strukturiert werden"[114], denen jeweils das Attribut „historisch(e)" vorangestellt wird: Frage-, Methoden- und Orientierungskompetenz(en).

Das führt zur Grundkonzeption des Modells: Die Forschergruppe, für die oft Waltraud Schreiber (*1956) federführend in Erscheinung getreten ist, sieht ihr Konzept als „Kompetenz-Strukturmodell", auf dessen Grundlage weitere Konkretisierungen möglich sind. Das Modell beruft sich auf die narrativistische Geschichtstheorie und insbesondere auf die „disziplinäre Matrix" Jörn Rüsens.[115] Dessen Ansatz wurde in einem Prozessmodell historischen Denkens weiter ausdifferenziert.[116] Auf dieser Grundlage wurden schließlich die Kompetenzbereiche identifiziert: „Historische Fragekompetenzen" beziehen sich darauf, dass Individuen historische Fragen selbst stellen oder

---

111 Vgl. dazu Memminger, Der Untergang (wie Anm. 101).
112 Zuletzt versuchte Ulrich Baumgärtner sich an einem Vorschlag für einen modellhaften Lehrgang, der der Festlegung von Inhalten nicht ausweicht: Ulrich Baumgärtner, Was sollen Schülerinnen und Schüler wissen? Zu Inhalten und Themen im Geschichtsunterricht, in: Thomas Sandkühler / Charlotte Bühl-Gramer / Anke John / Astrid Schwabe / Markus Bernhardt (Hg.): Geschichtsunterricht im 21. Jahrhundert. Eine geschichtsdidaktische Standortbestimmung (Beihefte zur Zeitschrift für Geschichtsdidaktik, Bd. 17), Göttingen 2018, S. 113–130.
113 Unten, S. 211.
114 Unten, S. 209.
115 Jörn Rüsen, Historische Vernunft: Grundzüge einer Historik I: Die Grundlagen der Geschichtswissenschaft, Göttingen 1983, v. a. S. 29.
116 Wolfgang Hasberg / Andreas Körber, Geschichtsbewusstsein dynamisch, in: Andreas Körber (Hg.), Geschichte – Leben – Lernen. Bodo v. Borries zum 60. Geburtstag, Schwalbach/Ts. 2003, S. 177–200, als prägnantes Schaubild S. 187. Unten, S. 210 (Abb. 4) erscheint das Modell im Hintergrund gegenüber den in diesem Bild aufgesetzten „Historische(n) Sachkompetenz(en)".

in der Wissenschaft bereits gestellte historische Fragestellungen erschließen können. „Historische Methodenkompetenzen" gliedern sich wiederum in die „Re-Konstruktionskompetenz" (historische Narrationen entwickeln) und „De-Konstruktionskompetenz" (fertige historische Narrationen kritisch hinterfragen und in ihrer (Tiefen-)struktur erfassen). „Historische Orientierungskompetenzen" sind nötig, um die Auseinandersetzung mit Geschichte „auf die eigene Person und Lebenswelt bzw. die eigene Weltsicht zu beziehen".[117] Die Spezifika des Bereichs „Historische Sachkompetenzen" wurden oben bereits erläutert.

Eine Besonderheit des FUER-Modells ist zweifellos, dass es für sich in Anspruch nimmt, das historische Denken allgemein zu fokussieren und nicht lediglich für das fachliche Lernen in der Schule zu gelten.[118] Es wurde breit rezipiert und umfassend gewürdigt,[119] auch wenn es viele kritische Stimmen gab und gibt. Besonders kontrovers diskutiert werden beispielsweise die Konturierung der Sachkompetenz, das hohe Anspruchsniveau, die Abstraktheit des Modells sowie der Begriff der „De-Konstruktion".[120]

Der Schweizer Geschichtsdidaktiker Peter Gautschi (*1959) geht noch ausdrücklicher als die FUER-Gruppe vom „Historischen Erzählen" und der „narrativen Kompetenz" aus (dort findet sich der Rekurs eher implizit[121]). Seinem Kompetenzmodell stellt er ein „Struktur- und Prozessmodell" voran, das seine Auffassung vom „Historischen Lernen" erläutert und visualisiert.[122] Neben der klaren Bezugnahme auf Rüsen sind bei Gautschi deutliche Referenzen gegenüber Ansätzen Karl-Ernst Jeismanns und Ernst Weymars zu bemerken. Jeismann machte die bis heute sehr geläufige Trias von Analyse, Sachurteil und Werturteil breitenwirksam, um eine Schrittfolge für einen das Geschichtsbewusstsein fördernden Unterricht darzulegen.[123] Dabei griff er auf Überlegungen Ernst Weymars zurück.[124] Gautschi beschreibt diese von Fragen oder Ver-

---

117 Unten, S. 203–207.
118 Vgl. Barricelli/Gautschi/Körber, Historische Kompetenzen (wie Anm. 102), S. 220.
119 Waltraud Schreiber / BéatriceZiegler / Christoph Kühberger (Hg.), Geschichtsdidaktischer Zwischenhalt. Beiträge aus der Tagung „Kompetent machen für ein Leben in, mit und durch Geschichte" in Eichstätt vom November 2017, Münster 2019. Anlass der Tagung war das 10-jährige Erscheinen des Strukturmodells „Kompetenzen historischen Denkens" der FUER-Gruppe.
120 Zu Letzterem erneut polemisch: Pandel, Geschichtsdidaktik (wie Anm. 34), S. 450. Für ihn ist danach Dekonstruktion lediglich ein „Modewort", dem angeblich die ganze Hermeneutik geopfert würde.
121 Im FUER-Modell wird als „globale Kompetenz" nicht die narrative Kompetenz, sondern die „Kompetenz historischen Denkens" ausgewiesen. Unten, S. 201, Anm. 17.
122 Vgl. unten S. 219–225.
123 Karl-Ernst Jeismann, Didaktik der Geschichte: Das spezifische Bedingungsfeld des Geschichtsunterrichts, in: Günter C. Behrmann / Karl-Ernst Jeismann / Hans Süssmuth, Geschichte und Politik. Didaktische Grundlegung eines kooperativen Unterrichts, Paderborn 1978, S. 50–76.
124 Ernst Weymar, Werturteile im Geschichtsunterricht, in: Geschichte in Wissenschaft und Unterricht 21, 1970, Heft 3, S. 198–215. Die Diskussion über das Urteilen im Geschichtsunterricht ist gegenwärtig hoch aktuell und wird in verschiedenen Projekten empirisch erforscht. Insbesondere zu Spezifika von Werturtei-

mutungen ausgehenden Bereiche der Sachanalyse, des Sach- und des Werturteils als Ausprägungen des Historischen Erzählens. Dieses sieht er als den „Kern Historischen Lernens",[125] das sich in der Auseinandersetzung des Individuums mit einem „Ausschnitt aus dem Universum des Historischen" erweist. Die komplexen Wechselbeziehungen der einzelnen Komponenten werden über ein Schaubild deutlich.[126]

In Gautschis Kompetenzmodell, das auf dem Struktur- und Prozessmodell aufsetzt (insgesamt hier: 219–232), werden schließlich vier Teilbereiche ausgewiesen, die alle der „narrativen Kompetenz" untergeordnet sind: Die „Wahrnehmungskompetenz für Veränderungen in der Zeit", die „Erschliessungskompetenz für Quellen und Darstellungen", die „Interpretationskompetenz für Geschichte" sowie die „Orientierungskompetenz für Zeiterfahrung".[127] Auch hier sind mannigfache Verflechtungen zu berücksichtigen: „Obwohl diese Teilbereiche getrennt dargestellt sind, hängen sie eng zusammen, voneinander ab und unterstützen sich gegenseitig."[128] Kritik am Gautschi-Modell bezog sich nicht zuletzt darauf, dass es die narrative Kompetenz als übergeordnete Zielvorstellung zu stark betone und es ihm an gedanklicher Klarheit mangle.[129]

Insgesamt wird in der Geschichtsdidaktik die Kompetenzdebatte nicht mehr mit dem Furor bestritten wie vor einigen Jahren.[130] Auch wenn immer noch für unterschiedliche Positionen und Modelle geworben wird, hat die Geschichtsdidaktik zumindest gelernt, es auszuhalten, dass keine Einheitlichkeit auf dem Markt der Kompetenzmodelle zu verordnen ist. Die grundsätzliche Entwicklung scheint unumkehrbar: Es steht nicht zu erwarten, dass irgendein deutschsprachiges (Bundes-)Land gegenwärtig nicht-kompetenzorientierte Lehrpläne einführt. Einige allgemeine Problemstellen seien dennoch angesprochen: So gut wie alle geschichtsdidaktischen Kompetenzmodelle sind aus der Theorie heraus entwickelt, hoch normativ und empirisch kaum untersucht.[131] Ob die jeweils postulierten Kompetenzen tatsächlich für historisches Lernen wirksam und nachweisbar sind, müsste sich erst noch letztgültig zeigen. Eine als Konzept

---

len herrscht in der Disziplin keine Einigkeit, vgl. dazu Holger Thünemann, Historische Werturteile. Positionen, Befunde, Perspektiven, in: Geschichte in Wissenschaft und Unterricht 71, 2020, Heft 1/2, S. 5–18.
125 Unten, S. 223.
126 Unten, S. 224.
127 Vgl. die Grafik unten, S. 228.
128 Unten, S. 229 und 231.
129 Vgl. Werner Heil, Kompetenzorientierter Geschichtsunterricht, 2. überarb. Auflage, Stuttgart 2011, S. 43. Heil nutzt diese Abwertung nicht zuletzt zur Begründung seines eigenen Kompetenzmodells, das er in diesem Buch darlegt.
130 Gleichwohl fehlt es nicht an kritischen Bestandsaufnahmen, z. B.: Saskia Handro / Bernd Schönemann (Hg.), Aus der Geschichte lernen? Weiße Flecken der Kompetenzdebatte (Geschichtskultur und historisches Lernen, Bd. 15), Münster/Hamburg/Berlin/London 2016.
131 Das gilt trotz der großen, auf dem FUER-Modell fußenden Studie: Ulrich Trautwein / Christiane Bertram / Bodo von Borries u. a., Kompetenzen historischen Denkens erfassen. Konzeption, Operationalisierung und Befunde des Projekts „Historical Thinking – Competencies in History" (HiTCH), Münster 2017. Dazu grundsätzlich auch Barricelli/Gautschi/Körber, Historische Kompetenzen (wie Anm. 102).

ausgearbeitete Unterscheidung bestimmter Qualitätsniveaus – mag man sie nun Stufung, Skalierung oder Graduierung – nennen, die eine Kompetenzentwicklung nachvollziehbar machte, existiert bislang nur für das FUER-Modell und erweist sich in der Ausweisung z. B. eines basalen, intermediären und elaborierten Niveaus als recht spröde.[132] Alle Modelle haben enorm hohe Ansprüche und sind inspirierend für Zielsetzungen des Geschichtsunterrichts – ob das reale Geschehen in der Unterrichtspraxis diesen hochgesteckten Zielen tatsächlich immer gerecht werden kann, bleibt diskutabel.[133] Nicht verloren gehen darf eine gewisse Offenheit des Geschichtsunterrichts. Auch wenn Kompetenzorientierung grundsätzlich sinnvoll ist: Nicht alles, was im Unterricht geschieht, muss immer einer zweifelsfrei feststellbaren – und messbaren – Zweckmäßigkeit unterworfen sein. Ohne Testen und Messen kommt auf Evidenz zielende geschichtsdidaktische Forschung und ebenso eine kompetenzorientierte Unterrichtsgestaltung nicht aus – es sollte aber stets auch mit Augenmaß betrieben werden.[134]

V

Die empirisch ausgerichtete geschichtsdidaktische Forschung, die sich eines zunehmend ausgefeilten Methodenrepertoires bedient, hat in der jüngeren Vergangenheit enorm zugenommen. Mittlerweile sind bei den Qualifikationsarbeiten zur Didaktik der Geschichte solche Studien, die sich ihren Forschungsfragen mit einem an den empirischen Sozialwissenschaften geschärften Methodenblick nähern, weit in der Mehrheit.[135] Das heißt jedoch nicht, dass in der Vergangenheit – bis weit zurück in die erste Hälfte des 20. Jahrhunderts – nicht empirisch geforscht worden wäre. Wolfgang Hasberg hat das in einer monumentalen Arbeit umfassend dargelegt.[136] Insbesondere die Geschichtsunterrichtsforschung erfuhr jedoch besonders durch den PISA-Schock eine enorme Belebung.[137] Der Diskurs um Kompetenzen historischen Lernens prägte in diesem Zusammenhang die Forschungslandschaft entscheidend. Die meisten

---

132 Vgl. Andreas Körber, Graduierung von Kompetenzen, in: Barricelli/Lücke, Handbuch Praxis (wie Anm. 43), S. 236–254, insbesondere 248–251 zum FUER-Modell.
133 Vgl. die Ansatzpunkte der Kritik bei Baumgärtner, Wegweiser (wie Anm. 13), S. 85.
134 Dazu Barricelli/Gautschi/Körber, Historische Kompetenzen (wie Anm. 102), S. 233: „Es führt aber auch, was schon vielerorts gesehen und kritisiert wird, eine rigide Ausrichtung von Lernprozessen an messbarem Output schnell zu einem gewissen Lernterror [...]."
135 Vgl. die Versuche, methodische Standards für die Geschichtsdidaktik zu etablieren u. a. bei Holger Thünemann / Meik Zülsdorf-Kersting, Methoden geschichtsdidaktischer Unterrichtsforschung (Geschichtsunterricht erforschen, Bd. 5), Schwalbach/Ts. 2016.
136 Wolfgang Hasberg, Empirische Forschung in der Geschichtsdidaktik. Nutzen und Nachteil für den Geschichtsunterricht. 2 Bde. Neuried 2001.
137 Vgl. den differenzierten Überblick bei Manuel Köster / Holger Thünemann, Geschichtsdidaktische Forschung im Schatten von PISA, in: Zeitschrift für Didaktik der Gesellschaftswissenschaften 6, 2015, Heft 2,

Arbeiten bedienten sich dabei qualitativer Verfahren, weil lange Zeit groß angelegte quantitative Studien nicht zuletzt aus finanziellen Gründen nicht leicht zu verwirklichen waren. Das änderte sich in der jüngeren Vergangenheit durch die Realisierung vieler interdisziplinärer Projekte, die beispielsweise aus den umfangreichen Mitteln der „Qualitätsoffensive Lehrerbildung" finanziert werden konnten.[138] Daneben setzte jüngst die sogenannte HiTCH-Studie neue methodische Maßstäbe in der quantitativen geschichtsdidaktischen Forschung.[139] In ihr wurde der Versuch unternommen, auf der Grundlage des FUER-Modells einen Test zu entwickeln, „mit dem sich die Kompetenzen historischen Denkens von Schülerinnen und Schülern in Large-Scale-Assessments erfassen lassen".[140] Die Studie kann beispielhaft dafür stehen, wie unterschiedlich die empirische Weiterentwicklung in der Disziplin und Erfolge in der Einwerbung von Drittmitteln beurteilt werden können. Nicht selten werden solche interdisziplinären Leuchtturmprojekte nämlich auch dahingehend kritisch gesehen, dass die enge Bindung der Geschichtsdidaktik an das Bezugsfeld der Geschichtswissenschaften durch eine Annäherung an die Pädagogik und besonders die In-Anspruchnahme von methodischem Know-how und der personellen Expertise aus den empirischen Sozialwissenschaften zu stark gelockert würde.[141]

Für die quantitativ arbeitende empirische Geschichtsdidaktik stand vor diesen Entwicklungen jüngerer Zeit eine fundamentale Arbeit aus den 90er Jahren quasi paradigmatisch: Die große Studie von Bodo von Borries (*1943) über das Geschichtsbewusstsein Jugendlicher,[142] an die sich eine Untersuchung für einen europäischen Vergleich anschloss.[143] Die beiden Projekte können heute noch als einzigartig gelten, was ihre Repräsentativität und ihre gesellschaftliche Relevanz betrifft. Die Befunde der Untersuchungen waren allerdings ernüchternd. Die Ergebnisse schulischen Geschichtslernens seien danach als sehr bescheiden anzusehen; neben geringen inhaltlichen Kennt-

---

S. 34–55. Für Arbeiten von 2015 bis einschließlich 2018: Josef Memminger / Dietmar von Reeken, Geschichtsdidaktik (Literaturbericht), Teil I–V, in: Geschichte in Wissenschaft und Unterricht 71/72, 2020/21.
138 Beispielhaft die geschichtsdidaktische Studie, die aus dem interdisziplinären Projekt EKoL (Effektive Kompetenzdiagnose in der Lehrerbildung) der PHs Heidelberg und Ludwigsburg erwuchs: Mario Resch, Aufgaben formulieren können. Entwicklung und Validierung eines Vignettentests zur Erfassung professioneller Kompetenz für historisches Lehren (Geschichtsunterricht erforschen, Bd. 8), Frankfurt/M. 2018.
139 Trautwein u. a., HiTCH (wie Anm. 131).
140 Ebd., S. 11.
141 Vgl. dazu Wolfgang Hasberg, Unde venis? (wie Anm. 2), S. 47: „Man muss sich schon entscheiden, ob man Sozialwissenschaftler, Psychologie [sic!] oder Historiker sein will. Es hat den Anschein: Der Geschichtsdidaktik kommen die Historiker abhanden." Zurückhaltender auch Deile (wie Anm. 16).
142 Bodo von Borries, Das Geschichtsbewußtsein Jugendlicher: erste repräsentative Untersuchung über Vergangenheitsdeutungen und Zukunftserwartungen von Schülerinnen und Schülern in Ost- und Westdeutschland, Weinheim/München 1995.
143 Für das Großprojekt „Youth and History" erfolgte eine eigene Auswertung der deutschen Perspektive bei Bodo v. Borries, Jugend und Geschichte. Ein europäischer Kulturvergleich aus deutscher Sicht. Unter Mitarbeit von Andreas Körber, Oliver Baeck und Angela Kindervater (Schule und Gesellschaft, Bd. 21), Opladen 1999.

nissen sei vor allem zu beklagen, dass das von der Geschichtsdidaktik gewünschte kritische Geschichtsbewusstsein kaum zufriedenstellend gefördert würde. Als Konsequenz forderte von Borries unter anderem die Intensivierung der Methodenschulung, die „Förderung von Fremdverstehen" und die „Stimulierung von Reflexivität".[144]

Der Aufsatz „Nationalsozialismus in Schulbüchern und Schülerköpfen" wird von Bodo von Borries selbst als „Werkstattbericht" bezeichnet (hier S. 235–252). Er entstand im Zusammenhang mit einer Pilotierungsphase zu einem großen Forschungsprojekt zu Geschichtsschulbüchern. Den Ausführungen liegt eine Schülerbefragung des Jahres 2001 zugrunde, die thematische Teilaspekte in den Blick nimmt, die in der Hauptstudie dann nicht weiter verfolgt wurden.[145] Aus verschiedenen Gründen ist der Beitrag dennoch aufschlussreich: Er behandelt mit dem Thema Nationalsozialismus einen inhaltlich begrenzten, aber geschichtskulturell überaus bedeutsamen Abschnitt deutscher Geschichte; die Diskussion von Vorstellungen der Schülerinnen und Schülern über die Zeit des Nationalsozialismus und ihrer Darstellung in verschiedenen Lehrwerken dürfte mehr denn je von Interesse sein (selbst wenn die Befragung nunmehr vor fast zwanzig Jahren stattfand);[146] weiter verbindet Bodo von Borries in seiner kleinen empirischen Studie quantitative mit qualitativen Ansätzen – was heute gang und gäbe erscheint und methodologisch einigermaßen ausgearbeitet ist,[147] war um die Jahrtausendwende noch keineswegs selbstverständlich und wurde noch eher explorativ betrieben; und zuletzt: Die Studie ist auch für ein Publikum gut lesbar, das in die ausdifferenzierte Methodensprache der empirischen Sozialwissenschaft nicht eingearbeitet ist. Das trifft auf viele Publikationen, die in der empirisch forschenden Geschichtsdidaktik gegenwärtig methodisch ‚state of the art' sind, nicht mehr zu. Das soll diese Arbeiten nicht abwerten, aber es ist nicht zu verkennen, dass eine problemlose Verständigung der *scientific community* (und nicht zu vergessen: der Lehrerschaft) in allen Forschungsfeldern, die für die Didaktik der Geschichte von Belang sind, aufgrund der Spezialisierung in bestimmten Bereichen in Zukunft zunehmend schwerer wird. Die Untersuchung bekräftigt im Wesentlichen Befunde, die auch aus anderen Studien ablesbar waren. Zum einen ist hier die Schwierigkeit von Schülerinnen und Schülern im Bereich von Empathie-Aufgaben/Fremdverstehen/Reflexivität zu nennen. Das Thema „Nationalsozialismus" stellt hier natürlich noch eine besondere Herausforderung dar. Zum zweiten werden einmal mehr die Probleme offenkundig, die

---

144 von Borries, Geschichtsbewußtsein (wie Anm. 142), S. 411–433. Die beiden Zitate als Überschriften auf S. 426 und 430.
145 Vgl. unten, S. 237.
146 Zur Behandlung des Themas in Lehrwerken nun: Etienne Schinkel, Holocaust und Vernichtungskrieg. Die Darstellung der deutschen Gesellschaft und Wehrmacht in Geschichtsschulbüchern für die Sekundarstufe I und II (Beihefte zur Zeitschrift für Geschichtsdidaktik, Bd. 16), Göttingen 2018.
147 Vgl. Doren Prinz / Holger Thünemann, Mixed-Methods-Ansätze in der empirischen Schul- und Unterrichtsforschung. Möglichkeiten und Grenzen für die Geschichtsdidaktik, in: Thünemann/Zülsdorf-Kersting, Methoden (wie Anm. 135), S. 229–253.

bei der Herstellung von Lehrwerken zu gewärtigen sind: „Die Gespräche […] bestätigen den Eindruck der sprachlichen Überforderung eines großen Teiles sogar der gymnasialen Klientel durch die Leseaufgabe selbst […]."[148] Daneben wird auf den den Widerspruch hingewiesen, dass die „Geschichtsdidaktik einerseits auf ‚Multiperspektivität', ‚Kontroversität' und ‚Pluralität' der Geschichts-Schulbücher Wert legen muss, andererseits aber auch zu fordern hat, dass die Schulbücher einigermaßen leicht, richtig und eindeutig verstanden werden können."[149]

Ein kleines Fazit zum Schluss: Wenn auch die Stimmen lauter werden, dass sich die Geschichtsdidaktik verändern muss und beispielsweise die Kategorie Geschichtsbewusstsein kritisch nach ihrem Potenzial für die Initiierung historischen Lernens in Gegenwart und Zukunft zu befragen ist; so sind doch Namen wie Jeismann, Rüsen, Pandel oder Bergmann und Kuhn immer noch die zentralen Referenzen, wenn davon die Rede ist, auf welchem Fundament die Geschichtsdidaktik theoretisch gründet.[150] Die unterschiedlichen Kompetenzmodelle – über die in diesem Band abgedruckten hinaus – berufen sich auf deren Konzepte genauso wie Autorinnen und Autoren, die dem Narrativitäts-Paradigma folgen oder ihren empirischen Forschungen theoretische Prämissen zugrunde legen; und schließlich sind auch jüngste Entwicklungen auf dem Feld der Public History, die sich eigenständig als Disziplin entwickelt, nicht wenig von dem Geschichtskultur-Diskurs der Geschichtsdidaktik inspiriert, der spätestens seit den 90er Jahren lebhaft geführt wurde.

Mit der (lediglich exemplarischen und letztlich doch subjektiven) Auswahl der Texte ist also kein Zeichen verbunden, dass die Didaktik der Geschichte einen wie auch immer abgeschlossenen theoretischen Kanon habe, der nicht diskutierbar ist. Der Band gibt lediglich Hinweise, worauf die Disziplin sich bis heute – zumindest zu erheblichen Teilen – beruft und worauf sie aufbauen kann, um sich adäquat weiter zu entwickeln.

---

148 Unten, S. 251 f.
149 Unten, S. 252.
150 Eindrucksvoll bestätigte das jüngst: Sebastian Bracke / Colin Flaving / Johannes Jansen / Manuel Köster / Jennifer Lahmer-Gebauer / Simone Lankes / Christian Spieß / Holger Thünemann / Christoph Wilfert / Meik Zülsdorf-Kersting, Theorie des Geschichtsunterrichts (Geschichtsunterricht erforschen, Bd. 9), Frankfurt/M. 2018.

I. Zentralkategorien „Geschichtsbewusstsein" und „Geschichtskultur"

Didaktik der Geschichte
Die Wissenschaft von Zustand, Funktion
und Veränderung geschichtlicher Vorstellungen
im Selbstverständnis der Gegenwart

KARL-ERNST JEISMANN

I.

Was ist das eigentlich: Die Didaktik des Faches Geschichte? In den Fakultäten oder Fachbereichen, Seminaren und Instituten, in denen die Geschichtsforschung betrieben wird, erscheint Didaktik der Geschichte als ein etwas verschwommener, wissenschaftlich noch nicht approbierter Bereich, der das Bemühen von Schulmännern umschreibt, Ergebnisse der Geschichtsforschung als Erkenntnisse über Vergangenheit Heranwachsenden in einer elementarisierten Weise nahezubringen. Dieses Bemühen ist zwar einerseits für die Geschichtsforschung höchst wichtig und nicht minder für die akademischen Forscher, deren Hörer in überwiegender Zahl sich diesem Geschäft der Didaktik einst zuwenden werden; es erscheint auf der anderen Seite aber zugleich als etwas Wissenschaftsfremdes, und, ungeachtet seiner Notwendigkeit, vom Wissenschaftsverständnis her auch oft als etwas Dubioses.

Seit nun die Lehrerausbildungsgesetze der Länder die Didaktik der Fächer als einen notwendigen Bestandteil des Studiums bezeichnen, dessen Stundenvolumen die Quantität der Beschäftigung mit der Forschung verkürzt, kann man die Frage danach, was die Didaktik der Geschichte sei, nicht mehr in der Grauzone eines solch unklaren Verständnisses lassen und die Kompetenz dafür – ein bequemer Weg für den Forscher – der Pädagogik übertragen. An einer Klärung des Begriffes und an der Art der Ausfüllung dieses Fachgebietes hängen weitreichende Entscheidungen über die Studienordnungen, über die [|10] Inhalte und Verbindungen in der akademischen Lehre, aber auch über Wissenschaftsorganisation und Selbstverständnis eines Faches. Der Versuch einer Klärung des Begriffes und des Aufgabenbereiches der Didaktik der

Geschichte ist schließlich deshalb wichtig, weil, teils unterschwellig, in den letzten Jahren Befürchtungen entstanden sind, diese wissenschaftlich doch irgendwie suspekte Disziplin maße sich an, unter dem Anspruch der Relevanzkompetenz die Forschung selbst zu bevormunden; sie sei die Speerspitze der Kräfte, welche die Freiheit der Wissenschaft bedrohen.

Es ist an der Zeit, Mißverständnisse zu klären, Animositäten in den Bereich des argumentativen Gesprächs zu heben.

An einem Beispiel, das hier anonym bleiben darf, sei ein solches, mit Animositäten vermischtes Mißverständnis nicht nur der Didaktik, sondern auch der Forschung selbst illustriert. Im Brief eines Professors einer deutschen Universität an seine Fachkollegen aus dem Jahre 1974 äußerte sich Entrüstung darüber, daß im Lehrangebot des Faches seit mehreren Jahren die Preußische Geschichte als Ganzes nicht mehr angeboten worden sei, daß man sie „verschwiegen" habe. „Einzelne Rosinen" seien zwar herausgepickt worden, den „Kuchen" aber habe man „verschimmeln lassen". So könne der Eindruck entstehen, „daß die preußische Geschichte in dem hier vermittelten Geschichtsbild keinen Platz haben soll und man es den Historikern in der DDR überläßt, sich aus der preußischen Geschichtsüberlieferung das herauszusuchen, was man für diesen Staat gelten lassen will." Der Verfasser meinte weiter, daß die preußische Geschichte „nicht immer in das hineinpaßt, was heute statt der Verkündung der Wissenschaft als Programmierung eines Lehrziels ausgegeben wird." Der falschen Didaktik, die statt menschenfreundlicher Zubereitung der Wissenschaft weltanschauliche Schulung betreibe, sei wieder die Verkündung der Wissenschaft entgegenzusetzen. Wenn das geschehe, werde der Student in der Lage sein, auch ohne didaktische Ambulatorien „sich ein eigenes Geschichtsbild aus den Vorlesungen einer unprogrammierten Geschichtsdarstellung zu formen".

Dieser Brief war selbst vehementer Ausdruck einer didaktischen Position, freilich ohne daß der Schreiber es wußte. Das [|11] Geschichtsbild, das er vermißte und neu vermittelt wissen wollte, welches er als den Ausfluß der reinsten Wissenschaftlichkeit verstand, war das der Prävalenz der großen historischen Individualitäten, wie Ranke sie beschrieben hatte: der Staaten. In dem Lehrangebot der Fakultät, das aus problemorientierten, mehr auf gesellschaftliche als auf staatliche Strukturen gerichteten Seminaren und wenigen Überblicksvorlesungen bestand, sah der Verfasser die Gefahr der Vermittlung eines fragwürdigen Geschichtsbildes. Aufgeladen war die Wende gegen einen anderen Zugriff der Wissenschaft auf die Vergangenheit durch das politisch-pädagogische Pathos der Erhaltung der national-staatlichen Überlieferung. Insofern steckt in der didaktischen Entscheidung des Verfassers zugleich auch eine politische Position.

Verkündung der „reinen Wissenschaft" setzt sich hier gegen Didaktik kontrastiv ab, indem sie diese als Propaganda oder als Veranstaltung zur Zubereitung von „Babykost" versteht. Auch wenn man weit davon entfernt ist, dieses Beispiel als typisch für das Didaktikverständnis innerhalb der Geschichtsforschung zu bezeichnen, so ist doch die sich darin ausdrückende Mischung von Besorgnis und Geringschätzung als unterschwelliger Einstellungsdominanten nicht selten anzutreffen. Hier soll nur darauf hingewiesen werden, welche Fragen nicht gesehen werden, wenn Didaktik in diesem Lichte erscheint: Die Reflexion der wissenschaftstheoretischen Positionen verschwindet ebenso wie die der politischen Optionen hinter Selbstgerechtigkeit und Empörung. Welche Geschichte wir vermitteln, mit welchen Gründen man an der nationalen, preußischdeutschen Akzentuierung des vermittelten Geschichtsbildes festhält oder es erweitert, verändert oder durch ein anderes ersetzt; wie solche Entscheidungen sowohl in der Lehre der Hochschulen wie im Unterricht der Schulen und darüber hinaus in den verschiedensten Gruppen und Bereichen der Gesellschaft sich niederschlagen; welchen Beitrag ein solches oder anderes Geschichtsverständnis zum Begreifen der Gegenwart liefert und, umgekehrt, wie immer schon dieses Begreifen der Gegenwart eine bestimmte Art von Geschichtsverständnis hervorruft: Das sind Fragen, die nicht mehr bloß durch Tradition, durch bewußte politische Einstellung oder durch die Tatsache [|12] der Existenz von Forschung zu beantworten sind. Solche und ähnliche Fragestellungen würden der „reinen Forschung" – also jener Tätigkeit, die sich mit Recht und zuallererst um die methodische Aufhellung vergangenen menschlichen Daseins bemüht – ihre eigene Position, ihre Wirkung und ihre Konkurrenzen in Position und Wirkung verdeutlichen. Diese Fragestellungen erschließen sowohl den wissenschaftlichen wie vor allem auch den vor- und außerwissenschaftlichen Kontext, in dem Forschung sich befindet. Sie leiten uns unmittelbar in die Disziplin der „Didaktik der Geschichte".

II.

Die häufig vorgetragene Zumutung, in Kürze zu sagen, was „Didaktik der Geschichte" denn überhaupt sei – eine Zumutung, der jeder Wissenschaftler, welcher seine Disziplin ungern schief oder mißverständlich dargestellt sieht, der zumal ein auf „konkretes Denken" eingeschworener Historiker instinktiv Abwehr entgegenbringt – diese Zumutung, eine Definition statt einer Beschreibung zu geben, provoziert den folgenden Versuch einer thesenhaften Bezeichnung von Gegenstand und Aufgabe der Didaktik der Geschichte:

„Didaktik der Geschichte" hat es zu tun mit dem Geschichtsbewußtsein in der Gesellschaft sowohl in seiner Zuständlichkeit, den vorhandenen Inhalten und Denkfiguren, wie in seinem Wandel, dem ständigen Um- und Aufbau historischer Vorstellungen, der stets sich erneuernden und verändernden Rekonstruktion des Wissens von der Vergangenheit. Sie interessiert sich für dieses Geschichtsbewußtsein auf allen Ebenen und in allen Gruppen der Gesellschaft sowohl um seiner selbst willen wie unter der Frage, welche Bedeutung dieses Geschichtsbewußtsein für das Selbstverständnis der Gegenwart gewinnt; sie sucht Wege, dieses Geschichtsbewußtsein auf eine Weise zu bilden oder zu beeinflussen, die zugleich dem Anspruch auf adäquate und der Forderung nach Richtigkeit entsprechende Vergangenheitserkenntnis wie auf Vernunft des Selbstverständnisses der Gegenwart entspricht.

Dabei ist der Begriff „Geschichtsbewußtsein" hier in einem [|13] sehr allgemeinen Sinne als das Insgesamt der unterschiedlichsten Vorstellungen von und Einstellungen zur Vergangenheit genommen.

Dieser komplexe Aufgabenkreis läßt sich nach seinen Sektoren etwa so bestimmen:
- Mit empirisch analytischer Methode hat die Didaktik der Geschichte zu untersuchen, wie das sog. „Geschichtsbewußtsein" innerhalb der Gesellschaft beschaffen ist. Das „lebensweltliche Fundament der Geschichtswissenschaft", also die unterschiedlichen, prä- und postwissenschaftlichen Vorstellungen von vergangenen Zuständen oder Vorgängen sind aufzunehmen und in Beziehung zueinander und zu den Ergebnissen der wissenschaftlichen Forschung zu setzen. Die Frage nach den Denk-, Urteils- und Vorurteilsstrukturen ebenso wie nach den vorherrschenden und verdrängten Inhalten bedarf einer Antwort. Kurz gesprochen, die Didaktik ist interessiert an einer *Morphologie* des Geschichtsbewußtseins und zwar des gesamten breiten Geschichtsbewußtseins, nicht nur des wissenschaftlich reflektierten Geschichtsverständnisses der Historiker.
- Nicht minder wichtig wie die Morphologie ist die *Genese* der unterschiedlichen Vorstellungen von Geschichte. Geschichtliches Bewußtsein ist kein Naturprodukt. Zu fragen ist nach den Wegen, auf denen es sich sei es durch Überlieferung fortpflanzt, durch historische Erfahrung verändert, durch Kritik oder durch Agitation sich aufbaut, durch Rezeption der Forschung korrigiert oder nicht; wir möchten genauer wissen, welche Kräfte oder „Instanzen" mit der Arbeit des Auf- und Umbaus von Geschichtsbewußtsein beschäftigt sind, welche Mittel und Medien eingesetzt werden, welche Methoden und Muster bei Aufbau und Verbreitung von Geschichtsbewußtsein mit welchem Erfolg angewendet werden.
- Neben der Morphologie und der Genese ist es sodann die *Funktion*, welche die Didaktik der Geschichte interessiert: Welche Identifikations- oder Feindmuster aufgebaut werden, zu welchen unterschiedlichen sozialen oder ethnischen Gruppen bestimmte Geschichtsbilder sich zuordnen, wie sie sich mit dem Wandel der Interessen und der politischen Bedürfnisse und Wünsche verändern, wie die „Geschichte als Argument" in [|14] politischen Auseinandersetzungen benutzt, wie Meinungen über Vergangenes, als „Erfahrungen"

---

1 Jörn Rüsen, Zum Verhältnis von Theorie und Didaktik der Geschichte, in: Geschichte in Wissenschaft und Unterricht, 26 (1975), S. 435.
2 Karl-Georg Faber, Zum Einsatz historischer Aussagen als politisches Argument, in: Historische Zeitschrift, 221 (1975), S. 265–303. Dieses Referat auf einer Tagung des Arbeitskreises „Theorie der Geschichte" sowie die dort angekündigte Untersuchung von Wolfgang Bach, Geschichte als politisches Argument, zeigen einen Zugriff der Geschichtsforschung auf Fragen, die ebenso sehr genuin historischer Art im Sinne von Geschichtsforschung wie didaktischer Art sind. Es wäre dringend erwünscht, solche Untersuchungen

verstanden, Faktoren politischer Entscheidungsbildung sein können. Allgemein gesprochen: wie sich im Geschichtsbewußtsein die Vergangenheitsdeutung verbindet mit dem Verständnis der Gegenwart und mit der Perspektive der Zukunft[3]. – Eine solche Analyse stößt notwendig auf Normen und Wertungen, Wünsche und Erwartungen, die sich in Geschichtsvorstellungen inkarniert haben, unbewußt zu „Wahrheiten" versteinert sein können oder bewußt als politisches Herrschaftswissen instrumentalisiert werden. Sie untersucht das Kampffeld unterschiedlicher Geschichtsauslegungen und sucht nach deren Bedeutung in den Kontroversen der Gegenwart, umgekehrt fragt sie nach der Funktion gegenwärtigen Streites für unterschiedliche Akzentuierungen des Geschichtsbewußtseins.

– Erst im Zusammenhang mit der Morphologie, mit der Ergründung der Genese und der Funktion des Geschichtsbewußtseins kann eine *Pragmatik* der Geschichtsdidaktik hinreichend begründet und entwickelt werden. Auf diesem Sektor sucht die Didaktik der Geschichte Wissen von Vergangenheit, Einsicht, Beurteilung, Deutung und Wertung vergangener Prozesse und Zustände zu vermitteln. Sie hat Ziele, Inhalte und Wege zu finden und zu begründen, welche dieser Vermittlung von Vergangenheitsvorstellung unter bestimmten Bedingungen unterschiedlicher Lern- und Interessentengruppen angemessen sind. Sie hat die Materialien und die Organisationsformen dieser bewußten Unterweisung, Belehrung, Unterhaltung, bereitzustellen und zu kritisieren. In diesem pragmatischen Sektor, wo die Didaktik zur Handlungswissenschaft wird, stellt sich unausweichlich der Anspruch, in einer gegebenen Gesellschaft immer dort, wo der Staat den Unterricht organisiert, normativ den Rahmen dessen zu bestimmen, was an unterschiedlichen Geschichtsdeutungen, -wertungen und -urteilen im Zusammenhang des Gegenwartsverständnisses sein relatives Recht hat und sich mit anderen Positionen messen kann. Im Bereich des schulischen Geschichtsunterrichts vor allem steht sie im Kraftfeld politischer Setzungen und eines politischen Willens – Eigenwillens und zugemuteter Ansprüche. Die normative Option einer Pragmatik der Geschichtsdidaktik

---

sowohl unter dem Aspekt der Erklärung von Vorgängen wie der Klärung des Gebrauchs historischer Argumentation weiter zu entwickeln.

3 Vgl. Ernst Schulin, Die Frage nach der Zukunft, in: Geschichte heute. Positionen, Tendenzen, Probleme. Hrsg. von Gerhard Schulz, Göttingen 1973, S. 119 ff. Zur „Zukunft als Kategorie von Geschichte" vgl. auch Klaus Bergmann u. Hans-Jürgen Pandel, Geschichte und Zukunft. Didaktische Reflexionen über veröffentlichtes Geschichtsbewußtsein, Frankfurt 1975, S. 104 ff. Die dort getroffene Unterscheidung einer „echten" Zukunft von einer „Fehlform von Zukunftsbewußtsein" spiegelt in einer verkürzten Form auf moderne Weise alte geschichtstheologische Kategorien wieder. Sie dürften in dieser zugleich vagen und vereinfacht polarisierten Form kaum akzeptiert werden; indessen ist unbestreitbar, daß der engagierte Hinweis auf die Zukunftsbezogenheit historischer Deutungen und Wertungen nicht aus dem Geschichtsbewußtsein in allen seinen Formen eliminiert werden kann. Vgl. dazu auch Edward Hallett Carr, Was ist Geschichte?, Stuttgart 1963, S. 128.

läßt sich in [|15] unserem Staat und unserer Gesellschaftsordnung nur als eine solche umreißen, in der unterschiedliche Geschichtsdeutungen und Urteile, Darstellungen und Parteinahmen ihr Recht haben, aber gezwungen sind, sich argumentativ mit anderen auseinanderzusetzen. In dem Augenblick treten sie aus dem Konsens der gemeinsamen Normen heraus, in dem sie sich absolut setzen und generellen Wahrheitsanspruch theoretisch erheben bzw., sobald organisatorische Macht zur Verfügung steht, ihn faktisch ausüben werden.

Die pragmatische Aufgabe der Geschichtsdidaktik ist nicht begrenzt auf das Schulfach Geschichte. Vielmehr hat Didaktik der Geschichte einen Fächer von Konkretisierungen hinsichtlich unterschiedlicher Adressatengruppen. Die Hochschuldidaktik und die Schulfachdidaktik sind zweifellos jene Bereiche, die am unmittelbarsten und am weitesten institutionalisiert als pragmatische Lehrfelder auftreten. Aber daneben gibt es in den unterschiedlichsten Institutionen und Formen der Erwachsenen- und außerschulischen Jugendbildung, in der Mediendidaktik – vom Buch über Zeitung und Zeitschrift über Funk, Fernsehen und Museum, Ausstellungen und Denkmalspflege – eine Vielzahl von Bereichen, in denen die Didaktik der Geschichte diese pragmatische Aufgabe im Zusammenhang mit den anderen Sektoren ihrer Arbeit wahrnehmen muß.

Diesem Versuch einer Aufgabenbeschreibung, der aus Zeitgründen auf Beispiele verzichtet, ist nur folgendes hinzuzusetzen: das landläufige Verständnis von Didaktik begrenzt diese vornehmlich auf die pragmatische Veranstaltung von Unterricht; auch in einem entwickelterem Bewußtseinsstand wird die Didaktik häufig darauf reduziert, daß sie für den schulischen Unterricht eine Ziellehre zu entwickeln habe, Methoden erproben, Medien und Material bereitstellen und den Lernerfolg kontrollieren müsse. Sie habe darüber hinaus die individuellen und sozio-kulturellen Voraussetzungen ihres Unterrichts zu reflektieren, um ihre Methoden und Mittel richtig einsetzen zu können[4]. Alles das sind richtige Bestimmungen. Aber sie sind einerseits zu generell, weil auf alle Fächer anwendbar, andererseits zu eng, weil sie das Phänomen der Geschichtlichkeit als Bewußtseinsgröße nicht fassen. Darum sei hier noch [|16] einmal nachdrücklich auf die den Unterricht übergreifenden Erscheinungen verwiesen, mit denen es Didaktik der Geschichte zu tun hat. Die immer neue Rekonstruktion von Geschichtsverständnis in der Gesellschaft ist ein so umfassender, vielfältiger und komplexer Vorgang in der durch die Generationen laufenden Tradierung und Veränderung der gesellschaftlichen Kultur im weitesten Sinne, daß der Geschichtsunterricht als

---

4 Einen solchen verkürzten Didaktikbegriff findet man bei Hans Glöckel, Begriff und Aufgabe der Fachdidaktik, in: Geschichte in Wissenschaft und Unterricht, 27 (1976), S. 146–157. Weiter wird der Begriff gefaßt von den Herausgebern der neuen Zeitschrift „Geschichtsdidaktik. Probleme, Projekte, Perspektiven". Vgl. 1 (1976), S. 1 ff.: Braucht die Geschichtsdidaktik ein neues Organ? Aber auch hier ist der eigentliche Bezugspunkt der Geschichtsunterricht an Schulen; so kommt es möglicherweise auch hier zu einer „falschen Selbstbescheidung" in einer anderen Richtung.

ein zwar wichtiger, aber eben nur als *ein* Faktor in diesem Prozeß angesehen werden kann; der Geschichtsunterricht und seine Didaktik werden von diesem umgreifenden Prozeß, mit dem es die Didaktik der Geschichte insgesamt zu tun hat, sehr viel mehr bestimmt als daß sie ihn prägen. Darum ist Didaktik der Geschichte nicht vom Schulfach her zu begründen – umgekehrt ist die Didaktik des Geschichtsunterrichts nur von einer umgreifenden Didaktik der Geschichte her zu entwickeln. Jede Didaktik des Geschichtsunterrichts, die nicht mindestens im Bewußtsein einer solch umgreifenden Didaktik der Geschichte steht, greift zu kurz und tappt daher im Dunkeln.

Wenn hier die Disziplin der „Didaktik der Geschichte" aus dem Phänomen des Geschichtsbewußtseins entwickelt wird, so ist sogleich einem Mißverständnis gegenüberzutreten, das sich angesichts dieser Position bisweilen äußert. Es wird noch zu zeigen sein, wie Didaktik der Geschichte als Disziplin der Geschichtswissenschaft nicht ohne Forschung und Theorie der Geschichte auskommen kann. Aber ohne Zweifel braucht sie in all ihren Sektoren unterschiedliche Bezugswissenschaften, ohne deren Hilfe sie ihre Aufgabe nicht angehen kann. Die sich entwickelnden Unterrichtswissenschaften sind für die Konkretisierung der Didaktik der Geschichte im Bereich des Geschichtsunterrichtes unerläßlich; die Psychologie ist sowohl als Individual- wie vor allem als Sozialpsychologie eine der wichtigsten Bezugswissenschaften sowohl für den gezielten Vermittlungsprozeß wie auch für das Verständnis der Entstehung und Veränderung von Geschichtsbewußtsein; die Sozialisationsforschung ist nicht nur für die Schulfachdidaktik von erheblicher Bedeutung, sie hat nicht minder für die Untersuchung des Verhältnisses von historischen und politischen Denk- und Verhaltensweisen Bedeutung; die Einstellungsforschung ist für die historische und politische Bildung von [|17] Erwachsenen wie von Kindern gleichermaßen wichtig; die Publizistik ist für eine Mediendidaktik unentbehrlich.

Im folgenden soll jedoch nicht die Rede sein von dem Verhältnis der Didaktik der Geschichte zu diesen unverzichtbaren Bezugswissenschaften – jede historische Disziplin hat einen solchen spezifischen Kranz an „Hilfswissenschaften". Im folgenden wird die Didaktik der Geschichte als Disziplin der Geschichtswissenschaft nur in ihrem Kernbereich beschrieben. Erst wenn man ihn in seinem Verhältnis zur Forschung wie zur Theorie der Geschichte erfaßt, ergeben sich die Ansatzpunkte zu den anderen Bezugswissenschaften. Ohne eine solche wissenschaftssystematische Begründung der Didaktik der Geschichte bleibt die Verbindung zu den Bezugswissenschaften selbst unklar und möglicherweise irreführend.

III.

Im folgenden soll die These, daß die Didaktik der Geschichte – wie die Theorie der Geschichte und die Geschichtsforschung – als Disziplin zum Gesamtbereich der Geschichtswissenschaft gehört, durch einige Hinweise begründet werden.

Mit dieser These werden zwei andere, einander korrespondierende Vorstellungen zurückgewiesen:
1. Die Didaktik der Geschichte sei eine fachspezifische Konkretisierung der allgemeinen Didaktik und von dieser allgemeinen Didaktik bzw. von einer allgemeinen Curriculumtheorie her zu begründen. Ein solcher Ansatz ist eingestandenermaßen auf seine Grenzen gestoßen[5];
2. Die Geschichtswissenschaft habe mit der Didaktik nur mittelbar zu tun, indem sie Ergebnisse der Forschung zur Verfügung stelle und die Richtigkeit der didaktischen Reduktion kontrolliere. Diese Auffassung entspricht spiegelbildlich genau der erstgenannten. Sie dispensiert die Forschung von der Vermittlung.

Beide Auffassungen vernachlässigen die erste und wichtigste Begründung für die hier vertretene These: die didaktische Grundfunktion der Historie.

Mit diesem Ausdruck ist gemeint, daß jeder Aussage über [|18] Vergangenheit insofern ein didaktisches Element innewohnt, als sie immer einem Kommunikationsprozeß gegenwärtiger Verständigung über Vergangenheit dient und einem gegenwärtigen Orientierungswillen nicht nur unterworfen, sondern ursprünglich verpflichtet ist. Zwar kann der hier als „didaktisch" bezeichnete Fächer des gegenwärtigen Interesses sehr unterschiedlich und breit entfaltet sein; aber „absichtslose" Historie ist nicht vorstellbar. Das Wissenwollen und das Zurkenntnisnehmen von Aussagen über Vergangenheit, der Mitteilungswille, welcher vergangenes Geschehen vergegenwärtigt – das sind sowohl passive wie aktive Formen der Deutung oder Erklärung individuellen wie sozialen Weltverhältnisses. Das gilt generell und unabhängig von dem Grad der wirklichen oder vermeintlichen Objektivität der Aussage über die Vergangenheit. Leopold Ranke, oft zitiert als der Anwalt vorurteilsfreier und tendenzloser Geschichtsdarstellung, kann doch als solcher nur in seinem Verhältnis zu bewußt moralisch oder philosophisch deutenden Geschichtskonstruktionen verstanden werden. Über die didaktische Grundfunktion im Ansatz seiner Geschichtsschreibung kann kein Zweifel bestehen. Er wollte nicht schlicht und ohne Deutung sagen, wie es gewesen – sondern er wollte sagen „wie es *eigentlich* (kursiv vom Verfasser) gewesen". In diesem „eigentlich" liegt der Hinweis auf das didaktische, Geschichtsbewußtsein und -Vorstellung und nicht bloße Information bezweckende Element seiner Forschung[6].

---

5 Vgl. Herwig Blankertz, Fachdidaktische Curriculumforschung. Strukturansätze für Geschichte, Deutsch, Biologie, Essen 1973, Einleitung.
6 Leopold von Ranke, Sämtliche Werke, Leipzig 1867–1890, Bd. 33/34, S. VII. Auf die theologisch rückbezogene, „didaktische" Art des Begreifens von Geschichte bei Ranke ist wiederholt ausführlich eingegangen worden. Theodor Schieder, Das historische Weltbild Leopold von Rankes (in: Begegnungen mit der Geschichte, Göttingen 1962) und C. Hinrichs, Ranke und die Geschichtstheologie der Goethezeit (Göttingen 1954) sind nach Meineckes Werk über „Die Entstehung des Historismus" nur zwei der wichtigsten

Vom Wirkungs- und Deutungswillen, der ihnen innewohnt, und von seinen Konsequenzen lassen sich Geschichtsforschung und Geschichtsschreibung nicht trennen. Es sind wissenschaftsimmanente Bedingungen der Forschung und der Geschichtsschreibung selbst. Die didaktische Komponente steckt in der Forschung selbst, läßt sich von ihr nicht ablösen oder als eine zusätzliche Veranstaltung begreifen, die erst einzusetzen hat, wenn die Forschung ihre Ergebnisse präsentiert. Darum gehört die Frage nach den Antrieben und Zielen wie nach den Bedingungen und Folgen, die jeder Rekonstruktion von Vergangenheit innewohnen, zu den Grundfragen der Geschichtswissenschaft selbst. Um der Verständigung der Gegenwart willen über ihre Herkunft, über die Möglichkeiten, die im [|19] genus humanum in der Geschichte hervortreten und also immer noch, jetzt und künftig, denkbar sind, um der Orientierung des Menschen in der Zeit willen – im engen konkreten wie im weitesten Sinne – ist Historie überhaupt da. Ohne die Hoffnung, daß Geschichte uns in unserer Gegenwart etwas zu sagen habe, daß sie etwas für uns bedeute, gäbe es keine Historie. Dieses „etwas für uns" aber deutet auf ihre didaktische Grundfunktion.

Daß „in der inneren Struktur historischer Forschung fundamentale didaktische Faktoren"[7] enthalten sind, ist in der wissenschaftlichen Diskussion der Historiker nicht mehr ernsthaft bestritten. Dem Postulat von Reinhart Koselleck hat, soweit ich sehe, niemand widersprochen: „Wir müssen uns ständig fragen, was für uns heute Geschichte ist, sein kann und sein soll, in der Universität, in der Schule, in der Öffentlichkeit[8]." Wir müssen diese Fragen nicht nur stellen, sondern versuchen, sie in einen wissenschaftlichen Verbund zu bringen und Methoden zu entwickeln, um sie zu beantworten. Genau dies ist die Aufgabe der Didaktik der Geschichte als einer Disziplin der Geschichtswissenschaft.

In der Bildungspolitik freilich wird die herkömmliche Vorstellung von einer Trennung zwischen Fachwissenschaft und Fachdidaktik weiterhin aufrechterhalten. Dies zeigt sich etwa in der Zuschneidung der Stundenanteile, die bei der Lehrerausbildung der sog. Fachwissenschaft und der sog. „Fachdidaktik" in scharfer Trennung zugewiesen werden[9]. Es zeigt sich weithin auch in der Wissenschaftsorganisation und in dem Ausbildungsangebot für die Lehrer. Die Didaktik wird hier noch weitgehend als Methodik verstanden, Lehrbeauftragten in untergeordneten Stellen zugewiesen und bleibt

---

Untersuchungen, die dieses „eigentlich" der knappen Formulierung Rankes aus seinem gesamten Werk zu analysieren versuchen.
7 Jörn Rüsen, Zum Verhältnis von Theorie und Didaktik der Geschichte (s. Anm. 1), S. 437.
8 Reinhard Koselleck, Über die Theoriebedürftigkeit der Geschichtswissenschaft, in: Theorie der Geschichtswissenschaft und Praxis des Geschichtsunterrichts. Hrsg. von Werner Conze, Stuttgart 1972, S. 25.
9 So der in NRW im Augenblick diskutierte Erlaß des Kultusministeriums vom 31.5.1976 zur Durchführung des Lehrerausbildungsgesetzes; III C 3.40/01/Nr. 1456/76.

auf diese Weise in die Randbezirke universitärer Lehre und Forschung verbannt, aus denen sie sich kaum selbst lösen und in denen sie ihre Aufgaben nicht angreifen kann[10].

Dennoch scheint es so zu sein, als ob die Verselbständigung der Didaktik der Geschichte als einer Disziplin der Geschichtswissenschaft nicht mehr aufzuhalten sei, im Gegenteil, als ob die Geschichtswissenschaft diese Disziplin als ihre eigene mehr und mehr erkenne. Zwar haben immer wieder Historiker, die über den engeren Bereich ihrer Forschungstätigkeit hinaus- [|20] zublicken vermochten, mit sehr interessanten, die Wirkung ihrer Forschung bisweilen jedenfalls der Breite nach übertreffenden Essays didaktische Fragen der Forschung erörtert und die Beschränktheit der Zunftschranken damit durchbrochen. Häufiger sind Aphorismen oder Behauptungen, bisweilen auch krasse Fehlleistungen in Aussagen über die Bedeutung von Geschichtsbewußtsein in der Gesellschaft und des Beitrages der Forschung dazu. Kräftig und unreflektiert, gleichsam im Dienste des Zeitgeistes, haben Historiker der älteren Generation bis zum Ersten Weltkrieg und häufig darüber hinaus sich als Didaktiker und politische Pädagogen verstanden. So lange sie sich ungefragt einig fühlen konnten mit den vorherrschenden Meinungen über den Gang und den Sinn der Geschichte der eigenen Nation, gehörte das in der Regel zu den nicht weiter reflektierten Selbstverständlichkeiten. Erst als diese selbstverständliche Einheit zerbrach, wurde „die Flucht aus der Welt der Politik[11]" als eine Attitüde des Späthistorismus zu einer Denkfigur, die mit der Abschirmung von politischen Zumutungen zugleich auch eine Reflexion auf die didaktischen Elemente der eigenen Arbeit verhinderte. Aber indem diese Attitüde durch die radikaler werdende Frage nach der Bedeutung und nach der Rechtfertigung der Historie in Frage gestellt wurde, nachdem mehr und mehr kontroverse Deutungen von Geschichte sich mit kontroversen politischen Positionen der Gegenwart und divergierenden Perspektiven der Zukunft verbinden, können die didaktischen Faktoren der Geschichtswissenschaft nicht mehr wie selbstverständlich und naiv zur Wirkung gebracht, können sie nicht mehr als wissenschaftsfremde Zumutung abgetan werden; sie müssen in wissenschaftlicher Weise selbst aufgearbeitet werden[12].

An einer solchen wissenschaftlichen Aufarbeitung muß der Geschichtswissenschaft schon um ihrer eigenen Selbstbestimmung willen gelegen sein. Will sie nicht bewußt

---

10 S. auch die „Erklärung des Verbandes der Historiker Deutschlands zum Studium des Faches Geschichte an den Hochschulen (Teil II)", in: Geschichte in Wissenschaft und Unterricht, 27 (1976), S. 303, in der der Fachdidaktik eine Stellung zugewiesen wird, wie sie nur aus ihrem Mißverständnis als Methodik des Unterrichts resultieren kann. Zu diesem Punkte soll eine neue Stellungnahme des Verbandes erarbeitet werden.
11 Geschichtswissenschaft in Deutschland. Hrsg. von Bernd Faulenbach, München 1974: Hans Mommsen, Einführung, S. 14.
12 Vgl. Fritz Fischer, Aufgaben und Methoden der Geschichtswissenschaft, in: Geschichtsschreibung. Epochen, Methoden, Gestalten. Hrsg. von Jürgen Scheschkewitz, Düsseldorf 1968, S. 7–28; Hans Mommsen, Betrachtungen zur Entwicklung der neuzeitlichen Historiographie in der Bundesrepublik, in: Probleme der Geschichtswissenschaft (= Geschichte und Gesellschaft. Bochumer historische Studien 1), Düsseldorf 1973, S. 124–155.

oder unbewußt Außensteuerungen erliegen, muß die Geschichtswissenschaft die Didaktik der Geschichte als ihre eigene Disziplin erkennen und entwickeln.

Ergibt sich dies als eine Konsequenz der Beobachtung der Auseinandersetzung um Bedeutung und Rolle der Geschichtswissenschaft im letzten Jahrzehnt, so sprechen doch tiefer- [|21] liegende und oberflächliche Tendenzwendungen übergreifende Bewegungen und Veränderungen noch deutlicher für eine solche Entwicklung der Didaktik der Geschichte. Sie sollen in den folgenden Thesen skizziert werden.

IV.

Zwei aufeinander einwirkende Bewegungen, die erste enger, die zweite umfassend, verlangen die Entfaltung der Didaktik der Geschichte als einer Disziplin der Geschichtswissenschaft. Die erste ist der Prozeß der Entwicklung der Geschichtswissenschaft selbst, die zweite ist die tiefgreifende politische und soziale Veränderung des gesellschaftlichen Zustandes in unserem Jahrhundert.

1. Für die vorwissenschaftliche Geschichtsschreibung galt generell, daß Wirkungs- und Aussagewille mit Auswahl und Erschließung der Quellen sowie mit der Darstellung aufs engste verbunden blieb; die wissenschaftliche Geschichtsschreibung hat seit dem 19. Jahrhundert die Quellenkritik in verschiedenster Richtung entwickelt, insbesondere erkannt und methodisch verwertet, daß die Quellen selbst bereits nach ihrem Aussagewillen und ihrer Aussagemöglichkeit kritisch überprüft werden müssen. Für das 19. Jahrhundert galt jedoch lange noch, daß die Geschichtsschreibung selbst, bei aller Entwicklung der Quellenkritik, ihren eigenen Aussage- und Wirkungswillen, ihr politisches Engagement unmittelbar in ihre Darstellungen hineinbrachte. Erst gegen Ende des Jahrhunderts drang der Anspruch vor, unabhängig vom politischen Wollen der Gegenwart, vom didaktischen Einfluß auf die Bildung des Geschichtsbewußtseins, das historische Verstehen an sich zur Richtschnur der Geschichtsforschung und Geschichtsdarstellung zu machen, durch methodische Disziplin die außerwissenschaftlichen Implikationen und Wertungen von Forschung und Darstellung selbst zu trennen. Dieses Postulat ist nie in vollem Maße realisiert worden, aber dennoch hat der immer weiter sich differenzierende, arbeitsteilig auffaltende, Spezialprobleme erforschende Großbetrieb der historischen Wissenschaft durch diesen methodischen Schnitt zwischen Re-[|22] konstruktion der Vergangenheit und unmittelbarem, gegenwärtigem „didaktischen" Wirkungswillen dazu geführt, daß die Verbindung zwischen der Gesellschaft, dem lesenden Publikum und der Arbeit der Geschichtswissenschaft immer loser wurde. Alfred Heuss hat in seinem bekannten Buch „Verlust der Geschichte" diese Trennung der entwickelten Geschichtsforschung von der „Erinnerung" konstatiert. Er sah die Forschung in einem „Zustand bis zum letzten durchgeführter Sachbezogenheit", die „ausschließlich ihren autonomen Erkenntnisimpulsen" gehorche. So habe sie

nur noch sich selbst etwas zu sagen und den ursprünglichen Bezug zur Lebenswirklichkeit verloren, ja, ihn unter Verdacht gestellt[13].

Man mag zweifeln, ob die Forschung je nur ihren autonomen Sachfragen gefolgt ist – aber unanzweifelbar ist, daß die Geschichtswissenschaft durch ihre Entfaltung und Verästelung bei wachsender methodischer Differenzierung die alte, naive Einheit von Wirkungswillen und Untersuchung, von Motiv und Methode hinter sich lassen konnte. Mit der wachsenden Distanz von der unmittelbaren Motivation aus dem gegenwärtigen Erlebnis, mit der Fähigkeit, Genese und Logik der Forschung voneinander zu trennen, hat sie in ihren Aussagen zweifellos eine höhere Verläßlichkeit, einen methodisch abgesicherten Richtigkeitsanspruch gewonnen; sie hat diesen Gewinn seit dem Beginn des Jahrhunderts gegen immer massiver werdende politische Einfluß- und Korrumpierungsversuche behaupten müssen – politische Zugriffe, welche auf ihre Weise Wissenschaft unter politisch-didaktische Diktate zwang. Und nichts wäre gefährlicher, durch Rationalisierung solch unmittelbaren Wirkens mit Hilfe der Universalisierung des Ideologieverdachtes in direkter didaktischer Aktion das Richtigkeitskriterium aufzugeben oder zu vernachlässigen, welches in der methodischen Disziplin der Geschichtsforschung liegt.

Aber das elementare Bedürfnis, Historia als „Magistra vitae" zu nehmen, ist unabhängig von einer Forschungsmaxime wirksam, welche sich bei der Gewinnung von Ergebnissen diesem Bedürfnis zu entziehen sucht. Je mehr die Geschichtsforschung in die Gefahr esoterischer Selbstgespräche im Kreise der Fachleute gerät, um so größer wird die Wahrscheinlichkeit, daß die „Lehren" aus der Geschichte unkontrolliert von der [|23] Forschung bleiben; und da Wissen über die Vergangenheit heute weniger als je durch Weitergabe von Tradition entsteht, wird es der Manipulation oder der Suggestion überlassen und wirkt jenseits einer matten Unterrichtsdidaktik, die sich vergeblich bemüht, hinter der immer spezialisierteren Forschung herzulaufen.

Die Entwicklung der Geschichtswissenschaft ist an den Punkt gekommen, in dem sie den didaktischen Grund aller Historie selbst auf die Ebene wissenschaftlicher Untersuchung heben muß. Dann zeigt sich, daß Didaktik eben nicht sich erschöpfen kann in der Vermittlung unabhängig gedachter wissenschaftlicher Richtigkeiten, sondern daß sie in der Wissenschaft selbst als die Frage nach dem Willen, der Bedingtheit und der Wirkung von Forschung anzusetzen ist. Fehlt der Geschichtswissenschaft die wissenschaftliche Disziplin der Didaktik, bleibt sie heute blind gegenüber sich selbst und ihrer Wirkung oder aber unmittelbar einem fremden didaktischen Zwang unterworfen, der Wissenschaft in seinen Dienst nimmt. Er kann als organisierter politischer oder als apokrypher philosophischer Anspruch auftreten. Wo das Ziel historischer Unterrichtung, wo Behandlung und Auswahl der Vermittlung geschichtlicher Sachverhalte, wo die Wirkung solcher Rekonstruktion von Vergangenheit auf die Orientierung in

---

13 Alfred Heuß, Verlust der Geschichte, Göttingen 1959, S. 65 (Kleine Vandenhoeck-Reihe 82).

der Gegenwart nicht wissenschaftlich diskutiert und begründet werden können, gibt es keine Didaktik – man braucht nur eine Methodik; die Geschichtswissenschaft hat die Selbstbestimmung ihrer Motivation und Wirkung abgetreten.

2. Die Entwicklung der Geschichtswissenschaft, die zu ihrer Differenzierung und Ausfaltung führte, vollzog sich in einem Kontext geistiger und sozialer wie politischer Veränderungen, die hier nur auf zwei Stichworte zusammengezogen werden sollen.

Die Säkularisierung des individuellen wie kollektiven Selbstverständnisses hat den Horizont der Orientierungen in der Gegenwart enttheologisiert und damit notwendig historisiert. Es ist oft dargelegt worden, wie auf diese Weise eine Funktionsvermehrung und Funktionsverschiebung der Historie von erheblicher Reichweite im 19. Jahrhundert in Gang gesetzt worden ist. Es hat den Anschein, als ob dieser Prozeß nicht [|24] zu Ende sei. Die Klagen über Geschichtsmüdigkeit oder Abwendung von der Geschichte sind mehr und mehr erkannt worden als Ausdruck nicht einer Abkehr von der Geschichte, sondern einer Umstrukturierung des Verhältnisses zur Vergangenheit, einer Ablösung alter Denk- und Orientierungsmuster, einer zögernden Umorientierung des Selbstverständnisses angesichts der Geschichte. Die Ansicht, daß Gegenwartsorientierung anhand der Rekonstruktion der Vergangenheit verdrängt werden könne durch eine Systematik der gegenwärtigen Gesellschaftsstruktur, daß die Erkenntnis des historischen Prozesses in ihrer Bedeutung als Verständigungshorizont durch die Anschauung statischer Strukturmodelle ersetzt würde, hat sich inzwischen als Fehldeutung erwiesen[14]. Anders, aber schärfer als für das 19. Jahrhundert, ist das Bewußtsein, in einem Prozeß der Veränderungen zu stehen, für die Selbstbestimmung der Gegenwart und die Definition ihrer Zukunftsperspektiven wichtig geworden. Der verstärkt hervortretende Zwang oder Drang zu politischer Grundoption holt die Geschichte wiederum in den breiten öffentlichen Horizont; die Auseinandersetzung um das Geschichtsverständnis im Ganzen wie in Einzelbereichen verbindet sich wieder mit der politischen Positionswahl und umgekehrt. Einer Reideologisierung politischer Positionen entspricht notwendig eine neue und engagierte Rückfrage in die Vergangenheit. Es wird wieder für allgemein wichtig und der öffentlichen Auseinandersetzung für wert gehalten, was und wie etwas aus der Vergangenheit rekonstruiert wird. Die didaktische Grundfunktion aller Historie ist in unseren Tagen aufs deutlichste ins breite Bewußtsein getreten. Die Auseinandersetzungen um die hessischen Rahmenrichtlinien für Gesellschaftslehre waren das eklatanteste Beispiel dafür. Wie einst um die theologische Position, wird nun um die Art der historischen Rezeption gestritten in unaufhebbarem Zusammenhang mit der politischen Grundorientierung in der Gegenwart.

---

14 S. Wolfgang J. Mommsen, Die Geschichtswissenschaft in der modernen Industriegesellschaft; Hans Mommsen, Die Herausforderung durch die modernen Sozialwissenschaften. Beide in: Geschichtswissenschaft in Deutschland. Hrsg. von Bernd Faulenbach, München 1974.

Diese wachsende Funktion geschichtlichen Bewußtseins für gegenwärtige Orientierung – ein qualitativer Wandel – verbindet sich mit dem Prozeß der Demokratisierung, vorsichtiger und bloß quantitativ gesagt, mit der Ausweitung der Population, die es mit Politik zu tun hat. Die Demokratisierung der [|25] politischen Willensbildung wie der gesellschaftlichen Sprechkompetenz und Meinungsbildung hat das Geschichtsverständnis als ein Element politischer Entscheidungsbildung aus dem Diplomatenzirkel, aus der Sphäre der „Staatsmänner" und der „Gebildeten" herausgeholt. Das Geschichtsverständnis breiter Kreise, vieler gesellschaftlicher Gruppen, vieler Einzelner wird zu einem wesentlichen Element politischer Grundsatzentscheidungen. Geschichtsbewußtsein als politisch heikler, feuergefährlicher Stoff lagert heute flächig. Es wird darüber hinaus in einem organisatorischen und rechtlichen Prozeß im Bildungsbereich administriert; wenn Landtage unmittelbar rechtliche Kompetenz für Prüfungsordnungen und Richtlinien beanspruchen, wenn Schulbücher die Aufmerksamkeit der Öffentlichkeit finden, aber auch der Begutachtung durch nach politischen Gesichtspunkten ebenso wie nach fachlichen zusammengesetzter Ausschüsse unterliegen, die sich ihrerseits verantworten müssen, dann wird deutlich, wie viele Menschen heute privat, halböffentlich oder in politischer Funktion mit der Definierung von Geschichtsverständnis umgehen.

Mit der qualitativen Steigerung der Bedeutung von Geschichtsbewußtsein verbindet sich also eine quantitative Ausweitung dieser Bedeutsamkeit, die ihrerseits neue qualitative Rückwirkungen hat. Die Zahl derer, die mit der Herstellung von Vergangenheitsdeutung, mit ihrer Verbreitung, ihrer Kritik, ihrer Veränderung umgehen, ist Legion – aber es gibt innerhalb der Geschichtswissenschaft noch keine wissenschaftliche Disziplin, die diesen Umgang auf eine rationale, empirisch, normativ und pragmatisch gesicherte Ebene stellen kann.

V.

Nur einige kurze Bemerkungen sind anzufügen über das Verhältnis dieser zu entwickelnden geschichtswissenschaftlichen Disziplin der „Didaktik der Geschichte" zur Historik und zur Geschichtsforschung. Der Denkprozeß über diese Zusammenhänge steht erst am Anfang; er kann nicht beanspruchen, bereits vollständige oder gar gesicherte Ergebnisse vorzuweisen.

1. Die Theorie der Geschichte hat es zu tun mit den Möglich- [|26] keiten und Bedingungen historischer Erkenntnis, mit der Prüfung der Adäquanz gegenwärtiger Aussagen über Vergangenes mit dem Geschehenen; sie untersucht und kritisiert die Denkformen, in denen uns Vergangenes erscheint. In der Frage nach den Bedingungen des historischen Bewußtseins – den endogenen, wissenschaftsmethodischen einerseits,

den exogenen, politisch-psychologischen andererseits – begegnet sie sich mit der Didaktik der Geschichte.

Will die Didaktik der Geschichte ihre Maßstäbe und Kriterien nicht von außen nehmen, will sie im pragmatischen Bereich sich begründet vermitteln mit den Bezugswissenschaften, die vor allem den Adressaten solchen Vermittlungsprozesses ins Auge fassen, bedarf sie der Historik vor allem in folgender Hinsicht:

- Um den empirischen Befund vorhandenen Geschichtsbewußtseins in der Gesellschaft ordnend zu erkennen, zu gliedern, zu vergleichen und zu deuten, um die normativen Setzungen innerhalb der unterschiedlichen Vorstellungen – sowohl der vorgefundenen wie der durch Unterricht intendierten – zu analysieren, muß die Didaktik der Geschichte auf die theoretische Analyse und Kritik der historischen Erkenntnismöglichkeiten zurückgreifen;
- um die Möglichkeiten der Vermittlung von Vergangenheitsvorstellung und Gegenwartsverständnis zu begründen und zu begreifen, um Fehlformen, Kurz- und Trugschlüsse auszugrenzen und so erst eine Ziel- und Verfahrenslehre historischer Bildung zu fundieren, muß die Didaktik der Geschichte die Ergebnisse der Historik in sich aufnehmen; sie muß schließlich zurückgreifen können auf die entfalteten Kategorien historischer Erkenntnis im Bereich der Analyse, des Sachurteils wie der Wertung, um sich selbst als Handlungswissenschaft fundieren und die Vermittlung von Geschichtsverständnis organisieren zu können[15].

Die Theorie hingegen bedarf der Didaktik,
- um Umfang, Inhalte und Formen geschichtlicher Vorstellungen als bewußtseinsprägende Faktoren in und außerhalb der Wissenschaftssphäre wahrzunehmen;
- um individual- wie sozialpsychologische Adaptionen von Geschichtsvorstellungen im Prozeß ihres Aufbaus berück- [|27] sichtigen zu können, um die Funktionen und Auswirkungen historischer Rekonstruktion in der Gegenwart als Bedingung historischer Erkenntnis selbst zu erfassen.

2. Ist das Verhältnis zwischen der Theorie und der Didaktik der Geschichte noch unbelastet im Anfang der Entwicklung, so ist das Verhältnis zwischen der Forschung und der Didaktik voller Mißverständnisse und, auf die Personen, die beide Disziplinen vertreten, gewendet, bisweilen voller Mißtrauen. Gibt es Stimmen aus dem Bereich der Forschung, welche der Didaktik lediglich den Charakter einer methodischen Trickkis-

---

15 Vgl. Klaus Schmitz, Geschichtslogik und Geschichtsdidaktik, in: Geschichte in Wissenschaft und Unterricht, 25 (1974), S. 515–527.

te zuschreiben[16], findet man andererseits auf der Seite der Didaktik Vorstellungen, die Ergebnisse der Geschichtsforschung im Prozeß von Bildung und Erziehung wahlweise nach Maßgabe eines bestimmten Zukunftswillens einsetzen wollen und damit hinter die wissenschaftliche Geschichtsforschung wieder zurückfallen[17].

Solche Mißverständnisse, die nicht allein durch unterschiedliche Auffassungen in der Sache zu erklären sind, sondern sich durch außersachliche Faktoren aus dem Gefüge der Wissenschaftsorganisation sicher verstärken, sind im Augenblick eine erhebliche Gefahr nicht nur für die Geschichtswissenschaft selbst, sondern für die verantwortliche historische wie politische Bewußtseinsbildung in unserer Gesellschaft überhaupt. Sie aufzuheben, mindestens aber sie aus der diffusen Zone halb oder versteckt ausgesprochener Verdächtigungen herauszuziehen und diskutierbar zu machen, ist die wichtigste Intention der Vorträge dieser Sektion.

Die Entwicklung der Wissenschaft wie der Gesellschaft erfordert eine solche Neubesinnung. Sie bietet auch eine erhebliche Chance der Zusammenarbeit von Forschung und Didaktik. Im oben angedeuteten Gang der Geschichtsforschung zu einer Disziplinierung ihrer Methoden und zu einer Distanzierung von unmittelbar erkenntnisleitenden Interessen – mag diese Distanzierung auch bisweilen Postulat bleiben und nie voll gelingen – hat die historische Forschung erst Wissenschaftlichkeit gewinnen können; weil die unmittelbaren didaktischen Implikationen nicht mehr direkt und naiv auf Methode und Ergebnis der Geschichtsforschung durchschlagen, besteht die Möglichkeit, daß die Historie zur kritischen Korrektur und [|28] nicht nur zur Selbstbestätigung gegenwärtigen Urteilens, Wertens und Wollens wird. Diesem Vorgang aber muß eine Disziplin der Didaktik der Geschichte als geschichtswissenschaftlicher Forschung und Lehre entsprechen, wenn die Geschichtsforschung in ihrer relativen und höchst notwendigen methodischen Autonomie sich ihrer Positionen und Funktionen verge-

---

16 So nach dem Bericht von Joachim Radkau, Empirische Forschung im Bereich der Geschichtsdidaktik. Bericht über die Tagung in Nürnberg vom 1.–3. Oktober 1975, in: Geschichte in Wissenschaft und Unterricht, 27 (1976), S. 358.
17 Annette Kuhn, Einführung in die Didaktik der Geschichte, München 1974, kann in ihrer fast mit Heilserwartung beladenen Rezeption der kritischen Theorie („Eher geht ein Kamel durch das Nadelöhr, als daß die Geschichtsdidaktik samt der Fachwissenschaft durch die Erkenntniskritik der Frankfurter Schule hindurchgeht", S. 15) eine solche Befürchtung hervorrufen. Ausgehend von der positiven Realutopie des „guten Lebens" erscheint die Gegenwart als „negatives Kehrbild" und die Geschichte im Lichte einer zugegebenermaßen konturlosen guten Hoffnung als „Vorgeschichte gegenwärtiger Defizite" allein als „eigentlicher Gegenstand des Geschichtsunterrichts". Vgl. dazu Jochen Huhn, Politische Geschichtsdidaktik. Untersuchungen über politische Implikationen der Geschichtsdidaktik in der Weimarer Republik und in der Bundesrepublik, Kronberg/Ts. 1975, S. 368 ff.; s. auch die Auseinandersetzung zwischen Annette Kuhn und Stephan Skalweit in: Geschichte in Wissenschaft und Unterricht, 26 (1975), S. 629 ff., 696 ff., 771 ff. Einen kritischen Überblick über die Auseinandersetzungen innerhalb der Geschichtswissenschaft der letzten Jahre versucht Arnold Sywottek. Geschichtswissenschaft in der Legitimationskrise. Ein Überblick über die Diskussion um Theorie und Didaktik der Geschichte in der Bundesrepublik Deutschland 1969–1973, in: Archiv für Sozialgeschichte, Beiheft 1, Bonn-Bad Godesberg 1974.

wissern will, die ihr im Prozeß der Vermittlung zwischen Gegenwartsbewußtsein und Vergangenheitsrekonstruktion zukommen.

Zugespitzt: indem die Forschung sich methodisch von ihren Motiven zu distanzieren lernte, machte sie erst eine methodische Kenntnis und Analyse der Motive möglich; der Verwissenschaftlichung der Forschung entspricht die Verwissenschaftlichung der Didaktik. Nur in engster Beziehung zueinander kann die Forschung der Isolierung oder der Instrumentalisierung entgehen, kann die Didaktik als Disziplin der Geschichtswissenschaft die Gefahr vermeiden, sich als eine Art neuer Metaphysik oder als bloße Lehr- und Lerntechnik mißzuverstehen. Weder ist die Forschung Künderin funktionsloser Wahrheiten, noch ist die Didaktik Werkzeug des Weltgeistes. Die Forschung muß sich ihrer Motive, ihrer Wirkungen, ihrer Resonanzen, kurz, ihrer didaktischen Elemente methodisch bewußt werden können; die Didaktik muß wissen, mit welchen Methoden Ergebnisse historischer Rekonstruktion gewonnen werden können, sie muß wissen, was sie überhaupt untersucht und wovon sie spricht. Beide, Forschung und Didaktik, bedürfen also der engsten Vermittlung.

VI.

Aus dieser Bestimmung des Ortes der Didaktik im Verhältnis zur Geschichtsforschung und zur Historik lassen sich unterschiedliche praktische Konsequenzen für die Wissenschaftsorganisation ableiten. Es scheint unabweisbar, daß die Entwicklung der Didaktik als Disziplin der Geschichtswissenschaft an Universitäten und Forschungsinstituten in Angriff genommen werden muß. Die dazu vorhandenen Ansätze an den Pädagogischen Hochschulen, die unter der Restriktion der Mittel seit je gelitten haben, bilden einen Grundstock solcher [|29] Entwicklung. Es ist nicht anzunehmen, daß die zögernd begonnene Einrichtung von Didaktiklehrstühlen an Universitäten fortgesetzt werden wird; aber möglich ist, daß die differenziert ausgestattete deutsche Geschichtswissenschaft auch mit den vorhandenen Stellen und Mitteln die Entwicklung ihrer eigenen Didaktik durch Akzentuierung und Schwerpunktbildung vornimmt. Daß praktische Geschichtsforscher sich mit der Didaktik oder mit Teilgebieten in dem hier entfalteten Sinne befassen, bietet die Chance einer engen Verbindung von Forschung, Historik und Didaktik. Dieser Ausbau der didaktischen Komponente der Geschichtswissenschaft ist schon allein deshalb notwendig, weil die Breite ihrer Aufgaben nur in arbeitsteiliger Form wahrgenommen werden kann.

Unmittelbar ergibt sich als wichtigste Konsequenz des hier beschriebenen Verhältnisses von Didaktik, Forschung und Theorie der Geschichte eine Ausbildung künftiger Geschichtslehrer, aber auch all derer, die mit Geschichte in der Öffentlichkeit umzugehen haben, welche die didaktische Komponente nicht als verkürzte methodische Umsetzung, sondern als Element geschichtswissenschaftlicher Ausbildung überhaupt versteht. Wird der Aufbau solcher Studiengänge versäumt, ist jetzt schon abzusehen, daß eine mißverstandene und an den Rand gedrängte Didaktik demnächst keine Rolle in der Ausbildung der Studenten mehr spielen wird. Nichts wäre törichter, als dies für einen Gewinn für die Begegnung mit der Forschung zu nehmen – es ist in Wahrheit ein Verlust an intensiver geschichtswissenschaftlicher Ausbildungsqualität.

VII.

Daß hier nicht so sehr die Beschreibung einer schon wirklich arbeitenden und bestehenden Disziplin der Didaktik der Geschichte vorgenommen werden konnte, daß vielmehr postulatorisch in die Zukunft hineingesprochen werden mußte, daß ein Programm zu begründen war, ist im Laufe der Überlegungen deutlich geworden.

Ich schließe mit dem Hinweis auf das schon einmal zitierte Buch von Alfred Heuss über den „Verlust der Geschichte" aus [|30] dem Jahre 1959 – nicht deshalb, weil nicht inzwischen sehr viel gesagt worden sei über die Didaktik der Geschichte oder über die Situation der Geschichtswissenschaft, sondern deshalb, weil der Autor jenseits des Verdachtes steht, interessebedingt einer Didaktik der Geschichte das Wort zu reden. Er argumentiert implizit von einer der Didaktik fernen Position für eine Didaktik der Geschichte. Am Ende heißt es dort: „Es handelt sich (zur Überwindung der Gefahr des Verlustes der Verbindung von Geschichtswissenschaft und allgemeinem Bewußtsein) darum, der Behandlung der Geschichte nicht nur eine fachliche, sondern allgemein geistige Relevanz abzugewinnen, kurzerhand, sie verbindlich zu machen." Heuss erkannte m. E. zutreffend, daß die Pädagogik dieses Geschäft, Verbindlichkeit zu stiften, nicht leisten könne. „Nachdem die Wissenschaft im wesentlichen zu der gegenwärtigen Lage beigetragen hat, käme es beinahe schon einer praktischen Verpflichtung gleich, an ihrer Überwindung mitzuwirken. Möglicherweise käme dabei eine neue Wissenschaft heraus, der gegenüber sich die alte ohne logische Schwierigkeiten zu behaupten vermöchte."

Nicht als „neue Wissenschaft", wohl aber als eine neue, zu entwickelnde Disziplin der Geschichtswissenschaft wäre die Didaktik der Geschichte in Verbindung zur Historik und zur Forschung zu dem Geschäft aufgerufen, Geschichte und Gesellschaft auf eine neue und verantwortbare Weise wieder ins Verhältnis zu setzen, oder, um die ältere Ausdrucksweise von Alfred Heuss zu gebrauchen, Geschichte als Forschung und Wissenschaft „in ihrer Abseitigkeit und Entfremdung wieder einzuholen und einem gestalteten Bewußtsein einzuverleiben[18]."

---

18 Alfred Heuß, Verlust der Geschichte, S. 81 f.

Dimensionen des Geschichtsbewußtseins
Ein Versuch, seine Struktur für Empirie und Pragmatik diskutierbar zu machen

HANS-JÜRGEN PANDEL

Der extensive Gebrauch des Begriffs Geschichtsbewußtsein in der politisch-publizistischen Alltagspraxis wie in der Geschichtsdidaktik täuscht über den geringen Grad seiner theoretischen Elaboriertheit. Diese Tatsache macht es notwendig, sich einmal näher damit zu beschäftigen, was gegenwärtig unter Geschichtsbewußtsein genauer zu verstehen ist. Die aktuelle Diskussion um „Endlagerung des Faschismus" und „Geschichte als Schadensabwicklung" sowie der zunehmend erneute Gebrauch von historischen Gesten und Ritualen verlangt Aufklärung über die Struktur des Geschichtsbewußtseins. Ich sehe noch nicht, daß in der Geschichtsdidaktik ein konsensfähiger Begriff von Geschichtsbewußtsein besteht. Wir müssen aber ein gewisses Vorverständnis haben, welche Momente eigentlich jene Struktur ausmachen, die wir Geschichtsbewußtsein nennen, um seine Wirkungsweise erklären zu können. Erst danach können wir drei Aufgabengebiete der Bewußtseinsforschung erfolgreich angehen: *empirische Forschung*, *Geschichtsschreibung* und *geschichtsdidaktische Pragmatik*. Wir können dann eine „Morphologie" (Jeismann) des gegenwärtigen Geschichtsbewußtseins erstellen sowie eine Zeitgeschichte der Mentalitäten schreiben. Diese empirischen Aufgaben – wohl die wichtigsten der Geschichtsdidaktik – werden die Grundlage dafür darstellen können, geschichtsdidaktisch begründet handeln zu können. Eine geschichtsdidaktische Pragmatik, d.h. eine geschichtsdidaktische Handlungstheorie, wird aber nicht so lange warten können, sondern wird gleichzeitig ansetzen müssen. Aus diesem Grund wäre eine Diskussion um die Struktur von Geschichtsbewußtsein dringend erwünscht.

1. Normativität, Komparatistik, Transformation

a) Ein solcher Versuch, der eine Dimensionierung des Geschichtsbewußtseins vornimmt, um seine Struktur zu erkennen, muß sich dem Problem der *Normativität* stellen. Er muß sagen und auch „fest"-legen, was er als Geschichtsbewußtsein ansehen will. Es wäre ein problematisches Verständnis, nur eine bestimmte Ausformung von Geschichtsbewußtsein allein als Geschichtsbewußtsein anzusprechen, an dem dann alle anderen Formen gemessen werden, ob sie auch orthodox genug seien, um als Geschichtsbewußtsein approbiert zu werden. Diesen dogmatischen Umgang finden wir im politisch-publizistischen Alltag. Wenn einer beim anderen nicht die Bewußtseinselemente seines eigenen Geschichtsbewußtseins wiederfindet, so wird ihm fehlendes oder mangelndes Geschichtsbewußtsein unterstellt. Eine nichtnormative Theorie des Geschichtsbewußtseins, die sowohl für Zwecke der empirischen Forschung wie auch für eine geschichtsdidaktische Pragmatik brauchbar ist, muß auf der einen Seite sehr wohl bestimmen, welche Bewußtseinsformen sie als Geschichtsbewußtsein ansprechen will, auf der anderen Seite darf sie aber doch nicht in dem Sinne normativ verfahren, daß sie nur bestimmte Ausformungen für „richtiges" Geschichtsbewußtsein hält und alle anderen vorfindbaren Erscheinungsformen als nicht vorhandenes oder als falsches Geschichtsbewußtsein ausgibt. Eine Theorie von Geschichtsbewußtsein muß deshalb eine kategoriale Verfaßtheit von Geschichtsbewußtsein ausweisen, um Geschichtsbewußtsein empirisch als Geschichtsbewußtsein zu identifizieren und um einen Vergleich zwischen verschiedenen Ausformungen von Geschichtsbewußtsein anstellen zu können. [|131]

b) Eine solche Strukturbestimmung, die sich des Problems der Normativität bewußt ist, läßt dann auch vergleichende Forschung möglich werden. *Komparatistik* ist deshalb notwendig, weil Geschichtsbewußtsein in Pluralität erscheint. Wir wissen, daß Geschichtsbewußtsein sozialisationsabhängig ist. Das alltäglich-vorschulische und außerschulische Geschichtsbewußtsein ist gleichfalls sozialisationsabhängig. Ob es das ausschließlich ist, versucht von Borries in diesem Heft zu erörtern. In den verschiedenen sozialen und historischen Kontexten, den nach sozialen Schichten und parteipolitisch geprägten Gruppen ausgerichteten Lebenswelten, verläuft historische Sozialisation ebenso unterschiedlich wie in verschiedenen historischen Regionen. Wir sprechen sogar von regionalem Geschichtsbewußtsein. Geschichtsbewußtsein erscheint in verschiedenen Ausprägungen. Will man diese unterschiedlichen Ausprägungen nicht im Sinne einer Defizithypothese interpretieren, nach der immer etwas „fehlt", so müßte die Andersartigkeit abgeleitet und plausibel gemacht werden.

Auch die Annahme, daß die verschiedenen Formen von Geschichtsbewußtsein nicht defizitäre Formen sind, sondern nur anders, aber prinzipiell gleichwertig, löst das Problem nicht, sondern wertet nur die verschiedenen pluralen Formen. Wenn man von Ausprägungen spricht, so impliziert das, daß es gewissermaßen eine ursprüngliche Form gibt, die sich in unterschiedliche Formen ausfaltet. Dieser Gedanke legt nahe, daß man hinter den aktuellen Erscheinungsformen die „ursprüngliche" Form wiederfindet.

Das jeweils konkrete individuelle Geschichtsbewußtsein wäre dann immer nur eine Aktualisierung aus einem Gesamtpotential der möglichen kategorial verfaßten Strukturierungen. Das „nur" soll allerdings nicht bedeuten, daß das individuelle Geschichtsbewußtsein hinter irgendeinem hehren, umfassenden, normativ aufgefaßten Geschichtsbewußtsein zurückbleibt, wie die Performanz hinter der Kompetenz. Das „nur" bedeutet vielmehr, daß Geschichtsbewußtsein als ein individuelles immer in Individualität erscheint und nicht als ein allgemeines in seiner Abstraktheit. Unser Sprachgebrauch führt uns dabei in die Irre. Es existiert in der Sprache nur die Singularform von Geschichtsbewußtsein, keine Pluralform. Wenn wir im Plural von Geschichtsbewußtsein reden, dann sprechen wir immer von *Formen* des Geschichtsbewußtseins. Die Sprache legt uns somit *das* Geschichtsbewußtsein nahe; die Empirie findet es aber nur als Pluralität vor. Aus diesem scheinbaren Widerspruch kommen wir nur schwer heraus. Wir müssen das konkrete Geschichtsbewußtsein immer nur als einen Ausschnitt aus der potentiellen Kategorialität auffassen, die zugrunde gelegt werden muß, wenn die individuellen und verschiedenen Formen von Geschichtsbewußtsein trotz aller Unterschiedlichkeit als „Geschichtsbewußtsein" identifiziert werden sollen.

c) Geschichtsbewußtsein äußert sich nicht nur im Erzählen, sondern auch im Umerzählen von Geschichten. Geschichten werden immer in unterschiedlichen Graden in andere Geschichten *transformiert*, ohne daß dabei die Ausgangserzählung unkenntlich wird. Geschichtstheoretisch und geschichtsdidaktisch gesehen brauchen wir Angaben, die uns erklären, warum Geschichten nicht nur unterschiedlich erzählt, sondern auch umerzählt werden. Ein solches Veränderungsbedürfnis finden wir schon auf der lebensgeschichtlichen Ebene. Ein und dieselbe Ereignisfolge wird von unterschiedlichen Menschen auch unterschiedlich erzählt. Sie bedienen sich unterschiedlicher Relevanzstrukturen und Erzählpläne, die unterschiedliche Geschichten produzieren.

Ohne es an dieser Stelle ausführlich begründen zu können, gehe ich davon aus, daß Geschichtsbewußtsein mit „Erinnern" nichts zu tun hat. Formal gesehen ist Geschichtsbewußtsein eine narrative Kompetenz. Sie besteht in der Fähigkeit, Geschichte zu erzählen und zu verstehen. Die Geschichte (bzw. die Geschichten), die wir uns erzählen und die wir als erzählte verstehen, hat einen anderen Status als die Geschichte, in die wir im Alltag verstrickt sind. Die Geschichte(n) *erfahren* wir nicht, sondern sie werden tradiert, erzählt: Wir erinnern uns nicht an sie, sondern sie werden uns in einer kulturellen Kommunikation überliefert. [|132]

> ‚Kulturelle Kommunikation' ist eine Information, die man nicht durch direkte Beobachtung (Sinnesdaten) erhalten oder aus ihr ableiten kann: sie geht notwendigerweise von einem Bewußtsein zu einem anderen über[1].

Diese Tradierung von Bewußtsein zu Bewußtsein schließt nicht schon ein, daß die Geschichte, die erzählt wird, die gleiche bleibt. Obwohl die gehörte Geschichte nur als erzählte Geschichte – nicht als erlebte Geschichte – angeeignet wird (wir also nicht über unterschiedliche Erfahrungsdaten verfügen), wird sie so transformiert, daß wir annehmen, sie sei erst jetzt „richtiger" geworden. Wir haben es also mit der Tatsache zu tun, daß nicht nur erlebte Ereignisfolgen von unterschiedlichen Menschen verschieden erzählt werden, sondern auch die gleiche tradierte Geschichte wird unterschiedlich erzählt. Geschichtsbewußtsein äußert sich also nicht nur in erzählten Geschichten, sondern auch im Transformationsbedürfnis an erzählten Geschichten.

2. Dimensionierung

Auf das einzelne Individuum bezogen ist Geschichtsbewußtsein eine individuelle mentale Struktur, die durch ein System aufeinander verweisender Kategorien gebildet wird. Dieses kognitive Bezugssystem wird im Prozeß des Sprachlernens erworben[2]. Die durch (direkte wie durch kommunikative) Erfahrung geformte mentale Struktur ist für die Art und Weise verantwortlich, wie eine Geschichte erzählt wird, welche Perspektiven gewählt, wie das Verhältnis von oben und unten, von arm und reich gesehen wird, ob Verhältnisse generell statisch oder veränderbar gesehen werden.

Ich möchte vorschlagen, Geschichtsbewußtsein als eine mentale Struktur zu bezeichnen, die aus sieben aufeinander verweisenden Doppelkategorien besteht. In dem Maße, in dem das Kind diese grundlegenden Kategorien ausdifferenziert, erwirbt es jenes kognitive Bezugssystem, ohne das es weder Geschichte verstehen noch Geschichte erzählen könnte.

Diese Kategorien sind:
– Zeitbewußtsein (früher – heute/morgen)
– Wirklichkeitsbewußtsein (real/historisch – imaginär)
– Historizitätsbewußtsein (statisch – veränderlich)
– Identitätsbewußtsein (wir – ihr/sie)

---

1 Devereux, G.: Ethnopsychoanalyse, 2. Aufl., Frankfurt/M. 1984, 279.
2 Vor zehn Jahren habe ich mit Ulrich Mayer den Versuch gemacht, „Kategorien der Geschichtsdidaktik" über die Analyse von Sprachverwendung und Sprachhandeln zu erkennen. Dieser Ansatz – damals zum Zwecke der Unterrichtsanalyse unternommen – kann auch für die empirische Erforschung von Geschichtsbewußtsein genutzt werden. Vgl. Mayer, U. und Pandel, H.-J.: Kategorien der Geschichtsdidaktik und Praxis der Unterrichtsanalyse, Stuttgart 1976.

- politisches Bewußtsein (oben – unten)
- ökonomisch-soziales Bewußtsein (arm – reich)
- moralisches Bewußtsein (richtig – falsch)

Dem jeweiligen Geschichtsbewußtsein des einzelnen Individuums liegt eine individuelle mentale Strukturierung aus diesen Kategorien zugrunde. Dieses kognitive Bezugssystem, das das Geschichtsbewußtsein ausmacht, wird durch Entwicklungserfahrungen gebildet. In diesen Entwicklungserfahrungen wird die mentale Struktur des Individuums ausgebildet.

In welcher Reihenfolge und in welcher Gleichzeitigkeit diese einzelnen Kategorien erworben werden, wissen wir noch nicht. Wir können sie aber in drei Basiskategorien und vier soziale Kategorien einteilen, ohne damit schon eine Präferenz in den individuellen Lernprozessen anzugeben. Die drei fundamentalsten Differenzierungen dieser mentalen Strukturierung, die allen anderen vorausliegen, bestehen in der Fähigkeit, die Prädikate „früher" und „heute" (bzw. „morgen"), „real" und „imaginär" sowie statisch – veränderlich/veränderbar (sein – werden) korrekt zu verwenden. Natürlich werden die Orientierungsbegriffe nicht ausschließlich nacheinander erworben, sondern auch gleichzeitig. Dennoch wird es Hierarchien geben: Erst wenn Fiktion und Realität geschieden sind, kann aus dem Märchenerzählen ein historisches Erzählen werden. Für dieses historische Erzählen sind dann die Kategorien Identitätsbewußtsein, ökonomisch-soziales Bewußtsein, politisches Bewußtsein und moralisches Bewußtsein maßgeblich.

Die vier letzten Dimensionen beziehen sich auf die Komplexität von Gesellschaft. Geschichtsbewußtsein umfaßt ein strukturiertes Wissen über Veränderung von jeweils konkret und spezifisch organisierten Gesellschaften in der Zeit. Veränderungen von Gesellschaft als Bewußtseinsinhalt beschreibt nicht nur Veränderungen in der Zeit, sondern auch was sich in der Gesellschaft strukturell [|133] verändert und was nicht – ob sich z. B. die politische Stratifikation verändert bzw. verändern kann oder ob es überhaupt wünschenswert ist, daß sie sich verändert.

Die Ausbildung dieser dimensionierten Doppelkategorien in der Lebensgeschichte ergibt jene individuelle mentale Strukturierung, die wir Geschichtsbewußtsein nennen können. Das bedeutet allerdings nicht, daß es ein reflektiertes Geschichtsbewußtsein im Sinne eines bewußten Seins sein muß. Es muß sich nicht um ein durchdachtes moralisches Bewußtsein oder um ein konkretes Herrschaftsbewußtsein handeln. Moralisches Bewußtsein wie auch politisches Bewußtsein kann sich in moralischem Relativismus wie in politischer Apathie äußern. Dennoch ist eine Kategorisierung der Bereiche moralisches Bewußtsein und Herrschaftsbewußtsein vollzogen.

2.1 Zeitbewußtsein

Die grundlegende Kategorie, sowohl im zeitlichen wie auch im allgemein-kategorialen Sinne, dürfte für das Erlernen von Geschichte die Unterscheidung der Zeitmodi (Vergangenheit, Gegenwart, Zukunft; gestern – heute – morgen) darstellen[3].

Die ältere Geschichtsdidaktik und -methodik hat viel Energie darauf verwandt, diese Kategorien zu vermitteln. Der Erfolg solcher Bemühungen ist nachweislich auch nicht größer gewesen als jene Bemühungen, die nicht so sehr auf Zeit und Datierung fixiert waren. Diese Bemühungen vergaßen in der Regel einen zentralen Punkt, daß erst in der Kombination mit anderen Kategorien Zeit für das Lernen von Geschichte einen Wert hat. Die Isolierung und Abstrahierung von anderen Kategorien entkleidet Zeit gerade des historischen Charakters. Das Pauken von Zahlen, die Arbeit am Zeitstrahl etc. waren weniger Arbeit mit historischer, sondern mit biologischer und kalendarischer Zeit. Wenn Geschichte als Prozeß Veränderung in der Zeit ist, darf dieser Fluß nicht wieder in einzelne Fixpunkte von datierbaren Fakten „fest"-gestellt werden. Eine Fixierung auf datierbare Ereignisse übersah langsam ablaufende Prozesse und langdauernde Strukturen. Sie blieb vorwiegend auf der Ebene der Ereignisgeschichte verhaftet, d. h. sie hatte diplomatiegeschichtlichen, besonders außenpolitischen Charakter.

Der Ausgangspunkt für das Denken in den verschiedenen Zeitmodi ist die lebensweltliche Wahrnehmung der Zeitlichkeit von Erfahrung und Handeln. Sprachlich drückt sich Zeitbewußtsein in der Fähigkeit aus, Ereignisse mit den Begriffen „gestern" „heute" und „morgen" zu versehen. Zeitbewußtsein als Dimension von Geschichtsbewußtsein leistet aber mehr als die zeitliche Lokalisierung (die Temporalisierung) von Ereignissen. Zeitbewußtsein als Komponente von Geschichtsbewußtsein konkretisiert sich darüber hinaus in vier Hinsichten:

a) Zeitbewußtsein beinhaltet die Vorstellung von der *Dichtigkeit der Ereignisse* in der Zeit. Das jeweils konkrete und individuelle Zeitbewußtsein drückt sich darin aus, daß es bestimmte historische Epochen mit mehr Ereignissen und in kürzeren Abständen besetzt hat als andere. Für manche Zeitepochen verfügt das Individuum über ein Wissen von der Existenz vieler bzw. weniger Ereignisse[4].

b) Die zweite Komponente bezieht sich auf die *Länge der Zeitausdehnung* in Vergangenheit, Gegenwart und Zukunft. Es geht hier um die Frage, wie weit das Geschichtsbewußtsein in die Vergangenheit zurück und in die Zukunft vor-

---

[3] Um die Kategorie Zeit sprachlich erkennbar zu machen, ist die linguistisch gerichtete Untersuchung von Wunderlich immer noch unübertroffen. Vgl. Wunderlich, D.: Tempus und Zeitreferenz im Deutschen, München 1970.
[4] Zu dieser und den folgenden zwei Hinsichten vgl. Riegel, K.: Versuch einer psychologischen Theorie der Zeit, in: Rosenmayr, L. (Hrsg.): Die menschlichen Lebensalter, München 1978, 269–292.

ausdenkt. Auch die zeitliche Erstreckung von Gegenwart steht hier zur Debatte. Im zeittheoretischen Sinne kann Gegenwart zwar als ausdehnungsloser „Punkt" angesehen werden. Individuen erleben Gegenwart aber sehr wohl in einer zeitlichen Erstreckung, deren Ausdehnung herauszufinden wäre.

c) Die dritte Komponente bezeichnet die *Akzentuierung der Zeitdimensionen*. Gesellschaften in bestimmten historischen Situationen und Epochen betonen immer eine Zeitdimension, bevorzugen sie vor den anderen und halten diese für wichtiger, um ihre eigene Lage zu deuten. Auch Individuen argumentieren mehr vergangenheits-, gegenwarts- oder zukunftsbezogen[5].

d) Die vierte Komponente ist die *Narrativierung von Zeit* und meint die Umgliederung von wahrgenommenen und gelernten Ereignissen, wenn sie in eine Geschichte eingehen. Narrativierung von Zeit ist die Transformation der Chronik der wahrgenommenen und gelernten Ereignisse in eine narrative Chronologie. Man kann die Ursachen eines Ereignisses zeitlich nach der Wirkung erfahren und dennoch durch [|134] zeitliche Umgruppierung eine Geschichte nach Ursache und Wirkung erzählen. Die chronologische Reihenfolge, in der die Ereignisse wahrgenommen werden (indirekt oder kommunikativ), wird von uns in der Weise verändert, daß damit eine sinnvolle Geschichte entsteht. Über eine solche narrierende Umgruppierung von Zeit liegen allerdings noch keine gesicherten empirischen Ergebnisse vor.

2.2   Wirklichkeitsbewußtsein

Die zweite Grundorientierung besteht darin, Personen und Handlungen die Prädikate „real" und „imaginär" zuzusprechen[6]. Daß es Personen und Handlungen (in der Sprache) gibt, die erfunden (fiktiv) sind (Rotkäppchen, Asterix etc.), muß das Kind erst lernen. Vermutlich geht das Kind zuerst von der Existenz von (sprachlich verfügbar gemachten) Personen und Handlungen aus und lernt erst dann mühsam, Existenzvorbehalte zu machen. Wenn es schon mit Existenzvorbehalten umgehen kann, muß es sich öfter der Existenz von Personen und Sachverhalten fragend versichern. So einfach ist es mit historischen Personen nicht. Sie lassen sich nicht nach der Dimension „gibt es" und „gibt es nicht" differenzieren. Historische Ereignisse (Personen, Dinge, Sachverhalte) sind nicht „nicht-existierende", sondern nur gegenwärtig „nicht mehr" existierende Ereignisse.

---

5 Vgl. auch die Analysen von Autobiographien, die Bodo von Borries in seinem Beitrag in Gd 1/1987 vorgelegt hat.
6 Prentice, N.: Imaginary Figures, in: American Journal of Orthopsychiatry Vol. 48 (1978), 618–628.

Diese Ausdifferenzierung von gegenwärtigen, imaginären und historischen Personen und Ereignissen vollzieht sich im Zusammenhang mit der Ausdifferenzierung von Zeit in den Zeitdimensionen Vergangenheit und Gegenwart.

Lebensgeschichtlich muß die Nicht-Existenz imaginärer Personen (Weihnachtsmann, Rotkäppchen, Asterix, Eisenherz) gelernt werden. Es ist ganz sicher eine Fehlinterpretation, wenn man annimmt, die Unterscheidung von historischen und imaginären Personen wäre eine Denkleistung, die in der frühen Jugend abgeschlossen würde. Sicher ist dieser Aspekt des Geschichtsbewußtseins für die frühen lebensgeschichtlichen Phasen ein größeres Problem als für spätere. Es ist aber lediglich ein graduelles.

Eine Befragung bei Osnabrücker Studenten nach Personen wie Rasputin, Siegfried, Robin Hood, Romulus und Remus zeigte, daß die Imaginarität von Personen durchaus nicht eindeutig geklärt ist[7]. (Beispiel: Prinz Eisenherz wurde von 11,1 % der befragten Studenten als historisch, 73,5 % als imaginär eingeordnet. 13,2 % wußten sich nicht zu entscheiden.)

Aber auch bei historischen Situationen treffen wir die gleiche Problematik. Traum und Fiktion müssen vom Geschichtsbewußtsein einen Ort angewiesen bekommen. Das Geschichtsbewußtsein ordnet den imaginären Bestandteilen immer bestimmte (zeitliche und räumliche) Bereiche zu und nimmt ihnen dadurch zwar ihre Imaginarität, rückt sie aber gleichzeitig in räumliche und zeitliche Distanz: Das goldene Zeitalter wird in der Vergangenheit angesiedelt, die humanitär befriedete Welt in der Zukunft verortet. Die „gute alte Zeit" gab es in der vorindustriellen Periode, das Matriarchat als erste Vergesellschaftungsform wird in die Frühgeschichte verlegt. Das friedliche Miteinander ohne Normen und Zwänge findet sich in der Südsee, und die bäuerlich-kleinhandwerkliche Kommune ohne Arbeitsteilung geht auf das Land (bzw. nach Griechenland oder Kalifornien).

Das historische Denken ordnet seine Imaginationen, Träume und Utopien in den verschieden akzentuierten Zeitdimensionen an. Dem Geschichtsbewußtsein fällt somit die Funktion zu, unsere Wunschträume in der Zeit zu verorten[8].

Wirklichkeitsbewußtsein ist jener Aspekt von Geschichtsbewußtsein, der die Grenze zwischen real und fiktiv zieht. Das bedeutet zunächst nur, *daß* eine solche Grenze im Bewußtsein gezogen wird, noch nicht, *wo* sie gezogen wird. In den verschiedenen Kulturen erfolgt die Grenzziehung unterschiedlich. Aber daß solche Grenzen gezogen werden, ist die Voraussetzung für Geschichtsbewußtsein und gleichzeitig ein strukturierendes Strukturmoment selbst. Die jeweils konkret individuellen Ausprägungen

---

7 Diese Ergebnisse verdanke ich der Arbeitsgruppe Barbara Glosemeyer, Frank König, Stefan Oelschig und Martin Pohlmann, die sich der Mühe unterzogen haben, die hier vorgeschlagenen Doppelkategorien in einer ersten empirischen Untersuchung bei Osnabrücker Studenten zu testen.
8 Anschauungsmaterial hierfür findet sich in der Debatte der letzten Jahre über die „Deutsche Frage" und „Wiedervereinigung". Die zeitliche Verortung der eigenen Wünsche gilt als real; Illusionen und falsche Vorstellungen sind immer bei den anderen zu finden.

von Geschichtsbewußtsein, die als Bedingung ihrer Existenz diese Grenze gezogen haben, weisen Personen und Ereignissen ihren Platz diesseits und jenseits dieser Grenze zu: das jeweils konkret individuelle Geschichtsbewußtsein nimmt [|135] eine exakte Einordnung in einen dieser beiden Bereiche vor. Die Grenzziehung ist im individuellen Bewußtsein scharf und bewußt. Gesamtgesellschaftlich gesehen ist diese Grenze keineswegs eindeutig gezogen. Davon zeugen die verschiedenen Mythen: Barbarossa, Friedrich der Große, Dolchstoßlegende, Hitlers „Wunder"-Waffen, „Stunde Null" etc.

Wollte man annehmen, daß die individuellen Ausprägungen von Geschichtsbewußtsein nur diesseits der Grenze real-historisch ausgebildet seien, würde Geschichtsbewußtsein auf eine rein rationalistische Form festgelegt werden. Mythen, Legenden, Affabulationen würden als nicht zum Geschichtsbewußtsein gehörig betrachtet werden. Daß aber solche Mythen zum Geschichtsbewußtsein gehören, wissen wir aus der alltäglichen Erfahrung und kennen auch die ideologischen Bindewirkungen kollektiver Mythen. Aus dieser Tatsache resultiert eine wichtige Funktion von Geschichtswissenschaft und Geschichtsdidaktik: historische Legenden und Mythen aufzulösen und das Wirklichkeitsbewußtsein zu schärfen.

2.3 Historizitätsbewußtsein

Die Unterscheidung der Zeitdimensionen im Zeitbewußtsein und der Realitätsgrade im Wirklichkeitsbewußtsein ist zunächst einmal für das einzelne Individuum statisch. Personen und Verhältnisse ändern und verändern sich aber. Sie veralten und verjüngen sich, sie werden und vergehen. Diese Kenntnis soll die Kategorie *Historizitätsbewußtsein* ausdrücken, der die Erkenntnis von Geschichtlichkeit zugrunde liegt[9]. Geschichtlichkeit beruht auf einer grundsätzlichen und fundamentalen Syntheseleistung, die relativ spät aus den Basiskategorien von Zeitlichkeit und Realität gebildet wird. Die lebensweltlich erfahrene Historizität ist immer nur auf ein unmittelbares, direktes Erfahren und Handeln bezogen. Die Personen und Gegenstände, die erfahren und behandelt werden können, sind stets real und präsent. Die Historizität historischer Ereignisse läßt sich dagegen nur über Erzählungen und durch Denkakte erfahren.

Die Kategorie Geschichtlichkeit, bezogen auf das Bewußtsein, können wir als Historizitätsbewußtsein bezeichnen. Es bezeichnet das Wissen, daß Personen, Dinge und Ereignisse sich in der Zeit verändern, aber auch, daß bestimmte Dinge und Ereignisse sich nicht verändern – scheinbar in der kurzen Zeit der eigenen Lebensspanne unveränderlich sind. Die über die lebensweltliche Erfahrung hinausgehende Historizität läßt sich dann nur über historische Erzählungen (kommunikativ) erfahren.

---

9 Ob der von mir gebrauchte Begriff der Geschichtlichkeit mit der „Geschichtlichkeit" der Geschichtsphilosophie Gemeinsamkeiten hat, kann hier nicht ausdiskutiert werden. Zur Orientierung vgl. Bauer, G.: „Geschichtlichkeit". Wege und Irrwege eines Begriffs, Tübingen 1963.

Historizitätsbewußtsein bezeichnet aber nicht nur das Wissen um Veränderungsprozesse, sondern beinhaltet auch die Anwesenheit von alltäglichen „Geschichtstheorien" im Bewußtsein des einzelnen. „Alltägliche Geschichtstheorie" wird dabei sowohl im Sinne einer Theorie der Geschichte wie einer Theorie der Geschichtswissenschaft verstanden. Alltägliche Geschichtstheorie ist eine naive, nicht reflektierte, aber aus primären und sekundären Erfahrungen resultierende Annahme darüber, was Geschichte ist, was ihre Kraftzentren sind, was Geschichte verändert, was unveränderlich ist, was Gegenstand von Geschichte ist, was Geschichte mit einem selbst zu tun hat, d. h. die Entdeckung, daß man selbst der Historizität unterworfen ist und eine eigene Geschichte hat[10]. Als alltägliche Theorie des historischen Wissens enthält das Historizitätsbewußtsein auch Annahmen darüber, woher wir etwas über vergangene Zeiten wissen können.

Zusammengefaßt gesagt, bezeichnet Historizitätsbewußtsein jenen Aspekt von Geschichtsbewußtsein, der Angaben darüber enthält, was im historischen Prozeß veränderlich ist und was statisch bleibt, wer oder was diese Veränderungen bewirkt (gibt es ein Subjekt der Geschichte und wenn ja, wer ist dieses). Historizitätsbewußtsein drückt ferner das Wissen um die Differenz von Natur und Geschichte aus.

2.4   Identitätsbewußtsein

Identitätsbewußtsein beruht auf der Erfahrung, daß einzelne Menschen wie auch Menschengruppen sich ändern und doch mit sich selbst identisch bleiben. Als Kategorie des Geschichtsbewußtseins ist es das Bewußtsein, zu verschiedenen Gruppen „wir" sagen zu können und sich damit von anderen („sie"; „ihr") abzugrenzen[11]. Identitätsbewußtsein [|136] ist aber nur dann ein Strukturmoment von Geschichtsbewußtsein, wenn dies „wir" in zeitlicher Dimension gesehen wird, d. h. durch Verweis auf vergangene Handlungen der Bezugsgruppe, die als Identifikationsobjekt gewählt wird, Identität begründet. Identität als Strukturmoment von Geschichtsbewußtsein ist somit eine Orientierung in diachroner Weise.

---

10 Schacht, L.: Die Entdeckung der Lebensgeschichte, in: Psyche 32 (1978), 97–110.
11 Vgl. Meier, Chr.: „Nichts zeigt die Schwierigkeit, die wir mit der Geschichte haben, so deutlich wie unsere Unfähigkeit, in der zeitlichen Dimension Wir zu sagen; unsere Vorfahren also einzuschließen, in ein Ganzes, dem auch wir selbst angehören. Mit elf Männern auf dem Rasen können wir uns identifizieren, wenn wir etwa 2 zu 0 gegen Wales spielen. Aber daß wir 1870/71 gegen Frankreich gekämpft hätten – um vom Zweiten Weltkrieg zu schweigen –, sagen wir nicht. So etwas sprechen wir distanzierend ‚den Deutschen' zu. Unsere Großväter dagegen konnten meinen, im Jahre 9 nach Christus die Römer im Teutoburger Wald besiegt zu haben. Sie lasen Tacitus' Germania, um über sich selbst etwas zu erfahren. Sie fühlten sich mit Vatermörder und Zylinder den alten Germanen verwandter als den Franzosen ihrer Zeit". Meier, Chr.: Die Deutschen im Niemandsland, in: FAZ 24.8.1985.

Das Individuum sagt zu verschiedenen Gruppen „wir". Diese Gruppen variieren in der Größe: unsere Familie, unser Verein, unsere Stadt, unsere Nation[12] etc. Das Individuum identifiziert sich mit den Mitgliedern dieser verschiedenen und verschieden großen Gruppen. Wir können deshalb von der Größe des identitiven Raumes des Individuums sprechen[13]. Die Wir-Ihr-Differenzierung ist in der Regel mit einer Verteilung von sozialen Wertigkeiten verknüpft[14]. Die Ihr-Gruppen (besonders wenn es sich um Minderheiten handelt, die der allgemeinen Norm nicht folgen) werden somit abgewertet. Die Ihr-Gruppe ist nicht „unseresgleichen", sie ist anders, fremd.

Den Mechanismus, der zu einem Identitätsbewußtsein, zu einem Kollektivbewußtsein führt, hat Piaget ausführlich analysiert[15]. Piaget beschreibt das Verhältnis, das das Kind zu übergeordneten Kollektiven eingeht, als logische und affektive Dezentralisierung. Zu Anfang der individualgeschichtlichen Entwicklung betrachtet das Kind sich selbst als den einzig logisch und affektiv möglichen Standpunkt (Egozentrismus). Es nimmt an, daß der Standpunkt, den es selbst vertritt, von allen geteilt wird.

Auf der ersten Stufe kann das Kind zwar wir und ihr unterscheiden, aber diese Unterscheidung gilt radikal. Ein Osnabrücker kann kein Deutscher sein und ein Deutscher kann kein Osnabrücker sein. Deutscher und Osnabrücker sind räumlich und logisch verschiedene Klassen. Ebenso kann ein Deutscher kein Europäer sein und ein Europäer kann kein Deutscher sein.

Auf der zweiten Stufe kann das Kind schon die räumliche, aber noch nicht die logische Inklusion vollziehen. Deutschland liegt in Europa, aber dennoch kann ein Deutscher kein Europäer sein. Auf der affektiven Ebene kann es aber auch schon eine affektive Dezentrierung vornehmen. Andere Länder, andere Bezugsgruppen können ihm schon gefallen, aber nur, wenn sie einem Mitglied der Familie gefallen. Das Kind ist in der Lage, seine Affekte auch auf Gruppen zu zentrieren, die außerhalb der eigenen liegen (Dezentrierung); hier wäre der Übergang zur diachronen Identität zu sehen.

Auf der dritten Stufe nimmt das Kind die kollektiven Stereotype an, die eine jede Wir-Gruppe von sich entwirft[16].

---

12 Devereux, G.: Die ethnische Identität. Ihre logischen Grundlagen und ihre Dysfunktionen, in: ders., Ethnopsychoanalyse, Frankfurt/M. ²1984, 131–169.
13 Vgl. Streit, R.: Das individuelle Bild vom außernationalen Bereich, in: KZfSS 34 (1982), 677–694.
14 Vgl. dazu das Kapitel 2.7.
15 Piaget, J. / Weil, A.-M.: Die Entwicklung der kindlichen Heimatvorstellungen und der Urteile über andere Länder (1951), in: Wacker, A. (Hrsg.): Die Entwicklung des Gesellschaftsverständnisses bei Kindern, Frankfurt/M. 1976, 127–148.
16 Ein kritischer Punkt bei bundesrepublikanischen Schülern ist ihr Verhältnis zu Kommunisten (bzw. was sie dafür halten) und zur DDR. Ein „richtiger" Deutscher kann kein Kommunist sein, aber gleichwohl sind Kommunisten wieder Deutsche. Das Verhältnis zur DDR ist ebenso problematisch. Bundesrepublik und DDR werden nicht als zwei Teile einer ursprünglich staatlichen und kulturellen nationalen Einheit angesehen, sondern die DDR erscheint den Schülern als ein abgetrennter Teil der Einheit Bundesrepublik. Vgl. dazu das Anschauungsmaterial, das Boßmann geliefert hat: Boßmann, D. (Hrsg.): Schüler über die Einheit der Nation, Ergebnisse einer Umfrage, Frankfurt/M. 1978.

2.5 Politisches Bewußtsein

Politisches Bewußtsein als Strukturmoment von Geschichtsbewußtsein ist hier im engeren Sinne von „politisch" gemeint – es soll als Herrschaftsbewußtsein verstanden werden. Hier ist nicht „staatsbürgerliche Kompetenz" gemeint[17], das Wissen von Verfassungsorganen und deren Wirkungsweise, sondern der Sachverhalt, daß Gesellschaften durch Herrschaft geordnet sind. Immer dort, wo von Geschichte die Rede ist, haben wir es mit asymmetrisch verteilten Machtverhältnissen zu tun. Dieses Bewußtsein, daß gesellschaftliche Verhältnisse von Machtverhältnissen durchdrungen sind, ist etwas, was nicht allein durch Unterricht oder Unterweisung allgemein vermittelt wird, sondern gehört zu den sehr frühen lebensgeschichtlichen Erfahrungen:

> Psychologisch betrachtet gehören die Dimensionen groß – klein und Macht – Ohnmacht in die prägenitale Entwicklung, sind also ein außerordentlich frühes und grundlegendes Problem[18].

Wenn dieses Herrschaftsbewußtsein schon sehr früh erworben wird, so bedeutet das noch nicht, daß späteres Lernen kaum noch Einfluß darauf hat. Geschichtsunterricht sollte sich vor allem darüber im klaren sein, wo Schüler die Macht lokalisieren. Dieses Wissen ist für die Geschichtsdidaktik wichtig, wenn Geschichtsunterricht überhaupt einen Beitrag zur politischen Bildung leisten will:

> Die Macht konzentriert sich nach Ansicht der Schüler in den Verfassungsorganen Regierung, Parteien und Parlament (in dieser Reihenfolge). Auch den Organen des Pressewesens kommt danach eine beträchtliche Macht zu, sie haben mehr Macht als die Gewerkschaften, welche [|137] wiederum mehr Macht als die Arbeitgeberverbände auf sich vereinigen. ... ‚Macht' wird von den Schülern hier als politische Macht verstanden, für die man sich alternative Konstellationen kaum vorzustellen vermag[19].

Daß wirtschaftliche Institutionen Macht ausüben, wird in der Regel von Schülern nicht gesehen. „Daraus muß nach unserer Ansicht abgeleitet werden, daß wirtschaftliche Macht einen weißen Fleck auf der Landkarte des politischen Schülerbewußtseins darstellt[20]."

---

17 Steiner, K.: Sozial-kognitive Entwicklung im Jugendalter: Veränderungen im Verständnis von staatspolitischen Begriffen, in: Stiksrud, A. (Hrsg.): Jugend und Werte, Weinheim 1984, 216.
18 Horn, K.: Über den Zusammenhang zwischen Angst und politischer Apathie, in: Aggression und Anpassung in der Industriegesellschaft, Frankfurt/M. 1968, 68 f.
19 Urban, K. B.: Die Bedingungen politischen Lernens bei Schülern, München 1976, 114 f.
20 Urban, K. B., a. a. O., 115.

2.6 Ökonomisch-soziales Bewußtsein

Zur Wahrnehmung historisch-gesellschaftlicher Sachverhalte gehört auch die Wahrnehmung von sozial-ökonomischen Unterschieden. Die Kategorien arm – reich werden zwar durch die Kategorien „oben" und „unten" überlagert, sind mit ihnen aber noch nicht identisch. Die Wahrnehmung von sozialen Unterschieden in historischen Darstellungen sowie die Wahrnehmung sozialer Ungleichheit in der Gegenwart ist an die Erfahrung dieser Prädikate in der alltäglichen kindlichen Umwelt gebunden.

Kinder lernen schon sehr früh die Begriffe arm und reich zu gebrauchen und richtig anzuwenden. Ob die Begriffe arm und reich heute historisch veraltet sind[21] und auf unsere Gegenwart nicht mehr passen, ist hier nicht so wichtig. Ein Bewußtsein von gesellschaftlicher Ungleichheit ist dennoch vorhanden, wie auch neuere Untersuchungen zeigen[22]. Kinder haben aber bestimmte Schwierigkeiten, sich selbst und ihre Familie in diesem Bezugssystem unterzubringen: „Dieselben Kinder, die in der Mehrzahl angeben, in ihrem Bekanntenkreis seien mehr arme Leute zu finden, nehmen wiederum in der Mehrzahl ihre Eltern aus[23]." Sie können wohl ihre Umwelt nach den Kategorien „arm" und „reich" einschätzen, haben aber offensichtlich Schwierigkeiten in der Selbstlokalisation.

Der gleiche Tatbestand wird aus der Berliner Kinderladenbewegung berichtet:

> Auch bei Gegenüberstellungen wie: reiche Kapitalisten, die immer reicher werden, arme Arbeiter, die relativ verarmen, stießen wir häufig auf den Widerstand der oder besser die Abwehr der Kinder: Sie wollten ihre Eltern keinesfalls als arm hingestellt sehen, sondern betonen wider allen Augenschein, wie gut sie doch verdienten und wohnten, wie zufrieden sie mit ihrem Leben sein könnten[24].

Hier treten offensichtlich bewußtseinsinterne Konflikte auf, die zu Schwierigkeiten führen, die einzelnen Strukturmomente „ökonomisches" und „moralisches Bewußtsein" (vgl. dazu Kapitel 2.7) in einem Gesamtkonzept zu integrieren.

Wacker berichtet, daß die Schüler mit einem „inkongruenten Erklärungsmodell" die Ursachen von arm und reich erklären wollten. „Während Armut überwiegend als durch unbeeinflußbare Gegebenheiten ... verursacht gesehen wird, soll Reichtum wesentlich die Frucht individueller Bemühungen sein[25]." Arm ist eine Eigenschaft von Personen, die von außen kommt, Reichtum dagegen ist eine Eigenschaft, die die Per-

---

21 Wacker, A.: Wahrnehmung, Bewertung und Interpretation sozialer Ungleichheit, in: ders. (Hrsg.): Die Entwicklung des Gesellschaftsverständnisses bei Kindern, Frankfurt/M. 1976, 60–87 (hier 62).
22 Leahy, R. L.: The Development of the Conception of Economic Inequality. I. Descriptions and Comparisons of Rich and Poor People, in: Child Development, Vol. 52 (1981), No. 2, 523–532.
23 Wacker, A., a. a. O., 70.
24 Autorenkollektiv am psychologischen Institut der Freien Universität Berlin 1971, 124, zitiert nach Holzkamp, K.: Sinnliche Erkenntnis, Frankfurt/M. 1973, 228.
25 Wacker, A, a. a. O., 76.

son der eigenen Tüchtigkeit (Begabung, Fleiß ...) verdankt (externe und interne Kausalattributation).

Daran scheint Geschichtsunterricht nicht ganz unbeteiligt zu sein. Unsere Schulbücher verstärken diese inkongruenten Erklärungsmuster:
- „Weitblickende Unternehmer stampften die neuen Industrien aus dem Boden[26]."
- „Die Unternehmer in der frühen Zeit der Industrialisierung kamen meist aus bürgerlichen Familien und arbeiteten sich durch Sparsamkeit, Können, Erwerbssinn und nüchtern abwägendes Gewinnstreben empor[27]."
- „Der große Bevölkerungszuwachs ... brachte vielen Menschen die Sorge: wie das tägliche Brot erwerben? Woher Wohnung nehmen? ...[28]."

Armut und Reichtum als gesellschaftliche Kategorien, die auch gesellschaftlichen Ursprungs sind, werden hier auf Persönlichkeitsmerkmale reduziert: auf Weitsicht und Tatkraft einerseits und auf Hilflosigkeit andererseits.

Die jüngste (mir bekannte) Untersuchung (Leahy 1981), an die eine Analyse des ökonomischen Bewußtseins anknüpfen könnte, versucht, die Entwicklung von Schichtungskonzepten in Begriffen der kognitiven Entwicklung zu beschreiben. Sie untersucht zwei allgemeine Trends der kognitiven Entwick- [|138] lung und der sozialen Wahrnehmung: Zwischen Kindheit und Adoleszenz findet ein Wandel in der Betonung von beobachtbaren „peripheren" zu vermuteten psychologischen oder „inneren" Eigenschaften von Personen statt. Zweitens, die Betonung jüngerer Kinder von Verhalten und äußerer Erscheinung ist verbunden mit Berufs- und Geschlechtsrolle.

2.7 Moralisches Bewußtsein

Eine geschichtsdidaktisch gerichtete Theorie des Geschichtsbewußtseins stößt immer wieder auf die kognitiven Schwierigkeiten beim Umgang mit moralischen Prinzipien. Die Welt historischer Sachverhalte wird „moralisiert", d. h. es wird nach den zugrunde liegenden Motivationen und den Begründungsformen von Handlungen gefragt, und diese werden dann gewertet. Historische Ereigniszusammenhänge werden als gut oder schlecht, historische Handlungen als richtig oder falsch klassifiziert. Darüber hinaus finden sich Formen des moralisierenden Deutens (Vorsehung, Verschwörung, Dolchstoß etc.) historischer Entwicklungsprozesse. Dennoch ist uns im Moment noch völlig unbekannt, welche Bedeutung moralische Prinzipien für die Wahrnehmung und Deutung von Geschichte haben.

---

26 Geschichte für die Hauptschule, 8. Jahrgangsstufe, Donauwörth 1981, 21.
27 Geschichtliche Weltkunde, Bd. 2, Frankfurt/M. 1975, 168.
28 Geschichtliche Weltkunde, Bd. 2, Frankfurt/M. 1975, 171.

Moralisches Bewußtsein allgemein besteht in der Selbstobligation gegenüber sozialen Normen[29]. Es ist deshalb nach den sozialen Normen und deren Bindung zu fragen. Hinsichtlich der Wahrnehmung und Deutung von Geschichte besteht moralisches Bewußtsein in der Fähigkeit, die Prädikate gut und böse nicht willkürlich oder zufällig, sondern nach Regeln anzuwenden.

Hier stellen sich für das Geschichtsbewußtsein zwei Probleme, von denen das eine Geschichte als Prozeß und das andere die Verstehbarkeit historischer Situationen betrifft.

– Im Kohlbergschen Konzept geht es nicht darum, ein historisches Ereignis richtig oder falsch, gut oder schlecht, akzeptabel oder verwerflich zu finden: ob die Bauern im Bauernkrieg „richtig" handelten, als sie zur Gewalt griffen, ob der gesellschaftliche Umsturz 1918/19 richtig oder verwerflich war, ob die Verschwörer des 20. Juli das tun durften oder nicht, was juristisch Hochverrat war, ist nicht Gegenstand einer genaueren Analyse des moralischen Urteils in der Geschichtsdidaktik. Hier geht es einzig und allein darum, welche Argumentationsniveaus für Pro- oder Contra-Entscheidungen benutzt wurden. Auf jeder der 6 Kohlbergschen Argumentationsstufen ist zu jedem Ereignis eine Pro- und eine Contra-Haltung möglich.

Die vorfindbaren moralischen Argumentations- und Begründungsmuster lassen sich hierarchisch ordnen (Egozentrik, Heteronomie, Autonomie), und diese Hierarchie bringt einen entwicklungslogischen Zusammenhang zum Ausdruck. Es spricht vieles dafür, daß die Entwicklung des moralischen Bewußtseins einem rational nachkonstruierbaren Muster folgt. Über diesen Entwicklungsgang des moralischen Bewußtseins geben uns die Untersuchungen von Jean Piaget und Lawrence Kohlberg Auskunft. Nach Kohlberg vollzieht sich das moralische Bewußtsein in sechs Stufen[30].

Die Untersuchung von moralischen Argumentationsformen, die sich auf historische Ereignisse beziehen, erlaubt eine zureichendere Analyse des historischen Handlungs*zusammenhanges* als bisher. Ein Konzept wie das von Kohlberg, das allgemeine Menschheitsgeschichte und individuelle Lebensgeschichte verknüpft, vermeidet es, den Schülern die unterschiedlichen Handlungsorientierungen und Wertsysteme in der Geschichte als ein buntes, beliebiges und zufälliges Kaleidoskop kontingenter Ereignisse ohne eine bestimmte Entwicklungslogik vorzustellen. Wenn die Muster moralischen Handelns stets kontingent wären, wäre eine historische Relativierung begründet. Eine sol-

---

[29] Vgl. Pandel, H.-J.: Moralische Entwicklung, in: Bergmann, K., u. a. (Hrsg.), Handbuch der Geschichtsdidaktik, Düsseldorf ³1985, 279–286, und Miller, M.: Zur Ontogenese moralischer Argumentationen, in: LiLi 10 (1980), Nr. 38/39, 58–109.
[30] Vgl. die Zusammenfassung bei Pandel, a. a. O.

che Annahme schränkt die historischen Erkenntnismöglichkeiten ein, man kann aber mehr erkennen, als der Historismus für möglich hielt.
– Während wir moralisches Bewußtsein im alltäglichen Leben wie auch moralisches Bewußtsein in hypothetischen Situationen bei Kindern relativ früh finden, ist damit noch nicht entschieden, wie ihr moralisches Bewußtsein mit historischen Situationen umgeht. Was vom einzelnen Individuum hier gefordert ist, ist eine Verbindung der Basisorientierungen (Realität, Zeit, Geschichtlichkeit) mit dem moralischen [|139] Bewußtsein. Es scheint so, daß eine Verknüpfung von moralischem Bewußtsein und dem Bewußtsein von Geschichtlichkeit im weiteren Sinne erst auf einer zeitlich ziemlich späten lebensgeschichtlichen Stufe erfolgt. Auf der frühen Phase werden moralische Urteile für historische Situationen analog zu gegenwärtigen hypothetischen Situationen vorgenommen, ohne daß das Bewußtsein von Geschichtlichkeit dabei leitend wäre. Daß das moralische Bewußtsein als Komponente von Geschichtsbewußtsein nicht allein von Entwicklungs- und Sozialpsychologie hinreichend analysiert werden kann, zeigt die immer noch vorhandene Interpretationsregel des Historismus. Dem Historismus ist ein ethischer Relativismus eigen, der die „Geltung moralischer Urteile allein an Rationalitäts- oder Wertstandards derjenigen Kultur- und Lebensform bemißt", die verstanden werden soll und nicht an der, der das urteilende Subjekt angehört[31]! Daß das nach den Erfahrungen mit dem Faschismus nicht mehr gelten kann, ist zwar theoretisch plausibel, trifft aber noch nicht die aktuelle Praxis. Wir müssen vielmehr von der Existenz eines kindlichen Historismus ausgehen, der alles legitimiert, weil es eben „damals" so üblich war[32].

3. Individuelles Geschichtsbewußtsein und Sinnbildungsprozesse. Versuch einer Matrix

Wenn Geschichtsbewußtsein strukturiert ist, d.h. über die oben ausgewiesenen kategorial wirkenden Strukturmomente definiert ist, ergibt sich daraus der praktische Aspekt. Eine solche Strukturierung kann als Dimensionierungsvorschlag für empirische Forschung sowie als Diagnose-, Analyse- und Planungsinstrument in einer geschichtsdidaktischen Pragmatik Verwendung finden. Die Strukturbestimmung macht Geschichtsbewußtsein für Empirie erforschbar und für Pragmatik identifizierbar. Wir wissen dann, wann wir Geschichtsbewußtsein vor uns haben und wann nicht. Das ist der anfangs skizzierte *normative Aspekt*.

---

31 Habermas, J.: Moralbewußtsein und kommunikatives Handeln, Frankfurt/M. 1983, 132.
32 Erste empirische Voruntersuchungen scheinen diesen Tatbestand des kindlichen Historismus zu bestätigen.

Bisher ist aber nur von Struktur*momenten* die Rede gewesen. Es wurde vorausgesetzt, daß diese Momente eine *Struktur* bilden. Deshalb müssen jetzt noch einige Hypothesen über das Zusammenwirken der Strukturmomente angefügt werden. Das Zusammenwirken der einzelnen Strukturmomente von Geschichtsbewußtsein kann man vielleicht am besten durch eine Matrix ausdrücken[33], in der die Flächen, Linien, Punkte kategorial verfaßte und noch nicht inhaltlich gefüllte Potentionalitäten der möglichen Ausprägung von Geschichtsbewußtsein bedeuten. Das Matrixmodell hat den Vorteil, daß das Geschichtsbewußtsein nicht durch die verschiedenen Inhalte (unterschiedliches Wissen) erklärt wird, sondern durch die prinzipiell gleichen Kategorien.

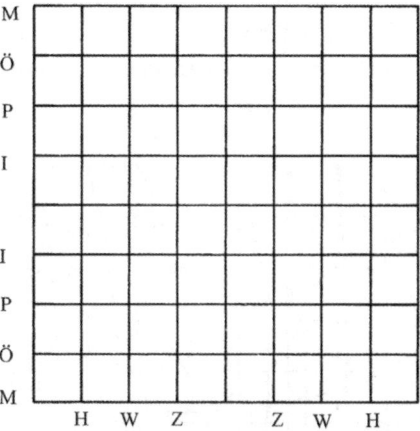

Abb. 1 Idealtypische Strukturierung

Diese Struktur, dieses Gitterwerk, hätte die Funktion, dargestellte Geschichte wahrnehmbar zu machen. Das würde aber noch nicht die verschiedenen individuellen Ausprägungen des Geschichtsbewußtseins erklären. Geschichtsbewußtsein hat aber nicht nur eine Wahrnehmungsfunktion, sondern auch eine Deutungsfunktion, und diese Deutung erfolgt individuell und soziokulturell unterschiedlich. Es sind zwar alle Strukturmomente an der (intellektuellen) Verarbeitung und Deutung von Geschichte beteiligt, aber nicht alle in gleicher Weise.

Die bisher vorgestellte Struktur sagt noch nichts darüber aus, wie ein konkret indivi-[|140] duelles Geschichtsbewußtsein aussieht und sich von dem Geschichtsbewußtsein eines anderen Individuums unterscheidet. Eine solche Strukturbestimmung sagt vorerst auch nichts darüber aus, was passiert, wenn Geschichtsbewußtsein lebens-

---

[33] Den Gedanken des Matrixmodells verdanke ich meinem Osnabrücker Kollegen Walter Aschmoneit, der mich an den verschiedenen Stufen seiner Ausformulierung teilnehmen ließ. Dieses Matrixmodell ist von Walter Aschmoneit zum Zwecke der transkulturellen Analyse entwickelt worden. Vgl. Aschmoneit, W.: Kulturvergleich, Entwicklung und Matrixmetapher (mit Beispielen aus der Kultur Kambodschas), in: Internationales Asienforum 16 (1985), No. 3/4, 215–244.

geschichtlichen Wandlungsprozessen unterworfen wird. Solche Wandlungen ergeben sich bei einschneidenden lebensgeschichtlichen Erfahrungen in historischen Situationen oder Ereignisketten und durch Denkprozesse über Geschichte, durch Nachdenken, das allerdings durch Gegenwartserfahrungen ausgelöst wird. Eine tiefgreifende Veränderung des Geschichtsbewußtseins – vielleicht die wichtigste – erfolgt in der Adoleszenz. Nicht, daß jetzt erst Geschichtsbewußtsein ausgebildet würde, wie die ältere Entwicklungspsychologie noch behauptet, sondern es erfolgt in der Adoleszenz eine tiefgreifende Umstrukturierung. Daraus müssen für eine elaborierte Theorie des Geschichtsbewußtseins Konsequenzen gezogen werden: Die Struktur des Geschichtsbewußtseins, die zunächst noch statisch ist, muß *dynamisiert* werden: sie muß individuelle Unterschiede wie lebensgeschichtliche Wandlungen erklären.

Die Struktur wird durch sozial und individuell unterschiedliche Kombinationen von Strukturmomenten gebildet. Das macht die Pluralität von Geschichtsbewußtsein aus.

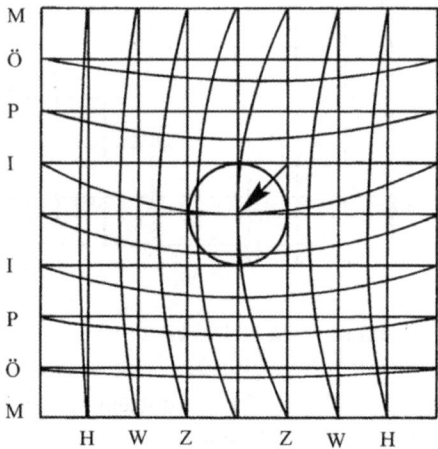

Abb. 2 Konkret-individuelle Strukturierung

Bestimmte soziale und individuelle Ausprägungen von Geschichtsbewußtsein beinhalten die für sie typische Dominanz von bestimmten Strukturmomenten und verweisen die anderen auf einen niedrigeren Rangplatz. Es gibt somit basale und ephemere Strukturmomente in den einzelnen Typen von Geschichtsbewußtsein. Ob allerdings im Laufe der Lebensgeschichte das Kontinuum von basalen bis ephemeren das gleiche bleibt, ist damit noch nicht gesagt.

Es ergeben sich also „Verzerrungen" der Strukturierung, die nicht nur individuelle Verschiedenheit ausdrücken, sondern darüber hinaus auch die *Sinnbildungsprozesse* bei der kreativen Produktion wie auch bei der produktiven Transformation von Geschichten anzeigen können. Wo sich die Strukturverzerrungen kumulieren, wäre also die individuell eigenartige „Sinnmitte" des Geschichtsbewußtseins zu lokalisieren, die die Ereignisbeschreibungen zu sinnvollen Geschichten erzählt. Sinnbildungsprozesse müssen von einem anfangs „leeren" Sinnzentrum ausgehen, wenn es sich um *Bildungsprozesse* handelt, also um solche Prozesse, in denen etwas entsteht. Sinnbildung entsteht somit durch Verzerrung der idealtypischen Struktur, d. h. einzelne Dimensionen verschieben sich und bilden damit ein Sinnzentrum aus.

Konkrete Formen von Geschichtsbewußtsein könnten etwa dann in den folgenden Arten beschrieben werden:
- Traditionelle Ausprägungen von Geschichtsbewußtsein aktualisieren aus dem Potential der Möglichkeiten lediglich die Dimensionen der staatlich verfaßten Macht und Herrschaft in der als Nation organisierten Wir-Gruppe.
- Dieser traditionell bürgerlichen Ausprägung von Geschichtsbewußtsein steht ein nicht weniger traditionelles, sich antibürgerlich gebendes Geschichtsbewußtsein gegenüber. Hier wird die Wir-Gruppe am unteren Ende der ökonomischen Stratifikation angesiedelt. Das Historizitätsbewußtsein ist auf die Aufhebung aller ökonomischen Stratifikationen und der daran gebundenen Herrschaftsverhältnisse gerichtet.
- Neuere Bewußtseinsformen setzen die Definition der Wir-Gruppe zwar auf der Seite der ohn-mächtigen und ökonomisch Abhängigen an. Konstitutiv ist aber, daß sie sich in der [|141] Objektrolle, der Rolle der Leidenden, aber moralisch Mächtigen sehen. Legitimation ergeben nicht die stolzen Taten der Vergangenheit, sondern die antizipierten Schrecken der Zukunft[34].

Über die Beschreibung von Geschichtsbewußtsein durch die ausgewiesenen Doppelkategorien ließe sich sicherlich hinsichtlich Vollständigkeit und zureichender Definition der einzelnen Momente diskutieren. Mein Vorschlag zielt in erster Linie aber auf zwei mir wichtig erscheinende Punkte:
1. Es gilt, Geschichtsbewußtsein als ein komplexes Gebilde aufzufassen, das sich durch kategorial wirkende Strukturen auszeichnet und sich nicht über die Anwesenheit oder Abwesenheit von historischem Wissen definiert.
2. Geschichtsbewußtsein ist nicht nur eine formale Orientierung in der historischen Zeit, sondern eine sozial-politische Orientierung über sich wandelnde gesellschaftliche Verhältnisse.

Wollte man die ersten drei Strukturmomente (Zeit, Wirklichkeit, Historizität), die in der Tat eine grundlegendere Ebene des Geschichtsbewußtseins bilden als die übrigen vier (Identität, Herrschaft, Sozialschicht, Moral), allein zur Definition von Geschichtsbewußtsein heranziehen, so würde Geschichtsbewußtsein entpolitisiert und dem Gesamtbereich „Geschichte" nur sehr verkürzt Rechnung getragen.

---

34 Daß hier auch komparatistische Arbeiten als Strukturvergleiche möglich sind, soll nur angemerkt, aber nicht mehr ausgeführt werden.

Geschichtsdidaktik und Geschichtskultur

BERND SCHÖNEMANN

I.

Am Anfang war Nietzsche. Wer sich in *wissenschaftsgeschichtlicher Perspektive* mit der Analyse und Reflexion des Phänomens „Geschichtskultur" befaßt, der kommt nicht umhin, mit dem zweiten Stück der „Unzeitgemäßen Betrachtungen" aus dem Jahre 1874 zu beginnen. Nietzsches berühmter Traktat „Vom Nutzen und Nachtheil der Historie für das Leben"[1] enthielt im Kern zweierlei: zum einen eine Typologie des lebensdienlichen Umgangs mit Geschichte, ausgefaltet zur bekannten Trias einer monumentalischen, einer antiquarischen und einer kritischen Art der Historie,[2] zum anderen die unmißverständliche Kampfansage an einen vermeintlich lebensfremd gewordenen Kulturbetrieb, in dem die Geschichte wissenschaftlich ausgeufert[3] und pädagogisch zum Bildungsgut verkommen sei – in kleiner Münze an eine Jugend verteilt, die schon in der Schule unter Grauhaarigkeit leide.[4] Nietzsches Funktionsbestimmung der Historie hatte also eine doppelte Stoßrichtung: Sie war pro-vitalistisch, getreu dem Motto: „Nur soweit die Historie dem Leben dient, wollen wir ihr dienen",[5] und sie war antihistoristisch, indem sie sich scharf abgrenzte von den etablierten Bildungsmächten „Wissenschaft" und „Schule", in deren Alltagsbetrieb die zwei Generationen zuvor noch so erfolgreiche „Revolution des Historismus"[6] offenbar den größten Teil ihres

---

1 Friedrich Nietzsche: Unzeitgemäße Betrachtungen. Zweites Stück. Vom Nutzen und Nachtheil der Historie für das Leben (1874). In: Werke in drei Bänden. Hrsg. von Karl Schlechta. Neuaufl. Bd. 1. Darmstadt 1997, S. 209–285.
2 Ebd., S. 219–230.
3 Ebd., S. 231.
4 Ebd., S. 258–265 u. 276–279, bes. S. 258, 260, 277.
5 Ebd., S. 209.
6 Thomas Nipperdey: Deutsche Geschichte 1800–1866. Bürgerwelt und starker Staat. München 1983, S. 498–533, Zitat S. 498.

revolutionären Charmes verbraucht hatte. Jedenfalls existierte Nietzsche zufolge eine klare Demarkationslinie zwischen Wissenschaft und Unterricht einerseits und dem Leben andererseits, und deshalb bietet es sich geradezu an, die seither beschrittenen Wege der [|27] Forschung unter dem Leitaspekt zu betrachten, ob und inwieweit sie die von Nietzsche kritisierte, gleichsam bizonale Auffassung von Geschichtskultur zu überwinden vermochten.

Ohne Anspruch auf Vollständigkeit, wohl aber im Bestreben, die einschlägige Literatur zu erfassen und übersichtlich zu bündeln, seien drei Forschungsentwicklungen unterschieden:

- erstens diejenige, die sich *außerhalb* der Geschichtswissenschaft in den wichtigsten Nachbardisziplinen vollzog;
- zweitens diejenige, die in den geschichtswissenschaftlichen Teildisziplinen der Historik und der historischen Forschung zu beobachten ist;
- drittens schließlich diejenige auf dem engeren Fachgebiet der Geschichtsdidaktik.

Zunächst zur Entwicklung *außerhalb der Geschichtswissenschaft*. Hier muß zuerst das Mitte der 60er Jahre erschienene wissenssoziologische Standardwerk von Berger/Luckmann genannt werden. Dessen Titel „Die gesellschaftliche Konstruktion der Wirklichkeit" war zugleich Programm: Wirklichkeit, so die Autoren, ist ein soziales Konstrukt, das sich in einem ständigen Wechselspiel von Externalisierung, Objektivation und Internalisierung herausbildet.[7] Vierzig Jahre vor Berger/Luckmann hatte sich der französische Soziologe Maurice Halbwachs bereits mit der gesellschaftlichen Konstruktion der *Vergangenheit* beschäftigt: Sein Buch über die sozialen Rahmenbedingungen des individuellen Gedächtnisses, dessen bahnbrechende Leistung Jan Assmann zufolge in der erstmals vorgenommenen Zuordnung von Gedächtnis und Gruppe bestand,[8] wurde freilich erst 1966 ins Deutsche übersetzt[9] und seitdem intensiver rezipiert – unter anderem von dem bereits genannten Ägyptologen Jan Assmann, dessen 1992 erschienene Studie über „Das kulturelle Gedächtnis"[10] wohl als die wichtigste außerhalb der Geschichtswissenschaft entstandene Publikation zum Thema „Geschichtskultur" gelten kann. Ob der Titel, der suggeriert, daß Kulturen und damit kollektive Gebilde über ein eigenes *Gedächtnis* verfügen, so ganz glücklich gewählt ist, mag mit Fug und Recht bezweifelt werden, ganz unstrittig dürfte jedoch sein, daß Assmanns Entdeckung der

---

7 Vgl. Peter L. Berger / Thomas Luckmann: Die gesellschaftliche Konstruktion der Wirklichkeit. Eine Theorie der Wissenssoziologie. [Amerik. Erstausgabe 1966, dt. Erstausgabe 1969] 5. Aufl. Nachdr. Frankfurt am Main 1986, bes. S. 1 u. 139.
8 Vgl. Jan Assmann: Das kulturelle Gedächtnis. Schrift, Erinnerung und politische Identität in frühen Hochkulturen. München 1992, S. 46 u. 48.
9 Maurice Halbwachs: Das Gedächtnis und seine sozialen Bedingungen. [Frz. Erstausgabe 1925, dt. Erstausgabe 1966] Nachdr. Frankfurt am Main 1985.
10 Vgl. Anm. 8.

bimodalen Funk- [|28] tionsweise kollektiver Erinnerung und seine Unterscheidung zwischen einem kommunikativen und einem kulturellen Gedächtnis einen kaum zu überschätzenden heuristischen Wert besitzen.[11] Da die Arbeit inzwischen hinlänglich bekannt ist, sei auf weitere Details verzichtet und stattdessen auf die entscheidende Gemeinsamkeit verwiesen, die die Ansätze Berger/Luckmanns, Halbwachs' und Assmanns miteinander verbindet: Alle drei sind einem *konstruktivistischen* Verständnis von Wirklichkeit und Vergangenheit verpflichtet und erweisen sich damit als paßfähig für entsprechende geschichtswissenschaftliche Forschungsvorhaben. Das gilt in ähnlicher Weise auch für zwei weitere Untersuchungen aus dem Bereich der Kultursoziologie: zum einen für Pierre Bourdieus Studie über „Die feinen Unterschiede",[12] zum anderen für Gerhard Schulzes Arbeit über „Die Erlebnisgesellschaft".[13] Bourdieu verdanken wir die Differenzierung zwischen ökonomischem, sozialem und kulturellem Kapital sowie die Einsicht, daß diese drei Kapitalsorten in der herkömmlichen Klassengesellschaft schichtenspezifisch unterschiedlich kombiniert und sozial ungleich verteilt sind;[14] Schulze dagegen führt den empirischen Nachweis, daß Bourdieus Aussagen auf die moderne Wohlstandsgesellschaft der Gegenwart nicht mehr zutreffen. Er stützt sich dabei auf Ulrich Becks These vom sogenannten Fahrstuhl-Effekt,[15] derzufolge die Relationen sozialer Ungleichheit zwar „weitgehend *konstant*" geblieben, aber durch das „*kollektive Mehr*" an Lebenszeit, erwerbsarbeitsfreier Zeit und finanziellem Spielraum[16] weniger spürbar sind, weshalb die kulturellen Milieus der Erlebnisgesellschaft sich nicht länger entlang den Besitz- und Einkommensgrenzen, sondern primär entlang den Unterschieden in Lebensalter und Bildungsgrad konstituieren.[17] Die Behauptung erscheint keineswegs gewagt, daß eine bis in die Gegenwart hineinreichende Sozialgeschichte der Geschichtskultur auf das Anregungspotential der Studien Bourdieus und Schulzes schlechterdings nicht verzichten kann.

Welche Anstrengungen hat die Geschichtswissenschaft *selbst* in ihren Teildisziplinen der Historik und der historischen Forschung unternommen, um die [|29] durch Nietzsche kritisierte Trennung von Wissenschaft und Leben zu überwinden? Was die *Historik* betrifft, so sei – vielleicht etwas überraschend – ein kleiner Aufsatz Johann Huizingas aus dem Jahre 1929 an den Anfang gestellt, in dem Geschichte als die „*geistige Form*" definiert wird, „*in der sich eine Kultur über ihre Vergangenheit Rechenschaft*

---

11 Vgl. Assmann (Anm. 8), S. 48–56.
12 Pierre Bourdieu: Die feinen Unterschiede. Kritik der gesellschaftlichen Urteilskraft. [Frz. Erstausgabe 1979, dt. Erstausgabe 1987] 9. Aufl. Frankfurt am Main 1997.
13 Gerhard Schulze: Die Erlebnisgesellschaft Kultursoziologie der Gegenwart. 7. Aufl. Frankfurt am Main 1997 [1. Aufl. 1992].
14 Vgl. Bourdieu (Anm. 12), S. 143–146 u. 286–288.
15 Vgl. Schulze (Anm. 13), S. 402.
16 Vgl. Ulrich Beck: Risikogesellschaft. Auf dem Weg in eine andere Moderne. 11. Aufl. Frankfurt am Main 1995 [1. Aufl. 1986], S. 122 u. 124 (Kursivdruck im Original).
17 Vgl. Schulze (Anm. 13), S. 188.

gibt."[18] Diese Definition wandte sich vor allem gegen die Monopolansprüche der zeitgenössischen Geschichtswissenschaft die als Geschichte nur das gelten lassen wollte, was sie selbst betrieb. Huizinga dagegen suchte nach einer Formel, welche „ohne die Scheidung zwischen historischer Wissenschaft und älterer Geschichtsschreibung" auskam und überdies imstande war, „auch die älteren Phasen der Geschichte [...] in ihrem vollen Wert anzuerkennen."[19] Sein weiter Begriff von Geschichte sollte die auf ihrem historiographiegeschichtlichen Auge merkwürdig blinde Geschichtswissenschaft auf ihre eigene Vergangenheit aufmerksam machen und sie zugleich dafür sensibilisieren, daß Geschichte ein vielgestaltiges Kulturphänomen von letztlich anthropologischer Qualität darstellt. Geschichte, so Huizingas Botschaft, ist keine exklusiv wissenschaftliche Erscheinung unserer Tage, sondern eine seit langem existierende kulturelle Schöpfung, von Epoche zu Epoche und Kultur zu Kultur notwendigerweise verschieden, aber immer erklärbar aus dem Bestreben, sich geistig Rechenschaft über die eigene Vergangenheit zu geben.

Diese Horizonterweiterung hatte freilich einen retrospektiven Grundzug, der recht eigentlich noch keine Grenzüberschreitung im Sinne einer Verbindung von Wissenschaft und Leben darstellte. *Die* erfolgte erst in der bundesdeutschen Theoriediskussion der späten 70er und frühen 80er Jahre, und zwar zunächst in der Erkenntnis der Standortgebundenheit und Parteilichkeit historischen Denkens,[20] dann aber vor allem in der systematischen Zuordnung von Fachwissenschaft und Lebenspraxis, wie sie uns erstmals in Jörn Rüsens Historik entgegentritt.[21] Hier werden Wissenschaft und Leben gleichsam konstitutionell in die disziplinäre Matrix eingewoben und durch einen sog. „Regelkreis des historischen Denkens" prozeßhaft miteinander verbunden. Am Anfang und [|30] am Ende steht jeweils die „Lebenspraxis": Sie liefert nicht nur die „Interessen" als „interpretierte Bedürfnisse nach Orientierung in der Zeit", die den Prozeß historischer Forschung überhaupt erst in Gang setzen, sondern sie formuliert zugleich auch seine Ziele, nämlich die „Funktionen der Daseinsorientierung", die die historischen Erkenntnisse erfüllen sollen, nachdem sie den fachwissenschaftlichen Produktionsprozeß im engeren Sinne, also die Regulierung durch Ideen, Methoden und Darstellungsformen, durchlaufen haben.[22] Waltraud Schreiber hat in ihrer Dissertation zwar mit Recht eingewandt, daß Rüsen „den Zusammenhang zwischen Wissenschaft und Lebenswelt nur von der Wissenschaft aus denkt" und deshalb bestenfalls

---

18 Johan Huizinga: Über eine Definition des Begriffs Geschichte. [Niederl. Erstausgabe 1929, dt. Erstausgabe 1930] Nachdr. in: Ders.: Im Bann der Geschichte. Betrachtungen und Gestaltungen. Nijmegen 1942, S. 94–106, Zitat S. 104 (Kursivdruck im Original).
19 Ebd., S. 98.
20 Vgl. dazu besonders Reinhart Koselleck / Wolfgang J. Mommsen / Jörn Rüsen (Hrsg): Objektivität und Parteilichkeit in der Geschichtswissenschaft. München 1977 (Theorie der Geschichte, Bd. 1).
21 Jörn Rüsen: Historische Vernunft. Grundzüge einer Historik I. Die Grundlagen der Geschichtswissenschaft. Göttingen 1983.
22 Ebd., S. 21–32, bes. S. 29 u. 31.

am Rande nach der Fundierung historischen Denkens in der Lebenswelt und den Voraussetzungen der lebensweltlichen Anwendbarkeit wissenschaftlicher Erkenntnisse fragt,[23] aber man kann mit dem gleichen Recht bezweifeln, ob *das* noch in den Aufgabenbereich der Historik gehört. Fragen dieser Art sind vermutlich leichter auf dem Wege empirischer Forschung zu klären.

Damit ist bereits das Stichwort für die nächste Teildisziplin der Geschichtswissenschaft gefallen, nämlich für die *historische Forschung*. Ihre einschlägigen Beiträge zur Geschichtskultur lassen sich am besten thematisch bündeln, und zwar in *fünf große Themenbereiche*:
– Geschichte als politisches Argument;
– National- und Kriegerdenkmäler;
– Feste und Feiern;
– Öffentlichkeitshistorismus;
– Erinnerungs- und Memorialkultur.

Geschichte als politisches Argument ist untrennbar mit dem Namen Karl-Georg Faber verknüpft: Seine empirischen Forschungen zum Geschichtsgebrauch in der Frankfurter Nationalversammlung,[24] aber mehr noch sein 1975 in der Historischen Zeitschrift erschienener Aufsatz „Zum Einsatz historischer Aussagen als politisches Argument"[25] haben den – zumeist instrumentalisie- [|31] renden – Rückgriff auf Geschichte zum Zwecke der Positions- und Platzbehauptung im parlamentarisch-politischen Raum erstmals zum Gegenstand historischer Forschung gemacht und zugleich ein neues großes Untersuchungsfeld abgesteckt, das seither immer wieder beackert wurde – von Fabers Schüler Wolfgang Bach etwa,[26] aber auch von Vertreterinnen und Vertretern der Geschichtsdidaktik, wenn man an die Dissertation Katherina Oehlers über „Geschichte in der politischen Rhetorik"[27] oder die Studie Jochen Huhns über historische Argumente in der westdeutschen Föderalismusdiskussion denkt.[28]

---

23 Vgl. Waltraud Schreiber: Neuere geschichtsdidaktische Positionen und ihr Lebensweltbegriff. Versuch einer Präzisierung im Anschluß an die Phänomenologie Edmund Husserls. Bochum 1995 (Dortmunder Arbeiten zur Schulgeschichte und zur historischen Didaktik, Bd. 26), S. 62–64, Zitat S. 63.
24 Karl-Georg Faber: Nationalität und Geschichte in der Frankfurter Nationalversammlung. In: Wolfgang Klötzer / Rüdiger Moldenhauer / Dieter Rebentisch (Hrsg.): Ideen und Strukturen der deutschen Revolution 1848. Frankfurt am Main 1974 (Archiv für Frankfurts Geschichte und Kunst, H. 54), S. 103–122.
25 Karl-Georg Faber: Zum Einsatz historischer Aussagen als politisches Argument. In: Historische Zeitschrift 221 (1975), S. 265–303.
26 Wolfgang Bach: Geschichte als politisches Argument. Eine Untersuchung an ausgewählten Debatten des Deutschen Bundestages. Stuttgart 1977.
27 Katherina Oehler: Geschichte in der politischen Rhetorik. Historische Argumentationsmuster im Parlament der Bundesrepublik Deutschland. Hagen 1989 (Beiträge zur Geschichtskultur, Bd. 2).
28 Jochen Huhn: Lernen aus der Geschichte? Historische Argumente in der westdeutschen Föderalismusdiskussion 1945–1949. Melsungen 1990 (Kasseler Forschungen zur Zeitgeschichte, Bd. 5).

Eine ähnliche Initialzündung wie die von Faber ausgelöste verursachten zwei Arbeiten zur *Denkmalsproblematik* aus der Feder Thomas Nipperdeys und Reinhart Kosellecks. Nipperdeys ausgerechnet 1968 publizierte Studie „Nationalidee und Nationaldenkmal in Deutschland im 19. Jahrhundert"[29] und Kosellecks elf Jahre später erschienener Aufsatz über „Kriegerdenkmale als Identitätsstiftungen der Überlebenden"[30] weckten ein Interesse der historischen Forschung für die steingewordenen Zeugnisse vergangener Geschichtskultur, das seitdem nicht mehr abgerissen ist: Die Literatur zu einzelnen Denkmälern ist mittlerweile kaum noch zu überblicken,[31] und auch die übergreifenden Darstellungen sind so zahlreich, daß man nur die wichtigsten nennen kann: Dazu zählt zweifellos der von Reinhart Koselleck und Michael Jeismann herausgegebene Sammelband über „Kriegerdenkmäler in der Moderne", in dem die Ergebnisse eines internationalen Vergleichs präsentiert werden,[32] dazu zählen [|32] ferner die Publikationen Winfried Speitkamps über die Geschichte der Denkmalpflege[33] und des Denkmalsturzes,[34] dazu zählt schließlich der von Charlotte Tacke vorgelegte deutsch-französische Vergleich über das „Denkmal im sozialen Raum", der erstmals auch die Denkmalvereine und die Denkmalfeste systematisch erfaßt.[35] Daß auch auf diesem Felde ein spezifisch geschichtsdidaktischer Forschungsanteil zu verbuchen ist, zeigen Gerhard Schneiders Studie über „Kriegerdenkmäler und Kriegstotenkult in Hannover"[36] sowie der Schülerwettbewerb Deutsche Geschichte 1992/93 zum Thema „Denkmal: Erinnerung, Mahnung, Ärgernis".[37]

Für den dritten Themenbereich *Feste und Feiern* gab es keine vergleichbare Initialzündung, sondern eine seit Mitte der 80er Jahre breit einsetzende historische Detail-

---

29 Thomas Nipperdey: Nationalidee und Nationaldenkmal in Deutschland im 19. Jahrhundert. In: Historische Zeitschrift 206 (1968), S. 529–585.
30 Reinhart Koselleck: Kriegerdenkmale als Identitätsstiftungen der Überlebenden. In: Odo Marquard / Karlheinz Stierle (Hrsg.): Identität. München 1979 (Poetik und Hermeneutik, Bd. 8), S. 255–276.
31 Hier seien nur zwei Publikationen hervorgehoben, die „ihr" Denkmal in einen übergreifenden Zusammenhang stellen: Katrin Keller / Hans-Dieter Schmid (Hrsg.): Vom Kult zur Kulisse. Das Völkerschlachtdenkmal als Gegenstand der Geschichtskultur. Leipzig 1995; Gunther Mai (Hrsg.): Das Kyffhäuser-Denkmal 1896–1996. Ein nationales Monument im europäischen Kontext. Köln 1997.
32 Reinhart Koselleck / Michael Jeismann (Hrsg.): Der politische Totenkult. Kriegerdenkmäler in der Moderne. München 1994.
33 Winfried Speitkamp: Die Verwaltung der Geschichte. Denkmalpflege und Staat in Deutschland 1871–1933. Göttingen 1996 (Kritische Studien zur Geschichtswissenschaft, Bd. 114).
34 Winfried Speitkamp (Hrsg.): Denkmalsturz. Zur Konfliktgeschichte politischer Symbolik. Göttingen 1997.
35 Charlotte Tacke: Denkmal im sozialen Raum. Nationale Symbole in Deutschland und Frankreich im 19. Jahrhundert. Göttingen 1995 (Kritische Studien zur Geschichtswissenschaft, Bd. 108).
36 Gerhard Schneider: „Nicht umsonst gefallen"? Kriegerdenkmäler und Kriegstotenkult in Hannover. Hannover 1991.
37 Vgl. Körber-Stiftung (Hrsg.): Spuren suchen, H. 6 (1992) u. H. 7 (1993); Schülerwettbewerb Deutsche Geschichte um den Preis des Bundespräsidenten: Denkmal: Erinnerung, Mahnung, Ärgernis. Katalog der preisgekrönten Arbeiten. Bd. 10: Wettbewerb 1992/93. Hamburg 1996.

forschung, deren Ergebnisse meist in Form von Sammelbänden publiziert wurden.[38] Darunter findet sich auch ein geschichtsdidaktisches Kompendium, herausgegeben von Karl Pellens.[39]

Eine ausführlichere Betrachtung verdient die Erforschung des sogenannten *Öffentlichkeitshistorismus*, also der vierte Themenbereich. Rudolf Vierhaus forderte bereits 1977, daß die Erforschung der Geschichte der Geschichtswissenschaft mehr als bisher üblich über die Geschichtsschreibung hinaus erweitert werden müsse – „auf den Geschichtsunterricht, die Institutionen der [|33] Geschichtsforschung und der Erhaltung der geschichtlichen Überlieferung, auf das Geschichtsbewußtsein, seine politische und soziale Funktion." Dabei seien die populäre historische Literatur, die Publizistik und deren Rezeption ebenso einzubeziehen wie die bildliche Darstellung und die museale Repräsentation von Geschichte sowie die Errichtung, Restauration und Pflege historischer Denkmäler.[40] Ähnlich argumentierte Heinz Gollwitzer fünf Jahre später in einem Vortrag anläßlich des 150jährigen Bestehens des Historischen Vereins zu Münster. In diesem Zusammenhang prägte er den Begriff „Öffentlichkeitshistorismus"[41] und hob die schlechterdings nicht zu leugnende Tatsache hervor, daß der Historismus eben keine rein akademische und schon gar keine exklusiv geschichtswissenschaftliche Erscheinung war, wie man in der Tradition Friedrich Meineckes lange annahm, sondern eine „kultur- und sozialgeschichtliche Bewegung" ersten Ranges, die im öffentlichen Leben des 19. und 20. Jahrhunderts tiefe Spuren hinterlassen habe – in der Architektur, in der Benennung von Gebäuden, Straßen und Plätzen, in den Denkmälern und Museen, in Literatur und Pädagogik und nicht zuletzt im Vereinswesen.[42] Dieses integrale Verständnis von Geschichtskultur, das bei Vierhaus und Gollwitzer mit Händen zu greifen ist, hat nun freilich nicht *sofort* dazu geführt, daß die historische

---

38 Uwe Schultz (Hrsg.): Das Fest. Eine Kulturgeschichte von der Antike bis zur Gegenwart. München 1988; Dieter Düding / Peter Friedemann / Paul Münch (Hrsg.): Öffentliche Festkultur. Politische Feste in Deutschland von der Aufklärung bis zum Ersten Weltkrieg. Reinbek 1988; Walter Haug / Rainer Warning (Hrsg.): Das Fest. München 1989 (Poetik und Hermeneutik, Bd. 14). Zu den jüngsten Publikationen zählt der Band von Emil Brix / Hannes Stekl (Hrsg.): Der Kampf um das Gedächtnis. Öffentliche Gedenktage in Mitteleuropa. Wien u. a. 1997.
39 Karl Pellens (Hrsg.): Historische Gedenkjahre im politischen Bewußtsein. Identitätskritik und Identitätsbildung in Öffentlichkeit und Unterricht. Stuttgart 1992.
40 Vgl. Rudolf Vierhaus: Einrichtungen wissenschaftlicher und populärer Geschichtsforschung im 19. Jahrhundert. In: Bernward Deneke / Rainer Kahsnitz (Hrsg.): Das kunst- und kulturgeschichtliche Museum im 19. Jahrhundert. Vorträge des Symposions im Germanischen Nationalmuseum Nürnberg. München 1977 (Studien zur Kunst des 19. Jahrhunderts, Bd. 39), S. 109–117, bes. S. 111.
41 Vgl. Heinz Gollwitzer: Historismus als kultur- und sozialgeschichtliche Bewegung. In: Geschichte, Politik und ihre Didaktik 10 (1982), S. 5–15, hier S. 12.
42 Ebd., S. 5 u. 9–14. – Zur Verengung des Historismusbegriffs durch Friedrich Meinecke vgl. Otto Gerhard Oexle: Die Geschichtswissenschaft im Zeichen des Historismus. Bemerkungen zum Standort der Geschichtsforschung (1984). Nachdr. in: Ders.: Geschichtswissenschaft im Zeichen des Historismus. Studien zu Problemgeschichten der Moderne. Göttingen 1996 (Kritische Studien zur Geschichtswissenschaft, Bd. 116), S. 17–40 u. 243–252, hier S. 30 f.; ders.: „Historismus". Überlegungen zur Geschichte des Phänomens und des Begriffs (1986). Nachdr. ebd., S. 41–72 u. 253–264, hier S. 63–67.

Forschung in Deutschland sich dem Problem der kollektiven Erinnerung gleichsam flächendeckend zugewandt hätte.

Allem Anschein nach – und damit kommen wir zum fünften Themenbereich *Erinnerungs- und Memorialkultur* – wird sich das allerdings in nächster Zukunft ändern. Da ist zum einen das von Étienne François und Hagen Schulze geleitete Großprojekt einer „Geschichte der deutschen Erinnerungsorte",[43] das [|34] mittlerweile das Konzeptionsstadium verlassen hat und in die Konkretisierungsphase eingetreten ist. Die Dimensionen des Unternehmens – ca. 100 Beiträge, die frühestens gegen Ende des Jahres 2000 in drei Bänden vorliegen werden[44] – lassen schon jetzt erwarten, daß damit in der Tat ein Pendant zu Pierre Noras „Lieux de mémoire" entsteht[45] – eine deutsche Geschichte als „Symbol-Geschichte" also, gewissermaßen eine Nationalgeschichte „zweiten Grades",[46] die die Entwicklung der deutschen Nation nachzeichnet und erklärt, indem sie die materiellen und geistigen Orte ihrer Erinnerung aufsucht, an denen und durch die sie sich konstituiert hat.

Zum anderen sei auf einen neuen Sonderforschungsbereich verwiesen, der vor kurzem an der Universität Gießen seine Arbeit aufnehmen konnte: Es handelt sich um den von Günther Lottes vertretenen SFB „Erinnerungskulturen" mit einem deutlichen Schwerpunkt in der Frühen Neuzeit.

Last not least ist daran zu erinnern, daß auch die Mediaevistik sich schon seit geraumer Zeit mit den spezifischen Formen und Funktionen mittelalterlichen Geschichtsverständnisses befaßt. Zwei jüngere Veröffentlichungen dokumentieren dieses Forschungsinteresse nachdrücklich: zum einen der von Otto Gerhard Oexle heraus-

---

43 Étienne François / Hagen Schulze: Auf der Suche nach der verlorenen Vergangenheit. Eine Bestandsaufnahme deutscher Erinnerungskultur. In: Frankfurter Allgemeine Zeitung vom 2.9.1998, S. N6; vgl. dazu auch den kritischen Kommentar von Henning Ritter: Gemeinplätze. Von Faust bis Volkswagen. In: Ebd., S. N5.
44 Der Verfasser ist Étienne François für seine bereitwilligen telefonischen Auskünfte über den Stand des Projekts (17.9.1999) zu Dank verpflichtet.
45 Vgl. Pierre Nora: Zwischen Geschichte und Gedächtnis – die Gedächtnisorte. In: Ders.: Zwischen Geschichte und Gedächtnis. Berlin 1990 (Kleine kulturwissenschaftliche Bibliothek, Bd. 16), S. 11–33. Dazu auch Klaus Große-Kracht: Gedächtnis und Geschichte. Maurice Halbwachs – Pierre Nora. In: Geschichte in Wissenschaft und Unterricht 47 (1996), S. 21–31, hier S. 24–31. – Horst Möller / Jacques Morizet (Hrsg.): Franzosen und Deutsche. Orte der gemeinsamen Geschichte. München 1996, haben ohne große theoretische Begründung den Versuch unternommen, das Konzept der Lieux de mémoire auf die deutsch-französische Beziehungsgeschichte zu übertragen (vgl. ebd., S. 7), sind damit aber weitgehend gescheitert. Insbesondere die Einzelbeiträge von Jean-Claude Allain über „Das Schloß von Versailles" (ebd., S. 59–77, bes. S. 67) und von Gerd Krumeich zum Thema „Verdun – ein Ort gemeinsamer Erinnerung?" (ebd., S. 162–184, bes. S. 164 u. 176), falsifizieren geradezu den lakonisch verkündeten Anspruch, „Orte des gemeinsamen Gedächtnisses" zu präsentieren.
46 Vgl. Étienne François: Von der wiedererlangten Nation zur „Nation wider Willen". Kann man eine Geschichte der deutschen „Erinnerungsorte" schreiben? In: Ders. / Hannes Siegrist / Jakob Vogel (Hrsg.): Nation und Emotion. Deutschland und Frankreich im Vergleich. 19. und 20. Jahrhundert. Göttingen 1995 (Kritische Studien zur Geschichtswissenschaft, Bd. 110), S. 93–107, hier S. 93.

gegebene Sammelband „Memoria als Kultur" aus dem [|35] Jahre 1995,[47] zum anderen das von Hans-Werner Goetz edierte Werk über „Hochmittelalterliches Geschichtsbewußtsein im Spiegel nichthistoriographischer Quellen" aus dem Jahre 1998.[48]

Alles in allem dürfte hinlänglich deutlich geworden sein, daß sich die historische Forschung mittlerweile auf breiter Front mit den Themen „Geschichtsbewußtsein" und „Geschichtskultur" beschäftigt, und zwar epochenübergreifend und mit einer klaren Tendenz zu kulturwissenschaftlicher Interdisziplinarität. Eine neue Kulturgeschichte, die einen nicht geringen Teil ihres theoretischen und praktischen Elans aus ihrer Kritik an der Historischen Sozialwissenschaft Bielefelder Provenienz zu beziehen scheint,[49] ist offenkundig im Begriff, genau das einzulösen, was seit Karl-Ernst Jeismanns Vortrag auf dem Mannheimer Historikertag 1976 als ureigene Aufgabe der Geschichtsdidaktik gilt – die Erforschung des „Geschichtsbewußtseins in der Gesellschaft."[50]

Damit sind wir beim dritten Strang der Forschungsentwicklung angelangt. Welche Anstrengungen hat die *Geschichtsdidaktik* unternommen, um ihrem neuen Selbstverständnis, mehr zu sein als eine reine Unterrichtsfachdidaktik für die Bedürfnisse der Schule, forschungspraktisch Geltung zu verschaffen? Die Antwort wird möglicherweise ungerecht ausfallen, weil sie nicht alle Einzelbeiträge aufgreifen kann, die zum Themenbereich „Geschichtskultur" vorgelegt worden sind: Die Ökonomie der Darstellung zwingt zur Abbreviatur und zur Beschränkung auf die originären Entwicklungen. Diese vollzogen sich in *zwei deutlich voneinander abgrenzbaren Phasen*. [|36]

Die erste Phase reichte von 1977 bis zum Beginn der 90er Jahre, und sie stand unter der Signatur *Geschichte in der Öffentlichkeit und in der Alltagswelt*. Vor gut 20 Jahren, im Oktober 1977, veranstaltete die Konferenz für Geschichtsdidaktik unter der Leitung von Wilhelm van Kampen und Hans-Georg Kirchhoff in Osnabrück eine Tagung zum Thema „Geschichte in der Öffentlichkeit". Ein solches Unternehmen wurde damals durchaus als Wagnis empfunden, denn man betrat damit „ein noch wenig bestelltes

---

47 Otto Gerhard Oexle (Hrsg.): Memoria als Kultur. Göttingen 1995 (Veröffentlichungen des Max-Planck-Instituts für Geschichte, Bd. 121).
48 Hans-Werner Goetz (Hrsg.): Hochmittelalterliches Geschichtsbewußtsein im Spiegel nichthistoriographischer Quellen. Berlin 1998.
49 Vgl. Ute Daniel: Quo vadis, Sozialgeschichte? Kleines Plädoyer für eine hermeneutische Wende. In: Winfried Schulze (Hrsg.): Sozialgeschichte, Alltagsgeschichte, Mikro-Historie. Eine Diskussion. Göttingen 1994, S. 54–64; dies.: Clio unter Kulturschock. Zu den aktuellen Debatten der Geschichtswissenschaft. 2 Tle. In: Geschichte in Wissenschaft und Unterricht 48 (1997), S. 195–219 u. 259–278; Wolfgang Hardtwig: Geschichtskultur und Wissenschaft. München 1990; ders. (Hrsg.): Wege zur Kulturgeschichte. (Geschichte und Gesellschaft 23 [1997], H. 1); Ulrich Raulff: Von der Kulturgeschichte zur Geschichtskultur. Eine wissenschaftsgeschichtliche Skizze. In: Klaus P. Hausen (Hrsg.): Kulturbegriff und Methode. Der stille Paradigmenwechsel in den Geisteswissenschaften. Eine Passauer Ringvorlesung. Tübingen 1993, S. 133–148.
50 Karl-Ernst Jeismann: Didaktik der Geschichte. Die Wissenschaft von Zustand, Funktion und Veränderung geschichtlicher Vorstellungen im Selbstverständnis der Gegenwart. In: Erich Kosthorst (Hrsg.): Geschichtswissenschaft. Didaktik, Forschung, Theorie. Göttingen 1977, S. 9–33, Zitat S. 12.

Feld" der „außerwissenschaftlichen und außerschulischen Vermittlung" geschichtlichen Wissens, das überhaupt erst einmal vermessen werden mußte.⁵¹ Der methodische Weg, den man in Osnabrück einschlug, bestand – verkürzt formuliert – darin, daß man die Phänomene dort untersuchte, wo sie auftauchten – nämlich in historischen Museen und Ausstellungen, in der Selbstdarstellung von Gemeinden, in der historischen Belletristik, in Presse, Rundfunk, Film und Fernsehen. Dieser auf der Phänomenebene ansetzende Zugriff mit seiner Konzentration auf Institutionen und Medien der außerschulischen Geschichtsvermittlung sollte stilbildend wirken: Die dritte Auflage des Handbuches der Geschichtsdidaktik aus dem Jahre 1985, die erstmals ein Großkapitel über „Geschichte in der außerschulischen Öffentlichkeit" enthielt, verfuhr im Prinzip ebenso, wenngleich die 16 Einzelartikel einen größeren thematischen Bereich abdeckten.⁵²

Zum zweiten Teil der Signatur: „Geschichte in der Alltagswelt". Wer über sie spricht, der muß von Rolf Schörken sprechen, genauer: von seinem 1979 in der GWU veröffentlichten Aufsatz „Geschichte im Alltag"⁵³ und natürlich von den Monographien, die er diesem Aufsatz folgen ließ: „Geschichte in der Alltagswelt" (1981) und „Begegnungen mit Geschichte", die ich trotz ihres Erscheinungsjahres 1995 konzeptionell noch zur ersten Phase rechnen möchte.⁵⁴ [|37] Innovativ waren all diese Arbeiten zweifellos deshalb, weil sie den Blick auf ein weiteres Problem lenkten, für das sich die Geschichtsdidaktik nach ihrer programmatischen Öffnung zuständig fühlen mußte – auf die Formen und Funktionen von Geschichte „in alltäglichen Situationen", auf ihre Bedeutung im Leben des, wie Schörken formulierte, „geschichtsfernen Zeitgenossen", in dessen Horizont sie durchaus „beiläufig und ohne Absicht" eintreten konnte.⁵⁵ Diese neue Fragestellung bearbeitete Schörken nun allerdings nicht mit den Methoden empirischer Sozialforschung. Vielmehr konzentrierte er sich weitgehend auf konventionelle literarische, populärwissenschaftliche und filmische Quellen, die er auf ebenso konventionelle, nämlich hermeneutische Weise erschloß und interpretierte. Die Bilanz fällt deshalb ambivalent aus: Auf der Habenseite steht das große ästhetische Ver-

---

51 Vgl. Wilhelm van Kampen / Hans-Georg Kirchhoff (Hrsg.): Geschichte in der Öffentlichkeit. Tagung der Konferenz für Geschichtsdidaktik vom 5. bis 8. Oktober 1977 in Osnabrück. Stuttgart 1979 (Anmerkungen und Argumente, Bd. 23), S. 7.
52 Vgl. Klaus Bergmann u. a. (Hrsg.): Handbuch der Geschichtsdidaktik. 3., völlig überarb. u. bed. erw. Aufl. Düsseldorf 1985, S. 715–791.
53 Rolf Schörken: Geschichte im Alltag. Über einige Funktionen des trivialen Geschichtsbewußtseins. In: Geschichte in Wissenschaft und Unterricht 30 (1979), S. 73–88.
54 Rolf Schörken: Geschichte in der Alltagswelt. Wie uns Geschichte begegnet und was wir mit ihr machen. Stuttgart 1981; ders.: Begegnungen mit Geschichte. Vom außerwissenschaftlichen Umgang mit der Historie in Literatur und Medien. Stuttgart 1995. „Dieses Buch", so heißt es im Vorwort, „hat einen Vorgänger mit dem Titel *Geschichte in der Alltagswelt* [...], 1981 erschienen, inzwischen vergriffen. Ich habe es so stark überarbeitet, daß ein neues Buch daraus geworden ist. Neue Themen und Kapitel sind hinzugekommen, der Rest wurde umgestellt, überarbeitet und gestrafft." (Ebd., S. 9; Kursivdruck im Original.)
55 Vgl. Schörken (Anm. 53), S. 75.

gnügen, das man bei der Lektüre dieser Studien empfindet; aber auf der Sollseite ist zu verbuchen, daß sich in ihnen die Grenzen zum Forschungsfeld „Geschichte in der Öffentlichkeit" zunehmend verwischten, während die empirische Basis für haltbare Aussagen über die alltagsweltlichen Formen und Funktionen des Geschichtsbewußtseins recht eigentlich schmal blieb. Erst Bodo von Borries mit seinen frühen qualitativen Studien über den Erwerb und den Gebrauch von Historie ist hier ein ganzes Stück weitergekommen,[56] bevor er sich seinen großen quantitativen Untersuchungen zum Geschichtsbewußtsein Jugendlicher in Deutschland und Europa zuwandte.

Die zumindest für das 20. Jahrhundert notorische Resonanzarmut der deutschen Geschichtswissenschaft in der „öffentlichen Geschichtskultur" pragmatisch zu überwinden, war ein weiteres Motiv der geschichtsdidaktischen Arbeit dieser Phase. Dafür steht besonders Siegfried Quandt, der eine „kommunikationswissenschaftlich ausgelegte Geschichtsdidaktik" entwarf[57] und an der Universität Gießen einen „Studienschwerpunkt Fachjournalismus/Geschichte" etablierte.[58] In bezug auf die Öffnung des Geschichtsunterrichts lassen sich vergleichbare pragmatische Aktivitäten beobachten: Hier ist insbesondere auf [|38] die Sammelbände und Einzelbeiträge zum Thema „Historisches Lernen im Museum" und „Historische Exkursion" von Wolfgang Hug, Annette Kuhn und Gerhard Schneider, Dieter Riesenberger und Max Tauch sowie Bernd Hey zu verweisen.[59]

Schließlich müssen wir noch einen Blick auf die historisch-empirischen und die internationalen Aktivitäten der Geschichtsdidaktik werfen. Faßt man den Maßstab streng, dann bewegten sich die meisten zwischen 1977 und dem Beginn der 90er Jahre erschienenen Einzelstudien und Kompendien zur Geschichte der Geschichtsdidaktik und des Geschichtsunterrichts[60] weitgehend in den Bahnen, die die älteren Arbeiten

---

56 Vgl. Bodo von Borries: Geschichtslernen und Geschichtsbewußtsein. Empirische Erkundungen zu Erwerb und Gebrauch von Historie. Stuttgart 1988.
57 Vgl. Siegfried Quandt: Kommunikative Herausforderungen der Geschichtswissenschaft und Geschichtsdidaktik. In: Bernd Mütter / Siegfried Quandt (Hrsg.): Historie – Didaktik – Kommunikation. Wissenschaftsgeschichte und aktuelle Herausforderungen. Marburg 1988 (Geschichte. Grundlagen und Hintergründe, Bd. 1), S. 15–24; Zitate S. 17 u. 23.
58 Vgl. Siegfried Quandt (Hrsg.): Fachjournalismus im Gespräch. Texte des Studienschwerpunkts Fachjournalismus/Geschichte an der Justus-Liebig-Universität Gießen. Gießen 1992.
59 Wolfgang Hug (Hrsg.): Das historische Museum im Geschichtsunterricht. Eine didaktische Anleitung mit Unterrichtsbeispielen. Freiburg/Würzburg 1978; Annette Kuhn / Gerhard Schneider (Hrsg.): Geschichte lernen im Museum. Düsseldorf 1978; Dieter Riesenberger / Max Tauch (Hrsg.): Geschichtsmuseum und Geschichtsunterricht. Analysen und Konzepte aus der Bundesrepublik Deutschland und der DDR. Düsseldorf 1980; Bernd Hey: Die historische Exkursion. Zur Didaktik und Methodik des Besuchs historischer Stätten, Museen und Archive. Stuttgart 1978 (Anmerkungen und Argumente, Bd. 19).
60 Hartmut Voit: Die Bedeutung der „Kulturhistorischen Methode" für die Entwicklung der Geschichtsdidaktik. Untersuchungen zum Werk Albert Richters. Ein Beitrag zur Erforschung des geschichtsdidaktischen Denkens in der zweiten Hälfte des 19. Jahrhunderts. 2 Tle. Bochum 1988 (Dortmunder Arbeiten zur Schulgeschichte und zur historischen Didaktik, Bd. 15); Hilke Günther-Arndt: Geschichtsunterricht in Oldenburg. Oldenburg 1980 (Oldenburger Studien, Bd. 19); Karin Herbst: Didaktik des Geschichtsunterrichts zwischen Traditionalismus und Reformismus. Hannover u. a. 1977 (Auswahl. Reihe B, Bd. 87); Jo-

von Ernst Weymar und Horst Schallenberger [|39] vorgezeichnet hatten.[61] Sie brachten einen enormen Erkenntniszuwachs, weil sie das schulische Geschichtslernen und seine wissenschaftliche Reflexion gründlich und durchgängig historisierten, aber es dürfte im Hinblick auf unsere Fragestellung nicht unangemessen sein, wenn man feststellt, daß sie die Geschichtskultur der vergangenen Epochen noch nicht systematisch in den Blick nahmen. Soweit zu sehen ist, gibt es nur eine Ausnahme: die Habilitationsschrift Hans-Michael Körners über Staat und Geschichte im Königreich Bayern aus dem Jahre 1992, die sich in ihren beiden ersten Teilen mit der öffentlichen Erinnerung an Geschichte und mit dem Denkmalschutz befaßt, bevor sie sich im dritten Teil dem Geschichtsunterricht zuwendet.[62]

Was endlich den internationalen Bereich geschichtsdidaktischer Forschung anbelangt, so setzte sich bereits seit Ende der 70er Jahre die Erkenntnis durch, daß man die kulturellen Rahmenbedingungen historischen Lernens in den Schulen anderer Staaten nicht länger vernachlässigen dürfe. 1978 plädierte Karl-Ernst Jeismann in seinem programmatischen Aufsatz über Aufgaben und Probleme internationaler Schulbuchforschung dafür, die Einflüsse, „die das Geschichtsbewußtsein unterhalb der Geschichtswissenschaft prägen", also die Legitimations- und Identifikationsfiguren im „öffentlichen historischen Bewußtsein" sowie die „massiv[en] lebensweltlichen Forderungen", die den Aufbau von Geschichtsbildern steuern, genauer zu untersuchen, um zu verhindern, daß „gut gemeinte", aber letztlich nur den „Oberflächenstrukturen" verhaftete Schulbuchempfehlungen ihre Wirkung verfehlten.[63] Offenbar war es vor allem

---

chen Huhn: Politische Geschichtsdidaktik. Untersuchungen über politische Implikationen der Geschichtsdidaktik in der Weimarer Republik und in der Bundesrepublik. Kronberg/Ts. 1975 (Skripten Pädagogik, Bd. 3); Ulrich Mayer: Neue Wege im Geschichtsunterricht? Studien zur Entwicklung der Geschichtsdidaktik und des Geschichtsunterrichts in den westlichen Besatzungszonen und in der Bundesrepublik Deutschland 1945–1953. Köln/Wien 1986 (Studien und Dokumentationen zur deutschen Bildungsgeschichte, Bd. 31); Michael Riekenberg: Die Zeitschrift „Vergangenheit und Gegenwart" (1911–1944). Konservative Geschichtsdidaktik zwischen liberaler Reform und völkischem Aufbruch. Hannover 1986 (Theorie und Praxis, Bd. 7); Horst Gies: Geschichtsunterricht unter der Diktatur Hitlers. Köln u. a. 1992; Hans-Dieter Schmid: Geschichtsunterricht in der DDR. Eine Einführung. Stuttgart 1979 (Anmerkungen und Argumente, Bd. 25); Siegfried Quandt (Hrsg.): Deutsche Geschichtsdidaktiker des 19. und 20. Jahrhunderts. Wege, Konzeptionen, Wirkungen. Paderborn u. a. 1978; Klaus Bergmann / Gerhard Schneider (Hrsg.): Gesellschaft – Staat – Geschichtsunterricht. Beiträge zu einer Geschichte der Geschichtsdidaktik und des Geschichtsunterrichts von 1500–1980. Düsseldorf 1982; Paul Leidinger (Hrsg.): Geschichtsunterricht und Geschichtsdidaktik vom Kaiserreich bis zur Gegenwart. Festschrift des Verbandes der Geschichtslehrer Deutschlands zum 75jährigen Bestehen. Stuttgart 1988.
61 Ernst Weymar: Das Selbstverständnis der Deutschen. Ein Bericht über den Geist des Geschichtsunterrichts der höheren Schulen im 19. Jahrhundert. Stuttgart 1961; Horst Schallenberger: Untersuchungen zum Geschichtsbild der Wilhelminischen Ära und der Weimarer Zeit. Eine vergleichende Schulbuchanalyse deutscher Schulgeschichtsbücher aus der Zeit von 1888 bis 1933. Ratingen 1964.
62 Hans-Michael Körner: Staat und Geschichte in Bayern im 19. Jahrhundert. München 1992 (Schriftenreihe zur Bayerischen Landesgeschichte, Bd. 96).
63 Karl-Ernst Jeismann: Internationale Schulbuchforschung. Aufgaben und Probleme. In: Internationale Schulbuchforschung 1 (1979), S. 7–22, hier S. 12 f.

der internationale Blick, der die Sensibilität der Geschichtsdidaktik für das Problemfeld „Geschichtskultur" schärfte, und es dürfte deshalb alles andere als ein Zufall sein, daß der Zusammenhang von Geschichtskultur und Geschichtsdidaktik gerade in dieser Perspektive erstmals auf den Begriff gebracht wurde. Das geschah 1984, und zwar in der von Karl Pellens, Siegfried Quandt und Hans Süssmuth edierten „Internationalen Bibliographie". Diese trug nicht nur den Obertitel „Geschichtskultur – Geschichtsdidaktik", sondern sie faltete den im Titel fixierten Konnex auch aus – vor allem in 14 länderspezifischen Kurzüber- [|40] blicken, die den entsprechenden bibliographischen Abschnitten vorangestellt wurden.[64]

Warum, so könnte man fragen, soll die zweite Phase der geschichtsdidaktischen Forschungsentwicklung erst mit Beginn der 90er Jahre und nicht schon mit dem Erscheinen der „Internationalen Bibliographie" einsetzen? Die Antwort ist einfach: „Geschichtskultur" bleibt auch in der „Internationalen Bibliographie" eine wesentlich auf den Geschichts*unterricht* bezogene Größe, sie ist zwar schon *Begriff*, aber noch keine *Kategorie*.[65]

Die zweite Phase unter dem Signum *Geschichtskultur als Kategorie der Geschichtsdidaktik* läutete Jörn Rüsen ein, und zwar mit seinem 1991 veröffentlichten Vortrag „Geschichtsdidaktik heute – Was ist und zu welchem Ende betreiben wir sie (noch)?"[66] Rüsen definierte wie folgt:

> Die Geschichtsdidaktik ist die Wissenschaft vom historischen Lernen. Historisches Lernen hat eine äußere und innere Seite. Die äußere betrifft seine Institution und Organisation, die Form der das Lernen vollziehenden Handlungen und die mannigfaltigen Bedingungen, die auf es einwirken. Zu diesen äußeren Gegebenheiten gehört die Schule, die Kultusbürokratie, die Richtlinien, die Schulbücher, die Museen, Ausstellungen, der ganze Kulturbetrieb, in dem es um Geschichte geht, staatlich organisierte Gedenkfeiern, die Massenmedien und Ähnliches. *All dies kann mit der Kategorie ‚Geschichtskultur' zusammengefaßt werden.*[67]

Rüsen reklamierte mit diesen Aussagen erstmals einen kategorialen Status für die Geschichtskultur, aber es sei darauf aufmerksam gemacht, daß das nicht alles war: Zu-

---

64 Karl Pellens / Siegfried Quandt / Hans Süssmuth (Hrsg.): Geschichtskultur – Geschichtsdidaktik. Internationale Bibliographie. Paderborn u. a. 1984 (Geschichte, Politik, Bd. 3).
65 Ulrich Mayer / Hans-Jürgen Pandel: Kategorien der Geschichtsdidaktik und Praxis der Unterrichtsanalyse. Zur empirischen Untersuchung fachspezifischer Kommunikation im historisch-politischen Unterricht. Stuttgart 1976 (Anmerkungen und Argumente, Bd. 13), S. 41 definieren Kategorien als „grundlegende und allgemeinste Begriffe der Wissenschaft", die durch einen „Prozeß systematischer Verallgemeinerung aus den Resultaten von Wissenschaft" gewonnen werden.
66 Jörn Rüsen: Geschichtsdidaktik heute – Was ist und zu welchem Ende betreiben wir sie (noch)? In: Ernst Hinrichs / Wolfgang Jacobmeyer (Hrsg.): Bildungsgeschichte und historisches Lernen. Symposium aus Anlaß des 65. Geburtstages von Prof. Dr. Karl-Ernst Jeismann. Braunschweig, 19.–21. September 1990. Frankfurt am Main 1991 (Studien zur internationalen Schulbuchforschung, Bd. 67), S. 9–23.
67 Ebd., S. 16 f. (Hervorhebung B. S.).

gleich verschob er nämlich die Position der Schule. War diese zuvor als eigener Bereich begriffen worden, der der außerschulischen Öffentlichkeit und Alltagswelt gegenüberstand, so holte Rüsen die Schule gleichsam [|41] in die Welt der Geschichtskultur hinein, indem er sie als eine ihrer Institutionen begriff. Denkt man in dieser Perspektive weiter, dann rücken staatliche Richtlinien für den Geschichtsunterricht, Satzungen historischer Vereine, Verordnungen des Denkmalschutzes und Sammlungspläne historischer Museen erstaunlich eng zusammen – als Grundurkunden *einer* kollektiven Geschichtskultur, welche jenseits ihrer beobachtbaren Vielfalt gemeinsame Strukturmerkmale aufweist.

Doch zurück zu Rüsen, der die Kategorie seit 1991 sukzessive weiterentwickelt hat. Wir überspringen die Zwischenstadien, die man am besten bei Waltraud Schreiber nachlesen kann,[68] und fassen sofort den vorläufigen Endstand ins Auge. Der dürfte durch den Aufsatz „Was ist Geschichtskultur" aus dem Jahre 1994 sowie durch den Artikel „Geschichtskultur" in der 5. Auflage des Handbuches der Geschichtsdidaktik von 1997 markiert sein.[69] In diesen Arbeiten findet man zweierlei: zum einen die Auffächerung der Geschichtskultur in drei verschiedene Dimensionen, die sich in der Realität gegenseitig durchdringen und zu instrumentalisieren trachten, aber in anthropologischer Hinsicht „gleich ursprünglich sind und nicht aufeinander reduziert werden können" – die ästhetische, die politische und die kognitive Dimension. Diese Dimensionen korrespondieren Rüsen zufolge nicht nur mit den mentalen Grundoperationen des Fühlens, Wollens und Denkens, sondern auch mit den je eigenen Prinzipien von Kunst, Politik und Wissenschaft, nämlich Schönheit, Macht und Wahrheit.[70] Zum anderen bringt Rüsen in seinen beiden jüngsten Arbeiten die Kategorien „Geschichtsbewußtsein" und „Geschichtskultur" in eine feste Beziehung:

> Geschichtsbewußtsein, so schreibt er 1994, hat in der Geschichtsdidaktik bereits eine kategoriale Bedeutung zur fachlichen Selbstverständigung gewonnen. [...] Vom Geschichtsbewußtsein ist es nur ein kleiner Schritt zur Geschichtskultur. Nimmt man die Rolle, die das Geschichtsbewußtsein im Leben einer Gesellschaft spielt, näher in Betracht, dann stellt es sich eben als eine Kulturleistung grundsätzlich eigener Art [|42] dar, die fast alle Bereiche der menschlichen Lebenspraxis tangiert und beeinflußt. Geschichtskultur läßt sich also definieren als praktisch wirksame Artikulation von Geschichtsbewußtsein im Leben einer Gesellschaft.[71]

---

68 Vgl. Schreiber (Anm. 23), S. 51–55.
69 Jörn Rüsen: Was ist Geschichtskultur? Überlegungen zu einer neuen Art, über Geschichte nachzudenken. In: Klaus Füßmann / Heinrich Theodor Grütter / Jörn Rüsen (Hrsg.): Historische Faszination. Geschichtskultur heute. Köln u. a. 1994, S. 3–26; Jörn Rüsen: Geschichtskultur. In: Bergmann u. a. (Anm. 52). 5., überarb. Aufl. Seelze-Velber 1997, S. 38–41.
70 Vgl. Rüsen, Was ist Geschichtskultur (Anm. 69), S. 17. Rüsen, Geschichtskultur (Anm. 69), S. 38 nennt zwar noch drei weitere Dimensionen – die emotionale, die religiöse und die weltanschauliche. Diese Dimensionen werden indes weder genau beschrieben noch den drei „Hauptdimensionen" zugeordnet
71 Rüsen, Was ist Geschichtskultur (Anm. 69), S. 5.

Soweit der theoretische Anspruch, der der geschichtsdidaktischen Forschung der 90er Jahre zweifellos entscheidende Impulse gegeben hat. Daß Geschichtskultur seither zu den wichtigeren Arbeitsfeldern unserer Zunft gehört, wird man schlechterdings nicht bestreiten können, wenn man sich allein das neue Großkapitel „Aspekte der Geschichtskultur" im Handbuch der Geschichtsdidaktik mit seinem mehr als verdoppelten Umfang anschaut.[72] Dissertationen wie die von Mike Seidensticker über „Werbung mit Geschichte"[73] und die von Gerald Glaubitz zur historisch-politischen Didaktik der Bildungsreise,[74] die aus dem von Bernd Mütter in Oldenburg etablierten Forschungsschwerpunkt „Historischer Tourismus" hervorgegangen ist,[75] aber auch die Kasseler Habilitationsschrift über „Arbeiterbewegung und Geschichte", die Gerhard Henke-Bockschatz 1997 vorgelegt hat,[76] zeigen ganz eindeutig, daß das Thema „Geschichtskultur" Konjunktur hat.

II.

Gleichwohl, und damit treten wir in die *systematische Betrachtung* ein, gibt es eine Reihe gravierender Probleme, die bislang ungeklärt sind. Zugespitzt formuliert, stellen sich mindestens *vier Fragen*:

Erstens: Können wir – nachdem die Geschichtskultur offenkundig kategorial nobilitiert worden ist und zahlreiche geschichtsdidaktische Forschungsaktivitä- [|43] ten angeregt hat – weiterhin am Geschichtsbewußtsein als *der* zentralen Kategorie der Geschichtsdidaktik festhalten, oder gibt es grundsätzlichen Revisionsbedarf?

Zweitens: Wie *genau* ist die Relation von Geschichtsbewußtsein und Geschichtskultur beschaffen? *Trägt* die Rüsensche Metapher des „kleinen Schritts" vom Bewußtsein in die Lebenspraxis, oder sind komplexere Erklärungs- und Zuordnungsmuster vonnöten?

Drittens: Wie gehen wir mit der Tatsache um, daß sich in den letzten beiden Jahrzehnten gleichsam unterderhand eine *Vielzahl* von Definitionen des Geschichtsbewußtseins etabliert hat?

---

72 Vgl. Klaus Bergmann u. a. (Anm. 69), S. 599–771.
73 Mike Seidensticker: Werbung mit Geschichte. Ästhetik und Rhetorik des Historischen. Köln u. a. 1995 (Beiträge zur Geschichtskultur, Bd. 10).
74 Gerald Glaubitz: Geschichte, Landschaft, Reisen. Umrisse einer historisch-politischen Didaktik der Bildungsreise. Weinheim 1997 (Schriften zur Geschichtsdidaktik, Bd. 6).
75 Zu den jüngsten Publikationen dieses Forschungsschwerpunktes zählen Bernd Mütter: „Geschichtskultur" – Zukunftsperspektive für den Geschichtsunterricht am Gymnasium? In: Geschichte, Politik und ihre Didaktik 26 (1998), S. 165–177, und Olaf Hartung: Pädagogische Überlegungen zu einer Geschichtsdidaktik des Reisens. Oldenburg 1999 (Oldenburger Schriften zur Geschichtswissenschaft, Bd. 5).
76 Gerhard Henke-Bockschatz: Arbeiterbewegung und Geschichte. Über den Umgang mit Geschichte im politischen Alltag der frühen Sozialdemokratie. Eine Fallstudie am Beispiel der Hamburger Arbeiterbewegung (1860–1880). Habilitationsschrift. Kassel 1997.

Viertens: Ist es angemessen, Geschichtskultur anthropologisch-substantialistisch als menschliche Kulturleistung von universaler Tiefe und Bedeutung zu fassen? Reicht es aus, ihre drei Dimensionen des Ästhetischen, des Politischen des Kognitiven erst einzeln und dann in ihren Wechselbeziehungen zu untersuchen, oder sollten wir weitere Dimensionen in den Blick nehmen, bevor wir uns aus der dünnen Luft der Theorie in die bunte Welt der historischen Phänomene begeben?

Was zunächst die erste Frage nach der *Haltbarkeit der Zentralkategorie „Geschichtsbewußtsein"* angeht, so sei nachdrücklich daran erinnert, daß Karl-Ernst Jeismann in seinem bereits erwähnten Vortrag auf dem Mannheimer Historikertag 1976 *nicht* davon sprach, daß die Didaktik der Geschichte es nur mit dem Geschichtsbewußtsein zu tun habe – etwa im Sinne einer „inneren Seite" des historischen Lernens, von der Rüsen 1991 ausging. Es war vielmehr ausdrücklich vom „Geschichtsbewußtsein *in der Gesellschaft*", also von innen *und* außen, die Rede.

> Geschichtliches Bewußtsein, so Jeismann damals, ist kein Naturprodukt. [...] wir möchten genauer wissen, welche Kräfte oder ‚Instanzen' mit der Arbeit des Auf- und Umbaus von Geschichtsbewußtsein beschäftigt sind, welche Mittel und Medien eingesetzt werden, welche Methoden und Muster bei Aufbau und Verbreitung von Geschichtsbewußtsein mit welchem Erfolg angewendet werde.[77]

Die „praktisch wirksame Artikulation von Geschichtsbewußtsein im Leben einer Gesellschaft", als die Rüsen Geschichtskultur definiert,[78] war also von Anfang an mitgedacht, und deshalb besteht nicht der geringste Anlaß, sich vom „Geschichtsbewußtsein in der Gesellschaft" als der zentralen Kategorie der Geschichtsdidaktik zu verabschieden; ja es ließe sich sogar umgekehrt fragen, [|44] ob wir nicht besser auf die Kategorie „Geschichtskultur" verzichten sollten, da sie *grundstürzend* Neues offenbar nicht bietet. Eine solch radikale Konsequenz zu ziehen, erscheint allerdings ebensowenig ratsam, und zwar aus zwei Gründen: Zum einen sind die Kategorien einer Wissenschaftsdisziplin keine beliebige Manövriermasse. Sie haben gleichsam Verfassungsrang und sollten daher mit der gebotenen Vorsicht und dem nötigen Weitblick behandelt werden. Zum anderen rechtfertigt die Tatsache, daß eine Kategorie nichts *grundstürzend* Neues bietet, noch lange nicht die Schlußfolgerung, daß sie deshalb *überflüssig* sei. Die Frage muß vielmehr lauten, worin ihr spezifisches Erklärungspotential liegt und ob sie sich widerspruchsfrei und nutzbringend in das bereits vorhandene Kategoriengefüge integrieren läßt.

Damit sind wir bei der zweiten Frage nach der *Relation von Geschichtsbewußtsein und Geschichtskultur*. Im folgenden wird die These vertreten, daß beide Kategorien widerspruchsfrei unter dem Dach der Zentralkategorie „Geschichtsbewußtsein in

---

77 Jeismann (Anm. 50), S. 12 f.
78 Siehe Anm. 71.

der Gesellschaft" angesiedelt werden können, daß sie einander zu ergänzen und zu schärfen vermögen – jedoch nur unter der Voraussetzung, daß man beide *modifiziert*. Der Schlüssel für eine solche Modifikation liegt allerdings nicht in der Anthropologie, sondern in der Wissenssoziologie Berger/Luckmanns. Wenn wir ihr Verständnis der gesellschaftlichen Konstruktion der *Wirklichkeit* auf die gesellschaftliche Konstruktion der *Vergangenheit* übertragen, dann lassen sich Geschichtsbewußtsein und Geschichtskultur als zwei Seiten einer Medaille begreifen – auf der einen Seite Geschichtsbewußtsein als *individuelles* Konstrukt, das sich in Internalisierungs- und Sozialisationsprozessen aufbaut, auf der anderen Seite Geschichtskultur als *kollektives* Konstrukt, das auf dem entgegengesetzten Wege der Externalisierung entsteht und uns in Objektivationen mit dem Anspruch auf Akzeptanz gegenübertritt. Es geht dabei um weit mehr als einen „kleinen Schritt" in bloß *eine* Richtung, es geht dabei um ein dialektisches Wechselverhältnis gesellschaftlichen Geschichtsbewußtseins in zwei ganz unterschiedlichen Aggregatzuständen, denn individuelles Geschichtsbewußtsein und kollektive Geschichtskultur unterscheiden sich im Hinblick auf ihre Genese, ihre Morphologie und ihre Funktion ganz erheblich: Sie haben eine differente Struktur, sie entwickeln und verändern sich in je eigenen Rhythmen, sie erfüllen unterschiedliche Funktionen, und auch die Grade ihrer relativen Stabilität und Dauerhaftigkeit weichen voneinander ab. Akzeptiert man diese Grundüberlegungen, dann ergibt sich kategorialer Modifikationsbedarf.

Damit ist die dritte Frage nach der *Definition von „Geschichtsbewußtsein"*, berührt. Betrachtet man die geschichtsdidaktische Diskussion der letzten beiden Jahrzehnte, dann fällt es durchaus schwer, hier überhaupt noch von einem [|45] *Singular* zu sprechen, da es mittlerweile mindestens vier verschiedene Definitionen gibt. Zwei davon sind eher genetisch-dynamisch angelegt, nämlich die „Pyramide des Geschichtsbewußtseins" von Bodo von Borries[79] und die „Funktionstypologie des historischen Erzählens" von Jörn Rüsen.[80] Die dritte von Hans-Jürgen Pandel in Form einer kognitiven Matrix aus sieben Doppelkategorien ist eher strukturalistisch gefaßt;[81] die vierte von Karl-Ernst Jeismann in der Fassung von 1988 schließlich hat im Unterschied zu früheren Definitionen ein umfassendes Reflexivitätsgebot aufgestellt und „arbeitet"

---

[79] Vgl. Bodo von Borries: Legitimation aus Geschichte oder Legitimation trotz Geschichte? Zu einer Hauptfunktion von Geschichtsbewußtsein. In: Karl-Ernst Jeismann (Hrsg.): Geschichte als Legitimation? Internationale Schulbuchrevision unter den Ansprüchen von Politik, Geschichtswissenschaft und Geschichtsbedürfnis. Braunschweig 1984 (Studien zur internationalen Schulbuchforschung, Bd. 39), S. 44–58, hier S. 55.
[80] Jörn Rüsen: Geschichtsdidaktische Konsequenzen aus einer erzähltheoretischen Historik. In: Siegfried Quandt / Hans Süssmuth (Hrsg.): Historisches Erzählen. Formen und Funktionen. Göttingen 1982, S. 129–170.
[81] Hans-Jürgen Pandel: Geschichtlichkeit und Gesellschaftlichkeit im Geschichtsbewußtsein. Zusammenfassendes Resümee empirischer Untersuchungen. In: Bodo von Borries / Hans-Jürgen Pandel / Jörn Rüsen (Hrsg.): Geschichtsbewußtsein empirisch. Pfaffenweiler 1991 (Geschichtsdidaktik. Studien, Materialien, N. F. Bd. 7), S. 1–23.

folgerichtig mit einer komplementären Begrifflichkeit von Geschichtsverlangen, Geschichtsbild und historischem Verstehen.[82] Diese vier Definitionen schließen einander zwar nicht völlig aus, aber in toto sind sie auch nicht kompatibel, so daß sich die Frage stellt, wie denn eine Definition der Kategorie „Geschichtsbewußtsein" auszusehen hätte, die in den vorgestellten wissenssoziologischen Rahmen „paßt". Paßfähig ist offenkundig nur eine Definition, die ohne Hilfskonstruktionen auskommt, die die Kategorie weitet, anstatt sie zu verengen – eine Definition mithin, die die ganze Breite individueller historischer Bewußtseinsbildungen in ihren unterschiedlichen Komplexitäts- und Reifegraden grundsätzlich einschließt. Verfährt man *nicht* so, dann dürfte zumindest die *empirische* Erforschung des Geschichtsbewußtseins zunehmend den Charakter einer Gipfelwanderung annehmen, die gar nicht mehr in die Täler des Trivial-Alltäglichen vordringen kann, weil diese auf ihrer Karte schlicht nicht verzeichnet sind. Damit ist keinem Verzicht auf Reflexivität als *pragmatischer* Norm das Wort geredet, im Gegenteil: Es hindert uns niemand daran, einen prinzipiell weiten Begriff von Geschichtsbewußtsein dann zu verengen, wenn wir die Ziele festlegen, an [|46] denen sich historische Lehr- und Lernprozesse in und außerhalb der Schule orientieren sollen.

Zur vierten und letzten Frage nach der *Definition von „Geschichtskultur"*: Auch diese Kategorie bedarf einer veränderten Fassung. Ist Geschichtskultur anthropologische Substanz, wie Rüsen nahelegt, oder ist sie gesellschaftliches Konstrukt, wie es aus den Prämissen der Wissenssoziologie notwendig folgt? Wer letzteres bejaht, der muß sich über die erkenntnistheoretischen und forschungspraktischen Konsequenzen im klaren sein. Versteht man Geschichtskultur wissenssoziologisch, dann ist sie keine realexistierende Wesenheit, sondern eine *heuristische Kategorie*, mit deren Hilfe wir zu erkunden versuchen, wie Gesellschaften es fertigbringen, sich zu erinnern, obwohl sie dafür keine neuronale Grundausstattung besitzen, die der der Individuen entspräche. Welches ist also die *Hardware* der Gesellschaften, mit der sie ihre Vergangenheiten konstruieren? Daß Kunst, Politik und Wissenschaft dazugehören, wird niemand ernsthaft bestreiten wollen: Die drei Rüsenschen Dimensionen des Ästhetischen, des Politischen und des Kognitiven müssen allerdings auch forschungspraktisch vom Anthropologischen ins Heuristische gewendet werden. Erst dann entfalten sie ihr Erklärungspotential, auf das wir – das sei nochmals betont – keineswegs verzichten können. Gleichwohl bedarf das Suchraster der weiteren Ausdifferenzierung, wenn es an Handhabbarkeit gewinnen soll. Der Vorschlag lautet deshalb, *vier weitere Dimensionen* ins Auge zu fassen: erstens die institutionelle, zweitens die professionelle, drittens die

---

82 Karl-Ernst Jeismann: Geschichtsbewußtsein als zentrale Kategorie der Geschichtsdidaktik. In: Gerhard Schneider (Hrsg.): Geschichtsbewußtsein und historisch-politisches Lernen. Pfaffenweiler 1988 (Jahrbuch für Geschichtsdidaktik, Bd. 1), S. 1–24, bes. S. 10–14; vgl. dazu auch Bernd Mütter: Aus der Diskussion des Eröffnungsvortrags. In: Ebd., S. 25–27.

mediale und viertens die adressaten- oder publikumsspezifische Dimension. Das bedarf der Erläuterung.

Allen vier Dimensionen, das ist unschwer erkennbar, liegt die Idee einer kulturell durchformten *Kommunikation* zugrunde,[83] die auf eine spezifische Weise Geschichte als Bedeutung[84] erzeugt, zwischenspeichert und transportiert. Gesellschaften bilden zu diesem Zwecke besondere *Institutionen* aus, die weit mehr sind als fest etablierte Dauerlösungen für ständig wiederkehrende Probleme. Institutionen weisen nicht nur einen die Lebensspannen der Individuen übergreifenden Stetigkeitsgrad auf, sie *standardisieren* vor allem das Denken, Empfinden und Handeln der Menschen und halten auf diese Weise die Kollektive stabil.[85] „*Die Invarianz der Ideen und der Institutionen*", behauptet Arnold Gehlen, „*bedingen sich gegenseitig.*"[86] Auch wenn man Gehlens Menschenbild nicht teilt: Sein Institutionenbegriff bleibt ein heuristisches Instrument das wir nutzen sollten – beispielsweise bei dem Versuch zu erklären, weshalb im August 1914 die Jugend mit so einheiliger patriotischer Begeisterung in den Krieg zog.

Nahezu jede Gesellschaft hat ihre besonderen Erinnerungsspezialisten: Schamanen, Barden, Priester, Lehrer, Professoren usw. Diese Träger des kulturellen Gedächtnisses, wie Assmann sie nennt, verstetigen Erinnerung durch Zwischenspeicherung, indem sie sie medial kodieren und bei Bedarf wieder abrufen – in Akten nichtalltäglicher, zeremoniell durchformter und rituell überhöhter Kommunikation, die sich an Kollektive unterschiedlicher Größe und Zusammensetzung richtet. Aus diesem – hier nur sehr verkürzt wiedergegebenen – Kontext der Theorie des kulturellen Gedächtnisses lassen sich die anderen drei Dimensionen der Geschichtskultur ableiten, die wir als Sonde anzusetzen haben: die *Professionen*, die *Medien* und die *Adressaten bzw. Publika*.

III.

Damit befinden wir uns bereits im dritten, dem *empirischen Abschnitt* der Überlegungen. Er enthält gleichsam die Probe aufs Exempel, und zwar in Form eines skizzenhaften Überblicks über die Geschichtskultur der letzten 200 Jahre. Die Überblicksskizze hat zwei Teile: Der erste ist ideengeschichtlich akzentuiert und beschäftigt sich mit der Veränderung der geschichtskulturellen Leitmuster, der zweite ist sozialgeschichtlich angelegt und befaßt sich mit dem Wandel der geschichtskulturellen Strukturen.

Die geschichtskulturellen Leitmuster sind ein Extrakt aus der historischen und der soziologischen Forschung, sie verstehen sich als Typen. Diese Typen dominieren

---

83 Vgl. Klaus P. Hausen: Kultur und Kulturwissenschaft Eine Einführung. Tübingen/Basel 1995, S. 212.
84 Vgl. Daniel: Clio (Anm. 49), S. 205–219.
85 Vgl. Hausen (Anm. 83), S. 114 f.
86 Arnold Gehlen: Urmensch und Spätkultur. Philosophische Ergebnisse und Aussagen (1956). 5. Aufl. Wiesbaden 1986, S. 41.

jeweils „ihre" Epoche, lösen einander aber nicht restlos ab, sondern liegen gewissermaßen geschichtet übereinander. Als grobe zeitliche Orientierungsmarken, die den Wandel der Leitmuster gliedern, seien die Jahre 1789 und 1968 genannt, aber auch hier muß sofort einschränkend hinzugefügt werden, daß die Vorstellung längerer Übergangsphasen vermutlich größere Erklärungskraft besitzt. Unter diesen Voraussetzungen und Vorbehalten lassen sich insgesamt *drei Leitmuster gesellschaftlicher Geschichtskultur* unterscheiden:

– Das erste Leitmuster entsteht in der vormodernen Gesellschaft: dafür bietet sich die Bezeichnung „Geschichte als Nutzen" an.
– Das zweite Leitmuster wird von der modernen Gesellschaft ausgeprägt: dafür sei die Formel „Geschichte als Bildung" vorgeschlagen. [|48]
– Das dritte Leitmuster schließlich ist der postmodernen Gesellschaft zuzuordnen: dafür wird die Signatur „Geschichte als Erlebnis" gewählt.

„Geschichte als Nutzen" war bis zum Ende des 18. Jahrhunderts das dominante Leitmuster der Geschichtskultur. Reinhart Koselleck hat dieses Muster bekanntlich als „Historia magistra vitae" bezeichnet[87] und damit einen Topos aufgegriffen, der sich bereits bei Cicero findet: im zweiten Buch „Über den Redner" aus dem Jahre 55 v. Chr., und zwar im Zusammenhang eines Überblicks über die unterschiedlichen Einsatzmöglichkeiten historischer Beispiele in der rhetorischen Praxis.[88] Der Blick in eines der innovativsten Geschichtslehrbücher des ausgehenden 18. Jahrhunderts, in Johann Matthias Schröckhs „Lehrbuch der allgemeinen Weltgeschichte" aus dem Jahre 1773, zeigt ganz deutlich, daß dieser Topos seine Gültigkeit über Jahrhunderte so gut wie ungebrochen hatte bewahren können. In seiner Einleitung räumt Schröckh zwar ein, daß man auch durch eigene Erfahrung klug werden könne:

> Allein es geschieht unter unzähligen Fehlern, und mit unserm empfindlichen Schaden. Sicherer hingegen und kürzer erlangen wir eben dieses durch Betrachtung der fremden Beyspiele, welche uns die Geschichte zur Warnung oder Nachahmung aufbehalten hat. [...] Sie ist gleichsam ein Vorrathshaus von Rathschlägen und Entschliessungen, die man täglich braucht.[89]

Das zweite Leitmuster „Geschichte als Bildung" funktionierte ganz anders. Wie, das hat am einprägsamsten Jacob Burckhardt in seinen berühmten „Weltgeschichtlichen Betrachtungen" formuliert, als er um 1870 schrieb:

---

[87] Reinhart Koselleck: Historia Magistra Vitae. Über die Auflösung des Topos im Horizont neuzeitlich bewegter Geschichte (1967). Nachdr. in: Ders.: Vergangene Zukunft. Zur Semantik geschichtlicher Zeiten. 2. Aufl. Frankfurt am Main 1984, S. 38–66.
[88] Ebd., S. 40 f.
[89] Johann Matthias Schröckh: Lehrbuch der allgemeinen Weltgeschichte zum Gebrauche bey dem ersten Unterrichte der Jugend. 5., verb. u. verm. Aufl. Berlin 1795, S. 14 f. u. 19.

> Der Geist muß die Erinnerung an sein Durchleben der verschiedenen Erdenzeiten in seinen Besitz verwandeln. Was einst Jubel und Jammer war, muß nun Erkenntnis werden [...]. Damit erhält auch der Satz: Historia vitae magistra einen anderen Sinn: Wir wollen durch Erfahrung nicht so wohl klug (für ein andermal), als vielmehr weise (für immer) werden.[90] [|49]

Nicht Geschichtsgebrauch nach Maßgabe des praktischen Nutzens also, sondern Erinnerung als geistiger Besitz, als Erkenntnis und Weisheit, das war die Leitidee der modernen Gesellschaft. Im Horizont neuzeitlich bewegter Geschichte hatte sich der alte Topos „Historia magistra vitae" – zumindest geschichtstheoretisch – aufgelöst.

Das dritte Leitmuster „Geschichte als Erlebnis" läßt sich leider nicht unter Berufung auf Autoritäten wie Cicero oder Jacob Burckhardt illustrieren. Aber vielleicht genügt eine Meldung aus der Leipziger Volkszeitung vom 26. Mai 1997, die zum Skurrilsten gehört, was der Verfasser je gelesen hat. Die Meldung lautet:

> Tokio. Mit erhobenem Haupt führt August der Starke die zierliche Reichsgräfin von Cosel zwischen Wurstständen und Biertheken vorbei. Plötzlich bleibt er stehen, nickt einer staunenden Japanerin zu und küßt ihr die Hand: ‚Ich grüße die freundlichen Bürger und Bürgerinnen von Tokio', spricht seine Hoheit der Kurfürst, der extra aus Dresden zur Deutschen Reisewoche nach Tokio angereist ist. Etwas schüchtern, aber stolz läßt sich die junge Frau daraufhin mit dem Gesandten aus dem 17. Jahrhundert ablichten. Der Kurfürst und seine Mätresse sind die Sensation auf der Werbewoche für deutsche Reiseziele und beliebte Fotomotive. ‚Jeden Tag werden wir etwa 100 Mal von Japanern verewigt', sagt Hermann Lurz, der im originalgetreuen weinroten Samtgewand des Kurfürsten und unter seiner weißen Perücke steckt. [...] ‚Viele verbinden mit Dresden bereits die Semperoper und die Frauenkirche[,] und das freut uns', fügt die Reichsgräfin alias Bettina Grein in ihrem rosa-weißen Barockkleid hinzu. ‚In Dresden hat sich die Zahl der Übernachtungen der Japaner innerhalb eines Jahres etwa verdoppelt', sagt Peter Blumenstengel, Leiter des Deutschen Tourismusbüros in Tokio. [...] Jedes Jahr besuchen rund 650 000 Japaner Deutschland.[91]

Diese Zeitungsmeldung katapultiert uns aus der Bildungswelt in die Erlebnisgesellschaft. Die Tourismusbranche gehört heute zu den größten Boomsektoren der Weltwirtschaft: „Nach Schätzungen der Welt-Tourismus-Organisation sind in jedem Jahr etwa 800 Millionen Menschen – davon 500 Millionen grenzüberschreitend – auf Urlaubsreisen unterwegs",[92] der Kampf um Marktanteile ist ausgesprochen hart, und es entspricht durchaus seiner Logik, daß Vertreter des Dresdner Tourismusmarketings

---

90 Jacob Burckhardt: Über das Studium der Geschichte. Der Text der „Weltgeschichtlichen Betrachtungen" aufgrund der Vorarbeiten von Ernst Ziegler nach den Handschriften hrsg. von Peter Ganz. München 1982, S. 230.
91 Leipziger Volkszeitung vom 26.5.1997, S. 4.
92 Christoph Hennig: Reiselust. Touristen, Tourismus und Urlaubskultur. Frankfurt am Main 1997, S. 149.

im Eifer des Gefechts das historische Itinerar Augusts des Starken geringfügig korrigieren. [|50] „Erlebnisorientierung", so schreibt Gerhard Schulze,

> ist die unmittelbarste Form der Suche nach Glück. Als Handlungstypus entgegengesetzt ist das Handlungsmuster der aufgeschobenen Befriedigung, kennzeichnend etwa für das Sparen, [...] für vorbeugendes Verhalten aller Art, [...] für ein arbeitsreiches Leben, für Entsagung und Askese. Bei Handlungen dieses Typs wird die Glückshoffnung in eine ferne Zukunft projiziert, beim erlebnisorientierten Handeln richtet sich der Anspruch ohne Zeitverzögerung auf die aktuelle Handlungssituation. Man investiert Geld, Zeit, Aktivität und erwartet fast im selben Moment den Gegenwert.[93]

Geschichte zählt offenbar heute zu diesen Gegenwerten – nicht als nützliche Kenntnis oder als Bildungsgut, sondern als Erlebnis – in der historisch kostümierten Gastronomie, beim Ritterturnier auf dem Mittelaltermarkt oder eben während der Reise.

Kommen wir zum zweiten Teil des Überblicks, der mit Hilfe der genannten vier Dimensionen dem Wandel der geschichtskulturellen Strukturen nachgehen soll. Am Anfang stehen die *Institutionen*. Im vormodernen Staat der Neuzeit, der seine Stabilität vor allem aus Dynastie, Konfession und Tradition bezog, war der Institutionalisierungsgrad der Geschichtskultur vergleichsweise gering ausgeprägt. An den Universitäten hatte die Geschichte lediglich den Status einer Hilfswissenschaft, was sich recht gut an den Reichsstaatsrechtshistorikern des 18. Jahrhunderts demonstrieren läßt, die sich mit dem Westfälischen Frieden nicht etwa aus historischen, sondern aus juristischen Gründen beschäftigten: Die Friedensinstrumente, damals noch gültiges Reichsgrundgesetz, boten ihnen wertvolle Anhaltspunkte für die Entscheidung aktueller Konfessions- und Territorialstreitigkeiten.[94] Auch von einem flächendeckend angebotenen Geschichtsunterricht konnte zu dieser Zeit noch keine Rede sein: Vor allem auf dem Lande war das Schulnetz noch viel zu weitmaschig, und als eigenständiges Fach wurde Geschichte ohnehin nur in den städtischen Gelehrtenschulen unterrichtet. Ein Blick auf die Archive und fürstlichen Sammlungen zeigt Ähnliches: Sie waren zwar existent, aber für die Öffentlichkeit so gut wie nicht zugänglich. Die Archive dienten allein der Regierung und Verwaltung, und die fürstlichen Kunst- und Wunderkammern, aus denen später die ersten Kunstmuseen hervorgingen, erwarben und ordneten ihre Schätze allein nach den Vorlieben ihrer herrschaftlichen Besitzer. [|51]

Im ausgehenden 18. Jahrhundert und insbesondere im Gefolge der Französischen Revolution geriet diese Institutionenlandschaft gründlich in Bewegung. Motor der Entwicklung war in erster Linie der moderne Staat. Er förderte „Geschichte als Bildung", weil er ein Interesse daran hatte, *allen* seinen Bürgern ein Gefühl der Zusam-

---

93 Schulze (Anm. 13), S. 14.
94 Vgl. Bernd Schönemann: Die Rezeption des Westfälischen Friedens durch die deutsche Geschichtswissenschaft. In: Heinz Duchhardt (Hrsg.): Der Westfälische Friede. Diplomatie, politische Zäsur, kulturelles Umfeld, Rezeptionsgeschichte. München 1998, S. 805–825, hier S. 807 f.

mengehörigkeit zu vermitteln und überdies nachzuweisen, daß er selbst eine Existenzberechtigung besaß. Das staatliche Bemühen um Identitätsstiftung und Legitimation wurde verstärkt durch die Eigenaktivitäten einer neuen Bürgergesellschaft, die sich zu assoziieren begann und auf diese Weise eine geschichtskulturelle Öffentlichkeit herstellte. All dies veränderte die bereits bestehenden Institutionen. So öffneten sich die Archive erst für ein ausgewähltes Fachpublikum, später dann auch für eine breitere Öffentlichkeit. 1769–1779 entstand mit dem Museum Fridericianum in Kassel die erste begrenzt öffentlich zugängliche fürstliche Kunstsammlung Deutschlands, 1830 eröffnete das von Schinkel gebaute und von Wilhelm von Humboldt konzipierte Alte Museum in Berlin seine Pforten – gewissermaßen der Ursprungstypus des modernen deutschen Kunstmuseums; 1851 folgte das Germanische Nationalmuseum in Nürnberg als Prototyp des kulturhistorischen Museums, 1903 schließlich das Deutsche Museum in München als exemplarische Realisierung des großen Technikmuseums.[95] Auch in Wissenschaft und Unterricht veränderte die Geschichte ihren Stellenwert: Unter dem maßgeblichen Einfluß Niebuhrs und Rankes vollzog sich ihr Aufstieg zur eigenständigen Universitätsdisziplin,[96] und ab 1872 finden wir sie auch an den preußischen Volksschulen als eigenständiges Fach. An die Seite der alten Institutionen, die ihr Gesicht veränderten, traten schließlich auch neue: zum Beispiel die historischen Vereine und Kommissionen,[97] zum Beispiel die Denkmalpflege.[98]

Verglichen mit diesem großen Institutionalisierungsschub, nehmen sich die Neuerungen der Gegenwart eher bescheiden aus. Als entscheidende Triebkraft fungiert nicht mehr der Staat, sondern die zivilisatorische Dynamik in der Zwiespältigkeit ihrer materiellen und mentalen Konsequenzen. Auf der einen [|52] Seite das „*kollektive Mehr*" an Lebenszeit, erwerbsarbeitsfreier Zeit und Finanzspielraum,[99] das die meisten Menschen aus den Begrenzungen der vertikal gegliederten Klassen- und Mangelgesellschaft herausgeführt hat, auf der anderen Seite ihr Bestreben, möglichst viel davon durch Musealisierung zu erhalten, um das Modernisierungstempo kulturell zu kompensieren.[100] Diese Zwiespältigkeit ist recht eigentlich die Grundlage für das beobacht-

---

95 Vgl. Walter Hochreiter: Vom Musentempel zum Lernort. Zur Sozialgeschichte deutscher Museen 1800–1914. Darmstadt 1994.
96 Vgl. Nipperdey (Anm. 6), S. 513–519.
97 Vgl. Hermann Heimpel: Geschichtsvereine einst und jetzt. In: Hartmut Boockmann u. a. (Hrsg.): Geschichtswissenschaft und Vereinswesen im 19. Jahrhundert. Beiträge zur Geschichte historischer Forschung in Deutschland. Göttingen 1972 (Veröffentlichungen des Max-Planck-Instituts für Geschichte, Bd. 1), S. 45–73; ders.: Über Organisationsformen historischer Forschung in Deutschland. In: Historische Zeitschrift 189 (1959), S. 139–222.
98 Vgl. Speitkamp (Anm. 33).
99 Vgl. Beck (Anm. 16), S. 122 u. 124.
100 Vgl. Hermann Lübbe: Die Gegenwart der Vergangenheit. Kulturelle und politische Funktionen des historischen Bewußtseins. Oldenburg 1985 (Vorträge der Oldenburgischen Landschaft, H. 14), bes. S. 5, 10, 13 f. Der Grundgedanke einer Kompensation der „Geschichtslosigkeit" moderner Gesellschaften durch die auf ihrem Boden ausgebildeten Geisteswissenschaften findet sich bereits bei Joachim Ritter: Die Aufgabe

bare Breitenwachstum herkömmlicher Institutionen der Geschichtskultur, beispielsweise der Museen,[101] zugleich aber auch Basis der einzigen wirklich neuen Einrichtung, die die Postmoderne hervorgebracht hat, nämlich des Erlebnismarktes mit seiner spezifischen Rationalität von Erlebnisangebot und Erlebnisnachfrage.[102]

Auch im Bereich der *Professionen* setzt der eigentliche Modernisierungsschub erst mit dem 19. Jahrhundert ein. Wenn man unter Professionalisierung die Herausbildung moderner akademischer Berufe mit spezialisierter Ausbildung und genau geregelten Examina versteht, dann kommt man zu dem Ergebnis, daß die professionellen Sachwalter der Geschichtskultur, die Universitätshistoriker, Geschichtslehrer, Archivare, Bibliothekare, Museumsfachleute, Denkmalpfleger usw., erst im 19. und 20. Jahrhundert auf den Plan treten.

Im Vergleich mit diesem großen Professionalisierungsschub nehmen sich die Neuerungen der Postmoderne abermals bescheiden aus. Auf dem historischen Erlebnismarkt kann eigentlich jeder tätig werden, auch ohne akademische Ausbildung und Prüfung, und zwar als Freizeitunternehmer, Marketingspezialist oder Animateur. Gewinne und Löhne richten sich nach Angebot und Nachfrage, nicht nach öffentlichen Haushalten und Besoldungstabellen. Im Grunde kann jeder alles machen – solange es sich rechnet.

Damit sind wir bereits beim dritten Punkt unserer Strukturskizze, bei den *Medien*. Bis zum ausgehenden 18. Jahrhundert begegnet uns Geschichte in der politischen Rede, in der Zeitung und im Journal, in der Universitätsvorlesung und im Schullehrbuch, in der bildenden Kunst und in der schönen Literatur – [|53] alles Medien, die man angesichts ihrer zeitgenössischen Verbreitung, ihrer Preise und ihrer kulturellen Erreichbarkeit für eine erst ansatzweise alphabetisierte Gesellschaft wohl kaum als Massenmedien einstufen kann. „Es gab keine einheitliche Festkultur, vor allem keine alle Stände und Gruppen gleichermaßen umfassenden [...], die Gegensätze aufhebenden Feste",[103] als „denkmalsfähig" galten nur die „Großen", nicht jedoch die gemeinen Leute,[104] und Reisen waren noch „Wege ins Ungewisse", die so gut wie kaum aus

---

der Geisteswissenschaften in der modernen Gesellschaft (1961). Nachdr. Münster 1963 (Schriften der Gesellschaft zur Förderung der Westfälischen Wilhelms-Universität zu Münster, H. 51), bes. S. 22–28.
101 Vgl. Gottfried Korff: Ausgestellte Geschichte. In: Saeculum 43 (1992), S. 21–35, hier S. 21 f. u. 24 f.
102 Vgl. Schulze (Anm. 13), S. 421–424.
103 Richard van Dülmen: Kultur und Alltag in der Frühen Neuzeit. Bd. 2: Dorf und Stadt 16.–18. Jahrhundert. München 1992, S. 126. Gleichwohl zeigt das Beispiel Rousseaus, daß die patriotische Inszenierung von Festen und Feiern bereits 40 Jahre vor Ausbruch der Französischen Revolution durchaus denkmöglich war. Vgl. Jean-Jacques Rousseau: Brief an Herrn D'Alembert über seinen Artikel „Genf" im VII. Band der Enzyklopädie und insbesondere über den Plan, ein Schauspiel in dieser Stadt zu errichten (1758). In: Ders.: Schriften. Bd. 1. Hrsg. von Henning Ritter. München/Wien 1978, S. 333–474, bes. S. 462–473.
104 Vgl. Koselleck (Anm. 30), S. 258 f.

touristischem Interesse, sondern aus beruflichen Gründen, unfreiwillig oder infolge einer dauerhaften sozialen Randlage beschritten wurden.¹⁰⁵

Das alles änderte sich erst im Gefolge der Französischen Revolution und der Befreiungskriege. Seitdem ist Geschichtskultur gleichermaßen Massen- wie Nationalkultur, und zwar mit zunehmender Tendenz zur Mobilisierung der Gesamtbevölkerung. Das schlägt sich in einer ganzen Reihe neuer Medien nieder, vor allem in den zahllosen National- und Kriegerdenkmälern, aber auch in den vielen politischen Festen und Feiern, den Oppositionsfesten des Vormärz und der Arbeiterbewegung ebenso wie den Integrationsfesten nach der Reichsgründung, etwa Sedantag und Kaisers Geburtstag. Rundfunk und Fernsehen als Massenmedien des 20. Jahrhunderts verstärken diese Tendenz, sofern und indem sie sich historischer Themen annehmen.

Daneben gibt es eine Reihe weiterer Medien, die man nicht übersehen darf. Sie sind ein wenig exklusiver und werden besonders vom Bildungsbürgertum kultiviert: Werke der Geschichtsschreibung von Sybel und Treitschke bis zu Gustav Freytag, historische Romane von Felix Dahns „Ein Kampf um Rom" (1876/78) bis zu Heinrich Manns „Henri Quatre" (1935/38), aber auch die öffentlichen Ausstellungen der Museen und – ganz exquisit – die historische Bildungsreise als Fortsetzung der alten adligen Kavalierstour.¹⁰⁶

Sieht man von der Zeitreise im Erlebnispark und den historischen Computerspielen ab, dann neigt die Geschichtskultur der Postmoderne weniger zur [|54] Erfindung neuer Medien als zur Imprägnierung längst bekannter Produkte und Dienstleistungen mit Geschichte. Die historische Imprägnierung soll ihnen eine Aura des Besonderen, Unverwechselbaren und Erstrebenswerten verleihen, welche sie aus einer Fülle ähnlicher Produkte und Dienstleistungen heraushebt und ihnen auf diese Weise den Zuschlag des wählenden Konsumenten verschafft. Wenn das richtig ist, dann wären Produktmanagement und Werbung die eigentlichen Schlüsselmedien der postmodernen Geschichtskultur.

Letzter Punkt der Strukturanalyse: die *Adressaten oder Publika* der Geschichtskultur. Für die Vormoderne fällt die Antwort einigermaßen schwer, weil hier nur einzelne Personen, kleinere Gruppen und disparate ständische Nutzerinteressen erkennbar sind. Das ändert sich erst in der Moderne. Hier ist das *Bildungsbürgertum*¹⁰⁷ die soziale

---

105 Vgl. Holger Thomas Gräf / Ralf Pröve: Wege ins Ungewisse. Reisen in der Frühen Neuzeit 1500–1800. Frankfurt am Main 1997, S. 17–46, bes. S. 20.
106 Vgl. ebd., S. 43.
107 Vgl. dazu insbesondere Ulrich Engelhardt: „Bildungsbürgertum". Begriffs- und Dogmengeschichte eines Etiketts. Stuttgart 1986 (Industrielle Welt, Bd. 43); Bildungsbürgertum im 19. Jahrhundert. 4 Tle. Stuttgart (Industrielle Welt, Bde. 38, 41, 47 u. 48). Tl. 1: Bildungssystem und Professionalisierung in internationalen Vergleichen. Hrsg. von Werner Conze und Jürgen Kocka. 2. Aufl. 1992; Tl. 2: Bildungsgüter und Bildungswissen. Hrsg. von Reinhart Koselleck. 1990; Tl. 3: Lebensführung und ständische Vergesellschaftung. Hrsg. von M. Rainer Lepsius. 1992; Tl. 4: Politischer Einfluß und gesellschaftliche Formation. Hrsg. von Jürgen Kocka. 1989.

Schlüsselgruppe der Geschichtskultur schlechthin, was übrigens durch die Bildungsaktivitäten der Arbeiterbewegung eher bestätigt als widerlegt wird. Man erinnere sich: Die vormoderne Gesellschaft war im wesentlichen eine geburtsständisch geprägte Gesellschaft ohne allzu große soziale Mobilität, während die Gesellschaft des 19. und 20. Jahrhunderts sich in ständiger Bewegung befand und eine in Klassen und Schichten differenzierte Welt darstellte, in der Kapitalbesitz über den sozialen Ort des einzelnen entschied. Kapital war allerdings nicht identisch mit ökonomischem Kapital: Auch familiär überliefertes Wissen und in Schule und Hochschule erworbene Bildungspatente stellten eine Form von Kapital dar, die wir mit Pierre Bourdieu als kulturelles Kapital bezeichnen. „Geschichte als Bildung" gehörte dazu, und die soziale Schicht schlechthin, die sich über Besitz an kulturellem Kapital definierte, war natürlich das Bildungsbürgertum. Der soziale Aufstieg in das Bildungsbürgertum und – eine Generation später – gewissermaßen der Klassenerhalt funktionierten nur, wenn man in ausreichendem Maße kulturelles Kapital besaß oder erwarb. Insofern hatte Geschichtswissen als Bildungswissen auch eine distinktive Funktion: Der Bildungsbürger unterschied sich dadurch von Mitgliedern anderer Sozialgruppen und markierte damit zugleich seine eigene soziale Position. Neben dieses privilegierte Publikum der modernen Geschichtskultur trat dann allerdings noch ein größerer Adressaten- [|55] kreis nämlich die Gesamtheit der Staatsbürger, die sich durch Geschichte als nationales Kollektiv identifizieren und die politische Verfassung ihres Gemeinwesens für legitim halten sollte.

Der idealtypische Adressat der postmodernen Geschichtskultur ist schließlich – karikaturistisch gefaßt – der Freizeitbürger im Jogginganzug, der den Mittelaltermarkt seiner Heimatstadt besucht, im Supermarkt vor dem Regal steht – oder im Reisebüro vor der Entscheidung, wohin es im nächsten Urlaub gehen soll. Er will keinen Nutzen, wie der nach wie vor mit Geschichte argumentierende Politiker, er will keine Bildung, wie das immer noch existierende Publikum der Kulturbeflissenen, er will nur das Erlebnis, und das hat er sich, wie ihm von einschlägigen Anbietern immer wieder versichert wird, schließlich auch verdient. Sein Auftritt komplettiert die gegenwärtige Szenerie, deren „Ungleichzeitigkeit" dadurch nur um so krasser ins Auge fällt. Soweit die kurze Skizze zur Entwicklung der Geschichtskultur.

IV.

Der letzte Abschnitt der Überlegungen befaßt sich mit den *Perspektiven künftiger geschichtsdidaktischer Arbeit* auf dem Felde der Geschichtskultur. Vier Aspekte, ein empirischer und drei pragmatische, stehen dabei im Vordergrund.

Der *empirische Aspekt* betrifft die ideen- und sozialgeschichtliche Erforschung vergangener geschichtskultureller Epochen. Sollen wir sie den anderen Disziplinen inner- und außerhalb der Geschichtswissenschaft überlassen, die sich immer intensiver damit beschäftigen, und dies zumeist unter souveräner Nichtbeachtung der bisherigen

Leistungen der Geschichtsdidaktik? Oder sollten wir im Gegenteil unsere Forschungsenergien bündeln, um gleichsam flächendeckend dieses Terrain nicht nur zu reklamieren, sondern auch zu besetzen? Von beiden Optionen ist abzuraten: Die erste liefe auf die stillschweigende Aufgabe eines vor mehr als 20 Jahren etablierten Anspruchs hinaus, die zweite würde zweifellos die Kräfte der Disziplin überfordern. Deshalb soll hier für eine dritte Option plädiert werden, die mit den Stichworten „Forschungsdialog" und „Synthesearbeit" bezeichnet werden kann. Forschungsdialog meint, daß die Geschichtsdidaktik ihre Stimme stärker zur Geltung bringen muß – weniger in den aktuellen historisch-politischen Kontroversen über den Umgang mit der [|56] nationalsozialistischen Vergangenheit,[108] die wir eher aus der analytischen Distanz heraus verfolgen sollten, dafür aber um so mehr durch Beteiligung an interdisziplinären Forschungsvorhaben zur Geschichte der Geschichtskultur. Nach Lage der Dinge ist allerdings davon auszugehen, daß es dazu der geschichtsdidaktischen Initiative bedarf. Außerdem – Stichwort „Synthesearbeit" – sollte sich die „Zunft" auf ihre Stärken besinnen: Im Unterschied zu den Disziplinen, die überwiegend Detailforschung betreiben, verfügt die Didaktik der Geschichte über einen kategorialen Rahmen von großer Integrationskraft. Seine Leistungsfähigkeit ließe sich unter Beweis stellen – etwa durch ein „Handbuch der Geschichtskultur", das in nicht zu fragmentarischer Anlage die bislang verstreuten Ergebnisse der Forschung in chronologisch-systematischer Zusammenfassung präsentieren könnte.

Solide empirische Kenntnisse würden uns auch pragmatisch handlungsfähiger machen, und zwar in mehrfacher Hinsicht. Der *erste pragmatische Aspekt* betrifft das historische Lernen *außerhalb* der Schule. Viele außerschulische Lernorte sind zugleich Institutionen der Geschichtskultur – Institutionen, die zunehmend und mit Recht auf ihre Eigenständigkeit pochen und sich weigern, ihre Vermittlungsstrategien auf didaktische Prämissen zu gründen, die nur für die Schule zutreffen. Wenn die Geschichtsdidaktik nicht Gefahr laufen will, beispielsweise von der sehr spannenden Entwicklung im Museumsbereich abgekoppelt zu werden, dann wird sie vor allem im Bereich der Lehr- und Lernmethoden *lernortdifferentieller* arbeiten müssen, als sie es bisher getan hat. Das funktioniert nur in Kooperation mit den Fachleuten „vor Ort", die diese Kooperation ebenfalls wünschen, und es setzt voraus, daß die spezifischen Bedingungen und Notwendigkeiten, etwa freiwillige Teilnahme, altersgemischte Lerngruppen, breites Interessenspektrum, Dominanz visueller Vermittlungsformen, gebührende Berücksichtigung finden.[109] Für die Entwicklung einer *allgemeinen* Methodik des histo-

---

108 Vgl. dazu besonders Peter Reichel: Politik mit der Erinnerung. Gedächtnisorte im Streit um die nationalsozialistische Vergangenheit. München/Wien 1995; Michael Jeismann (Hrsg.): Mahnmal Mitte. Eine Kontroverse. Köln 1999.
109 Vgl. dazu Bernd Schönemann: Museum geschichtsdidaktisch. Institution der Geschichtskultur, eigenständiger Lernort, Partner der Schule. In: Informationen des Sächsischen Museumsbundes e.V. Nr. 19. Dresden/Weißbach 1999, S. 77–93.

rischen Lehrens und Lernens bedeutet dies möglicherweise eine Art Schubumkehr von der Deduktion zur Induktion: Wir müssen *erst* in den verschiedenen Lernorten ansetzen und *dann* prüfen, was oberhalb dieser Lernorte an gemeinsamen Lehr- und Lernprinzipien übrig bleibt.

Ferner, und das ist der *zweite pragmatische Aspekt*, muß die Geschichtskultur zum Gegenstand historischen Lernens in der Schule werden. [|57] So hat Hans-Jürgen Pandel unlängst festgestellt:

> Eine Auswanderung des Sinns aus dem Geschichtsunterricht in die außerschulische Geschichtskultur, ist nicht zu verkennen. Dort sind die Angebote spannender, und es wird auch leidenschaftlicher über Geschichte gestritten. [...] Anstatt auf einem inzwischen versteinerten Inhaltskanon zu beharren, sollte Geschichtsunterricht lieber wahrnehmen, was außerhalb der Schule geschieht. Gegenstand müßten Themen der Geschichtskultur werden, um den Schülerinnen und Schülern eine Teilnahme am geschichtskulturellen Diskurs der Gegenwart zu ermöglichen.[110]

Dem ist nachdrücklich zuzustimmen – nicht zuletzt deshalb, weil Pandel selber mit seinem neuen Lehrbuch „Geschichte konkret" inzwischen den Beweis geführt hat, daß die inhaltliche Erneuerung des Geschichtsunterrichts auch und gerade durch die Einbeziehung der Geschichtskultur vorangetrieben werden kann.[111]

Eine konsequente Einbeziehung geschichtskultureller Themen in das unterrichtliche Inhaltsangebot ist im übrigen auch noch aus einer anderen, nämlich der *lernbiographischen* Perspektive zu empfehlen. Vergessen wir nicht: Heute lernen Kinder zuerst das geschichtskulturelle Leitmuster „Erlebnis" kennen und müssen dabei nahezu zwangsläufig den Eindruck gewinnen, Geschichte sei etwas beliebig Verfügbares, etwas, das man je nach Gusto lustig oder gruselig inszenieren, anstrengungslos aus einer großen Angebotsfülle aus-, aber eben auch abwählen kann, wenn man die Lust daran verloren hat. Aus dieser Erlebniskultur kommen sie dann in die schulische Bildungs- und Lernkultur, und es ist nicht im geringsten erkennbar, daß diese darauf adäquat vorbereitet wäre. Wohlgemerkt: Hier ist nicht von Motivation, Kindgerechtheit oder Elementarisierung die Rede, sondern von der didaktisch völlig ungeklärten Frage, ob, inwieweit und unter welchen Bedingungen insbesondere die beiden geschichtskulturellen Leitmuster „Bildung" und „Erlebnis" jenseits der wohlfeil-unverbindlichen Verbalsynthese „Bildungserlebnis" in der Substanz miteinander vereinbar sind. Vor

---

110 Hans-Jürgen Pandel: Postmoderne Beliebigkeit? Über den sorglosen Umgang mit Inhalten und Methoden. In: Geschichte in Wissenschaft und Unterricht 50 (1999), S. 282–291, Zitat S. 290. Analoge Argumentation für das historische Lernen im Sachunterricht der Grundschule/Primarstufe bei Dietmar von Reeken: Historisches Lernen im Sachunterricht. Didaktische Grundlegungen und unterrichtspraktische Hinweise. Seelze-Velber 1999, S. 27.
111 Vgl. dazu die einschlägigen Abschnitte und Sonderseiten in Hans-Jürgen Pandel (Hrsg.): Geschichte konkret. Ein Lern- und Arbeitsbuch. 3 Bde. Hannover. Bd. 2. 1997, S. 76, 134 f., 170, 196, 214 f., 246; Bd. 3. 1998, S. 40 f., 58–60, 90, 122, 148, 186 f., 190, 212–214, 238 f., 278.

diesem ungelösten Problem stehen heute im Grunde alle in der [|58] Moderne entstandenen Institutionen der Geschichtskultur – die meisten haben es nur noch nicht bemerkt.

Schließlich, und das ist der *dritte pragmatische Aspekt*, sollte die *universitäre* Geschichtsdidaktik auch für diejenigen Studierenden attraktiver werden, die bewußt kein Lehramt an Schulen anstreben, sondern sich später in außerschulischen Arbeitsfeldern professionell mit der Vermittlung von Geschichte befassen wollen: in Museen, Archiven und Gedenkstätten, in Presse, Rundfunk und Fernsehen oder in Einrichtungen der Erwachsenenbildung. Diesen Studierenden im Rahmen eines Magisterstudienganges „Geschichtskultur" die Möglichkeit zu geben, sich auf diese Arbeit theoretisch und praktisch vorzubereiten, etwa auch im Rahmen von Magisterpraktika, wie sie beispielsweise in Oldenburg durchgeführt werden, dürfte eine interessante Entwicklungsoption unserer Disziplin in Lehre und Studium an den Hochschulen darstellen. Nur wenn die Didaktik der Geschichte sich weiterhin bemüht, Geschichtskultur theoretisch zu reflektieren, empirisch zu erforschen und pragmatisch zu vermitteln, wird sie Nietzsche widerlegen.

II. Kritische Bestandsaufnahmen zum Geschichtsunterricht

Warum sollen Schüler Geschichte lernen?

KLAUS BERGMANN

F. J. Lucas zum Gedenken*

Nach allen empirischen Befunden ist Geschichte für die meisten Schüler langweilig, uninteressant, überflüssig – ein ungeliebtes Schulfach[1]. Dennoch müssen Schüler – häufig entgegen ihren eigenen, subjektiven Interessen – Geschichte lernen. Warum?

I.

Die Frage ist so alt noch nicht. Im 19. Jahrhundert, noch in den ersten Jahrzehnten des 20. Jahrhunderts wäre sie geradezu banausisch gewesen. Kenntnisse in Geschichte – und nicht nur in „vaterländischer" Geschichte – galten als Ausweis von Bildung. Dies war einer der Gründe – nicht gerade der wesentliche Grund –, warum die deutschen Einzelstaaten allenthalben im 19. Jahrhundert Geschichtsunterricht als obligatorisches Schulfach eingeführt haben. Seit dieser Zeit sollen Schüler nicht nur Geschichte lernen – sie müssen Geschichte lernen. Seit dieser Zeit besteht das „notfalls mit staatlichen Zwangsmitteln durchgesetzte Ansinnen gegenüber Generationen von jungen Menschen, ... viele Stunden ihrer Zeit zum Studium der Geschichte zu verwenden –

---

* Friedrich J. Lucas (1927–1974), erster Inhaber eines universitären Lehrstuhls für Didaktik der Geschichte in der Bundesrepublik (Justus Liebig-Universität Gießen). Der Aufsatz versucht, Grundpositionen seines Denkens nachzuzeichnen und aufzugreifen.
1 Vgl. etwa die zeitlich relativ weit auseinanderliegenden Untersuchungen von Waltraud Küppers: Zur Psychologie des Geschichtsunterrichts, Bern/Stuttgart 1961, S. 26 ff., und Hans Müller: Zur Effektivität des Geschichtsunterrichts. Schülerverhalten und allgemeiner Lernerfolg durch Gruppenarbeit, Stuttgart 1972, S. 58 ff.; vgl. auch Karl Filser: Geschichte: mangelhaft. Die Krise eines Unterrichtsfaches in der Volksschule, München 1973, S. 86 ff.

notwendigerweise auf Kosten anderer möglicher Studien und Tätigkeiten"[2]. Warum sollten, ja mußten Schüler früher Geschichte lernen?

Der Geschichtsunterricht ist von den Einzelstaaten, kurz vom Staat vor allem deshalb eingeführt worden, um neben dem Religionsunterricht ein zweites Gesinnungsfach einzurichten, das staatlichen Interessen bzw. den Interessen der im Staat dominierenden gesellschaftlichen Machtgruppen „nutzbar" gemacht werden konnte – etwa „um der Ausbreitung sozialistischer und kommunistischer Ideen entgegenzuwirken"[3]. Als nur scheinbar neutrale Instanz ging der Staat von der Annahme verpflichtender kultureller Selbstverständlichkeiten und gemeinsamer politischer Traditionen aus, die sowohl die politisch-sozialen Zustände legitimierten als auch das Streben nach nationaler Einheit und Einheitlichkeit rechtfertigten. Im Geschichtsunterricht wurde ein „historisches Wissen"[4] gelehrt, das dem historischen Selbstverständnis des Staates und der herrschenden Machtgruppen entsprach. Dieses hochselektive System historischen Wissens wurde in Richtlinien als obligatorischer Lernstoff festgelegt. Durch die Selektivität war es bereits eine Interpretation des historischen Prozesses[5]. Diese Interpretation schloß eine staatlich verordnete Zukunftsperspektive ein. Im Geschichtsunterricht des Kaiserreichs etwa sollten die Schüler „zu dem felsenfesten Glauben erzogen werden, unserem Volke stehe noch Großes bevor", und „so ausgerüstet werden, daß die kommende Zeit kein kleines Geschlecht finde"[6]. In der Zeit des Nationalsozialismus sollten sie durch Geschichtsunterricht „zum Glauben an die Sendung und Zukunft des eigenen Volkes" erzogen werden[7].

Ziel des Geschichtsunterrichts als eines Gesinnungsunterrichts war es, den Untertanen, später den loyalen Staatsbürger hervorzubringen, der mit dem Lernen eines hochselektiven Systems historischen Wissens zugleich die Geschichtsideologie oder

---

2 Jürgen Kocka: Wozu noch Geschichte?, in: Karl Filser (Hrsg.): Theorie und Praxis des Geschichtsunterrichts, Bad Heilbrunn 1974, S. 27.
3 So in der Kabinetts-Ordre Wilhelms II. vom 1. Mai 1889, abgedruckt in: Deutsche Schulkonferenzen, Band 1: Verhandlungen über Fragen des höheren Unterrichts (Berlin: 4. bis 17. Dezember 1890), Glashütten im Taunus 1972 (Unveränderter Nachdruck der Ausgabe Berlin 1891), S. 3; vgl. ebd., S. 6, auch die „Vorschläge zur Ausführung des Allerhöchsten Befehls", über die sich das Staatsministerium am 27. Juli 1889 verständigt hatte: „In den Schulen werden die hier in Betracht kommenden Belehrungen im Religionsunterrichte und im Geschichtsunterrichte gegeben."
4 Auf die Problematik des im Geschichtsunterricht gelernten „historischen Wissens" hat jüngst Margarete Dörr unter Bezug auf die Ergebnisse der wissenschaftstheoretischen Diskussion der letzten Jahre nachdrücklich hingewiesen; vgl. Margarete Dörr: Das Schulbuch im Geschichtsunterricht – Kriterien für seine Beurteilung, in: Die Funktion der Geschichte in unserer Zeit, hrsg. von Eberhard Jäckel und Ernst Weymar (Festschrift für Karl Dietrich Erdmann), Stuttgart 1975, S. 298 ff.
5 Vgl. dazu ausführlicher Klaus Bergmann / Hans-Jürgen Pandel: Geschichte und Zukunft. Didaktische Reflexionen über veröffentlichtes Geschichtsbewußtsein, Frankfurt/M. 1975, S. 81 ff.
6 W. Rein, A. Pickel und E. Scheller: Theorie und Praxis des Geschichtsunterrichts nach Herbartschen Grundsätzen. Das fünfte Schuljahr, 3. Auflage, Leipzig 1897, S. 33 f., zitiert nach: Der Geschichtsunterricht, Bearbeitung von H. Fiege, Weinheim 1963, S. 79 ff.
7 Erziehung und Unterricht in der höheren Schule (1938), abgedruckt in: Gerhardt Giese: Quellen zur deutschen Schulgeschichte seit 1800, Göttingen/Berlin/Frankfurt/M. 1961, S. 284.

das „Geschichtsbild" des Staates in sich aufnahm. Der Geschichtsunterricht geriet damit in einen objektiven Gegensatz zur Geschichtswissenschaft, die auf ihre Zweckfreiheit und auf die Objektivität als ihrer regulativen Idee pochte. Er geriet auch in einen Gegensatz zu Droysens „didak- [|4] tischer" Utopie einer Bildung an Geschichte und durch Geschichte[8]. Droysen warnte: „... nicht das dürre Schema von Namen und Zahlen, das man sehr mit Unrecht als Summe der historischen Kenntnis und Bildung im Examen ansieht, ist der Mühe wert, die Jugend so lange zu beschäftigen, und noch weniger ist es die zufällige Reihe von äußeren politischen Daten, deren Wissen die historische Bildung dokumentiert"[9]. Und schärfer noch: „Von dem heutigen Geschichtsunterricht, wie er zur allgemeinen Bildung gerechnet zu werden pflegt, ist nicht nötig zu sprechen; es ist eine nicht geringe Verwirrung unseres Schul- und Bildungswesens, zu glauben, daß derartige schematische und oberflächliche Kenntnis zur allgemeinen Bildung gehört und Bildung geben könne"[10]. Der Geschichtsunterricht war auf historische Bildung gar nicht angelegt; in ihm sollten die jungen Menschen „zu den Zwecken der Zeit abgerichtet werden"[11] – und die Zwecke verordnete der Staat in Absprache mit den dominierenden gesellschaftlichen Machtgruppen durch wissenschaftsfremde „politisch-pragmatische Auflagen" an den Geschichtsunterricht. Auf der Reichsschulkonferenz von 1890 sprach Wilhelm II. den Grundgedanken der politischpragmatischen Auflagen aus, als er über die Aufgaben der Schulen nach 1871 sagte: „Jetzt mußte die Schule, von der neugewonnenen Basis ausgehend, die Jugend anfeuern und ihr klar machen, daß das neue Staatswesen dazu da wäre, um erhalten zu werden"[12].

Die „bürokratisch verordnete Parteilichkeit" (Habermas), die den staatlichen Reglementierungen des Geschichtsunterrichts eigentümlich war, drückte sich in drei Sachverhalten aus:

1. Die grundlegenden Zielsetzungen des Geschichtsunterrichts, die der selber parteiliche Staat verordnete, resultierten aus einem Denken, das fast ausschließlich an Kategorien politischer Opportunität orientiert war. Noch die Legitimität solcher Zielsetzungen politischer Abkunft wurde verordnet: „Einer besonderen Begründung bedürfen diese Anordnungen nicht. Das deut-

---

8 Vgl. etwa Johann Gustav Droysen: Historik. Vorlesungen über Enzyklopädie und Methodologie der Geschichte (1857), hrsg. von Rudolf Hübner, 6. unveränderte Auflage, München 1971, S. 15 f., S. 299 ff. (Die didaktische Darstellung); dazu und zur Identität von historischem Denken und Bildung beim klassischen Historismus; vgl. Jörn Rüsen: Zum Verhältnis von Theorie und Didaktik der Geschichte, in: GWU, Jg. 26 (1975), S. 428 ff.
9 Droysen: Historik, S. 307.
10 Droysen: Historik, S. 82.
11 Friedrich Nietzsche: Vom Nutzen und Nachteil der Historie für das Leben (1873), Stuttgart 1967, S. 54.
12 Ansprache Wilhelms II. auf der Reichsschulkonferenz 1890, in: Deutsche Schulkonferenzen, Band 1, S. 71; zum Begriff „politisch-pragmatische Auflagen" vgl. die Abhandlung von Friedrich J. Lucas: Der Bildungssinn von Geschichte und Zeitgeschichte in Schule und Erwachsenenbildung (1966), in: Hans Süssmuth (Hrsg.): Geschichtsunterricht ohne Zukunft?, Band 1.2, Stuttgart 1972, S. 218 u. ö.; in dieser Abhandlung wird die Geschichte des Geschichtsunterrichts auf den Begriff gebracht.

sche Volk, insbesondere die Bürger des preußischen Staates, genießen das hohe Glück, ein Vaterland, ein Herrscherhaus zu besitzen, auf dessen Geschichte sie stolz sein dürfen ... Es wäre ein Undank gegen das Herrscherhaus, ... gegen den Staat selbst, wenn ihm ein vaterlandsloses Geschlecht herangezogen würde"[13]. Die staatlichen Auflagen, die später durch die geisteswissenschaftliche Pädagogik gerechtfertigt wurden[14], enthielten eindeutig politisch motivierte, d.h. dem wissenschaftlichen „geschichtlichen Denken von außerhalb seiner selbst angetragene Bildungsvorstellungen"[15].

2. Die hochselektive Anordnung von Daten und Fakten, die durch die Verknüpfung von konstatierenden Urteilen zu deutenden Urteilen vorstieß und eine historische Kontinuität vorspiegelte, verödete das Lernen von Geschichte auf ein anödendes Lernen von „historischem Wissen". Der Wissensstoff wurde den Schülern „eingeflößt oder eingerührt"[16]. Statt Bildung an und durch Geschichte beinhaltete der Geschichtsunterricht befohlenes Lernen von historischem Wissen. Daß Geschichte mehr ist als die Fülle oder die Summe der Ergebnisse, die die Fachwissenschaft produziert, und mehr als ein staatlich selegiertes historisches Wissen, wurde von Historikern und „Didaktikern" folgenlos eingeworfen[17].

3. Die Schüler mußten ein staatlich verordnetes Pflichtpensum an historischem Wissen lernen, durch das „die ganze Weltgeschichte von Adam an siegesdeutsch angestrichen und auf 1870/71 orientiert" war[18]. Die faktisch oder tendenziell angestrebte Uniformierung des Denkens deformierte die Schüler zu anspruchslosen Verfügungsobjekten und zu rechtlosen Mitteln für die prinzipielle Fortexistenz der bestehenden Zustände. Da die Schüler als Objekte

---

13 „Allerhöchster Erlaß" Wilhelms II. vom 13.10.1890 nebst Ausführungs-Verfügung des Ministers der geistlichen pp. Angelegenheiten vom 18. Oktober 1890, in: Deutsche Schulkonferenzen, Band 1, S. 13; vgl. auch Lucas, Bildungssinn, S. 214.
14 Vgl. etwa den letzten großartigen Versuch, den Staat als Bildungsmacht in die didaktische Reflexion zu integrieren, bei Erich Weniger: Didaktik als Bildungslehre, 2 Bände, Weinheim 1960. Vgl. dazu ausführlich Freerk Huisken: Zur Kritik bürgerlicher Didaktik und Bildungsökonomie, München 1972, S. 40 ff.
15 Lucas: Bildungssinn, S. 223.
16 So Friedrich Nietzsche, S. 82, kritisch zum Geschichtsunterricht seiner Zeit.
17 Vgl. die auf der Schulkonferenz von 1900 vorliegenden Gutachten und Aussagen von Jäger und Schultz zur Frage: „Wie hat sich der Geschichtsunterricht seit 1892 entwickelt und was bleibt für ihn noch zu tun? ...", in: Deutsche Schulkonferenzen, Band 2, Verhandlungen über Fragen des höheren Unterrichts (Berlin 6.–8. Juni 1900), Glashütten im Taunus 1972, S. 348 ff.: Schultz etwa warnte vor Chauvinismus, Servilismus, fürchtete um die historische Wahrheit und forderte, „daß dem Unterricht alles fernzuhalten sei, was auf Erzeugung einer bestimmten politischen Richtung systematisch abzielt" (355); vgl. auch Anm. 9 und 10, sowie die Ausführungen von und über Karl Biedermann bei Klaus Bergmann: Personalisierung im Geschichtsunterricht – Erziehung zu Demokratie?, Stuttgart 1972, S. 35 f.
18 So spöttisch ahnungsvoll Jakob Burckhardt unmittelbar nach der Reichsgründung, hier zitiert nach: Imanuel Geiss: Zum Streit ums Historische Museum in Frankfurt, in: Detlev Hoffmann, Almut Junker, Peter Schirmbeck (Hrsg.): Geschichte als öffentliches Ärgernis oder: Ein Museum für die demokratische Gesellschaft, Fernwald und Wißmar bei Gießen 1974, S. 7.

und Mittel verstanden wurden, konnten sie selber nicht und konnte niemand für sie objektive Ansprüche und historische Rechte einbringen und geltend machen, die aus ihrer sozialen Herkunft, Gegenwart und wahrscheinlichen Zukunft abgeleitet waren. Sie sollten mit Zwangsmitteln auf eine bestimmte Tradition und eine bestimmte Kontinuität und damit zugleich auf eine verordnete Zukunft verpflichtet werden, die für sie allemal den status quo bedeutete. [|5]

II.

Die Geschichte des Geschichtsunterrichts ist Grund genug, darüber nachzudenken, warum Schüler heute – immer noch – Geschichte lernen sollen.

1. Viele der vom Staat dem Geschichtsunterricht auferlegten Aufgaben sind als politisch gefundene und motivierte Forderungen dem geschichtlichen Denken heteronom[19], d. h. von außerwissenschaftlichen Instanzen mit außerwissenschaftlichen Interessen übergestülpt. Wir haben „in unserer Epoche, d. h. seit der säkularisierend-einebnenden Vereinheitlichung und Verfestigung historischer Bildungsvorstellungen, in bitterster Weise erfahren, wie *überholbar* und vor allem wie *austauschbar* jene Konzeptionen geschichtlicher Bildung sind, die, aus einem bestimmten Menschenbild abgezogen und mit verbindlichen, vermeintlich zweckdienlichen politischen Auflagen versehen, zur Vereinheitlichung des politisch-gesellschaftlichen Wollens der Geschichte auferlegt wurden"[20].

    In einer Gesellschaft, die den Pluralismus bis zum Minderheitenschutz bereits als Gedanken vorangetrieben hat, ist es nicht mehr zulässig und historisch nicht mehr zu rechtfertigen, daß der Staat Richtlinien erläßt, die auf eine Uniformierung der Wertvorstellungen abzielen.

2. Geschichtstheoretisch und geschichtsdidaktisch kann heute als unbestrittene Erkenntnis gelten, daß das Lernen von Geschichte nicht im Lernen von historischem Wissen aufgeht und aufgehen kann. Geschichte ist nicht identisch mit der Fülle oder der Summe von Ergebnissen, die die Historie ermittelt. „Geschichte ist, wie jede Wissenschaft, mehr als die Summe ihrer Ergebnisse. Das griechische Wort ‚historia' bedeutet erst in zweiter Linie die Darlegung der Ergebnisse. Seine erste Bedeutung ist die der Tätigkeit des Forschens durch Um-

---

19 Vgl. dazu grundsätzlich Lucas: Bildungssinn, S. 217 ff.; aus diesem Grunde ist es nach Lucas wissenschaftlich auch unerheblich, ob diese Auflagen vom monarchisch-autoritären, faschistischen oder demokratischen Staat gemacht werden.
20 Lucas: Bildungssinn, S. 223.

frage und Erkundung, der kritischen Erhebung"[21]. Historisches Wissen, das durch die kausale und chronologische Reihung und deutende Verknüpfung ausgewählter historischer Sachurteile eine Kontinuitätsvorstellung vermittelt, ist zudem ein perspektivisches Konstrukt, dem lediglich eine (fast) jederzeit überholbare „Deutungsobjektivität" zukommt. Unter der regulativen Idee der Objektivität entstanden, ist es dennoch weder in der Zeit noch für alle Zeit wahr[22]. Vor einer Geschichtstheorie, die die Fachdidaktik endgültig aus dem Stand der Unschuld entlassen haben sollte, ist es nicht mehr angängig, ein bestimmtes historisches Wissen und eine bestimmte historische Kontinuität umstandslos als zu lernende Wahrheit auszugeben. Fachgerechte Bildung würde damit verfehlt.

3. Erziehungswissenschaftlich und geschichtsdidaktisch kann gegenwärtig als Konsens angenommen werden, daß Schüler anspruchsberechtigte Subjekte sind, deren „empirische Subjektivität"[23] als lebensgeschichtlich erworbene Eigentümlichkeit Respekt und vorsichtigen, behutsamen Umgang abnötigt: „Wo immer Lernerwartungen entstehen oder an Individuen gerichtet werden, steht deren Identität zur Diskussion"[24]. Nach Habermas kann heute, d. h. nach allen Erfahrungen, nur mehr der Begriff (oder besser: die leitende Idee) einer Ich-Identität eine zustimmungsfähige Orientierung für Bildungsprozesse angeben[25]. Vor einer Erziehungswissenschaft, die die Idee einer subjektgerechten Bildung verficht, die Ich-Identität und Emanzipation umgreift, können Schüler nicht mehr als Verfügungsobjekte gesehen werden, die für die staatlich verhängten Zwecke der Zeit abgerichtet werden sollen.

---

21 Friedrich J. Lucas: Zur Geschichts-Darstellung im Unterricht, in: GWU, Jg. 16 (1965), S. 293 f.
22 Vgl. dazu die den neuesten geschichtstheoretischen Diskussions- und Erkenntnisstand resümierenden Aufsätze von Karl-Georg Faber, Adam Schaff, Hans Michael Baumgartner und Jörn Rüsen in dem von Jörn Rüsen herausgegebenen Band: Historische Objektivität. Aufsätze zur Geschichtstheorie, Göttingen 1975; vgl. auch Wolfgang J. Mommsen: Gesellschaftliche Bedingtheit und gesellschaftliche Relevanz historischer Aussagen, in: Die Funktion der Geschichte in unserer Zeit, S. 208 ff.; von didaktischer Seite ist „historisches Wissen" zuletzt von Margarete Dörr: Das Schulbuch im Geschichtsunterricht, in: Die Funktion der Geschichte in unserer Zeit, S. 298 ff. nachdrücklich problematisiert worden (vgl. Anm. 4).
23 Vgl. dazu Klaus Holzkamp: Sinnliche Erkenntnis – Historischer Ursprung und gesellschaftliche Funktion der Wahrnehmung, Frankfurt/M. 1973, S. 46.
24 Klaus Mollenhauer: Theorien zum Erziehungsprozeß, München 1972, S. 105.
25 Vgl. Jürgen Habermas: Können komplexe Gesellschaften eine vernünftige Identität ausbilden?, in: Jürgen Habermas / Dieter Henrich: Zwei Reden, Frankfurt/M. 1974, S. 32; für den Bereich der Geschichtsdidaktik wird verwiesen auf Annette Kuhn: Einführung in die Didaktik der Geschichte, München 1974, S. 72 f., Ernst Weymar: Funktionen historischen Unterrichts in der Schule, in: Die Funktion der Geschichte in unserer Zeit, S. 277 f., Rolf Schörken: Kriterien für einen lernzielorientierten Geschichtsunterricht, in: Die Funktion der Geschichte in unserer Zeit, S. 287 ff., sowie Bergmann/Pandel: Geschichte und Zukunft (vgl. Anm. 5) S. 145 ff. und Bergmann: Geschichtsunterricht und Identität, in: Aus Politik und Zeitgeschichte, B 39/75.

III.

Nach diesen Befunden stellt sich die Frage, warum Schüler Geschichte lernen sollen, in aller Radikalität. Ist das staatlich verfügte Lernen von Geschichte ein unzumutbarer Eingriff, der die Schüler eher belastet – lästig ist er ihnen ohnedies – als daß er für sie bedeutsam wäre? Sollen wir „den Geschichtsunterricht abschaffen"[26]?

1. Bei Kant heißt es: „Der Mensch ist das einzige Geschöpf, das erzogen werden muß"[27]. Jede intentionale Erziehung ist potentiell Zwang, der mit einem objektiven Interesse von mög [|6] licherweise subjektiv unwilligen, noch unerwachsenen Menschen begründet wird. Erziehung ist ein wesentliches, ein konstitutives Moment der Gattungsgeschichte überhaupt. Im Erziehungsprozeß wird der historisch erarbeitete Stand – Produktivkräfte und soziale Gesittung – an die nachfolgende Generation weitergegeben. Erziehung garantiert, daß die Gattungsgeschichte aus Fortsetzungen, nicht aus Neuanfängen besteht. Die Verstaatlichung des Erziehungswesens garantiert zwar noch nicht, ermöglicht aber immerhin, daß der mühevoll erarbeitete Stand der Gattungsgeschichte als Fundament für Fortsetzungen tradiert wird. Nur ist damit noch nicht die Notwendigkeit von Geschichtsunterricht begründet. Denn in eben diese Welt historischer Erarbeitungen und Errungenschaften führen alle Schulfächer ein: was im Bereich der Physik etwa historisch erarbeitet worden ist, ist im Physikunterricht derart aufgehoben, daß heutige Schüler mehr lernen, als Galilei oder Newton je gewußt haben oder wissen konnten. Derart sind die Errungenschaften der Geschichte in den Einzelfächern, die auch als Schulfächer existieren, aufgehoben.

   Am Beispiel des Physikunterrichts wird deutlich, daß das Lernen von Geschichte sich nicht auf den Geschichtsunterricht beschränkt. In allen Schulfächern wird Geschichte gelernt. Im folgenden wird deutlich, daß das Lernen von Geschichte nicht einmal auf die Schule beschränkt ist. Menschen lernen auch ohne Geschichtsunterricht, ja sogar ohne Schule Geschichte.

2. Gegenüber der traditionellen Gleichsetzung von Geschichte und historischem Wissen ist es zunächst unabdingbar, den Bedeutungsumfang des Begriffs „Geschichte" wiederherzustellen, wenn denn sinnvolle Antworten auf die Frage möglich sein sollen, warum Schüler Geschichte lernen sollen[28]

---

26 Vgl. Edgar Bruce Wesley: Laßt uns den Geschichtsunterricht abschaffen, in: Das sozialwissenschaftliche Curriculum in der Schule. Neue Formen und Inhalte, hrsg. von Antonius Holtmann, Opladen 1972, S. 126 ff.
27 Immanuel Kant: Vom Sinn und den Aufgaben der Erziehung, zitiert nach Kant: Die drei Kritiken, Leipzig o. J., S. 412.
28 Vgl. zum folgenden den Versuch, den Bedeutungsumfang des Begriffs „Geschichte" zu bestimmen, bei Bergmann/Pandel: Geschichte und Zukunft, S. 65 II.

2.1 Geschichte ist zunächst einmal Realgeschichte. Sie umgreift dann alle Vorgänge – sinnlich wahrnehmbare Vorgänge wie unerkannt gebliebene und bleibende Bewußtseinsvorgänge –, die je geschehen sind und je und je geschehen. Diese Realgeschichte kann unterteilt werden in die geschehene Geschichte und in die geschehende Geschichte. Beide sind unabhängig von unserem Wissen und unserem Bewußtsein existent.

2.2 Geschichte ist zweitens das, was als Relikt der Vergangenheit oder als uns selbstverständliche historische Erarbeitung in der Gegenwart sinnlich wahrnehmbar ist: referierte Geschichte. Solche Relikte der Vergangenheit sind etwa verbale (lesbare), bildliche (sehbare), akustische (hörbare), materielle (ertastbare) Zeugnisse; solche historischen Erarbeitungen sind etwa Sprache, verstehbare Wertvorstellungen, Denk- und Verhaltensweisen, Institutionen, Produktivkräfte usw.: die Wirklichkeit in ihrer Totalität ist eine historische Erarbeitung[29].

2.3 Geschichte ist schließlich das, was wir als Historie bezeichnen: eine wissenschaftliche Disziplin – Geschichtswissenschaft. Eine wissenschaftliche Disziplin geht nicht in dem Wissen auf, das sie erarbeitet. Das – überholbare – Wissen ist „nur" ihr Produkt. Wesentlich für eine wissenschaftliche Disziplin, also auch für Geschichte als Wissenschaft, ist vielmehr: sie ist „eine objektiv mögliche und übliche Weise, die Welt zu erfassen und denkend zu ordnen sowie deren Ergebnisse"[30]. Eine Wissenschaft als ein bestimmter „Modus der Welterfassung"[31] umgreift also spezifische Fragestellungen, Denkkategorien, Denkmethoden, Ergebnisse und Darstellungsweisen, die fachintern perfektioniert, kontrolliert, modifiziert werden. Mit anderen Worten: eine Disziplin ist primär diszipliniertes Denken an der Wirklichkeit. Geschichte als Wissenschaft ist entsprechend ein fortdauerndes diszipliniertes Denken an gegenwärtig wirklich existenten Relikten der Realgeschichte und an historischen Erarbeitungen, um gegenwärtig sinnvolle Aussagen über vergangene Wirklichkeit zu machen.

Diese Unterscheidungen machen deutlich, wie ungemein reduziert der Geschichtsbegriff des „vorwissenschaftlichen" Geschichtsunterrichts war – und wie ungemein ideologieträchtig. [|7]

Sie ermöglichen in unserem Zusammenhang aber auch einen argumentativen Fortschritt. Denn wenn wir fragen, warum Schüler Geschichte lernen sollen, müssen wir zunächst feststellen und zur Kenntnis nehmen, daß Schüler Geschichte gelernt und rezipiert haben, noch längst bevor sie Geschichte

---

29 Vgl. etwa die §§ 1–7 bei Droysen, Historik.
30 Lucas: Bildungssinn, S. 226; ähnlich Lucas: Geschichts-Darstellung, S. 285.
31 Lucas: Bildungssinn, S. 226.

lernen sollen und müssen, und daß sie außerschulisch und nachschulisch Geschichte lernen und rezipieren.

2.3.1 Subjekte erleben Geschichte als jene geschehende Geschichte, die zeitgleich zu ihrer eigenen Lebensgeschichte abläuft. Sie sind in sie ausweglos verflochten. Sie bleibt nicht ohne Einfluß auf ihre Lebensgeschichte, auf ihr Bewußtsein: auf ihre Identifikationen, auf ihre Zeitperspektive, auf ihre Wertvorstellungen und auf ihre Einstellung zur politischen Praxis. Sie leben in dieser Geschichte und lernen aus dieser Geschichte in unmittelbaren und mittelbaren Erfahrungen[32].

2.3.2 Subjekte nehmen Ausschnitte oder „Stichproben"[33] der referierten Geschichte wahr. Sie nehmen ausschnitthaft und stichprobenhaft je nach ihrer sozialen und räumlichen Perspektive jenes Unvergangene der Vergangenheit wahr, das auch der professionelle Historiker wahrnimmt, zum Gegenstand macht, befragt und erforscht: sinnlich wahrnehmbare Relikte der Vergangenheit – Objektivationen vergangenen menschlichen Lebens.

Neben der Begegnung mit den Relikten der Vergangenheit, die ein Fragen, Nachdenken und Wissenwollen auslösen mag, lernen Subjekte historische Erarbeitungen kennen, besser: sie lernen historische Erarbeitungen und nehmen sie in sich auf: „Jeder an seiner Stelle ist ... eine Summe des bis zu ihm Durchlebten und Erarbeiteten"[34]. Wie im Vorgriff auf Ergebnisse der Sozialisationsforschung hat Droysen die lebensgeschichtliche Rezeption der referierten Geschichte als faktischen Vorgang unter didaktischen Gesichtspunkten betrachtet: „Jeder einzelne ist ein historisches Ergebnis ... Von dem Moment seiner Geburt an wirken unabsehbare Faktoren jener großen Kontinuität, welche der historischen Empirie zustehen, auf ihn ein. Bewußtlos noch empfängt er die Fülle von Einwirkungen seiner Eltern, ihrer geistigen und leiblichen Dispositionen, die der klimatischen, landschaftlichen, ethnographischen Umgebungen. Er wird hineingeboren in das ganze Gewordensein, in die historischen Gegebenheiten seines Volkes, seiner Sprache, seiner Religion, seines Staates, seiner schon fertigen Register und Zeichensysteme, in denen aufgefaßt, gedacht und gesprochen wird, aller der schon entwickelten Vorstellungen und Auffassungen, welche die Grundlage des Wollens, Tuns und Gestaltens sind. Und erst dadurch, daß der so hereintretende Neuling das so schon Erworbene, Unendliches lernend, an sich nimmt, in sich von neuem summiert und so sein eigenes Ich daraus auferbaut, daß sein innerstes und eigenstes Wesen so mit dem geschichtlich Gewordenen um ihn her verschmilzt, daß er damit, wie

---

32 Vgl. dazu demnächst Bergmann/Pandel: Geschichte und Sozialisation.
33 Vgl. die Ausführungen über die Perspektivität des Wahrnehmens bei Holzkamp, Sinnliche Erkenntnis, S. 266 und ff.
34 Droysen: Historik, S. 14.

leiblich mit seinen Organen und Gliedern, unmittelbar schaltet, – erst damit hat er ein mehr als kreatürliches und animalisches, hat er ein menschliches Leben"[35]. Gewiß bedürfen die Aussagen Droysens in einer veränderten historischen Konstellation und nach einem wissenschaftlichen Erkenntniszugewinn durch die Sozialisationsforschung der Differenzierung – Rezeption und Perzeption der in sich sozial eingefärbten „Register und Zeichensysteme" sind als sozialspezifisch bedingte, fast programmierte Prozesse zu sehen; doch ändern solche Differenzierungen nichts an der grundlegenden Erkenntnis Droysens, daß jedes Subjekt lebensgeschichtlich Geschichte in sich aufnimmt und dadurch „ein neuer Anfang weiterer Arbeit"[36] wird.

In der Konfrontation mit den Relikten der Vergangenheit und in der Rezeption historischer Erarbeitungen lernen Subjekte zugleich auch, historisch zu fragen und historisch zu denken – wie unzureichend auch immer[37]. Sie bilden ein „vorwissenschaftliches Streben nach Geschichtsverständnis"[38] aus. Dieses vorwissenschaftliche Streben nach Geschichtsverständnis und die damit verbundenen Denk- und Erkenntnisversuche stehen grundsätzlich keineswegs im Gegensatz zur Fachwissenschaft Geschichte als einer methodisch, d.h. [|8] systematisch und kritisch betriebenen Erkenntnissuche: die Fachwissenschaft Geschichte ist „nur" ein „durch rationale Methoden gesichertes und verfeinertes aber zumindest prinzipiell richtungsgleiches Verfolgen der auch im verwissenschaftlichen Streben nach Geschichtsverständnis wirksamen Fragen"[39]. Historisches Fragen und Denken als Ausdrucksformen des Strebens nach lebens- und gattungsgeschichtlicher Erinnerung sind nicht beschränkt auf eine professionell betriebene Fachwissenschaft: sie sind vielmehr gattungsgeschichtlich erarbeitete und lebensgeschichtlich gelernte Frage- und Denkweisen von Individuen gegenüber der Wirklichkeit – ein historisch-anthropologischer Befund. Dem vorwissenschaftlichen Streben nach Geschichtsverständnis liegt ein lebenspraktisches Erkenntnisinteresse zugrunde. Vorwissenschaftliche Erinnerung geht darauf aus, primäre lebensgeschichtliche und sekundäre vermittelte Erfahrungen für anstehendes Handeln zu aktualisieren. Sie denkt über Vergangenheit nach, und „Denken ist etwas, das auf Schwierigkeiten folgt und dem Handeln vorausgeht"[40].

2.3.3 Subjekte lernen schließlich, in wie gebrochener und möglicherweise verzerrter Form auch immer, Elemente der Geschichtswissenschaft. Jeder ist Teil

---

35 Droysen: Historik, S. 15.
36 Droysen: Historik, S. 14.
37 Vgl. etwa die Ausführungen bei Droysen über das historische Fragen des Kindes (§ 19).
38 Lucas: Geschichts-Darstellung, S. 285.
39 Ebd.
40 Bertolt Brecht: Me-Ti / Buch der Wendungen, in: ders., Gesammelte Werke, Band 12, Frankfurt/M. 1967, S. 443.

jener Öffentlichkeit, in die hinein Historiker ihre Fragestellungen, ihre Denkformen und ihre Ergebnisse veröffentlichen.

3. Die lebensgeschichtliche Rezeption aller Arten von Geschichte, die zwangsläufig, aber nicht unter allen Umständen erzwungen verläuft, ist ein Prozeß, in dem nach der frühen Erkenntnis von Droysen der einzelne – aber darum nicht Vereinzelte – „sein eigenes Ich daraus auferbaut" oder: sein „in sich volles und geschlossenes Ich" entwickelt. Ich-Identität ist danach auch ein Ergebnis der Bildung an und durch Geschichte. In diesem Bildungsprozeß, der vor allem als Prozeß „reflexiver Bildung"[41] verstanden werden kann, entsteht eine historische Identität als Bestandteil der Ich-Identität, die den einzelnen an das historische Selbstverständnis seiner Bezugsgruppen bindet[42].

IV.

Die bislang angesprochenen Lern- und Rezeptionsprozesse sind außerschulische Vorgänge. Sie geschehen vorschulisch, nebenschulisch und nachschulisch. Schulische Lernprozesse weichen von außerschulischen Lern- und Rezeptionsprozessen in einem Punkt erheblich voneinander ab. Außerschulische Lern- und Rezeptionsprozesse erfolgen zwar zwangsläufig, werden aber selten von dritter Seite erzwungen. Sie erfolgen eher unter dem Druck der Sache, einer randvoll mit Geschichte angefüllten Umwelt. Sie sind daher selten beabsichtigt oder selten von dritter Seite geplant, gesteuert oder durchgeführt. Demgegenüber werden schulische Lernprozesse und Rezeptionsprozesse an Geschichte notfalls von dritter Seite erzwungen. Sie erfolgen in einem obligatorischen Schulfach, in dem Schüler Geschichte lernen müssen. Die Lern- und Rezeptionsprozesse werden von dritter Seite geplant, gesteuert und durchgeführt.

Geschichtsdidaktik ist diejenige Disziplin, die nach der Bedeutung von Geschichte – aller Arten von Geschichte und ihrer konstitutiven Elemente! – für das rezipierende und erkennende Subjekt fragt. Als Didaktik des Geschichtsunterrichts fällt ihr u. a. die Aufgabe zu, sowohl den Zwang zum Lernen von Geschichte zu begründen als auch sinnvolle Kriterien dafür anzugeben, was denn formal und inhaltlich im Geschichtsunterricht gelernt werden soll. Im Vorgriff auf die weitere Argumentation heißt das, daß Geschichtsdidaktik auf einer gleichermaßen fachgerechten wie subjektgerechten Bildung bestehen muß. Fachgerecht heißt negativ: daß die Schüler Geschichte nicht unter einem verordneten, dem geschichtlichen Denken von außerhalb seiner selbst angetragenen, ja geradewegs zugemuteten Gesichtspunkt betrachten und lernen. Sub-

---

41 Lucas: Bildungssinn, S. 226, in der Tradition Droysens gegen die traditionelle „transitive Bildung" gedacht.
42 Vgl. Bergmann, Geschichtsunterricht und Identität.

jektgerecht heißt negativ: daß Schüler [|9] nicht zu Lehrobjekten für inhaltlich normative Setzungen entmündigt und frühzeitig „geblendet"[43] werden.

Nach allen Erfahrungen aus der Geschichte des Geschichtsunterrichts muß Geschichtsdidaktik „sub specie subiecti"[44] fragen. Sie untersucht die Geschichtswissenschaft auf dem Weg über die Geschichtstheorie, welche ihrer geschichtstheoretisch systematisch herausgearbeiteten Voraussetzungen, Kategorien, Denkmethoden und Ergebnisse für je gegenwärtige Schüler bedeutsam sind, die für subjektiv sinnvolles und objektiv rationales Handeln in der Zukunft qualifiziert werden sollen. In Kenntnis der bereits außerschulisch gelernten Register und Zeichensysteme, der schon gelernten Fragen und Erinnerungsmethoden und der schon vorgebildeten historischen Identität sucht sie nach Kriterien, das Lernmögliche vom Lernwürdigen und das Wissensmögliche vom Wissenswürdigen zu scheiden. Sie fragt für Schüler, die bereits eine Lebensgeschichte haben und ihre eigene Zukunft haben sollen.

Geschichtsdidaktik begründet den Zwang, Geschichte zu lernen, „sub specie subiecti": Geschichtsunterricht ist nicht der einzige Ort, wo Schüler Geschichte lernen und rezipieren. Gegenüber außerschulischen Lern- und Rezeptionsprozessen ist Geschichtsunterricht lediglich ein Ort, wo ein rational kontrolliertes, gewissermaßen verwissenschaftlichtes Lernen stattfindet (oder: stattfinden sollte). Das vorwissenschaftliche Streben nach Geschichtsverständnis soll im Geschichtsunterricht „diszipliniert" werden, indem Denkmethoden und kategoriale Erkenntnisse der Geschichtswissenschaft vermittelt werden. Die Schüler sollen im Geschichtsunterricht ansatzweise die Disziplin Geschichte erlernen. Das Erlernen einer Disziplin bedeutet primär das Erlernen des disziplinierten Denkens, das die Fachwissenschaft ausmacht und das sie von allen vorwissenschaftlichen Erkenntnisversuchen abhebt. „Wissenschaft steht nicht in strengem, ausschließendem Gegensatz zum einfachen Wahrnehmen und Denken – und damit der Wissenschaftler zum einfachen Menschen. Das methodische Arbeiten setzt das ungeschulte Denken fort, wo dieses unzureichend wird. Mit dem einfachen Denken teilt Wissenschaft … die Doppelmöglichkeit von Irrtum und Wahrheit. Was Wissenschaft dem allgemeinen Denken hierbei voraus hat, ist die größere Chance, kraft ihres besonderen, planvollen und kritischen Vorgehens zu wahren, d.h. erweislich zutreffenden Ergebnissen zu finden"[45]. Das zur wissenschaftlichen Disziplin ausgearbeitete, historisch erarbeitete historische Denken als eine spezifische Weise der Welterfassung ist dem einfachen, vorwissenschaftlichen Denken durch sein historisch

---

43 Vgl. die kritischen Anmerkungen Nietzsches zu transitiven Bildungsprozessen (S. 54).
44 Lucas: Geschichts-Darstellung, S. 287: „Die Didaktik sieht die historischen Probleme sub specie subiecti, im Hinblick auf den Aufnehmenden, besser, den sich Bildenden". Vgl. auch Lucas: Ein Fingerhut voll Erkenntnis, in: Gerhard Wiesemüller: Unbewältigte Vergangenheit – überwältigende Gegenwart, Stuttgart 1972, S. 16.
45 Werner Hofmann: Wissenschaft und Ideologie. in: ders.: Universität, Ideologie, Gesellschaft. Beiträge zur Wissenschaftssoziologie, Frankfurt/M. 1968, S. 50 f.

ausgefeiltes, vielfach und ständig überprüftes und weiterentwickeltes[46] Instrumentarium an Fragestellungen, Denkkategorien und Denkmethoden überlegen. Von daher begründet sich der Gedanke, im Geschichtsunterricht, „dieses die Vergangenheit für Zukunft und Gegenwart befragende Denkenlernen in einem entsprechenden Lehrgang zu lehren"[47]. Das disziplinierte Denken mit seiner durchreflektierten Methode überholt das „wilde" vorwissenschaftliche Denken.

Das Erlernen des disziplinierten Fach-Denkens ist ein Prozeß der individuellen Emanzipation mit sozialen Folgewirkungen. Es dient der „Befreiung der Subjekte ... aus Bedingungen, die ihre Rationalität und das mit ihr verbundene gesellschaftliche Handeln beschränken"[48]. Diese Idee der Emanzipation ist dem historischen Denken nicht heteronom, d.h. nicht wie etwa eine politisch-pragmatische Auflage übergestülpt. Die Intention jeder Wissenschaft, auch der Geschichtswissenschaft, ist Aufklärung über noch Unaufgeklärtes durch den Einsatz der von ihr entwickelten kritischen Methoden[49]. Indem der Geschichtsunterricht Fragestellungen, Denkkategorien und Denkmethoden vermittelt, die die Geschichtswissenschaft ausgebildet hat und ständig überprüft und „innoviert"[50], ermöglicht er Emanzipationsprozesse bei Schülern, die diese Fragestellungen, Kategorien und Methoden rational und systematisch lernen. Mit dieser Begründung des schulischen Zwangs, [|10] Geschichte zu lernen, wird also eine bestimmte historische Erarbeitung als Lernsoll aufgegeben: diszipliniertes historisches Fragen und Denken.

Die Frage, warum Schüler Geschichte lernen sollen, ist damit in einem Punkt abstrakt beantwortet. Damit ist zugleich die Frage in einem Punkt beantwortet, was sie lernen sollen: Fragestellungen, Kategorien und Denkmethoden einer Disziplin, die eine objektiv mögliche und übliche Weise darstellt, die Wirklichkeit denkend zu betrachten und denkend zu ordnen. Damit ist das mancherorts fortdauernde Mißverständnis distanziert, Geschichtsunterricht habe historisches Wissen – d.h. deutende

---

46 Hier kann nur allgemein auf die ungemein intensivierte Diskussion unter Historikern, Geschichtstheoretikern und Philosophen verwiesen werden, die mit dem veränderten Selbstverständnis innerhalb der Geschichtswissenschaft in der Bundesrepublik (Geschichte als Historische Sozialwissenschaft) zusammenhängt.
47 Friedrich J. Lucas: Der Beitrag des Geschichtsunterrichts zur politischen Bildung (1966), wieder abgedruckt in: Süssmuth (Hrsg.): Geschichtsunterricht ohne Zukunft?, Band 1.2, S. 158, Schörken, S. 292, spricht in seinem Argumentationszusammenhang davon, Befähigungen könnten „nicht dem informellen Sozialisationsprozeß allein überlassen werden, sie gehören zwingend in die organisierte Erziehung ..."
48 Klaus Mollenhauer: Erziehung und Emanzipation. Polemische Skizzen, 3. Auflage, München 1970, S. 11.
49 Vgl. Mollenhauer: Erziehung und Emanzipation, S. 10.
50 Dieser ständige Innovationsprozeß zeigt sich gegenwärtig besonders deutlich beim Übergang der Geschichtswissenschaft von einer hermeneutischen Geisteswissenschaft zu einer Historischen Sozialwissenschaft: „Die Geschichtswissenschaft sieht sich mit sozialwissenschaftlichen Theorien über Sachverhalte ihres Gegenstandsbereichs konfrontiert, die sie zur kritischen Revision ihrer eigenen Interpretationsrahmen nötigen" (Rüsen: Zum Verhältnis von Theorie und Didaktik der Geschichte, S. 432); vgl. die von Hans-Ulrich Wehler herausgegebenen Sammelbände „Geschichte und Psychoanalyse", „Geschichte und Soziologie", „Geschichte und Ökonomie".

Urteile, die durch Verknüpfung von konstatierenden Urteilen entstanden sind – an Schüler zu vermitteln. Eine solche Vermittlung ist die potentiell ideologieträchtige Vermittlung fertiger Urteile[51].

V.

Wenn damit auch der traditionelle Gedanke abgewiesen ist, Geschichtsunterricht habe historisches Wissen zu lehren, so bleibt doch das Problem, daß die Fragestellungen, Kategorien und Methoden an konkreten Sachverhalten eingeübt werden müssen, die von der Fachwissenschaft bereits bearbeitet worden sind. An welchen? Das Erlernen der Disziplin erfolgt an Sachverhalten, die nicht beliebig sind – eine historische Kasuistik gibt Bildungsmöglichkeiten des Geschichtsunterrichts preis[52]: es erfolgt an historischen Sachverhalten, die eine Bedeutung für die Schüler haben – eine Bedeutung, die darüber hinausgeht, an ihnen diszipliniertes Fach-Denken zu lernen. Damit ist die Auswahlfrage als eine wesentliche Frage der Geschichtsdidaktik berührt.

Wenn in allen Schulfächern implizit Geschichte gelernt wird, weil in allen Schulfächern historische Erarbeitungen zur Kenntnis gebracht werden, beschränkt sich die Auswahlfrage im Geschichtsunterricht ex negativo auf Bereiche, die jedenfalls von anderen Fächern nicht abgedeckt werden. „Geschichte hat es ... stets mit sozialen und letztlich politischen Problemen zu tun"[53]. Gegenstand der historischen Wissenschaften und des Geschichtsunterrichts sind „die Handlungen der Menschen aller Orte und aller Zeiten insofern sie für die Existenz und Struktur einer menschlichen Gruppe und durch diese auch die Existenz und Struktur der gegenwärtigen und zukünftigen menschlichen Gemeinschaft Bedeutung oder Einfluß haben oder gehabt haben"[54]. Geschichte oder gar „die" Geschichte an sich gibt es – pointiert gesagt – nicht. Es gibt nur Geschichte für uns. „Geschichtliches Denken teilt seine fundamentale Kategorie mit allen Geisteswissenschaften. Historisches Fragen, ob vorwissenschaftlich oder methodologisch aufs höchste verfeinert, entspringt der Situation des Fragenden, will Kunde von Gewesenem, weil es den Fragenden interessiert, angeht"[55].

---

51 Vgl. dazu Lucas: Zur Geschichts-Darstellung, S. 290.
52 Vgl. dazu ausführlicher die Behandlung des „Fallprinzips" bei Bergmann/Pandel: Geschichte und Zukunft, S. 55 ff.
53 Lucas: Bildungssinn, S. 223.
54 Lucien Goldmann: Gesellschaftswissenschaften und Philosophie (1966), Frankfurt/M. 1971, S. 25.
55 Lucas: Bildungssinn, S. 227.

Über die Frage, wie Historiker dieser „Gegenwartsbezogenheit"[56] ihrer Wissenschaft Rechnung tragen, gibt es eine Reihe wissenschaftsdidaktischer[57] sowie geschichtstheoretischer Aussagen[58]. Sie schließen Aussagen darüber ein, unter welchen Gesichtspunkten Historiker die Auswahl von Forschungsgegenständen begründen. Historiker wählen danach im allgemeinen[59] unter den Gesichtspunkten des „Einflusses" oder der „Bedeutung" eines historischen Sachverhalts aus[60]. In der Terminologie der Geschichtstheorie wird präziser von „Wirkungszusammenhang" und „Sinnzusammenhang" gesprochen[61]. Unter Wirkungszusammenhang wird dabei verstanden, daß zwischen vergangenen und gegenwärtigen Sachverhalten ein mehr oder weniger direkt nachweisbares – etwa ein kausales, genetisches oder kausal-genetisches – Verhältnis besteht. Unter Sinnzusammenhang wird dabei verstanden, was Lucien Goldmann in die Formel gekleidet hat: „Die Kenntnis der Geschichte hat deshalb eine praktische Bedeutung für uns, weil wir dort die Menschen erkennen können, wie sie in anderen Bedingungen mit anderen, heute zumeist nicht anwendbaren Mitteln für Werte und Ideale gekämpft haben, die den heute von [|11] uns verfochtenen Werten, identisch sind, entsprechen oder entgegengesetzt sind"[62]. Während die Kenntnis eines Wirkungszusammenhanges ein „Informationswissen" über die Vorgeschichte gegenwärtiger Verhältnisse und Probleme ergibt, ergibt die Kenntnis von Sinnzusammenhängen ein „Orientierungswissen" über historische Sinn- und Wertvorstellungen[63].

Geschichtsdidaktik befragt die geschichtstheoretischen Aussagen „sub specie subiecti" darauf, ob sie eine didaktisch sinnvolle Lösung des Auswahlproblems enthalten. Die didaktisch begründete Auswahl historischer Sachverhalte, an denen Schüler sich Kenntnisse erarbeiten, historisches Denken lernen und sich je eigene Gesinnungen

---

56 Zur Kategorie „Gegenwartsbezogenheit" in geschichtstheoretischer und geschichtsdidaktischer Sicht vgl. ausführlich Bergmann/Pandel: Geschichte und Zukunft, S. 64 ff.
57 „Wissenschaftsdidaktik" wird hier in dem Sinne verstanden, den Hartmut von Hentig formuliert hat: vgl. Hartmut von Hentig: Wissenschaftsdidaktik, in: Wissenschaftsdidaktik, 5. Sonderheft der Neuen Sammlung, Göttingen 1970, S. 13 ff.; vgl. neuerdings auch Caesar Hagener: Fachdidaktik – Entscheidungsfeld der Lehrerausbildung, in: Westermanns Pädagogische Beiträge 5/75, S. 244 ff. In diesem Sinne können etwa die folgenden Selbstreflexionen von Historikern als wissenschaftsdidaktisch angesehen werden: Kocka, Wozu noch Geschichte?, Herbert Lüthy: Wozu Geschichte?, Zürich 1969, Rudolf Vierhaus: Was ist Geschichte?, in: Probleme der Geschichtswissenschaft, Düsseldorf 1973, S. 7 ff., besonders S. 17 ff.
58 Vgl. die Angaben wie Anm. 22.
59 Auf die Tatsache, daß die Geschichtswissenschaft auch von wissenschaftsimmanenten Antrieben lebt, wird hier nur verwiesen. Kritisch dazu Hans Süssmuth: Perspektiven der Geschichtsdidaktik, in: ders. (Hrsg.): Geschichtsunterricht ohne Zukunft?, Band 1.1, Stuttgart 1972, S. 8.
60 Vgl. Goldmann, Anm. 54.
61 Vgl. etwa Hans Michael Baumgartner: Narrative Struktur und Objektivität. Wahrheitskriterien im historischen Wissen, in: Historische Objektivität, S. 49; vgl. auch Karl-Georg Faber: Objektivität in der Geschichtswissenschaft?, in: Historische Objektivität, S. 19.
62 Goldmann: Gesellschaftswissenschaften und Philosophie, S. 24; aus didaktischer Sicht vgl. ähnlich Lucas: Der Beitrag des Geschichtsunterrichts, S. 160 f.; Lucas: Bildungssinn, S. 228 f.
63 Vgl. Lucas: Der Beitrag des Geschichtsunterrichts, S. 154 f., und Lucas: Bildungssinn, S. 227 und S. 230.

bilden können, erfolgt grundsätzlich unter zwei leitenden Ideen – in Analogie zu den geschichtstheoretischen Aussagen.

1. Die Auswahl richtet sich auf historische Sachverhalte, die als Ursachen gegenwärtig anstehender Probleme gelten können. Die Kenntnis der Genese eines gegenwärtigen Problems stellt ein Informationswissen dar, das die Gefahr irrtümlicher Entscheidungen und Handlungen zwar nicht ausschließt, aber verringert.
2. Die Auswahl richtet sich auf historische Sachverhalte, die durch die in ihnen auffindbaren Werte und Sinnvorstellungen für Schüler bedeutsam sein können. Sie richtet sich auf Probleme und/oder Werte und Sinnvorstellungen, die gegenwärtig existenten Problemen und/oder Werten und Sinnvorstellungen identisch sind, entsprechen oder entgegengesetzt sind. Die Auseinandersetzung mit historischen Sinn- und Wertvorstellungen ist geeignet, den Käfig der Gegenwart zu öffnen, sich selber und die Gegenwart in Frage zu stellen.

Die Kenntnis der Vorgeschichte der Gegenwart oder: der Entstehungsgeschichte gegenwärtiger Probleme ist wichtig genug und unabdingbar notwendig für rationales politisches Handeln. Aber Geschichte erschöpft sich nicht in der unmittelbaren Vorgeschichte der Gegenwart – gerade didaktisch nicht. Geschichte in der bloßen „historischen Dimension"[64] der Gegenwart aufgehen zu lassen, wäre didaktisch bedenklich. Die „historische Dimension" verfestigt Gegenwart zu einer unbefragten, vielleicht gar alternativlosen Selbstverständlichkeit und verhindert tendenziell die Einsicht in ihre Historizität. Für sich allein täuscht sie durch die „bloße Reihenbildung eines Nacheinander, das rein chronologisch zur herrschenden Gegenwart führt"[65], eine einsinnige Kontinuität vor.

Die „historische Dimension" eliminiert die Vielsinnigkeit von Geschichte, weil sie nur an chronologisch reihenfähigen Wirkungen sich interessiert zeigt. Dabei wird „unterschlagen ..., was in der Vergangenheit nicht reüssierte"[66], aber bedenkenswert ist: „unabgegoltene Arbeit"[67], „vergangen-unvergangene Intentionen"[68], „Ungelungenes im Vergangenen"[69], eben: „Zukunft in der Vergangenheit"[70]. Derart wird das Lernen von Geschichte erst unter dem Auswahlgesichtspunkt des Sinnzusammenhanges zwischen Gegenwart und Vergangenheit zum „entdeckenden Lernen": entdeckt werden

---

64 Vgl. zur Problematik der „historischen Dimension" die Hinweise bei Bergmann/Pandel: Geschichte und Zukunft, S. 46 f. und S. 82 f.
65 Ernst Bloch: Experimentum Mundi. Frage, Kategorien des Herausbringens, Praxis, Frankfurt/M. 1975, S. 93.
66 Bloch, S. 92.
67 Ebd.
68 Bloch, S. 92 f.
69 Bloch, S. 93.
70 Bloch, S. 91; auf weitere Belege für diesen Grundgedanken Blochs wird hier verzichtet.

historische Sinnvorstellungen, gedachte und gelebte Möglichkeiten menschlich-gesellschaftlicher Existenz und – da sie nicht reüssierten – ihr Verhältnis zur „objektiv realen Möglichkeit" damals und heute[71]. Geschichtsunterricht, der „Anfragen"[72] an das Sinnpotential von Geschichte richtet, ermöglicht Schülern, sich ihre je eigenen Gesinnungen zu bilden, sie auf der Folie der schon erworbenen historischen Identität zu vertiefen, zu erweitern, zu modifizieren, zu überprüfen oder auch zu verändern[73].

VI.

Die vorangegangenen Bemerkungen beziehen sich abstrakt auf das Erlernen der Fragestellungen, Kategorien und Denkmethoden[74] sowie auf das Problem der Auswahl von Unterrichtsinhalten. Sie enthalten keine konkreten Angaben über die didaktisch zu begründende Auswahl fachspezifischer Fragestellungen, Kategorien und Denkmethoden, die Schülern [|12] vermittelt werden sollen, sie enthalten auch keine konkreten Angaben über unabdingbar notwendige Unterrichtsinhalte. Sie bezeichnen in ihrer Abstraktheit lediglich Denk- und Forschungsrichtungen der gegenwärtigen geschichtsdidaktischen Diskussion. Sie stellen damit gewissermaßen nur ein Suchinstrumentarium vor. Sie beinhalten in aller Abstraktheit einen theoretischen Entwurf eines Geschichtsunterrichts, der Schülern ein doppelt wichtiges Lernen von Geschichte nicht zumutet, sondern ermöglicht:

Er ermöglicht das Erlernen einer Disziplin und des ihr eigenen disziplinierten Denkens; er „rationalisiert" damit das faktische außerwissenschaftliche historische Fragen und Denken.

Er ermöglicht ein differenziertes und durchreflektiertes Geschichtsbewußtsein als je eigenes, in der Auseinandersetzung mit historischen Sachverhalten selber gebilde-

---

71 Zur Kategorie der „objektiven Möglichkeit": vgl. Ernst Bloch: Das Prinzip Hoffnung, 3 Bände, Berlin 1960, Band 1, S. 243 ff. (Kapitel 18); Oskar Negt: Soziologische Phantasie und exemplarisches Lernen. Zur Theorie und Praxis der Arbeiterbildung, 6., völlig überarbeitete Neuausgabe, Frankfurt/M. 1971, S. 85 ff.; aus didaktischer Sicht: vgl. Kuhn: Einführung, passim; vgl. auch bei Lucas die Kategorie der „Dialektik von Sachbedingtheit und Sinnbezogenheit" (Beitrag des Geschichtsunterrichts, S. 159, ähnlich in: Bildungssinn, S. 230 f.).
72 Der Begriff „Anfragen an die Geschichte" (Kuhn: Einführung, S. 50), ist der präzise Ausdruck für die didaktisch motivierte historische Frage.
73 Daß diese je eigene Gesinnungsbildung zusätzlich durch eine multiperspektivische Betrachtung historischer Sachverhalte im Unterricht gefördert werden kann, wird hier nur am Rande erwähnt; vgl. dazu ausführlich Klaus Bergmann: Personalisierung im Geschichtsunterricht – Erziehung zu Demokratie?, Stuttgart 1972, S. 64 ff. und – gezielt vom Identitätskonzept her argumentierend – Bergmann: Geschichtsunterricht und Identität, S. 25.
74 Vgl. dazu konkreter von Hans-Jürgen Pandel: Auf der Suche nach der Eigenart historischer Erkenntnis, in: Geschichtsdidaktik, Jg. 1 (1976), Heft 2 (demnächst): demnächst auch Ulrich Mayer / Hans-Jürgen Pandel: Geschichtsdidaktische Kategorien und Unterrichtsanalyse.

tes Geschichtsbewußtsein mit einer je eigenen, historisch kontrollierten Zukunftsperspektive.

Damit wäre dann Droysens didaktischer Utopie entsprochen, daß das Geschichte lernende Subjekt „mit Bewußtsein in der Geschichte und die Geschichte in seinem Bewußtsein lebt"[75].

---

[75] Droysen: Historik, S. 16.

Immer mehr desselben?
Einladung zu einer kritischen Auseinandersetzung mit dem chronologischen Geschichtsunterricht

BÄRBEL VÖLKEL

1. **Aspekte einer Standortbestimmung**

Bis heute gestaltet sich der Geschichtsunterricht in den Schulen der BRD als ein scheinbar sinnvoll aufgebauter chronologischer Lehrgang. Er beginnt in der Klasse 5 mit der Ur- und Frühgeschichte, wandert von Schuljahr zu Schuljahr in der Zeit weiter und muss am Ende der Klasse 10 bei zeitgeschichtlichen Themen angekommen sein. In der gymnasialen Oberstufe findet dann ein zweiter Durchgang durch die Geschichte statt, um einzelne Themen zu vertiefen und differenzierter zu betrachten. Diese „Durchgänge" durch die Geschichte sollen ein Orientierungswissen im Sinne eines Überblickswissens verschaffen, um Geschichte nicht zum ‚Steinbruch' verkommen zu lassen. Nur, so die Historiker Deutschlands, wenn die Lernenden einen diachronen Überblick über zentrale historische Themen erhalten, kann durch Kontextualisierung Kohärenz entstehen.[1] Hierbei wird unterstellt, dass die Schülerinnen und Schüler Geschichte nur dann nachvollziehen können, wenn sie erkennen, wie sich das eine aus dem anderen entwickelt hat.

Schaut man sich den Entwurf des Kompetenzmodells für das Fach Geschichte für die Sekundarstufe I des Geschichtslehrerverbands an, welches dessen Vertreter auf dem Historikertag 2010 in Berlin der Öffentlichkeit zur Diskussion vorgelegt haben, lässt sich eine Rückbindung an die Überlegungen der Historiker feststellen. Erkennbar handelt es sich in diesem Papier um einen chronologischen Aufbau historischer

---

[1] Vgl. die Stellungnahme des Historikerverbands zu den neuen Hessischen Bildungsstandards und Inhaltsfeldern. http://www.historikerverband.de/fileadmin/_vhd/pdf/Stellungnahme_zu_Hess_Bildungsstandards.pdf (19.12.2010).

Inhalte, nun erweitert um historische Kompetenzen, die an den jeweiligen Inhalten erworben werden sollen.²

Geschichtsschulbücher³ bieten die vom Historikerverband und dem Geschichtslehrerverband entwickelten und von den politischen Gremien bestätigten Vorstellungen in einer [|354] großen methodischen Variationsbreite den Schülerinnen und Schülern an. Diese Methodenvielfalt⁴ die zur Zeit durch den Erwerb spezifischer Fachkompetenzen akzentuiert werden sollen, mag den Eindruck erwecken, es handle sich beim Geschichtsunterricht der Gegenwart um einen variationsreichen Geschichtsunterricht, der den alten ereignisorientierten Geschichtsunterricht endlich überwunden hat. Die These, von der in diesem Beitrag ausgegangen wird, ist jedoch, dass sich der ‚alte' ereignisgeschichtliche Geschichtsunterricht nur hinter der Fassade von Kompetenzen und Methoden mehr oder weniger erfolgreich versteckt.

Das Präsentationsprinzip des zeitlichen Nacheinanders, welches an die Vorstellung einer Unerlässlichkeit der Kenntnis der ganzen Vorgeschichte gebunden ist, scheint, nimmt man die Ausführungen der Verbandsvertreter und deren Bedenken gegen andere mögliche Zugangsweisen zu Geschichte ernst⁵, ein überzeitlich gültiges Prinzip des Umgangs mit dieser zu sein. Dieses chronologische und auf Kohärenz ausgerichtete Geschichtsverständnis wird in der universitären Ausbildung den angehenden Lehrerinnen und Lehrern vermittelt und, verbunden mit ihrer schulischen Sozialisation, verfestigt. Dies führt schließlich dazu, dass sich niemand etwas anderes vorstellen kann und der Zusammenbruch des Fachs sowie der historischen Bildung unserer Gesellschaft droht, wenn sich etwas ändert. Geschichtsdidaktik wird im Rahmen einer solchen Argumentation allzu leicht, so die These, als Vermittlungswissenschaft in einem wörtlichen Sinne verstanden, d. h. als eine Disziplin, deren Aufgabe es ist, das Wissenschaftswissen der Historiker in die Köpfe der Lernenden zu transportieren.⁶

---

2 Entwurf (Stand 2010) der Bildungsstandards für das Fach Geschichte in der Sekundarstufe I des Verbands der Geschichtslehrer Deutschlands, http://www.scienceblogs.de/historikertag/Standards%20Druckformat.pdf (19.12.2010). Kritisch angemerkt werden muss jedoch, dass die Urheber der beiden Papiere nicht deutlich machen, inwiefern sich ihre Überlegungen von dem ‚Steinbruch'-Vorwurf unterscheiden, d. h. sie Geschichte nicht als Steinbruch verwenden.
3 *Bernd Schönemann / Holger Thünemann*: Schulbucharbeit. Das Geschichtslehrbuch in der Unterrichtspraxis. Schwalbach/Ts. 2010, S. 9–20. Dabei sind Geschichtslehrbücher selbst Ausdruck einer Geschichtskultur und sollten als deren Quelle auch von Schülerinnen und Schülern kritisch gelesen werden können. Vgl. *Peter Gautschi*: Geschichtslehrmittel als eigenwilliger Beitrag zur Geschichtskultur. In: *Vadim Oswalt / Hans-Jürgen Pandel* (Hrsg.): Geschichtskultur. Die Anwesenheit von Vergangenheit in der Gegenwart. Schwalbach/Ts. 2009, S. 34–46.
4 Hier sind sowohl historische Methoden als auch Unterrichtsmethoden gemeint.
5 Vgl. auch *Wolfgang Geiger*: Wissen und Können. Bildungsstandards für Geschichte. In: Hamburger Lehrerzeitung 12, 2010, S. 20–21.
6 Als Indiz für die Marginalisierung geschichtsdidaktischer Wissenschaftskompetenz sei angeführt, dass Geschichtsdidaktikprofessuren an Universitäten häufig nach W2 besoldet oder sogar als entbehrlich angesehen werden, wie die Umwandlungen solcher Stellen in Mittelbaustellen, so z. B. an der Universität Bielefeld, zeigen. Hier offenbart sich ein Verständnis von Didaktik, welches in weiten Teilen mit Methodik

Da jede Geschichtsnarration eine Leitidee benötigt, um die herum die Erzählung aufgebaut wird, erscheint es durchaus sinnvoll und nachvollziehbar, *ein* mögliches Darstellungsprinzip, hier die politische Geschichte[7], durchgängig zum Darstellungsprinzip eines Geschichtsschulbuchs zu erheben, will man eine schlüssige Geschichtsdarstellung zur Verfügung stellen. Alle anderen Darstellungsprinzipien erscheinen dann aber, wenn sie auf durchaus vorhandenen Sonderseiten aufgenommen werden, eben als Sondergeschichten[8] und gehören damit offenbar nicht mehr in die allgemeine Geschichte. Was dabei jedoch in Vergessenheit gerät, ist, dass es sich auch bei der Politikgeschichte um eine deutende sowie Sinn bildende Geschichtskonstruktion handelt, die zudem handfesten politischen Interessen, nämlich denen der politischen Eliten, dient.[9] Allzu leicht bleibt man dann der Tradition des His- [|355] torismus[10] verpflichtet, einem sehr bekannten historischen Darstellungsmodus, der aufgrund seines Wiedererkennungswerts Vertrautheit und damit Sicherheit und Seriosität verspricht, der seinerseits jedoch historisierbar und kritisierbar geworden ist. Kritisch angemerkt werden muss weiterhin, dass in einem solchen Unterricht nur das erinnert wird, was erfolgreich und/oder wirkungsmächtig war; alles andere, was bloß gedacht worden oder im Handeln gescheitert war, wird vergessen. Auf diese Weise wird ein Zeitverlauf als scheinbar objektiver und damit allgemeinverbindlicher und überprüfbarer schu-

---

gleich gesetzt wird, wobei nicht bestritten werden soll, dass Mittelbauer nicht auch ausgezeichnete Geschichtsdidaktiker sein können. Es geht um den ‚Wert' dieser Qualifikation im wahrsten Sinne des Wortes, sozusagen um ihren Geldwert. Auch die häufige Vorgabe in Stellenausschreibungen, mindestens eine der Qualifikationsarbeiten müsse geschichtswissenschaftlich sein, zeigt, dass die geschichtsdidaktische Qualifikation nicht als eigenständige Qualifikation angesehen wird.
7 An dieser Stelle wird unter ‚politischer Geschichte' eine Erzählstruktur von Geschichte verstanden, nach dem aus der Ur- und Frühgeschichte heraus und in zeitlicher Abfolge nach und nach alle Errungenschaften und deren Brüche, die für das Verständnis unserer Zeit wesentlich sind, ‚(ein-)gesammelt' werden, damit die Erscheinungen der Gegenwart, die sich im Wesentlichen politisch darstellen, erklärt werden können.
8 Z. B. Geschlechtergeschichte, Technikgeschichte, Umweltgeschichte, Militärgeschichte etc.
9 Vgl. *Klaus Bergmann*: Versuch über die Fragwürdigkeit des chronologischen Geschichtsunterrichts. In: *Hans-Jürgen Pandel / Gerhard Schneider* (Hrsg.): Wie weiter? Zur Zukunft des Geschichtsunterrichts. Schwalbach/Ts. 2010, S. 36. An dieser Stelle wird dem Geschichtsunterricht eine gewollt sozialisierende Funktion in einem politischen System unterstellt, der die Lernenden in das historische Wertesystem der Gesellschaft einführen soll. Daran ist nichts Anstößiges, so lange eine plurale Meinungsbildung im Rahmen historischer Orientierung möglich und erwünscht bleibt. Als Indiz, dass hier durchaus eine kritische Anfrage notwendig sein könnte, wären die zentralen Abiturklausuren zu nennen: Bevor irgendein Schüler oder eine Schülerin in den nun anstehenden Geschichtsklausuren auch nur irgendein Wort geschrieben haben, steht bereits fest, was sie schreiben müssen, um welche Punktzahl zu bekommen. Hier erscheint die Frage zulässig, ob die Antworten der Abiturienten vorhersagbar sind und dies auch sein sollen – wegen der Vergleichbarkeit. Ein solches Ansinnen läuft allerdings möglicherweise auf eine Erziehung zur Gleichförmigkeit im (historischen) Denken hinaus. Dass in Abschlussprüfungen auf vorhandenes Wissen, welches die Lehrenden antizipieren können, zurückgegriffen werden muss, ist unstrittig. Aber von der zukünftigen Elite unseres Landes würde sich die Autorin dieses Beitrages z. B. wünschen, dass sie weite Teile ihrer Ausführungen eigenständig entwickeln und mit ihrem historischen Wissen belegen kann. Das würde allerdings neue Aufgabenformate als Abituraufgaben erfordern und einen anderen Geschichtsunterricht.
10 Es handelt sich hier selbstverständlich um eine modernisierte Form des Historismus, sozusagen um einen Neohistorismus.

lischer Inhalt vermittelt, der sich an *bestimmten* sozialen, nationalen, europäischen oder auch globalen Inhalten orientiert. Gleichzeitig und in der Regel unreflektiert werden dabei andere soziale, nationale oder kulturelle Zeiten ausgeblendet.[11] Als Konsequenz einer solchen linearen und oft einsinnigen Geschichtsdarstellung entsteht ein Geschichtsverständnis, welches durchaus deterministische Züge tragen kann, da der Konstruktionscharakter der Erzählung in der Regel unreflektiert bleibt. Wenn jedoch die Vergangenheit Gegenwart und Zukunft bestimmt, ist der Mensch letztlich nicht mehr handlungsfähig und die Frage drängt sich auf, wofür er dann überhaupt noch Geschichte braucht.

Gegen einen solchen mehr pseudochronologischen als chronologischen Unterricht gibt es schon lange erhebliche theoretische und praktische Einwände.

2. Neben- und Folgewirkungen eines chronologischen Geschichtsunterrichts

Ein theoretisches wie praktisches Problem resultiert aus der Tatsache, dass im chronologischen Geschichtsunterricht, der eine Linearität auf einer Zeitachse unterstellt, historische Gegenstände nacheinander besprochen werden, die zeitlich parallel verlaufen sind. Weil dies in aller Regel nicht problematisiert und reflektiert wird, entsteht für Schülerinnen und Schüler ein fragwürdiges Geschichtsbild, welches der Komplexität und dem Zusammenwirken unterschiedlicher Kräfte in einer Zeit und einem Raum in keiner Weise gerecht werden kann. Nach der heutigen Anordnung ist z. B. die Geschichte Ägyptens zu Ende, wenn die Geschichte Griechenlands beginnt; und erst nach dem Ende Griechenlands wird dann Rom gegründet. Caesar und Kleopa- [|355] tra hätten sich folglich nie begegnen können. Fragmentarisches und zusammenhangsloses Wissen sind bestenfalls kurzfristige Erfolge eines solchen Unterrichts.

Auch die Geschichte anderer Kulturen ist in einem solchen Unterricht kaum sinnvoll unterzubringen. Wo soll sie eingeordnet und eingebettet werden? Folglich haben andere Kulturen scheinbar eine eigene, von den Geschichten anderer gleichzeitiger Kulturen unabhängige Geschichte erlebt. So werden auch ihre Geschichten zu Sondergeschichten. Damit wird einem kulturimperialistischen Denken Vorschub geleistet, welches den historischen Bedingungen noch nicht einmal ansatzweise gerecht wird.[12]

---

11 Vgl. Bergmann: Versuch über die Fragwürdigkeit des chronologischen Geschichtsunterrichts (Anm. 9), S. 37. Mit etwas anderer Akzentuierung: *Bärbel Völkel*: Der diskrete Charme der nicht erzählten Geschichte(n). Welche Chancen für die Geschichtsdidaktik und den Geschichtsunterricht stecken im Konstruktivismus? In: *Markus Bernhardt / Gerhard Henke-Bockschatz / Michael Sauer* (Hrsg.): Bilder – Wahrnehmungen – Konstruktionen. Reflexionen über Geschichte und historisches Lernen. Festschrift für Ulrich Mayer zum 65. Geburtstag. Schwalbach/Ts. 2006, S. 204–215.
12 Vgl. z. B. *Raimund Schulz*: Welt- und Globalgeschichte. Chancen und Chimären eines ‚neuen' geschichtsdidaktischen Konzeptes. In: Geschichte, Politik und ihre Didaktik 35, 2007, H. 3/4, S. 196–205.

Eine seriöse Auseinandersetzung mit Gleichzeitigkeiten, Ungleichzeitigkeiten und Vernetzungen über Zeiten und Räume hinweg ist in einem Geschichtsunterricht, der durch das permanente Zunehmen an ‚naturalen', im Sinne von sich scheinbar natürlich entwickelnden linearen, Chronologien immer weiter unter Zeitdruck gerät, nicht möglich. Als Folge davon werden immer mehr vormoderne Zeiten aus dem Inhaltskanon entfernt und Geschichte gerinnt zur Vorgeschichte der Gegenwart.

Hinzu kommt, dass ein überwiegend nationalstaatlich angereicherter Geschichtsunterricht in einer zunehmend durch Migration und Globalisierung geprägten Welt politisch fragwürdig ist. Mit welchem Recht kann man von Kindern und Jugendlichen unterschiedlichster Herkunft verlangen, sich im Geschichtsunterricht nahezu ausschließlich mit der Geschichte Deutschlands und seines Verhältnisses zu Europa und der Welt zu befassen? Wo kommt die Zuversicht her, dass sie in der Auseinandersetzung mit einer Geschichte, die nicht die ihre ist, biographisch bedeutsame Sinnbildung über Zeiterfahrung machen können, das zentrale Prinzip jeglichen historischen Lernens? Steht ein solcher Unterricht nicht viel eher in der Gefahr, eine Vorstellung des Nichtdazugehörens und vielleicht sogar des Nicht-dazu-gehören-Wollens auch noch historisch zu fundieren?

Insbesondere die Orientierung der politischen Geschichte an der Kategorie ‚Nation' erscheint problematisch. Nach wie vor ist sie wohl unumstritten. Versteht man unter ‚Nation' eine soziale Praxis der gesellschaftlichen Organisation des Politischen, um in funktional differenzierten Gesellschaften Gemeinschaftseffekte zu produzieren, dann kommt ihr durchaus eine integrierende Funktion zu, indem alle Staatsbürger, gleich welcher Herkunft, in das Gemeinwesen eingebunden werden können und sich in dieses einbinden lassen. Dies ist eine theoretische Position, die sich in der Praxis an dem Wunsch reibt, in einer Nation Zusammengehörendes zusammen zu bringen. Sobald aber z. B. darüber nachgedacht wird, was das Wesen einer Nation ausmacht und wie man sie schützen kann[13], steht die Nation in der Gefahr, ethnischen Konzepten Platz einzuräumen.[14]

Nach Dan Diner sind es vor allem Gemeinwesen mit langen historischen Traditionen, die sich eher und leichter dem Prinzip eines ethnischen Gedächtnisses verbunden sehen.[15] Es [|357] scheint eine selbstkritische Reflexion notwendig, ob ein

---

13 Diskussionen wie die Frage nach einer ‚Leitkultur' oder der durch Thilo Sarrazins neuesten Buchtitel suggerierte Eindruck eines ‚Deutschland schafft sich ab' gehören hierzu. *Thilo Sarrazin*: Deutschland schafft sich ab. Wie wir unser Land aufs Spiel setzen. München 2010.
14 Vgl. *Jan Philipp Reemtsma*: Vertrauen und Gewalt. Versuch über eine besondere Konstellation der Moderne. Hamburg 2009, S. 93 f. Auch *Eric Hobsbawm*: Nationen und Nationalismus. Mythos und Realität seit 1780. Frankfurt a. M. 2005.
15 Vgl. Dan Diner: Das Jahrhundert verstehen. Eine universalhistorische Deutung. München 1999, S. 21–77. Diner bezieht seine These zwar eher auf östliche Gemeinwesen, jedoch sollte sich diese Frage wohl jedes Gemeinwesen mit langer historischer Tradition selbstkritisch stellen. Hinterfragt werden sollte hier auch, inwiefern sich diesbezüglich politische und gesellschaftliche Einsicht decken oder ob es zwischen beiden

überwiegend an der Kategorie der Nation ausgerichteter chronologischer Geschichtsunterricht, der eine recht geschlossene Erzählung langer Dauer anbietet, nicht dem Ziel kritischer historischer Sinnbildung eher entgegensteht.

Immer wieder wurde in empirischen Studien nachgewiesen, dass der traditionelle Geschichtsunterricht bislang wenig ergiebig und nachhaltig war.[16] Trotz des scheinbar systematischen zeitlichen Vorwärtsschreitens entsteht in den Köpfen offensichtlich doch kein chronologisch tragfähiges Gerüst, auf welchem eine historische Urteils- und Orientierungsfähigkeit aufbauen könnte. Diese defizitären Lernergebnisse hätten schon seit Jahren Anlass geben müssen, die gegenwärtige Praxis zu überprüfen. Führt man sich nämlich die Erkenntnisse der Hirnforschung vor Augen, scheinen die Befunde gar nicht mehr so spektakulär zu sein. Das Gehirn, mit welchem wir Geschichte denken, agiert ausschließlich in der Gegenwart. Es kann nur solche Informationen speichern, denen eine Relevanz im aktuellen Erleben zuerkannt werden kann.[17] Mit dem trivialen Erlernen einer stumpfen zeitlichen Abfolge kann diese Schwelle zur aktuellen lebensweltlichen Bedeutsamkeit kaum überschritten werden. Daher ist den Schülerinnen und Schülern auch kein Vorwurf zu machen, wenn sie diese Wissensbestände wieder vergessen. Im Prinzip handelt es sich hier sogar um eine intelligente Leistung, da im Gedächtnisspeicher Raum für die ‚wirklich wichtigen' Dinge bereitgehalten wird. Die unterstellte Basisannahme des chronologischen Geschichtsunterrichts kann durch die neuere Gedächtnisforschung demnach als widerlegt gelten. Geschichte kommt im Gedächtnis stets nur als Erinnerungsspur im jeweiligen aktuellen Erleben vor – sie existiert nicht ‚wirklich' und auch nicht linear chronologisch.[18]

Differenzen in der Deutung des jeweiligen Selbstverständnisses gibt. Historisch gesehen ist eine solche Kluft zwischen offizieller Politik und gesellschaftlicher Selbstwahrnehmung nicht neu, wenn man sich z. B. die auseinander driftende Debatte um deutsche Schuld und Verantwortung nach 1945 anschaut. Vgl. *Peter Reichel / Harald Schmid / Peter Steinbach* (Hrsg.): Der Nationalsozialismus. Die zweite Geschichte. Überwindung. Deutung. Erinnerung. München 2009. Auch aktuell scheint sich in der durch Sarrazin wieder angestoßenen Integrationsdebatte eine solche Kluft aufzutun, wenn auf politischer Seite von ‚Integration' und auf gesellschaftlicher Ebene von ‚Angst durch Überfremdung' gesprochen wird. Vgl. z. B. den Beitrag von *Susanne Höll / Detlef Esslinger*: „SPD tut sich schwer mit Ausschluss Sarrazins". In: Süddeutsche Zeitung v. 6.9.2010, Titelseite.

16 So werden auch den Studierenden des Faches Geschichte recht bescheidene historische Kenntnisse bescheinigt. Dieser Befund erscheint um so gewichtiger, als es sich hier um ehemalige Schülerinnen und Schüler handelt, die dem Geschichtsunterricht ein besonderes Interesse entgegengebracht haben, man also unterstellen könnte, dass hier die Kenntnisse sicherer sein müssten. Vgl. z. B. *Gerhard Schneider*: Neue Inhalte für ein altes Unterrichtsfach. Überlegungen zu einem alternativen Curriculum Geschichte in der Sekundarstufe I. In: *Marko Demantowsky / Bernd Schönemann* (Hrsg.): Neue geschichtsdidaktische Positionen. Freiburg 2006, S. 119–141. *Bodo von Borries*: „Geschichtsbewusstsein" und „Historische Kompetenzen" von Studierenden der Lehrämter „Geschichte". In: Zeitschrift für Geschichtsdidaktik, Jahresband 2007. Schwalbach/Ts. 2007, S. 60–83.

17 Vgl. *Bärbel Völkel*: Wie kann man Geschichte lehren? Die Bedeutung des Konstruktivismus für die Geschichtsdidaktik. Schwalbach/Ts. 2010/2.

18 *Wolf Singer*: Wahrnehmen, Erinnern, Vergessen. Über Nutzen und Vorteil der Hirnforschung für die Geschichtswissenschaft. In: Ders.: Der Beobachter im Gehirn. Essays zur Hirnforschung. Frankfurt am

Hinzu kommt, dass im täglichen Leben und in der Geschichtskultur, in Medien, Ausstellungen, Büchern und Filmen Heranwachsenden und (!) Erwachsenen historische Inhalte in einer durcheinander gewürfelten Chronologie begegnen. Hierbei handelt es sich zudem oft [|358] um Ereignisse, die nicht Inhalt des schulischen Unterrichts waren. Die jungen und erwachsenen Rezipienten der Geschichtskultur könnten diese Themen auch dann nicht chronologisch einordnen, wenn sie über eine gedächtnisfeste Chronologie verfügen würden. Selbst die kulturelle Konvention von Gedenktagen und -jahren hat mit der Chronologie wenig zu tun. So war das Jahr 2009 gleichzeitig Gedenkjahr für die Schlacht im Teutoburger Wald sowie für den Mauerfall.

3. Geschichten aus der Geschichte zur Orientierung in der Gegenwart

Die Frage, um die es im Zusammenhang mit dem Geschichtsunterricht letztlich geht, ist, wofür Menschen Geschichte brauchen. Hier finden sich allzu oft floskelhafte Antworten: Menschen benötigen Geschichte, um zu wissen, woher sie kommen; damit sie besser verstehen, wo die Wurzeln ihrer Gegenwart liegen oder auch, um ein vorwissenschaftliches Geschichtsverständnis reflektierter zu gestalten.

Konkreter formuliert brauchen Menschen die Auseinandersetzung mit Geschichte, um zu erkennen, dass es Menschen sind, die Geschichte machen durch ihr Handeln und auch ihr Nicht-Handeln und dass sie damit Verantwortung tragen für die Zukunft, die sich aus ihrem Handeln ergibt. Immer wieder neu müssen sie entscheiden, welche Zukunft sie haben möchten – ob es so weitergehen soll, wie bisher[19] oder ob die Gegenwart als ein Kontinuum- Unterbrecher genutzt werden soll, um Neues zu wagen.[20] Geschichte kann dann als ein sekundärer Erfahrungsraum genutzt werden,[21] in dem gelernt wird, danach zu fragen, ob sich hier bedingt vergleichbare Fälle finden lassen, aus denen heraus sich Klärungen zur aktuellen Situation und deren Handlungsdruck erwarten lassen. Nur dann, wenn der Mensch in seiner gegenwärtigen (!) Situation[22] eine lebensweltliche Relevanz in einem historischen Inhalt entdecken kann, ist er

---

Main 2002, S. 77–86. *Thomas Breuer / Bärbel Völkel*: Chronos und Kairos. Reflexionen zum Umgang mit dem Phänomen „Zeit" im Geschichts- und Religionsunterricht. In: Theo-Web. Zeitschrift für Religionspädagogik 7, 2008, H. 1, S. 124–142, http://www.theo-web.de/zeitschrift/ausgabe-2008-01/10.pdf, zuletzt eingesehen am 25.8.2010.
19 Vgl. *Reemtsma*: Vertrauen und Gewalt (Anm. 14). Reemtsma legt in seinen Ausführungen eindrücklich dar, dass es gute Gründe für den Einzelnen geben kann, auch unter fragwürdigen Bedingungen den aktuellen Zustand, mit dem man umzugehen gelernt hat, lieber beizubehalten, als eine neue, unbekannte Ordnung zu wagen.
20 Vgl. *Breuer/Völkel*: Chronos und Kairos (Anm. 18).
21 Vgl. *Bärbel Völkel*: „Was war, ist doch wahr, oder!?" Geschichte(n) im Spannungsfeld zwischen Positivismus und Konstruktivismus. In: Geschichte in Wissenschaft und Unterricht 60, 2009, H. 12, S. 720–733.
22 Nimmt man die Forschungen zur Hirnfunktion ernst, dann können Menschen nur dann eine Relevanz für sich entdecken, wenn die angebotenen Inhalte an die jeweils aktuelle kognitive Struktur anschlussfähig

überhaupt erst in der Lage, etwas an diesem Gegenstand zu lernen. Geschichtsunterricht kann demnach nicht wirklich sinnvoll vom historischen Ereignis ausgehen, sondern muss zwingend den Schüler in seiner aktuellen Situation[23] als Ausgangspunkt jeglicher Inhaltsentscheidung im Blick haben. Wir nennen das den Gegenwartsbezug im Geschichtsunterricht,[24] der als Paradigma historischen Lernens wohl bekannt ist, aber kaum umsetzbar scheint, will man dem (geheimen) Lehrplan des Geschichtsunterrichts Rechnung [|359] tragen. Hier scheinen Geschichte als Wissensprodukt der Geschichtswissenschaft und Geschichte als historischer Lerngegenstand der Geschichtsdidaktik wenig kompatibel zu sein. Bislang hat das Primat der Geschichtswissenschaft (als ein Primat der Politischen Geschichte) die Pragmatik des Geschichtsunterrichts wider alle Versuche der Geschichtsdidaktik seit den 1970er Jahren, ‚näher' am Schüler zu unterrichten, nahezu ungebrochen dominieren können. Die Frage ist, ob es nicht an der Zeit ist, eine alte, nicht bewährte Ordnung zugunsten neuer Wege, die zunächst einmal erprobt werden müssen, aufzugeben.

4. Die Planung von Geschichtsunterricht beginnt mit Zeitung lesen und mit wacher Zeitgenossenschaft

Wie ernst ist es uns eigentlich mit dem geschichtsdidaktischen Konsens, dass Geschichte ein Denkfach sei und dass es darum gehen müsse, Schülerinnen und Schülern auf dem Weg ins Leben die Kompetenz, *Geschichte selber zu denken*, mitzugeben?

Was zur Zeit im Geschichtsunterricht passiert, ist, dass die Lernenden nach-denken, im Sinne eines nachvollziehenden Denkens, was andere, nämlich Historiker, schon gedacht haben. Deren kohärentes Denken soll, in Anlehnung an ihr Positionspapier zu den Hessischen Bildungsstandards überspitzt formuliert, im Unterricht als solches erkannt werden,[25] denn in „der Geschichte" selbst können keine Kohärenzen liegen.

---

sind. Dies hat weit reichende Konsequenzen auch für die Themengestaltung im Geschichtsunterricht, die sich dann am Lebensalter und der Lebenssituation der Lernenden orientieren sollte.

23 Ein oft gehörtes Argument im Zusammenhang mit der Relevanz historischer Themen, bei denen kein direkter Bezug zur Lebenswelt der Schüler hergestellt werden kann, ist, dass sie dies später im Leben einmal brauchen könnten. Das Problem ist nur, dass sie es dann nicht mehr wissen, weil der Gegenstand zum Zeitpunkt des ‚Dran-Seins' im Unterricht im Leben nicht ‚dran' war und daher keine kognitiven Spuren hinterlassen konnte, die neu aktivierbar wären.

24 Besonders der Name des Geschichtsdidaktikers Klaus Bergmann verbindet sich mit diesem geschichtsdidaktischen Prinzip. Vgl. z. B. *Klaus Bergmann*: Der Gegenwartsbezug im Geschichtsunterricht. Schwalbach/Ts. 2002.

25 Das würde aber auch bedeuten, dass der jeweils aktuelle Forschungsstand in den Unterricht einfließt, da sich nur hier die Fragen der Gegenwart in den Ausführungen der Historiker spiegeln. Die Schulbücher jedoch, die Grundlage für viele Lehrer zur Unterrichtsvorbereitung, geben diesen Forschungsstand kaum wieder, da sie ansonsten permanent aktualisiert werden müssten. Hier sei zu überlegen, ob im Zeitalter der digitalen Medien nicht andere Schulbuchformate gefunden werden könnten, die schneller an den aktuellen Forschungsstand angepasst werden könnten.

Vorschläge, wie ein an den Bedürfnissen der Schülerinnen und Schüler ausgerichteter Geschichtsunterricht aussehen könnte, gibt es durchaus.[26] In einem solchen Geschichtsunterricht, der sich eher einem kritisch-exemplarischen, auf genetische Sinnbildung zielenden historischen Lernen verpflichtet sieht, lernen die Heranwachsenden, eigene, an geschichtswissenschaftlichen Prinzipien disziplinierte Chronologien zu entwickeln[27], die sie auf aktuelle Handlungsfelder beziehen, um daraus Handlungsperspektiven zu entwickeln.

Da davon auszugehen ist, dass die Schülerinnen und Schüler in den seltensten Fällen eine Laufbahn als Historiker einschlagen werden, erscheint die Frage legitim, was sie dann an historischen Kompetenzen benötigen, um aktiv an einem gesellschaftlichen Leben zu partizipieren, welches mit Geschichte randvoll gefüllt ist. [| 360]

Hinzu kommt eine strukturelle Beschränkung: Geschichte ist kein Kernfach und damit muss alles, was hier zur Sprache kommen soll, in maximal zwei Unterrichtsstunden pro Woche sinnvoll zu leisten sein. Damit nähert man sich der Prämisse ‚weniger ist mehr' an.

An dieser Stelle soll dafür geworben werden, an ausgewählten Inhalten, die exemplarischen Charakter haben, das historische Denken der Heranwachsenden zu schulen:

– Schülerinnen und Schüler müssen sich in der Geschichtskultur zurecht finden können. Hierfür benötigen sie eine geschichtskulturelle Kompetenz, wie dies Hans-Jürgen Pandel bezeichnet.[28] Die Lektüre der Zeitung gibt Aufschluss über das, was im Augenblick ‚dran' ist:
  – Welche Filme werden gezeigt? (Der Untergang, Sophie Scholl, Luther)
  – Welche Bücher werden angeschaut und gelesen? (Hier können vor allem in jüngeren Schuljahren Themen, die die Kinder als spannend

---

26 *Dietmar von Reeken*: Wer hat Angst vor Wolfgang Klafki? Der Geschichtsunterricht und die „Schlüsselprobleme". In: Geschichte in Wissenschaft und Unterricht 50, 1999, S. 282–291. *Ders.*: Schülerorientierung geschichtsdidaktisch. Einige Überlegungen zur Bedeutung von Schülererfahrungen für das historische Lernen und für die Wissenschaft. In: *Markus Bernhardt / Gerhard Henke-Bockschatz / Michael Sauer* (Hrsg.): Bilder – Wahrnehmungen – Konstruktionen. Reflexionen über Geschichte und historisches Lernen. Festschrift für Ulrich Mayer zum 65. Geburtstag. Schwalbach/Ts. 2006, S. 169–181. *Gerhard Schneider*: Neue Inhalte für ein altes Unterrichtsfach. Überlegungen zu einem alternativen Curriculum in der Sekundarstufe. In: *Marko Demantowsky / Bernd* Schönemann (Hrsg.): Neue geschichtsdidaktische Positionen. Freiburg 2006, S. 119–141. *Bodo von Borries*: Historisch Denken Lernen. Welterschließung statt Epochenüberblick Geschichte als Unterrichtsfach und Bildungsaufgabe. Opladen/Farmington Hills 2008.
27 *Michele Barricelli*: „The story we're going to try and tell". Zur andauernden Relevanz der narrativen Kompetenz für das historische Lernen. In: Zeitschrift für Geschichtsdidaktik, Jahresband 2008, S. 140–153.
28 *Hans-Jürgen Pandel*: Geschichtskultur als Aufgabe der Geschichtsdidaktik. Viel zu wissen ist zu wenig. In: *Vadim Oswalt / Hans-Jürgen Pandel* (Hrsg.): Geschichtskultur. Die Anwesenheit von Vergangenheit in der Gegenwart. Schwalbach/Ts. 2009, S. 19–33.

- von zu Hause aus mitbringen, thematisiert und im Sinne frühen historischen Lernens genutzt werden.)
- Welche Debatten stehen an? (z. B. aktuell die Auseinandersetzung um die Publikation ‚Das Amt'.[29] Aber auch die Diskussion um wikileaks kann im Sinne der Forderung nach einer Demokratisierung des virtuellen Raums historisches Hintergrundwissen notwendig erscheinen lassen.)
- Kann ich aus Themen, die die Menschen bewegen, eine historische Fragestellung entwickeln? (z. B. Zivilcourage als Gegenstand historischen Lernens nach dem Tod von Dominik Brunner in München[30])

Hier geht es darum, die Lernenden im Umgang mit diesen geschichtskulturellen Erscheinungen zu schulen, indem sie sich z. B. mit der Geschichte, die der Film erzählt, kritisch auseinander setzen sowohl auf der historischen als auch auf der medialen und damit der Wirkungsebene des Films. Dann können sie eine begründete Position zu diesem beziehen und vielleicht zu durchaus unterschiedlichen Einschätzungen kommen. Sie stellen die Frage, worum es bei der Auseinandersetzung um ‚Das Amt' eigentlich geht und erarbeiten sich die Geschichte des Holocaust von einer institutionellen Seite her. Gleichzeitig kann ein kritisches Bewusstsein für die Relevanz historischer Forschung entwickelt werden und dafür, dass Geschichte bis in die Gegenwart wirkt und die Gemüter erhitzt. Und sie können auch lernen, ein Interesse z. B. für historische Biographien zu entwickeln, indem sie sich mit diesen z. B. unter dem Aspekt befassen, ob mutige Menschen so geboren wurden oder ob sich erkennen lässt, wie und warum sie in ihren Lebensumständen über sich hinaus gewachsen sind.[31] Dies mag Mut machen, einen eigenen Weg zu beschreiten, dessen Ausgang noch offen ist, in dem Vertrauen, dass man die hierfür notwendigen Fähigkeiten lernen wird (Stuttgart 21 wäre ein Beispiel hierfür).

- Schülerinnen und Schüler benötigen auch eine *kategoriale Kompetenz*, indem sie z. B. fragwürdig gewordene Konzepte der Gegenwart hinterfragen lernen. Angesicht immer wieder aufflammender ethnischer Konflikte kann z. B. der Frage nachgegangen werden, welche Rolle Nationalstaaten im Leben der Menschen spielen. Warum wurden sie einmal für sinnvoll erachtet, auf welchen Prinzipien beruhen sie? Welche Hoffnungen verbanden [|361] sich mit ihnen, wurden diese erfüllt, wenn ja, woran lag dies und wo lagen die Gründe, wenn sie scheiterten? Was bedeutet Migration für Nationalstaaten, die sich als ethnische Gemeinschaften verstehen? Können wir uns andere Modelle

---

29 *Eckart Conze / Norbert Frey / Peter Hayes / Moshe Zimmermann* (Hrsg.): Das Amt und seine Vergangenheit. Deutsche Diplomaten im Dritten Reich und die Bundesrepublik Deutschland. München 2010.
30 *Völkel*: „Was war, ist doch wahr, oder!?" (Anm. 21).
31 *Völkel*: Der diskrete Charme der nicht erzählten Geschichte(n) (Anm. 11), S. 204–215.

des Zusammenlebens oder auch des Selbstverständnisses vorstellen, für die wir vielleicht anschlussfähige Ideen in der Geschichte finden? Wie müssten wir uns als Menschen im Denken verändern, wenn wir solche Alternativen durchdenken? Auch Fragen des Umgangs mit Krisen werden in solch einem Zusammenhang wichtig.[32]

Diesen Transfer von Geschichten aus der Geschichte auf die eigene Gegenwart seriös und begründet vollziehen bzw. in der Geschichtskultur bereits vollzogene Transfers kritisch im Hinblick auf deren Relevanz und Seriosität reflektieren zu können, ist in den Augen der Verfasserin dieses Beitrags die zentrale Kompetenz, die Heranwachsende im Leben brauchen. Hier spielt dann die Herkunft der Schülerinnen und Schüler auch keine Rolle mehr, denn es kommen zentrale Fragen der Gegenwart zur Sprache, in die sie alle gemeinsam eingebunden sind und die Möglichkeit der Zugriffe auf Geschichte wird inhaltlich prinzipiell vielfältiger. Den Lernenden die hierfür notwendigen Kompetenzen zu vermitteln, ist Aufgabe schulischen Geschichtslernens. Damit erwerben sie gleichzeitig eine narrative Kompetenz, indem sie Geschichten aus der Geschichte selbst entwickeln und erzählen, die eine Orientierungsfunktion in ihrem Leben einnehmen. Narrative Kompetenz im Geschichtsunterricht wird so zu einer eigenständigen Leistung der Lernenden und nicht nur zu einer ‚Nacherzählungskompetenz'.

Die Grenze zwischen ‚Geschichte als Lernfach' und ‚Geschichte als Denkfach' kann dann überschritten werden, wenn eine Gesellschaft bereit ist, das historische Denken ihrer Mitglieder nicht mehr auf festgelegte Erwartungshorizonte hin zu trivialisieren. Vielmehr geht es darum, die dann entstehenden pluralen Geschichten aus der Geschichte an fachspezifischen Kriterien zu disziplinieren, so dass problematische Geschichtsnarrationen nicht auf fruchtbaren Boden treffen.

Deutlich wird aber auch, dass eine völlig neue Ausbildung der Geschichtslehrerinnen und -lehrer notwendig wird. Für die skizzierte Alternative zu einem chronologischen Geschichtsunterricht ist eine genuine wissenschaftliche geschichtsdidaktische Ausbildung unerlässlich. Sie gehört zwingend an die Universität, denn es handelt sich hier um eine ausgesprochen komplexe Ausbildung. Die Geschichtswissenschaft wird für das Berufsbild ‚Geschichtslehrer' zur ‚Hilfswissenschaft' der Geschichtsdidaktik im Sinne einer Bezugsdisziplin neben anderen[33] wie auch die Geschichtsdidaktik zur Hilfswissenschaft für die Geschichtswissenschaft bei der Ausbildung von Historike-

---

32 Andere frag-würdig gewordenen Kategorien könnten z. B. sein: Wirtschaft(swachstum), Umwelt(schutz), Europa, Krieg und Frieden, Demokratie, Gerechtigkeit. Hier wird deutlich, dass als Legitimationsbasis der zu wählenden Inhalte Klafkis Schlüsselprobleme heran gezogen werden könnten. Vgl. *von Reeken*: Wer hat Angst vor Wolfgang Klafki? (Anm. 26).
33 Weitere Bezugsdisziplinen wären z. B. Pädagogik und Psychologie aber auch Soziologie, Politik, Wirtschaft, Geographie und Theologie.

rinnen und Historikern wird. Es gibt breite Überschneidungsbereiche – die jedoch je nach Berufsziel unterschiedliche Gewichtungen erfahren.

Erkennbar wird weiterhin, dass es sich bei dem vorgestellten Modell eines Geschichtsunterrichts um einen verlangsamten Unterricht handelt, der mit wenigen Kompetenzen, für die man fachspezifische Fähigkeiten und Fertigkeiten benötigt, auskommt. Lieber weniger machen, das dafür richtig – dies ist eigentlich ein Berufsparadigma von Lehrerinnen und Lehrern, die ihren Beruf ernst nehmen und nur so kann Lernen erfolgreich sein. Die einmal [|362] geübten Denkprozesse müssen in immer wieder neuen Zusammenhängen neu angewendet werden. Erst dann können sie sich konsolidieren. Die These ist, dass sich die historischen Inhalte, die mit diesen Denkprozessen verbunden sind, viel eher dauerhaft als Handlungswissen stabilisieren können, weil sie in lebensweltlich relevanten Bezügen erworben wurden. Dies empirisch zu überprüfen, würde aber einen entsprechenden Unterricht voraussetzen. Vielleicht wären Modellversuche hier hilfreich.

Wie wunderbar, dass wir für das Anbinden unserer Gegenwart an die Vergangenheit die Geschichte als einen Steinbruch haben, aus dem wir auswählen können! Deutlich wird aber auch, dass es standardisierte Prüfungsverfahren im Inhaltsbereich dann nicht mehr geben kann.

III. Historisches Erzählen und Narrativität

Die vier Typen der historischen Sinnbildung*

JÖRN RÜSEN

Im Folgenden möchte ich eine Typologie entwickeln, die andere Wege einschlägt als die oben skizzierten.[195] Sie unterscheidet sich von der Droysenschen zunächst einmal dadurch, dass sie nicht den Forschungsbezug der Historiographie ins Zentrum stellt. Überdies beschränkt sie sich nicht darauf, modernes historisches Denken auf seine Darstellungsformen hin zu charakterisieren, sondern historisches Denken überhaupt. Sie unterläuft gleichsam die Spezifika, um die es Droysen geht. Sie beansprucht allerdings auch, für die von Droysen genannten Darstellungsformen die maßgebenden Kriterien der Darstellung zu entwickeln. Ähnlich wie die Typologie von Nietzsche möchte auch mein Ansatz einer funktionellen Differenzierung den Anspruch erheben, das ganze Feld des historischen Denkens abzudecken. Allerdings wird dessen spezifisch moderne Ausprägung nicht ausgeklammert, sondern typologisch in seiner Eigenart aufgewiesen. Im Schnittfeld beider Typologien erscheint nur ein Typ gemeinsam: das kritische Erzählen. Auch geht es Nietzsche nicht primär um Darstellungsformen, sondern um die ihnen bestimmend zu Grunde liegenden Sinnkriterien, die die kognitive und die ästhetisch-rhetorische Dimension prägen.

Im Unterschied zu Hayden White geht es mir nicht um die literarische Form der Geschichtsschreibung. Vielmehr sollen die Gesichtspunkte systematisch aufgeschlüsselt werden, die den deutenden Umgang mit der menschlichen Vergangenheit als spezifisch historisch bestimmen. Sie werden als Erzähltypen entwickelt, die sich in

---

* Anm. d. Hg.: Bei abgedrucktem Text handelt es sich um ein Kapitel aus einer Monografie. Die Fußnotenzählung setzt daher bei Nr. 195 ein. In Rüsens Historik lautet die genaue Überschrift zu diesem Ausschnitt: „5. Typologie des historischens Erzählens II: Die vier Typen der historischen Sinnbildung." Im vorausgegangenen Kapitel „4. Typologie des historischen Erzählens I: Droysen, Nietzsche, White" nimmt Rüsen Bezug auf die Erzähltypen in den Werken der genannten Autoren (Johann Gustav Droysen, Friedrich Nietzsche, Hayden White).

195 Ich habe diese Typologie mehrfach vorgetragen. Die ausführlichste (wenn auch inzwischen an einigen Stellen weiterentwickelte) Fassung: Rüsen: Die vier Typen des historischen Erzählens, S. 148–217.

jeder historischen Darstellung als Formprinzipien aufweisen lassen. Diese *vier Typen* beanspruchen, wie gesagt, das gesamte Feld der historischen Repräsentation der Vergangenheit abzudecken. Ihre Unterschiedlichkeit und ihr systematischer Zusammenhang sollen einmal das Feld [|210] als solches abstecken. Zugleich aber und vor allem sollen sie die unübersehbare Fülle verschiedener Möglichkeiten, die Vergangenheit in den kulturellen Orientierungen der Gegenwart lebendig zu halten oder zu machen, auf Grundmuster hin aufschlüsseln. Mit ihnen lässt sich diese Fülle systematisch ordnen. Die Typen werden also auf einer Betrachtungsebene angesiedelt, die oberhalb des historischen Sinns im Allgemeinen und Grundsätzlichen und unterhalb einer Begrifflichkeit liegt, die zur Bezeichnung konkreter Darstellungsformen entwickelt werden muss (und ansatzweise schon von Droysen entwickelt worden ist).

Es handelt sich um *Idealtypen*, also um einzelne logische Charakteristika des Sinns der Geschichte. Sie sind bewusst abstrahierend aus den konkreten Phänomenbeständen herausgenommen und ›rein‹ für sich als narrative Sinngebilde entwickelt worden. Als logische Formen der historischen Sinnbildung sind sie in den konkreten Gestaltungen der Geschichtskultur mächtig und nachweisbar. Jedoch manifestieren sie sich in ihrer eindeutigen Unterschiedenheit selten oder nie in konkreten Phänomenbeständen. Ihren praktischen Nutzen hat diese Typologie darin, dass sie die für historiographische Gestaltungen, ja für historisches Denken überhaupt jeweils spezifischen Sinnstrukturen im Blick auf deren maßgebliche Prinzipien erkennbar und aufweisbar macht. Ihr analytischer Wert liegt also zugleich in ihrer klaren logischen Differenz und im Möglichkeitsspielraum ihrer komplexen Zusammenhänge.

Vier Typen des historischen Erzählens

Vier Möglichkeiten gibt es, die menschliche Vergangenheit im Sinngebilde einer Geschichte als Faktor kultureller Orientierung zu vergegenwärtigen: Sie kann *traditional, exemplarisch, genetisch und kritisch erzählt werden.*

Traditional wird Geschichte so dargestellt, dass der in ihr waltende (Bedeutung verleihende und praktisch orientierende) Sinn sich als Qualität der dargestellten Ereignisse durch allen zeitlichen Wandel hindurch als der eine und selbe durchhält. Historischer Sinn gewinnt hier die Gestalt einer inner-zeitlichen Ewigkeit: Das, was die Welt im Innersten zusammenhält, erscheint im Wandel der Zeiten als sich durchhaltende Sinnhaftigkeit, als Dauer einer Lebensordnung. Diese innere Sinnhaftigkeit der menschlichen Welt wird historisch an Ursprüngen von Weltordnungen und Lebensformen festgemacht. Diese Ursprünge sind aber mehr als bloße Anfänge. Sie sind gleichsam das Erste und das Letzte in aller Zeit. Sie liegen als Sinnquelle der menschlichen Lebenspraxis unterhalb der Unterscheidung zwischen damals und jetzt, zwischen heute und morgen. Sie schließen diese beiden Dimensionen zusammen in die Stetigkeit einer Sinnkontinuität. [|211]

Historische Darstellungen, die dieser Logik folgen, dienen der Bestätigung und der Bekräftigung dieser Kontinuität. Die für das *traditionale Erzählen* maßgebliche Zeitverlaufsvorstellung ist diejenige der Dauer im Wandel. Kommunikativ werden solche traditionalen Geschichten im Modus von immer wieder hergestelltem und herzustellendem Einverständnis über die Geltung der Weltordnung des Ursprungs verhandelt. Identitätsbildend wirken sie als Aufforderung, ursprünglich vorgegebene Weltordnungen zu übernehmen. Sie formen menschliche Subjektivität mimetisch. Solche Geschichten sind relativ erfahrungsarm, da sie nur auf die Erfahrungsbestände rekurrieren, die für die menschliche Gemeinschaft maßgebend sind, und daher von allen anderen Möglichkeiten unterschiedlicher Gestaltungen der menschlichen Lebenswelt absehen. Die Fülle der Wandlungen im zeitlichen Geschehen der menschlichen Welt wird in der Dauer eines normativ-paradigmatischen Geschehens (der Ur-Zeit) stillgestellt.[196]

Exemplarische Sinnbildung

Demgegenüber öffnet der zweite Typ, die *exemplarische* Sinnbildung, den Erfahrungshorizont des historischen Denkens und macht die in ihm akkumulierten Erfahrungen zur Stütze gegenwärtiger Handlungsorientierungen. Im Prinzip öffnet sich der historische Blick auf alles, was in der Vergangenheit der menschlichen Welt geschehen ist. Das historische Denken wendet sich diesem Geschehen als einer Fülle von Ereignissen zu, die in ihrer räumlich-zeitlichen Unterschiedenheit jeweils konkrete Fälle darstellen, die *allgemeine Handlungsregeln mit überzeitlicher Geltung* demonstrieren. Hier wird die Zeit durch historischen Sinn nicht inner-zeitlich stillgestellt, sondern erhält eine über-zeitliche Qualität. Die Geschichte fungiert als Lehrmeisterin des Lebens (*historia vitae magistra*).[197] Der kontingente Zeitverlauf des realhistorischen Geschehens gewinnt seinen Sinn darin, dass dieses Geschehen über alle Zeitdifferenz hinaus handlungsleitende Gesetzmäßigkeiten dokumentiert. Im Rahmen dieser exemplarischen Erzählweise entfaltet das historische Denken seine Urteilskraft: Geschichte lehrt, aus einzelnen Fällen allgemeine Gesetzmäßigkeiten der menschlichen Lebensordnung zu generieren und solche Gesetzmäßigkeiten auf konkrete Fälle des aktuellen Zeitgeschehens[|212]zu applizieren.[198] In den Worten Jacob Burckhardts: Geschichte

---

[196] Klaus E. Müller hat das diesem Typ zu Grunde liegende Sinnkonzept als „Sein ohne Zeit" beschrieben und damit ein universalhistorisches Paradigma traditionaler Sinnbildung vorgestellt: Müller: Sein ohne Zeit, S. 82–110.
[197] Cicero: De oratore II, 36.
[198] Diese Denkform bestimmt die oben zitierte Geschichtsauffassung Shakespeares; siehe S. 30 [Anm. d. Hg.: Dort zitiert Rüsen als Beispiel für „die Zeiterfahrung Kontingenz" Shakespeares Hamlet („Die Zeit ist aus den Fugen ..."), um menschliche Deutungsleistung zu konkretisieren, die immer dann notwendig wird, wenn ein Bruch, eine „Störung geregelter Abläufe" eintritt]. Ein neueres Beispiel: „Die Geschichte

macht nicht klug für ein andermal, sondern weise für immer.[199] Sie vermittelt Handlungskompetenz. Kommunikativ wird sie durch eine Argumentation gesellschaftlich vollzogen, in der sich die menschliche Urteilskraft entfalten kann und bewähren muss. Historische Identität bestimmt sich als Regelkompetenz. In der Perspektive überzeitlich geltender Handlungsregeln spannt sich das Geschehen der Vergangenheit im weiten Raum unterschiedlicher Vorgänge aus. In metaphorischer Bedeutung kann man sagen, dass *das exemplarische Erzählen die Zeit als Sinn verräumlicht* in den Bereich eines historischen Geschehens, das die Enge einer verpflichtend vorgegebenen Weltordnung verlässt und das menschliche Handeln durch reflexiv gewonnene Einsichten in allgemeine Bestimmungsgründe orientiert.

In anderer Weise als das traditionale Erzählen stellt auch das exemplarische die Zeit still, aber auf der höheren Ebene *zeitlos gültiger Einsichten*.

Genetische Sinnbildung

Die Logik des *genetischen Erzählens* liegt darin, dass nunmehr die *Veränderung als solche Sinn macht*. Genetisches Erzählen verzeitlicht die Geschichte. Die Ereignisse der Vergangenheit in ihrer zeitlichen Bewegtheit erscheinen nicht mehr auf der Folie unbewegter praktischer Gesetzmäßigkeiten der menschlichen Lebensform. Sie manifestieren vielmehr eine Dynamik der Veränderung, die dem Wandel der menschlichen Lebenswelt seine Schrecken nimmt, den Ewigkeitswert gültiger Normen zu erschüttern. Stattdessen wird der Wandel zu einer dem Menschen zukommenden Lebensform gemacht. Die Vergangenheit tritt als Veränderung in den Blick, die die eigene Lebensform so auf zeitlich vorgängige [|213] andere bezieht, dass ein Anderswerden als Lebenschance erscheint. Die für dieses Erzählen maßgebende *Zeitverlaufsvorstellung ist die einer Entwicklung*, in der sich Lebensformen verändern, um sich durch ihre Veränderung dynamisch auf Dauer zu stellen. Genetisch erzählte Geschichten argumentieren mit Zeitdifferenzen, die das menschliche Handeln auf Zukunftsentwürfe hin orientieren, die nicht schon durch die Vergangenheit vorgegeben sind. Die Erfahrung der Vergangenheit rückt in ein asymmetrisches Verhältnis zur Erwartung der Zukunft.

Im Rahmen einer so dynamisierten historischen Sinnbildung eröffnen sich für die menschliche Identität Möglichkeiten der Individualisierung. Verzeitlichung bedeutet sinnvolle Veränderung. Sie entzieht der menschlichen Subjektivität die Fundierung

---

zeigt, dass politische Faktoren wichtig sein können, wenn es darum geht, abzuschätzen, ob ein souveräner Schuldner – also in der Regel ein Staat – in der Lage und willens ist, seine Verpflichtungen zu erfüllen." Interview mit Moritz Krämer, bei Standard & Poor's für die Bewertung von Staaten zuständig, in: Die Zeit vom 22.9.2011, Nr. 39, S. 4 („Wir sind apolitisch". Ein Analyst erklärt sich: Warum die Rating-Agentur Standard & Poor's an Italiens Reformfähigkeit zweifelt).
199 Burckhardt: Weltgeschichtliche Betrachtungen. Historisch-kritische Gesamtausgabe, S. 31 [Burckhardt: Gesamtausgabe, Bd. 7: Weltgeschichtliche Betrachtungen, S. 7].

ihrer Identität auf festen Grundlagen normativer Art. Sie stellt sie vor Zwänge selbstverantworteter Gestaltung (macht sie neurotisch), eröffnet ihr aber auch zugleich damit Spielräume von Kreativität im Umgang mit sich selbst. Diese Spielräume werden durch *Bildung* realisiert. Bildung ist – formal betrachtet – verzeitlichte Subjektivität. Diese Form füllt sich mit Inhalten der historischen Erfahrung, in der es um Entwicklung als Sinngestalt historischen Geschehens geht. Der klassische Fall einer solchen Individualisierung auf der Ebene kollektiver Identität, die sich mit dem Geschichtskonzept einer verzeitlichten Menschheit verbindet, ist das moderne Konzept der Nation.

Zusammenfassend kann man sagen: *Zeit wird als Sinn verzeitlicht.*

Kritische Sinnbildung

Der vierte Typ des historischen Erzählens, der *kritische*, nimmt eine Sonderstellung ein. Er steht nicht für sich selber, sondern realisiert sich durch einen negierenden Bezug auf die drei anderen. *Kritisches Erzählen* destruiert und dekonstruiert jeweils kulturell vorgegebene *traditionale, exemplarische* und *genetische* Deutungsmuster. Sein Bezug auf die historische Erfahrung richtet sich auf Geschehnisse, die geltende historische Orientierungen infrage stellen. Die für ihn maßgebliche *Zeitverlaufsvorstellung ist diejenige von Brüchen, Diskontinuitäten und Gegenläufigkeiten.* In der kommunikativen Einbettung kritisch erzählter Geschichten geht es um die Einnahme abweichender Standpunkte, um Abgrenzungen, um Zurückweisung, um die verändernde Kraft des ›Nein‹. In der historischen Pragmatik der Identitätsbildung formiert sich im kritischen Erzählen Eigensinn. Das Sinngebilde einer Geschichte wird durch (negative) Beurteilbarkeit der in ihm präsentierten Vergangenheit charakterisiert. [|214]

Was leistet diese Typologie?

Diese Typologie ist anthropologisch fundamental und universell angelegt. In der Tat lassen sich alle Typen (im Prinzip) zu allen Zeiten und in den unterschiedlichsten kulturellen Kontexten ausmachen. Die mit ihnen logisch aufgeschlüsselten Sinnbildungsmöglichkeiten des historischen Denkens bestimmen es auf allen Ebenen seiner Manifestationen, im Alltag ebenso wie auf den Höhen elaborierter Geschichtskultur. Im Blick auf die Phänomene ist die Tatsache evident, dass sie so gut wie nie rein für sich, sondern immer in unterschiedlichen Konstellationen mit den andern Typen auftreten.

Solche Konstellationen können auch als Perspektiven umgreifender historischer Veränderungen entworfen und empirisch getestet werden: Rein logisch gesehen, bildet das *traditionale Erzählen* die Bedingungen der Möglichkeit für die drei andern Typen. Das *Exemplarische* transzendiert, wie gesagt, den Erfahrungshorizont, den das

Traditionale eröffnet, und das *Genetische* bringt in die überzeitliche Sinndimension des *Exemplarischen* selber noch die Zeit ein. Das *kritische Erzählen* manifestiert sich als Vollzug des Übergangs (wenn es nicht im Sinnhorizont der drei andern Typen verbleibt und lediglich dort Alternativen ermöglicht, also zum Beispiel eine Tradition durch eine andere ersetzbar macht). In einer sehr schematischen Form lässt sich die Typologie also sogar als Entwurf einer Universalgeschichte der historischen Sinnbildung konstruieren.[200] Es ist ein Vorteil ihrer Abstraktheit, dass dieser Schematismus quer durch alle Kulturen verfolgt und im Prinzip auch aufgewiesen werden kann. Die damit entworfenen Perspektiven sind freilich nicht so zu verstehen, als löste eine Erzählform eine andere ab. Stattdessen überlagern sich die Formen und durchdringen sich dabei in einer großen Variabilität von Möglichkeiten.

Literaturverzeichnis

Burckhardt, Jacob: Weltgeschichtliche Betrachtungen. Historisch-kritische Gesamtausgabe, eingel. u. ed. v. Rudolf Stadelmann. Pfullingen: Neske 1949; andere Ausgabe: Gesamtausgabe, Bd. 7: Weltgeschichtliche Betrachtungen. Historische Fragmente aus dem Nachlaß, ed. Albert Oeri, Emil Dürr. Stuttgart: Deutsche Verlagsanstalt, 1929.

Droysen, Johann Gustav: Historik. Historisch-kritische Ausgabe, ed. Peter Leyh. Bd. 1. Stuttgart – Bad Cannstatt: Frommann-Holzboog 1977.

Müller, Klaus E.: Sein ohne Zeit, in: Rüsen, Jörn (Hg.): Zeit deuten. Perspektiven – Epochen – Paradigmen. Bielefeld: Transcript 2003, S. 82–110.

Nietzsche, Friedrich: Vom Nutzen und Nachteil der Historie für das Leben (= Unzeitgemäße Betrachtungen, zweites Stück [1874]), in: ders.: Sämtliche Werke. Kritische Studienausgabe in 15 Einzelbänden, Bd. 1. München: Deutscher Taschenbuchverlag 1988, S. 243–334.

Rüsen, Jörn: Die vier Typen des historischen Erzählens, in: ders.: Zeit und Sinn. Strategien historischen Denkens. Frankfurt am Main: Fischer Taschenbuch 1990; 2. Aufl. Frankfurt am Main: Humanities online 2012, S. 148–217.

White, Hayden: Metahistory. The Historical Imagination in Nineteenth Century Europe. Baltimore: The Johns Hopkins University Press 1973 (deutsch: Metahistory. Die historische Einbildungskraft im 19. Jahrhundert in Europa. Frankfurt am Main: Fischer 1992).

---

200 Rüsen: Die vier Typen des historischen Erzählens, S. 200 ff.

Schema: Die vier Typen der historischen Sinnbildung

Typ der Sinnbildung	Bezug auf die Vergangenheit	Zeitverlaufsvorstellung	Form der Kommunikation	Bildung von Identität	Zeit – Sinn
traditional	Ursprünge von Weltordnungen und Lebensformen	Dauer im Wandel	Einverständnis	Übernahme vorgegebener Weltordnungen (›Nachahmung‹)	Zeit wird als Sinn verewigt
exemplarisch	Ereignisse, die allgemeine Handlungsregeln demonstrieren	Überzeitliche Geltung von Handlungsregeln, die zeitlich differente Lebensformen umgreifen	Argumentation mit Urteilskraft	Regelkompetenz in Handlungssituationen (›Klugheit‹)	Zeit wird als Sinn verräumlicht
genetisch	Veränderungen, die von fremden und anderen in eigene Lebensformen führen	Entwicklungen, in der sich Lebensformen verändern, um sich dynamisch auf Dauer zu stellen	Diskursive Beziehung differierender Standpunkte und Perspektiven aufeinander	Individualisierung (›Bildung‹)	Zeit wird als Sinn verzeitlicht
kritisch	Geschehnisse, die geltende historische Orientierungen infrage stellen	Brüche, Diskontinuitäten, Gegenläufigkeiten	Bewusste Standpunkteinnahme in Abgrenzung zu anderen Standpunkten	Abweisung angesonnener Lebensformen (›Eigensinn‹)	Zeit wird als Sinn beurteilbar

Narrativität

MICHELE BARRICELLI

1. Definition

Unter Narrativität[1] (Barricelli 2009a, 149) versteht man das bestimmende Ordnungsmittel historischer Aussagen und, darüber hinausgehend, das spezifische Strukturmerkmal von Geschichte überhaupt. Auch die drei großen Verständigungsbegriffe einer modernen, kulturwissenschaftlich informierten Geschichtsdidaktik: „Sinn", „Erinnerung" und „Erzählung" vereinen sich im Inbegriff der Narrativität. Insofern repräsentiert diese als „Erzählförmigkeit" das konstituierende Prinzip der von der Geschichtsdidaktik im Hinblick auf ihre Lernwürdigkeit und Lernbarkeit zu reflektierenden Gegenstände sowie die Struktur der im Geschichtsunterricht verhandelten historischen Themen, Phänomene und Kategorien, seiner Fragestellungen, Hypothesen, Konklusionen, Reflexionen. Folgerichtig sind Lernleistungen im historischen Unterricht so zu organisieren, dass sie Narrativität bewusst und erfahrbar machen. Handlungsfähigkeit in diesem Feld erlangen die Schülerinnen und Schüler durch *narrative Kompetenz*.

2. Narrativität im Alltag sowie in Geschichtswissenschaft und Geschichtsunterricht

Es gibt keinen Bereich unserer Alltagspraxis, in dem nicht erzählt wird:[2] Mit Geschichten taxieren wir unser Tagewerk, regeln wir unsere Beziehungen, bestimmen wir unse-

---

[1] Dieser Artikel macht außerdem Anleihen bei Barricelli (2011a). Siehe ebenso Barricelli (2005; 2008c; 2008d; 2009b). Dort auch weitere Literatur.
[2] Allgemein soll hier, wenn von Erzählung die Rede ist, nicht nach Mündlichkeit und Schriftlichkeit unterschieden werden, obwohl das diskutabel wäre. Die historische Erzählung ist gewiss hauptsächlich eine niedergeschriebene, wenn sie auch orale Praxen kennt – in der Schule z. B. seit jeher den Lehrervortrag.

ren gesellschaftlichen Status, verbinden wir die existenziellen Punkte unseres Daseins, machen wir aus Geburt, Ausbildung, Elternschaft, Karriere, Krankheit, Tod etwas Zusammengehöriges, Einheitliches, das wir dann, jeder für sich, „mein Leben" nennen. In dessen Vollzug werden wir unaufhörlich in Geschichten verwickelt: Die genutzte Automarke, die gebuchte Hotelkette sagen, oft geflissentlich zu Werbezwecken, etwas über Ursprünge und Ausbreitung einer Firma aus, im Lieblingsrestaurant oder der bevorzugten Boutique folgt man abwechselnden Moden von Küche und Kleidung, Staat bzw. Verwaltung stellen sich in eine Tradition und verkünden zugleich Reformen. Immer geht es hierbei um den Ausweis von Veränderlichkeit, Dynamik, Anpassungsfähigkeit – während zugleich ein unwandelbares Selbst vorausgesetzt wird. Mit dem Erzählen als also bedeutungsvoll menschlicher Kulturtechnik und -leistung sowie Zeichen immaterieller Arbeit befassen sich akademisch alle geistes- und kulturwissenschaftlichen Disziplinen. Selbstverständlich gilt das auch für die Fachdidaktiken, die Erzählkompetenz als fachliche und sprachlich-diskursive Zielsetzung auffassen (Bonnet/Breidbach 2004; Nünning 2005).[3] „Nach der Natur der Erzählung zu fragen, fordert zur Reflexion über die Natur der Zivilisation und [|256] womöglich gar zur Reflexion über die Humanität selbst heraus", urteilte deshalb der große Erzähltheoretiker Hayden White (1990, 11).

So wird man zunächst nicht bedingungslos sagen können, dass das *Erzählen generell* irgendetwas für die Spezialisierung einer universitären Disziplin, ihren methodischen oder erkenntnistheoretischen Apparat zu leisten vermag. Wie gezeigt, ist es als ubiquitäre Praxis nicht einmal geeignet, einen Unterschied zwischen Alltag, Wirtschaft oder Wissenschaft zu begründen. Und doch reklamiert die Geschichte auf diesem weiten Feld einen eigenen, umgrenzten Bezirk. Die *historische* Erzählung ist nämlich die eigentümliche Form, in der geschichtliches Wissen vorliegt, wenn es als *tatsächlich* historisch bezeichnet werden soll. Narrativ verfasst sind alle Gegenstände der Geschichtswissenschaft, ihre Begriffe, Theorien und Argumente. Genauer sagt Frank Ankersmit (1983), Narrativität umgreife im historischen Denken die drei Ebenen des Erkenntnisakts (die Aussage), der Darstellung (die Repräsentation) und des Diskurses. Kurz: Mit Narrativität also vermag man heute das *Genuine und Besondere* von Geschichte als akademischer Übung zu bestimmen, mithin eine Aussage darüber zu treffen, was im Kontext von Forschung und Lehre nur die Geschichtswissenschaft (und nicht etwa auch die Philosophie, Theologie oder Literaturwissenschaft) *so tut, wie sie es tut*.

Durch die Anerkennung von Geschichtswissenschaft und Geschichtsunterricht als *Erzählveranstaltungen* (Jörn Rüsen) lässt sich demgemäß angeben, was genau Schüle-

---

[3] Die durchaus beträchtlichen Unterschiede hinsichtlich der Konzeption von Narrativität und narrativer Kompetenz in den einzelnen Schulfächern können hier nicht untersucht werden. Versuche eines Zusammendenkens gibt es, sie stehen aber noch am Anfang. Der Verfasser nimmt an der Leibniz Universität Hannover zusammen mit den Fachdidaktikerinnen Gabriele Blell und Sigrid Thielking an einer entsprechenden Arbeitsgruppe teil.

rinnen und Schüler lernen sollen, wenn sie „Geschichte" lernen: das historische Erzählen. Denn für das Einüben eines Gerüsts an Namen, Daten und Fakten – immer noch wichtig gewiss für das Selbstverständnis unserer Gesellschaft – bedürfte es im Grunde keiner eigenen Unterweisung; eine tabellarische Übersicht oder eine Datenleiste würden dazu vollauf genügen. Selbst die Feststellung, Schülerinnen und Schüler übten im Unterricht durch die Interpretation historischer Quellen sowie die Rezeption und Diskussion geschichtlicher Darstellungen (etwa im Schulbuch) das kritische Denken, das sie zur Teilnahme an den gesellschaftlich-politischen Gegenwartsdiskursen befähige, vermag nicht zu befriedigen: Die hier gemeinten Analysen, Sachurteile, problemorientierten Werturteile sind ja unserem Fach nicht eigen. Erst durch den Bezug auf das Erzählen erhalten die allgemein kognitiven, gar nicht spezifisch historischen mentalen Operationen unseres Bewusstseins wie das Fragen, Deuten, Analysieren, Interpretieren, Urteilen den Rang einer auf Geschichtslernen bezogenen Tätigkeit, sodass sie für die Identifizierung von fachlich spezifischen Kompetenzen des Lernens im Geschichtsunterricht herhalten können.

Mit der formallogischen Angabe, dass historisches Wissen – also für verlässlich, funktional (erklärend) und verständlich gehaltene Aussagen über vergangene Wirklichkeit – stets in einer von nicht unendlich vielen Formen der Erzählung vorliegt (Kap. 3), ist aber nur die Hälfte gesagt. Das sprachliche, auf hochkomplexen Voraussetzungen menschlichen Intellekts beruhende Prinzip der Narrativität, durch welches auf bestimmte Weise zuvor vereinzelte Sachverhalte einer Zeit vor unserer Gegenwart miteinander verbunden werden, besitzt nämlich keineswegs die pure Absicht, uns ein Mittel zur Verfügung zu stellen, um über jene Zeit zu „berichten". Die Relevanz des historischen Erzählens besteht vielmehr darin, dass das aus der Vergangenheit Erwähnte (also für einen Augenblick nicht Verges- [|257] sene) mit (einem) *Sinn*, d. h. einer Verständnisrichtung, versehen werden soll, der in der Substanz der Überlieferung noch gar nicht enthalten ist, sondern ihr als – bisweilen magischer – „surplus" (Frank Ankersmit) zugefügt wird (Kap. 4, 5). *Sinnbildung* ist ihrerseits Ausfluss anthropologisch-mentaler Entwicklung von langer Dauer und kann damit ohne Blick auf kulturelle Ausdrucksformen gar nicht untersucht werden. Aus diesen Gründen ist historisches Lernen ein intellektuell in höchstem Maße herausforderndes Lernen über den Umgang mit Sinn, mit Sinnbildung und der Gültigkeit von narrativ verfassten Sinnangeboten. Der Geschichtsunterricht ermöglicht den entsprechenden Kompetenzerwerb anhand thematisch einschlägiger Beispiele durch Erzählhandlungen unterschiedlicher Art auf stufbaren Niveaus (Kap. 6, 7).

3. Erzählen in der Geschichte heißt, Vergangenheit durch Formgebung zu erklären und zu deuten

Insofern historisches Lernen erst im Augenblick des Eintritts von Sinn in die Erinnerungshandlung anhebt, ist vieles von dem, was während des Geschichtsunterrichts im Rahmen des Erwerbs von deklarativem und weitgehend auch noch prozeduralem Wissen geschieht, zunächst nur Vorbereitung auf das Eigentliche. Zwar beginnt das historische Geschäft auch der Fachwissenschaft mit dem *Zählen*, genauer dem *Aufzählen*, das heißt einer verbalen Wiedergabe von distinkten Vorkommnissen aus der Vergangenheit gemäß der Aufeinanderfolge ihres Erscheinens. Erst das *Erzählen*[4] jedoch setzt die in der Realität zusammenhanglosen Einzelereignisse in ein gewichtetes Verhältnis zueinander, schafft Kohärenz und fügt dem real Erfahrbaren die ja immer nur gedachte „Bedeutung" hinzu. Das Protokoll dieser generativen Handlung ist ein Text. Zwar ist es angesichts der etymologischen Herleitung nicht verkehrt, den Ursprung der Geschichte in der Rationalität zu suchen, insofern lateinisch „ratio" das Verhältnis von Zahlen zueinander bezeichnet und das *Berechnende* des Erzählens ebenso in anderen europäischen Sprachen zum Ausdruck gebracht wird: englisch *to tell* (eigentlich „zählen"), französisch *(ra)conter* (zu conter = „rechnen" aus lateinisch *computare* = „zusammenzählen"), gleichbedeutend italienisch *raccontare*. Jedoch sind die sprachlichen Gebilde, welche der Historiker oder die Historikerin als historische Erzählungen charakterisiert, seine oder ihre Texte der Geschichte, weit mehr als rationale Reihungen, wie sie etwa Annalen oder Chroniken typisieren. Die in die Erzählung aufgenommenen Sachverhalte (und das sind üblicherweise viel weniger als alle möglichen Dinge, die sich zum Berichtszeitpunkt ‚ereignet' haben) werden nämlich nicht mehr (nur) gereiht, sondern aufeinander und dazu auf ein genau ausgewähltes erzählerisches (soziales) *Zentrum* bezogen: So erhält das Geschehene als zentrierte *Geschichte* Struktur und Gestalt: Es hat jetzt plötzlich einen sagbaren Grund, dass jenes Vorkommnis auf dieser Buchseite erwähnt wird und das andere eben nicht – und dieser Grund liegt natürlich nicht in der Natur der Sache, sondern entspringt dem Willen des Historikers. Solche historischen Erzählungen sind gerade aufgrund ihrer Lückenhaftigkeit nicht indifferent gegenüber einer Unterscheidung z. B. von bedeutungslos/bedeutungsvoll. – Oder ganz einfach: Was sich an einem Tag im April des Jahres 1889 in der kleinen österreichischen [|258] Stadt Braunau am Inn als banal-natürliches Ereignis zu-

---

[4] Interessant ist es, der Etymologie von mit er- ansetzenden Präfixverben nachzugehen. Im Allgemeinen wird das Herausheben aus einem früheren und damit das Geraten in einen höheren Zustand, das Erzielen eines Resultats aus dem Inneren angedeutet (man vgl. etwa ziehen – erziehen). „Erzählen" jedenfalls kam früh im Rechtswesen für das öffentliche mündliche Mitteilen oder Verkünden in Gebrauch. Überhaupt besitzt die Erzählung eine große (formale, auch funktionale) Nähe schon zur altrömischen Gerichtsrede mit ihrer Mischung aus Verhandlung, Versuch der Überzeugung, Bitten (um Gnade, milde Strafe) – vgl. daher „oratio", daraus allgemeiner orator = kunstmäßiger Redner.

trug, besitzt plötzlich und unerwartet höchste Mitteilungswürdigkeit für den Verlauf der Weltgeschichte, und dem Drang wird durch Erzählen nachgegeben.

Für diese *synthetisierende* Form der *Wahrnehmungsorganisation* vergangener Wirklichkeit prägte die analytische (amerikanische) Geschichtsphilosophie der 1960er Jahre mit ihrem Vordenker Arthur C. Danto die Fachtermini *narrativity* und *narrative* (aus lateinisch *narrare* = mündlich mitteilen, erzählen, zu *gnarus* = kundig, wissend – womit Ignoranten also ursächlich Nicht-Erzählende sind). Danto nahm weiter an, dass ein Historiker zwei zeit- und zustandsdifferente Punkte t_1 und t_3 im Geschehensverlauf auswählt, um sie auf eine nicht beliebige Art und Weise, nämlich durch Einfügung einer auf der Zeitachse sich vollziehenden ‚Entwicklung'[5] t_2, *beschreibend* miteinander zu verknüpfen. Da der Logik folgend von den zwei Extrempunkten des Herganges immer mindestens einer in der Vergangenheit liegt, ist es keine Anmaßung, wenn sich die Geschichtswissenschaft als genuine Verwalterin von Narrativität, das heißt von Veränderung (in der Zeit) überhaupt ausgibt: *Historisches Wissen ist demnach immer narratives Wissen* (und vice versa!). Indem Historiker Quellen – gleich ob Schriften, Bilder, Statistiken, Überreste – beschreiben, analysieren, interpretieren, fallbezogen, vergleichend oder seriell, erzählen sie also Geschichten. Danto festigte darüber hinaus den Anspruch, dass die Historiografie mit der Erzählung außer über einen Modus der Beschreibung von Wandel prinzipiell auch über ein *fachspezifisches Erklärungsverfahren* und mit diesem über das wesentliche Merkmal von Wissenschaftlichkeit verfüge (ein Umstand, der seinerzeit noch umstritten war): Indem die Erzählung erfahrenes Geschehen „beschreibe", gebe sie genau an, was geschehen sei, und indem sie reale Einzelvorkommnisse durch *Narrativierung* in eine *nicht beliebige* Folge bringe, erkläre sie dieselben, was in der klassisch-prägnanten Formel zum Ausdruck kommt: *A narrative describes and explains at once.*[6]

Grundsätzlich meint das „Erklärenkönnen" der historischen Erzählung, wie Danto es verstand, das Verstehenmachen von Kausalitäten, Motiven sowie intentionalen Zuständen, und zwar durch eine Kombination von idiografischen Zugriffen auf das Singuläre, allgemeinen Aussagen zur Wahrscheinlichkeit von Geschehensabläufen und gesetzesförmigem, ‚nomothetischem' Regelwissen („historische Theorien"). Diese zugestanden moderat modernistische Sicht verfolgte seinerzeit nicht das Ziel, die Erzählung als einzig verfügbare Methode der geschichtswissenschaftlichen Erklärung zu verabsolutieren, sondern strebte die Analyse postulierter struktureller Bedingungszusammenhänge über die erklärende Erörterung mithilfe theoriegeleiteten, wissen-

---

5 Der metaphorische Gehalt dieses Allerweltsbegriffs wird nur noch selten wahrgenommen: „Entwickelt" wurden ursprünglich Schriftrollen und Garnknäuel. Impliziert wird zudem, dass das sich Entwickelnde im Keim bereits vor seiner Realisierung angelegt war, ebenso wie ein Fotopositiv aus dem Negativ entwickelt wird. Kann das eigentlich eine zutreffende Vorstellung von geschichtlichen Verläufen sein?
6 „In dieser Weise also bilden erzählende Beschreibung und historische Erklärung ein unauflösbares Ganzes" (Danto 1980, 322). Vgl. auch eine späte Selbsterläuterung desselben 1996 sowie noch einmal zusammenfassend Frings (2008).

schaftsförmigen Wissens an. Sie war im Übrigen nie konkurrenzlos, wenn man etwa an die Einsprüche aus den Reihen der französischen Annales-Schule einerseits und aus der noch unbefriedigten, rigorosen Semiotik andererseits denkt, wobei Letztere die Zeichenhaftigkeit der historischen Narrativität nicht genügend expliziert sah. Als sich jedoch in den 1980er Jahren die Tendenzen einer kulturwissenschaftlichen Wende der Geisteswissenschaften verstärkten, wurde die Suche nach dem Erklärungspotenzial der historischen Erzählung quasi obsolet. Die postmoderne Geschichtsphilosophie nahm den nicht wegzudiskutierenden, im Tiefsten beunruhigenden Umstand, dass ein und derselbe Tatsachenbestand aus der Vergangenheit in der Regel [|259] viele, dazu unterschiedliche, gar widerstreitende, wie man nun sagte: *Repräsentationen* besitzt, zum Anlass, die Möglichkeit von „Wahrheit", „Objektivität", adäquater Lösung des Referenzproblems zu verneinen (Goertz 2001). Demzufolge wurde aus der rationalen Erklärungsleistung der Erzählung eine nur mehr *subjektive Deutungsleistung*. Der Ehrgeiz von Wissenschaft überhaupt, das Verhalten von Menschen synchron (Soziologie, Psychologie, Politologie) oder diachron (Geschichte) „erklären" zu können, noch dazu aus der sicheren räumlichen und zeitlichen Distanz der Studierstube, wurde fortan entweder als Wahn oder Hochmut zurückgewiesen.

Bereits in den theoretisch bewegten Zeiten der 1970er Jahre und dann in den folgenden Jahrzehnten mussten solche tendenziell rationalitätskritischen Auffassungen auf Widerspruch stoßen, ja veritablen Streit provozieren. Zumindest läutete das „narrativistische Paradigma", begriffen als Maximalposition, gerade in der deutschen Geschichtswissenschaft eine Periode lang anhaltender Missverständnisse ein (unbeschadet dessen, dass sich die zünftigen Historikerinnen und Historiker gern des narrativen Arguments bedienten, um etwa ihr abwehrendes Verhältnis zu den konkurrierenden systematisierenden Sozialwissenschaften zu klären). Die hitzige Debatte, selbst schon wieder historisch, soll hier nicht nachgezeichnet werden. Ein Grund der Kontroversen mag gewesen sein, dass „Narration"[7] noch nicht als unbedingt notwendige Erweiterung des älteren, scheinbar überkommen, novellistischen Erzählbegriffes gesehen wurde – „Erzählung" war, insbesondere im Bewusstsein sich progressiv gebender, politisch eher links stehender oder der Sozialgeschichte deutscher Prägung verbundener Historiker nur *eine* Form von Geschichtsdarstellung neben anderen, und zwar eher eine konservative, behäbige, kontemplativ-harmlose und fortschrittsfeindliche.[8] Erst die in Deutschland unter der Ägide von Jörn Rüsen sowie Hans-Michael Baumgartner

---

7 Den gelehrten Terminus technicus Narratio hat im Übrigen der in Deutschland aufgrund weitgehend fehlender Übersetzungen (aus dem Niederländischen und Englischen) sträflich vernachlässigte Geschichtstheoretiker Frank R. Ankersmit (1983; 1994; Ankersmit/Mooij 1993) entscheidend befördert. Ankersmit hat eine phänomenale Entwicklung von einem „frühen" Strukturalismus zu einem scharfen Relativismus und neuerdings wieder eingeschränkten Konstruktivismus durchlaufen. In der Geschichtsdidaktik wird er neuerdings für die theoretische Grundlegung narrativer Urteilsbildung wieder interessant (Becker 2010).
8 Verwiesen sei nur auf den paradigmatischen, streckenweise polemischen, aber blitzgescheit ausformulierten Streit zwischen Hans-Ulrich Wehler und Golo Mann, beide in Kocka/Nipperdey (1979).

bewusst vollzogene, postmodernistische, möglicherweise „irritierende Bedeutungserweiterung" des Erzählbegriffes konnte langsam der These zum Durchbruch verhelfen, dass die Erzählung die Form ist, „die eine Erkenntnis hat, wenn sie als historische angesprochen werden soll" (Rüsen 1994, 29; 1982; 1990; Baumgartner 1997), und dass sich also Geschichte ganz und gar über die Erzählung konstituiert.⁹ Soweit die historische Erzählung die einzige Art ist und bleibt, durch welche Vergangenheit für die Gegenwart in Betracht kommen kann, scheint das narrativistische Paradigma zweifellos geeignet, die gesamte historiografische Welt auf den Punkt zu bringen.

Im „Deutungsgeschäft" der Geschichte (Bodo von Borries), das ganz wesentlich einen simplen *context of persuasion* darstellt, hängt daher die Durchschlagskraft, Akzeptanz oder intersubjektive Gültigkeit (regelmäßig nur für einige, ganz selten alle der miteinander verhandelnden Partner) der historischen Erzählung zunächst – obwohl, wie zu zeigen sein wird, nicht ausschließlich – von ihrer ‚richtigen' Konfigurierung bzw. Form ab. Die Sprache der Historiker ist demgemäß stets auf der semantischen Suche nach einer *wohlgeformten*, man könnte synonym – nämlich in Anlehnung an die von Voltaire sogenannten *fables convenues* – sagen: *fabelhaften* Erzählung. Diese zeichnet sich durch eine *story grammar* aus, welcher zukommen:

– *Anfang und Schluss*: In der Tat gehört es zu den wesentlichen Prinzipien historiografischer Willkür, die Extrempunkte von historischen Entwicklungen, ggf. als deren „Ursachen" [|260] oder „Folgen", festzulegen, denn keineswegs besitzt die historische Erzählung – auch nicht die biografische – eindeutige, möglicherweise sogar natürliche Ursprünge oder Enden: Beginnt „Hitler" mit der „Machtergreifung 1933", der Weltwirtschaftskrise 1929, dem Versailler Vertrag 1919, seiner Geburt 1889, Bismarck, Luther? Hört die Geschichte der deutschen Teilung 1990 auf? Manchmal bestimmen aber einfach die Buchdeckel den Rahmen der historischen Erzählung;

– ein identifizierbares *Referenzsubjekt* (Person/en, Stadt, Region, Nation, Idee etc.), das den Zusammenhang der Narration verbürgt und die Erzählperspektive vorgibt;¹⁰

– ein auf Aristoteles wie auf Gustav Freytag zurückgehendes *Geschichtenschema* mit Exposition, Komplikation, Höhepunkt (Peripetie), Problembewältigung, Auflösung (oder Scheitern, was dann aber Ausgangspunkt der nächsten, unausweichlich werdenden Geschichte ist);

– beigeschlossen eine *Dramatik*;

---

9 Dass man Ähnliches schon bei Kant, Hegel, Ranke, Droysen, womöglich sogar Thukydides und Quintilian gelesen hatte, zeigt nur an, dass es vieler Anläufe und eines extra langen Atems bedurfte, um die Erkenntnis reifen zu lassen.
10 Die Feststellung eines Referenzsubjekts ist noch nicht gleichzusetzen mit der Referenzialisierung der Geschichte im Hinblick auf ihren Erzählgegenstand der vergangenen Wirklichkeit. In der historischen Erzähltheorie bisher nicht eingeführt ist der literaturtheoretische Begriff der „Fokalisierung" mit abweichender Bedeutung.

- *Redefiguren* als „Tropen", d. h. Abweichungen vom wörtlichen, üblichen, ‚eigentlichen' Sprachgebrauch, die weder durch Gewohnheit noch durch Logik sanktioniert sind.

Damit allerdings ist bekundet, dass die literarische und historische Erzählung *äußerlich* nicht voneinander zu unterscheiden sind. Dieses Gleichnis führte der US-amerikanische vergleichende Literaturtheoretiker Hayden White (1973, 3) im Schilde, als er auf dem ersten Höhepunkt der Erzähldebatte in seinem frühen Hauptwerk der „Metahistory" über „The historical imagination in Nineteenth-Century Europa" ausrief, alle Geschichtsschreibung sei „a verbal structure in the form of a narrative prose discourse".[11] White, der sämtliche (vornehmlich europäische, oft philosophisch informierte) Stichwortgeber zum Komplex „Geschichte als Erzählung" – darunter Kant, Hegel und Droysen, Benedetto Croce, Umberto Eco, Paul Ricoeur, Roland Barthes – besser studiert hatte als die meisten seiner Kontrahenten, war keineswegs, was ihm Unwissende, zumal deutsche Historiker sozialgeschichtlicher ebenso wie konservativer Prägung schnell vorwarfen, ein gewissenloser Zerstörer des Anspruchs von Geschichte auf Wahrhaftigkeit oder ein Befürworter ihrer Auflösung in Textualität und Diskurs. Zwar beharrte White darauf, dass Narration immer Konstruktion und damit Fiktion sei. Doch schon sein „in the form" weist darauf hin, dass er der historischen Erzählung bei aller oberflächlichen Strukturgleichheit eine eigene, über das Literarisch-Belletristische hinausgehende Qualität zuerkennt, die sie von *anderen fiktiven* (alltäglichen oder künstlerischen) Erzählpraxen *dem Grunde nach* unterscheidet.[12]

Als genau diese konstitutiven Merkmale, die im Entstehungsprozess einer historischen Erzählung realisiert werden und daher als *Prozessfaktoren historischer Narrativität durch Mediation von vergangener Wirklichkeit* gelten können – und die die rein literarische Erzählung, wie sich leicht nachweisen ließe, eben *nicht* kennt –, möchten wir nun heute, nach Jahrzehnten der Diskussion, mit White und vielen anderen spekulativen Denkern[13] benennen (Pandel 2010b, 75 ff.):

- *Retrospektivität*: Das Vergangene wird von seinem Ausgang her bzw. aus der Gegenwart (des fragenden Historikers oder der fragenden Historikerin) heraus „erkannt"; das heißt aber gleichfalls, dass nicht die Vergangenheit die

---

11 An anderer Stelle sagt White, der kleine Spitzen, versteckt in Nebensätzen, liebt: „Der Historiker – wie jeder, der einen Prosadiskurs verfasst – gestaltet sein Material" (White 1991a, 131).
12 Widerstand gegen White gab und gibt es auch aus dem Lager der Literaturwissenschaft, wo man, so scheint es, den Begriff der „Fiktion" ganz für sich reservieren möchte und der Geschichte die Zuständigkeit für „Narration" zuweist, die dann als Darstellung „objektiv" und „wahrheitsgetreu" zu sein habe (Zipfel 2001, 175). Das ist natürlich eine unhaltbar veraltete Position, die heute nicht einmal mehr in der traditionellen Historikerzunft gilt.
13 Vgl. etwa zusätzlich zu den soeben Genannten pauschal Jerome S. Bruner, Kenneth Gergen, Paul Ricoeur, Gérard Genette, Jürgen Straub.

Gegenwart erhellt, sondern es sich umgekehrt verhält – was Folgen für die Didaktik des historischen Lernens hat; [|261]
- *Selektivität*: Das Geschehen wird aus einer einzelnen oder wenigen bestimmten Perspektiven heraus betrachtet; Einzelheiten, die nicht im Interesse dieser Referenz bzw. des Ziels der Erzählung liegen, werden ausgeblendet; dadurch gewinnt jede Geschichte ihren anstößigen Gegenstand oder ihr „Thema". Das Resultat ist in seiner räumlichen und zeitlichen Erstreckung begrenzt (Partialität). Die Auswahl von einzelnen Sachverhalten geschieht gewiss anhand allgemeiner Rationalitätskriterien, die aber selbst nicht abschließend feststellbar sind und niemals alle zugleich wirksam werden, sodass sich die jeweils entstehenden Narrationen voneinander unterscheiden. Dass die Teilgeschichten der einzelnen Historiker füreinander anschlussfähig bleiben, kann sowohl durch Affirmation und Ergänzung wie durch Kritik und Negation bzw. Konkurrenz (*competing stories*) erreicht werden. Insgesamt reklamiert das Gesamtsystem Geschichtsschreibung dadurch trotz Selektivität ihres Werks idealerweise einen Totalitätsanspruch;
- *Sequenzialität*: Das Geschehen wird als chronologische Abfolge beschrieben (Temporalität, Linearität); es gilt das Postulat, dass das Spätere sich aus dem Früheren entwickele (additiv, konsekutiv, kausal, adversativ, konditional) – was heißt: wäre das Frühere anders gewesen, wäre ebenso das Spätere anders ausgegangen. Durch Sequenzialität indes wird gerade nicht die verrinnende Naturzeit abgebildet, sondern zur Darstellung gehören Raffung, (seltener) Dehnung, Sprünge, Vor- und Rückgriffe;
- *Repräsentation bzw. Imagination*: Historische Erzählungen sind im Gegensatz zur sich vollziehenden Wirklichkeit etwas nachträglich Gemachtes. Als solches verfügen sie über einen eigenartigen Verweischarakter auf eine dahinter liegende Wirklichkeit, die sie mit allen Schwächen, die dem Ersatz anhaften, absichtsvoll wieder vergegenwärtigen (repräsentieren). Weil die Vergangenheit selbst natürlich kein Text war (obwohl gesprochener und geschriebener Text in ihr eine große Rolle spielen konnte), ist ihre Überführung in ein kulturelles Zeichensystem unbedingt ein Medienwechsel bzw. eine „narrativ figurierende Umsetzung" (Zipfel 2001, 171) und füglich eine Neugestaltung. Somit aber bleibt, was Historikerinnen und Historiker tun, immer Konstruktion, nie Rekonstruktion (denn welchen Text sollten sie „rekonstruieren"?). Es ist darüber hinaus Imagination bzw. imaginär insofern, als die Vergangenheit *nach dem Bilde* allgemeiner Annahmen über menschliche Zustände bildhaft gestaltet wird und doch beansprucht, etwas konkret Gewesenes zu bezeichnen [→ Oswalt: Imagination, Bd. 1].

Anerkannt wird mit diesen Vereinbarungen freilich auch: Historische Texte sind und bleiben lediglich Interpretationen und also niemals ein Abbild oder, um in der malerischen Metapher fortzufahren, eine „Schilderung" der vergangenen Wirklichkeit; der Text ist kein vorgängig anderes als seine Interpretation. Indem dies gilt, müssten, folgt man dem Gedanken bis zum Ende, die fiktionalen Texte der Historiker selbst unter Absehung von einem literarischen Charakter besser als *Er*findungen denn Findungen, womöglich sogar als „Phantasien" angesprochen werden, die eben auf der Einbildungskraft des Historikers beruhen.[14] Die (scheinbare) Freiheit der Textproduktion jedenfalls pflanzt sich in einer nicht festlegbaren Bedeutung der einzelnen Schrift fort: Kein Text bildet eine Bedeutungseinheit, nicht einmal von der Seite der Verfertigenden her; im Gegenteil ist jede Erzählung vollständig autonom. Doch muss abermals betont werden: Alle die genannten scheinbaren [|262] Einschränkungen der Qualität (Zuverlässigkeit, Aussagekraft, Orientierungsleistung) einer historischen Erzählung sind in Wahrheit ihre vorzüglichen Distinktionsmerkmale – nur unter diesen Bedingungen ist sie geeignet, als spezifische Forschungs-, Erkenntnis- und Diskursmethode der Geschichte eine Würde als Wissenschaft (und eben nicht nur Alltagspraxis, akademisches Hilfsmittel oder Kunst) zu sichern.

Zu den erkenntnissichernden Beschränkungen der historischen Wissenschaft gehört nun ferner, dass die Zahl der für ihre Narrationen zur Verfügung stehenden konzeptuellen Schemata, die sich in der Historie als *kulturell vermittelte* Erzählmuster[15] niederschlagen, gar nicht besonders groß ist. Womöglich lassen sich alle historischen Erzählungen auf kaum mehr als zwanzig archetypische Verlaufsformen zurückführen. Deren wichtigste sind sicher die Ursprungslegende bzw. der Gründungsmythos, das Heldenepos bzw. die Heiligenvita nebst Erweckungserlebnis, die Emanzipationssage, der Weltmoment, das Sekundenwunder (z. B. Günter Schabowskis Zettel in der Pressekonferenz vom 9. November 1989), die stürmende und dann abgebrochene Fortschrittshoffnung, die Kreisbewegung[16], der Verfallsbericht, die Geschichten von guten Absichten und bösen Folgen sowie von schlechten Absichten und gerechter Strafe, schließlich die typologisch sehr häufige *restitutio ad integrum* des geschichtlichen Verlaufs nach allen Anstrengungen, Irrungen, Verwerfungen. Dabei müssen die Erzählpläne gar nicht unbedingt vollständig ausgeführt werden: Viele historische Fachausdrücke zeigen bereits durch ihre Endung auf -ierung und -tion an, dass sie hauptsächlich den Ausdruck von Veränderung und Bewegung beabsichtigen (z. B. Romanisierung, Christianisierung, Reformation, Kolonisation, Entnazifizierung usw.). Zu solchen kontrahierten Geschichten *in adjecto* gehören desgleichen auf ein Wort gestutzte *narrative Abbreviaturen* (Jörn Rüsen) wie „Genesung" (die auf Krankheit folgt), „Alter"

---

14 Vgl. an altehrwürdigem Orte: „Es gibt so viele Geschichten wie Darstellungen von der Vergangenheit, und Phantasie heißt ihrer aller Architekt" (Fried 1996, 305).
15 Über einen Parallelbegriff zu den literaturtheoretischen Genres verfügt die Historie leider nicht. Hans Jürgen Pandels „Gattungen" bezeichnen jedenfalls etwas anderes.
16 Die prämoderne Auffassung sich zyklisch wiederholender Ereignisserien hat Gabrielle Spiegel als „liturgisch" bezeichnet und insbesondere auf die traumatischen Erlebnisse des jüdischen Volkes bezogen.

(es gab also zuvor „Jugend"), „Endspiel" (zum Abschluss eines Turniers) oder, spezifischer geschichtlich, „Reformator" (der veränderte Zustände auf den Ursprung zurückführt), „Eroberung" (die den Übergang eines Territoriums aus der Verfügungsgewalt des einen in jene des anderen bedingt), „Frauenrechtlerin" (die anstrebt, was andere, nämlich NichtFrauen, schon besitzen).

Die nur kleine vorrätige Zahl von narrativen Blaupausen mit ihren jeweiligen Konventionen führt im Übrigen dazu, dass, ähnlich wie bei der literarischen Erzählung, auch für die historische sich beim Rezipienten (womöglich ebenfalls Produzenten) relativ schnell ein imaginäres Gefühl der Vertrautheit mit den doch im Grunde ganz und gar fremden, unnahbaren vergangenen Dingen einstellt: Aufstieg und Fall Cäsars erinnern ohne Weiteres an den Werdegang Napoleons, die Schlacht von Salamis hat etwas von jener vor Lepanto, und die friedliche ostdeutsche Revolution von 1989 soll jetzt ein wenigstens ideelles Vorbild für die arabischen Freiheitsbewegungen des Jahres 2011 in Tunesien oder Ägypten abgeben. Ein anschauliches Beispiel für die stete Wiederkehr von inhaltlichen Erzähltypen ist der Bescheidenheitstopos: Ein aus der dumpfen Masse bereits herausgehobener, aber bisher noch in der zweiten Reihe agierender Mann (Bürger, Beamter, Amtsträger) ergreift im Augenblick der großen inneren oder äußeren Gefahr in seinem Staatswesen oder Rechtsinstitut unter tumultuarischen Umständen, gedrängt von seinen entgeisterten Genossen, widerstrebend zwar, aber dann doch beherzt, für eine begrenzte oder eben längere Zeit, [|263] jedenfalls bis zur Beseitigung der Krise, an der Spitze der Seinen das Heft des Handelns. Diese schöne Erzählung bildet z. B. den Kern der Geschichten über Lucius Quinctus Cincinnatus (460 v. Chr.), den (Heiligen) Bischof Martin von Tours, Heinrich I. am Vogelherd, die Erhebung von Hildebrand zum Papst Gregor VII. (dem Gegenspieler von Heinrich IV. in Canossa), die Ausrufung der ersten deutschen Republik durch Philipp Scheidemann. Nicht also „Geschichte" wiederholt sich, sondern die Geschichten, die (über sie) erzählt werden – wobei die eigentliche Aussageintention dann in der Variation des Archetyps liegt („wie in solchen Situationen üblich [...]", „[...] doch diesmal kam es anders"). Die durch die strukturelle bzw. serielle Ähnlichkeit möglich werdende *Vergleichbarkeit* ursprünglich unzusammensehbarer Vorgänge in der Vergangenheit ist ein wesentliches Erkenntnisinstrument der Geschichtswissenschaft – unabhängig davon, dass zu Recht Historikerinnen und Historiker immerzu vor leichtfertigen Gleichsetzungen oder Analogien warnen.

4. Bei einer Erzählung versieht die Form das Wiedergegebene mit Sinn

Mit der Erwähnung der Prozessfaktoren historischer Narrativität haben wir uns bereits von der Vorstellung einer historischen Erzählung als (reinem) literarischem Artefakt entfernt. Vollgültig wird die geschichtliche Erkenntnis als *gestaltete Erfahrung* zeitlicher Differenz jedoch erst durch die Qualität ihres *Sinns*.[17] Der Begriff ist hier in seiner ursprünglichen Bedeutung als „Richtung" (wie z. B. noch im Wort „Uhrzeigersinn") zu verstehen, das heißt, der Sinn einer Geschichte meint den Vorschlag, in welche Richtung der Historiker oder die Historikerin seine oder ihre Erzählung verstanden wissen möchte. Sinn vereint *uno actu* forschendes und analytisches Erkennen mit Darstellung und Diskursabsicht, oder anders: Kognition, Emotion, Expression, oder noch anders: Verifikation, Ästhetisierung und Evaluation, oder schließlich: die Orientierung an subjektiven, sozialen und ethischen Normen [→ Pandel: Geschichtskultur, Bd. 1]. Das heißt, die historische Erzählung macht niemals nur Aussagen darüber, *was* einmal geschehen ist, sondern *wie* dieses Geschehene und vorliegend Beschriebene (d. h. vor Augen Gestellte und derart zu einem „Eraug/eignis" Mutierte) zu sehen ist und *warum* es überhaupt heute noch interessiert. Sie rechtfertigt also ihren eigenen Erzählzweck.

Für die große Aufgabe der Sinnbildung stehen Historikerinnen und Historikern als fester Satz von Praktiken, wie die Strukturalisten es bezeichnen würden, linguistische bzw. rhetorische Mittel zur Verfügung, insbesondere die Metapher („Aufstieg und Fall Wallensteins", „Zenit der Macht", „Blüte des Römischen Reiches"), daneben Metonymien (Zerlegung komplexer Sachverhalte bei Verabsolutierung von Einzelteilen: „Missstände", „Krise", „Revolution") und Synekdochen (Heraushebung eines exemplarischen Teils zur Kennzeichnung des Ganzen: „Zeitalter der Industrialisierung", „viktorianische Epoche"). Durch den Gebrauch der sprachlichen Tropen wird die Erzählung zwar erneut in den Bereich des *Poetischen* (mithin Demagogischen) gerückt. Doch wird diese literarische Strategie durch die nicht mehr beliebigen *Logiken der Sinnproduktion* eingeholt, die aus der mutwilligen, aber eben auch rationalen Zuweisung von Beziehungsstrukturen (zwischen [|264] den Erzählgegenständen zum einen, zum anderen zwischen den Erzählinstanzen und den Rezipienten) resultieren. Es handelt sich dabei um Erzähldispositive, die sich bestimmten Regimen unterwerfen, um Sinn aus Zeit herzustellen.

In Deutschland und teilweise darüber hinaus konnte sich auf diesem Feld das Sinnbildungssystem von Jörn Rüsen (1982) durchsetzen, der das traditionale, exemplarische, kritische und genetische Erzählen unterscheidet: *Traditionales Erzählen* erinnert an die Ursprünge, die gegenwärtige Lebensverhältnisse begründen; es stellt Kontinuität als Dauer dieser verpflichtenden Ursprünge vor und lässt Zukunft als Wiederkehr der Ursprünge erwarten bzw. absichtsvoll intendieren; Beispiele dafür sind etwa Ursprungsmythen, Stiftungsgeschichten, Herrschaft legitimierende Genealogien, Rückblicke in Jubiläen. *Exemplarisches Erzählen* erinnert an Sachverhalte der Vergangenheit, die Regeln gegenwärtiger Lebensverhältnisse konkretisieren; Kontinuität wird

---

17 Im Übrigen kann das philosophische Wort der „Sinnbildung" wie viele Tiefgründigkeiten der deutschen Geistessprache nur unvollständig in das eher pragmatische Englische übersetzt werden: sense making, construction of meaning. Im Italienischen heißt es bevorzugt einfach „essere logico".

als Geltung dieser Regeln vorgestellt; die Generalisierung verschiedener Zeiterfahrungen zu Handlungsregeln führt zu Regelkompetenz; es befähigt seine Adressaten, sich im Bewusstsein einer zeitenthobenen Geltung von Regeln in die Vielfalt äußerer Handlungsbedingungen hineinzubegeben; exemplarische Erzählungen sind durch die klassische Devise „historia magistra vitae" charakterisiert, also Vorbildgeschichten, die Regelwissen und eine „Moral" vermitteln.[18] *Kritisches Erzählen* erinnert an Sachverhalte der Vergangenheit, von denen her gegenwärtige Lebensverhältnisse infrage gestellt werden können; es stellt Kontinuität als Veränderung vorgegebener Kontinuitätsvorstellungen vor (also als Anti-Kontinuität) in der Form einer Abgrenzung, Abweisung oder strikten Negation von Standpunkten; kritische Erzählungen bringen die Identität ihrer Adressaten als deren Kompetenz zur Normveränderung (also als Kraft, „nein" sagen zu können) zur Geltung; sie delegitimieren eingefahrene historische Klischees, oft indem sie empirisch auf widersprechende Erfahrungen verweisen. *Genetisches Erzählen* schließlich erinnert an qualitative Veränderungen in der Vergangenheit, die andere und fremde Lebensverhältnisse in eigene und vertraute münden lassen; es stellt Kontinuität als Entwicklung vor, in der sich Lebensordnungen ändern, um sich (dynamisch) auf Dauer zu stellen; Identität wird als Synthese von Dauer und Wandel, also als „Bildung", zur Geltung gebracht; genetische Erzählungen halten Herkunft und Zukunft in Form einer qualitativen Differenz auseinander, bewahren aber die Vorstellung eines kontinuierlichen Übergangs; sie bringen ein dynamisches Moment in die historische Orientierung der menschlichen Lebenspraxis. Eine Explikation des Modells hat der Kanadier Seixas (1998, 241 ff.) geliefert, indem er sich eingehend mit den epistemologischen und damit Autoritäts- und Gültigkeitsproblemen der vier Typen befasste: Während bei der traditionalen Sinnbildung Autorität die einzige Begründung für Glauben ist und es keine, etwa auf dem Rekurs zu den Quellen basierende Grundlage für die Revision der präsentierten Geschichten gibt, wird der exemplarische Typ bereits fähig, mit konfligierenden Darstellungen der Vergangenheit umzugehen, indem neuere, bessere, empirisch gesättigtere die unvollständigen alten, parteiischen, voreingenommenen, irrationalen verdrängen. Die kritische Sinnbildung frage bereits, ob die Historie überhaupt etwas belegen und beweisen könne oder nur etwas glauben zu machen imstande sei (gleich ob etwas Traditionales oder Exemplarisches), und greift das blinde Vertrauen darin an, dass die neueste Geschichte die beste sei. Der [|265] genetische Typ verkörpere schließlich die Suche nach dem epistemologischen Fundament: Wissen ist eine auf Zeit gültige Konstruktion innerhalb einer sich selbst kontrollierenden Gemeinschaft von Forschenden. Obwohl von Rüsen als abschließende Aufzählung gemeint, fügt Pandel (2002, 44) diesen Typen das zyklische und telische Prinzip hinzu, d. i. die ewig wiederkehrende (Heils-)Geschichte und das Erzählen auf

---

[18] Rüsen (1982, 60) meint, obgleich dieser Erzähltyp seine kulturelle Dominanz seit den Zeiten des Historismus verloren hat, herrsche er nach wie vor als Sinnbildungsmuster des historischen Denkens im schulischen Geschichtsunterricht vor; dies wohl zu Unrecht.

einen imaginären, außerhalb der Erlebniszeit liegenden, aber unausweichlichen Zielpunkt hin.

Der im angelsächsischen Raum viel gelesene Hayden White (1973, 21 ff.) ersinnt ein anders geartetes Schema des *emplotments* von Geschichten, die er der Literatur- bzw. genauer der Dramentheorie entlehnt[19], womit er, einer persönlichen (aber womöglich auch spezifisch US-amerikanischen) Präferenz folgend, Geschichte theatralisch modelliert. Als typische konfigurative bzw. inszenatorische *plots* nennt er die

- *Romanze*, d.h. die im System zwischenmenschlicher Beziehungen und der Anziehungskraft zwischen Personen die Bewährung des Einzelnen in herausfordernden Situationen, das „Drama der Selbstfindung" und den „Triumph des Guten über das Böse" beschreibt; die Romanze bietet die Möglichkeit zur Identifikation; ein ganzes Volk kann zum epischen Helden werden, etwa in der Geschichte der Französischen Revolution von Michelet;
- *Komödie*, die nicht unbedingt komisch sein muss, aber harmonisch, in der Regel in einem festlichen Anlass endet; es gibt Hoffnung auf Ruhe und Frieden, da der Kampf in Versöhnung endet;
- *Tragödie*, die mit der völligen Vernichtung des handelnden Subjekts einhergeht; allerdings herrscht nicht die totale Aussichtslosigkeit der Satire, denn der Mensch kann aus der harten Wirklichkeit des Daseins lernen und ihr in der Folge weiser begegnen;
- *Satire*, in der die Einsicht behandelt wird, dass der Mensch „eher ein Gefangener der Welt als ihr Meister" ist; das Böse wird nicht besiegt, und der Mensch bleibt in der sinnlosen Endlichkeit gefangen.

Bei genauerer Betrachtung wird der eigentliche Gegensatz in Whites Typologie durch Romanze und Satire gebildet, während Tragödie und Komödie nur als „*Qualifikationen der romantischen Weltauffassung*" (Straub 2001, 66)[20] erscheinen und sich danach unterscheiden lassen, ob die evaluative Bewegung zum Ende hin regressiv oder progressiv ausgestaltet wird (Gergen 1998, 179). Unbedingt bedenkenswert ist, dass oft erst ganz am Schluss der Erzählung (etwa als Selbstfindung und Neupositionierung, Negation des Erlebten, endgültiger Untergang, versöhnendes Fest, zuweilen in einem Spruch oder Nachsatz, einer „Coda") die Identifizierung des Plot-Typs möglich wird. Noch wichtiger bleibt aber die Feststellung, dass White (2000, 145) zufolge die Entscheidung für den einen oder anderen dieser *plots* im Zuge der Darstellung eines historischen Ereignisses nicht sachlich begründbar sei – denn nichts Geschichtliches sei an sich etwa komisch oder tragisch. Vielmehr könne der Historiker oder die Historikerin dieselbe Menge ausgewählter Ereignisse („Fakten") unter Zuhilfenahme eines jeden

---

[19] Ursprung der Verplottung sind die vier Erzählmodi im überaus umfassend differenzierten Werk von Frye (1957), dort manchmal auch als „mythoi" bezeichnet.
[20] Kursiv im Original.

emplotments zu einer „story" zusammenschließen, und zwar „mit gleicher Plausibilität und ohne der faktischen Überlieferung Gewalt anzutun".

Als eine interessante Alternative zu Rüsen und White führt Jerzy (Jeretz) Topolski (2000, 20) sieben narrativ fundierte „fundamental myths" der Geschichtsschreibung an – den Mythos „of evolution, of revolution, of the sublime, of coherence, of causality, of [|266] the human creation of history, of determinism" – wobei „myth" bei ihm keineswegs die kritikwürdige Falschaussage meint, sondern ebenjenes Schema von Erzählung, das gewählt wird, um kulturelle Anschlussfähigkeit herzustellen.

Die Problematik der Konfigurationstypen von Rüsen, White und Topolski ist annähernd erschöpfend diskutiert worden; nur teilweise haben sie empirische Unmissverständlichkeit für sich. Doch selbst wenn die Geschichtstheoretiker weit davon entfernt sind, abschließend über die Vielfalt des erdenklichen Sinns von historischen Erzählungen urteilen zu können, scheint doch sicher zu sein, dass es einerseits nur eine begrenzte Zahl von möglichen Beziehungslogiken und somit Bedeutungskonstruktionen geben kann. Und dass andererseits, allein weil sozial vereinbart, es doch nicht vollständig in das autonome Belieben des Historikers oder der Historikerin gestellt ist, uns etwa den Holocaust als Komödie oder die Friedliche Revolution als Satire „anzusinnen". Diese Verknappungen der zulässigen Sinngebung lassen erkennen, dass historische Erzählungen weit entfernt sind von „postmoderner Beliebigkeit" bzw. Literarität, die solche Beschränkungen natürlich nicht kennt. Und doch sind sie durch ihren *Sinngehalt* mehr und anderes als referenzielle Abbilder von Vergangenheit.

Während also die Produzenten von Geschichtsschreibung innerhalb eines allfälligen Rahmens permanent *Sinnentscheidungen* fällen, müssen sie ebenso andauernd bemüht sein, ihren Elaboraten beim Publikum und nach Möglichkeit bei den Erzählkonkurrenten Gehör und Glauben zu verschaffen. Es war abermals Jörn Rüsen (1997a), der an diesem gewichtigen Punkt, um den *Rationalitätsanspruch* der Geschichte jenseits eines naiven Belegansspruchs zu sichern, das Kriterium der „Triftigkeit"[21] einführte, die jede historische Erzählung wahren muss, um eine solche zu sein, das heißt also um *Geltung* im gesellschaftlichen Umgang mit erzählter Vergangenheit („Geschichtsdiskurs") zu erlangen. Triftigkeit bildet sich ihm zufolge auf drei Ebenen ab: der *empirischen, normativen und narrativen*, was verkürzt mit Quellentreue (Zuverlässigkeit), Transparenz der Darstellungsabsichten (Funktionalität) und Einhaltung eines kulturell überkommenen Geschichtenschemas (Verständlichkeit) wiedergegeben werden kann. Indessen sind diese Richtschnüre viel weniger nahtlos geknüpft, als es scheinen mag: Da kein einzelnes Kriterium absolut gesetzt werden kann[22], genießen in alternativen Geschichten die verschiedenen Triftigkeiten ungleiches Gewicht, ohne dass der

---

21 Merkwürdigerweise ist das gleichbedeutende Fremdwort „Plausibilität" diesmal das alltagstauglichere.
22 Auch nicht jenes des „Vetorechts der Quellen" – denn abgesehen davon, dass Quellen nicht selbst reden und damit kein eigenes Veto einlegen können, sind sie in aller Regel widersprüchlich: Es wäre unmöglich, eine historische Erzählung zu verfassen, die tatsächlich alle erreichbaren Quellen gleichermaßen achtet.

jeweilige Vorrang zwingend zu begründen wäre; ob und wie ein Kriterium der Triftigkeit erfüllt ist, bleibt selbst Ergebnis von widerspruchsfähiger Interpretation; letztlich scheint der Maßstab der verstandesmäßigen Plausibilität für die Bestimmung der Güte einer historischen Erzählung ohnedies zu einseitig an Rationalität interessiert zu sein – die affektiven Anteile, die ja zu einem gewissen Grad ebenso die Wahrhaftigkeit und Funktionalität einer historischen Erzählung verbürgen könnten, finden in dieser Hinsicht nicht genügend Beachtung.

5. Historische Erzählungen sind sinnvolle narrative Fiktionen

Alles Bisherige läuft darauf hinaus, dass die historische Erzählung, wenn sie als *Wahrsagung* über Geschichte auch von etwas Erfahrbarem, will meinen Tatsächlichem, handelt (den *res factae*), selbst jedoch *Fiktion* (*res ficta*)[23] ist.[24] Das ist so, weil [|267]

- die Vergangenheit, wie Johann Gustav Droysen sowie vor und nach ihm viele andere wussten, unwiederbringlich vergangen, nicht mehr zuhanden ist, während die Historiker doch so tun, *als ob* sie dieses komplett Verschwundene sekundär vergegenwärtigen und anschaulich machen könnten (Fiktion der *Präsenz*);
- Vergangenheit, um verfügbar zu werden, in der Form eines hoch- und verkehrssprachlichen Textes mit spezifischem Sprachregime gerinnt; dadurch wird ein strikt geregeltes Zeichensystem auf eine vergangene Wirklichkeit appliziert, die sich einst selbstredend ohne Rücksicht auf Grammatik und Syntax vollzog, und dieser Ersatz für das Eigentliche gehalten (Fiktion der formalen *Repräsentation*);
- historisches Erzählen unbenennbar zahlreiche vergangene Vorkommnisse auf einige wenige überlieferungswürdige beschränkt und durch diese Auswahl Relevanzen setzt, die in der Überlieferung selbst nicht enthalten sind (Fiktion der *Reduktion*);
- historisches Erzählen Ordnung, Wille und regelhafte Abfolge in eine durcheinander geschüttelte, verwickelte, chaotische Realität bringt. Es hat den Anschein, als *musste* alles, was erzählt wird, so kommen, wie es dann kam (Determinismus, Tunnelblick). Der Befund wird umso problematischer, als die harmonisierende Tilgung von Kontingenz selbst dann wirkt, wenn der Histo-

---

[23] Das Oppositionspaar geht auf Rudolf Haller (1986) und seine Lehre von den „vollständigen" und „unvollständigen" Gegenständen zurück. Die moderne Debatte ist also noch nicht sehr alt, wenn auch die antiken Rhetoriker das Problem bereits kannten und bezeichneten. Das zugrunde liegende Verb „fingere" meint übrigens ursprünglich „streichelnd berühren" und hat sich auch im deutschen „Teig" erhalten.
[24] Es besteht notabene ein Unterschied zwischen der Fiktion durch historische Narration und fiktionalem Erzählen auf Grundlage von Geschichte, z. B. im historischen Roman (Pandel 2010b, 94).

riker dies mit guten Gründen bewusst vermeiden möchte – es ist eben nicht möglich, triftige („wahre") Geschichten[25] über nicht geschehenes Geschehen zu erzählen (Fiktion der *Folgerichtigkeit*);
- Geschichte durch verträgliches Abwägen tendenziell versöhnlichen Sinn für ein eigentlich sinnloses, oft unanständiges Geschehen anbietet (Fiktion der *Integrität*);
- die Historikerinnen und Historiker, um zu überzeugen, mit ihren Rezipienten einen Vertrag über die Gewissenhaftigkeit sowie Unvoreingenommenheit ihrer Arbeit abschließen, für den sie persönlich einstehen, während sie für die Verständlichkeit ihrer Sprechakte auf gemeinsame Erfahrungen und Interessen setzen müssen. Hierdurch schaffen sie eine von Intentionen gesteuerte soziale Vertrautheit mit den historisch Lernenden. Erhebliche Erkenntnisfortschritte werden hingegen oft erst erzielt, wenn Kultur, Kontext und Individuum einander fremd sind (Fiktion der *Intimität*).[26]

Diese ziemlich sprachtheoretische Beschreibung von Erzählhaltungen als *Fiktionalisierungen* im Modus des Als-ob soll keineswegs, es sei wiederholt, nahelegen, dass historisches Erzählen nicht *realistisches Erzählen* wäre. Aber die Inanspruchnahme einer Referenz zu tatsächlichem Geschehen kommt eben nicht der Geschichtswissenschaft allein zu. So steht am Anfang des modernen realistischen Erzählens wiederum Literatur, genauer das *formvollendete* Romanwerk von Gustave Flaubert, das regelmäßig auf der Erfahrung vergangener Wirklichkeit gründet. Bei ihm findet sich bereits ausgeprägt, was heutige Historiker zu ihren Mitteln zählen: die kalte Beobachtung, der kamerahafte Blick, die Bedeutungsüberhöhung des Details, im Übrigen trotz des Erkenntnismittels der Einfühlung („Empathie"[27]) die Vermeidung des inneren Monologs zugunsten der Figurenrede, sodass Autor und Akteure in bedenkliche Abhängigkeit voneinander geraten. Die lange, teilweise erbittert und aufgrund interdisziplinärer Grenzüberschreitung nicht immer sachverständig geführte Diskussion um die Poetologie der historischen Erzählung bzw. ihre ästhetische Ideologie muss hier nicht nachgezeichnet werden.[28] Sie ist noch nicht an ihr Ende gelangt, was unter anderem daran
[|268] liegt, dass man zumindest in der Geschichtswissenschaft zwischenzeitlich immer einmal wieder zu den apodiktisch vorgetragenen Ausgangspunkten zurückkehrt – während zugleich die Literaturwissenschaft und auch die (Fremd-)Sprachdidaktiken

---

25 Kontrafaktische (in England: What-if-)Geschichten weisen, obwohl eindeutig irreal, einen Ausweg.
26 Man denke etwa an die dem „Westen" Augen und Ohren öffnenden Werke von Edward W. Said oder Dipesh Chakrabarty (Stichworte Orientalismus – Europa als Provinz).
27 Der gelehrte Neologismus „Empathie" ist wahrscheinlich eine Übersetzung des älteren deutschen „Einfühlungsvermögens" aus dem 19. oder Anfang des 20. Jahrhunderts. Der Urheber ist umstritten.
28 Dafür nur ein schönes Beispiel: Hannah Arendt gab bezüglich ihres berühmten, nicht unumstrittenen Diktums von der „Banalität des Bösen" durchaus zu, auch von dem düsteren Reiz der drei so zusammengeschlossenen Worte verführt worden zu sein.

beständig modernisierte, zukunftsträchtige Modelle für „Fiktion", „Fiktionalität" sowie „Fiktionalitätskompetenz" entwerfen.[29] Pointiert jedoch lässt sich zusammen mit Frank Ankersmit (1994, 38) und seiner ganz eigenen Auffassung von Fiktionalität resümieren: „Historical narrative shows the past in terms of what is not the past." Demzufolge ist die historische Erzählung als sinnträchtige Narration immer fiktional *und* faktual zugleich. Es muss daher, vor allem wenn Geschichte „lernbar" gemacht werden soll, geschichtsdidaktisches Bestreben sein, die „terms", in denen Vergangenheit für uns (nur) in Betracht kommt, und den adäquaten Umgang mit ihnen näher zu fassen. Die Kunst des Erzählens jedenfalls und noch mehr des Verstehens von Erzählungen ist eine Schule des *close reading*. Dies gemahnt uns, beim historischen Lernen mindestens so viel über die Form des Erzählten nachzudenken wie über den Inhalt. Die komplexen Fähigkeiten, Fertigkeiten und Bereitschaften, die dazu vonnöten sind, können im Geschichtsunterricht auf verschiedene Kompetenzbereiche verteilt werden.

6. Erzählen macht Kompetenzorientierung im Geschichtsunterricht möglich

Die verschiedenen existenten Kompetenzmodelle für historisches Lernen finden unterschiedliche Lösungen für die Identifizierung genuiner mentaler Operationen im Geschichtslernen, um dementsprechend Kompetenzbereiche unterscheiden zu können [→ Barricelli/Gautschi/Körber: Kompetenzen, Bd. 1; dort auch der Nachweis für Literatur zu Terminologie und Systematik]. Seit nunmehr mindestens 25 Jahren und damit lange vor dem Einsetzen einer Nach-PISA-Kompetenzdebatte gilt zumindest als vereinbart, dass *narrative Kompetenz* im sprachbildenden Fach Geschichte eine wesentliche, wenn nicht *die* Zielbestimmung historischen Lernens ausmacht.[30] Die meisten aktuellen, erzähltheoretisch informierten Lehrpläne bzw. Kerncurricula, kultusministeriellen Richtlinien wie die EPA und geschichtsdidaktischen Kompetenzmodelle bestätigen das eindrücklich, jeweils in unterschiedlicher Gewichtung.[31] Indem wir einmal akzeptiert haben, dass Geschichte Narration bedeutet, können aber auch

---

29 Vgl. aus einem unüberschaubaren Schrifttum die anregenden Arbeiten von Fulda (1999, 29–34), der gleichwohl nicht vollständig klar machen kann, worin die von ihm geforderte systematische Differenzierung zwischen historischer Konstruktion und literarischer Fiktion letztlich besteht. Vgl. aber literaturwissenschaftliche Rückschläge, z. B. bei Zipfel (2001, 179), der auf Grundlage eines sehr naiven Geschichtsverständnisses das Hantieren mit dem Ausdruck „Fiktion" in der Historiografie als „schädliche Ausweitung des Begriffs" ablehnt. Zur „Fiktionalitätskompetenz" vgl. Rössler (2010, 172 f.). Für die Geschichtsdidaktik vgl. Günther-Arndts (2010, 24, 27) reizvollen Ansatz, zwischen der „Poetik der Geschichte, wie sie Hayden White postuliert", und der „Poetologie historischen Wissens" zu unterscheiden.
30 Vgl. früh und bündig Pandels (1986, 392) Feststellung, der zufolge „die formale und jenseits politischer und pädagogischer Intentionalitäten liegende Zielsetzung des Geschichtsunterrichts *narrative Kompetenz* ist" (kursiv im Original).
31 Besonders hervorgetan haben sich hierbei die Rahmenlehrpläne in Berlin und Brandenburg.

andere historische Kompetenzen sehr gut im Hinblick auf ihren fachlichen Beitrag zum Erzählenlernen modelliert werden, wie im Folgenden exemplarisch gezeigt wird.

Die ‚Texte der Geschichte' [→ Brüning: Textquellen, Bd. 2] lassen sich zunächst anhand von funktionalen, formalen, semantischen Kriterien pragmatisch klassifizieren: Ein Diskurs ist anders organisiert als eine ‚durchgeschriebene' Monografie, das Narrativ einer historischen Ausstellung kennt andere Ansprüche als das Drehbuch eines Historienfilms oder eine didaktische Darstellung im Schulbuch. Zeitzeuginnen und Zeitzeugen bedienen sich spezifischer Zurichtungen von Triftigkeit, bei ihnen ist Retrospektion stets mit dem prekären Anspruch von Authentizität verbunden, was durch eigene Erzählformen gesichert wird. Der Mythos wiederum besitzt eine im Grunde ahistorische Struktur des „So war es [|269] und so ist es". Nicht-textuelle Überlieferungen der Vergangenheit – Gemälde, Fotografien, Dinge – sind zwar in ihrer Gegenständlichkeit Erkenntnisobjekte vor allem der Kunst- und Medienwissenschaften, welche Perspektiven, Lichtverhältnisse, Farbgebung, Wirkung, Konsum, Verfremdung untersuchen. Sie können aber genauso gut als „nicht-kontinuierliche" Texte angesprochen werden, die ihre Narration in sich tragen und als historische Quellen verfügbar werden, indem mit ihnen und über sie erzählt wird. Verlangt wird damit nach *Gattungskompetenz* oder, stärker handlungsorientiert gedacht, *Medien-Methoden-Kompetenz*.

Außer um formale Aspekte kreisen die hier angestellten Überlegungen (und seit Thukydides generell die gesamte Selbstreflexion der Geschichtsschreibung) um die Frage nach, wie es abwechselnd hieß, Objektivität, Adäquatheit, Referentialität, Repräsentation, Gültigkeit einer/der historischen Erzählung. Dahinter steckt die Einsicht, dass das Erkennen von Vergangenheit niemals voraussetzungslos, sondern immer *vermittelt* ist. Der Theoretiker Keith Jenkins (1991, 40) meint dazu: „Vorausgesetzt, es gibt keine voraussetzungslose Interpretation der Vergangenheit, und unter der Voraussetzung, dass Interpretationen der Vergangenheit in der Gegenwart konstruiert werden, scheint die Möglichkeit des Historikers, seine Gegenwart von sich abschütteln zu können, um irgend jemand anderes Vergangenheit in seinen Begriffen zu erfassen, in weiter Ferne." Doch es ist nicht nur die Unmöglichkeit der Einnahme eines planetarischen Beobachtungspunktes, der historischer „Wahrheit" entgegensteht, sondern ebenso die Wankelmütigkeit von „Wahrhaftigkeit", die dem historischen Betrieb etwas Verzweifeltes gibt. Denn es unterscheiden sich ja nicht nur die advokatorischen Standpunkte (Präkonzepte, Erfahrungswissen, ideologische Zuneigung) und mithin die „Perspektiven" verschiedener Historikerinnen und Historiker in Richtung eines vergangenen Geschehens zur selben Zeit voneinander, sondern auch die Einstellungen, Auffassungen und Sichtweisen ein und derselben historisch arbeitenden Person können sich innerhalb von gewissen Zeiträumen wandeln: aufgrund von neuen Quellenfunden oder geglückter Überzeugungsarbeit durch Kolleginnen und Kollegen, viel eher aber noch im Kontext des allgemeinen Wandels gesellschaftlicher Konventionen, kultureller Normen und alltäglicher Praxen. Man vergleiche nur, was etwa Gerd Koenen und Wolfgang Kraushaar im Abstand von jeweils einigen Jahren oder wenigen

Jahrzehnten zum eigenen Erleben und zur Deutung der Ereignisse um 1968 in der Bundesrepublik Deutschland geschrieben haben.

Solche Bedeutungsverschiebungen innerhalb von Erzählhaltungen sind allerdings keineswegs Störungen der historiografischen Praxis, sondern ihr konstitutives Merkmal. Eine *single best narrative* kann es nicht geben, die Suche nach ihr kommt einem Aberglauben gleich, ihre Feststellung wäre reine Magie. Vom idealen Standpunkt aus lässt sich dagegen sagen: Die beste historische Erzählung ist die komplizierteste; das ist, der ursprünglichen Bedeutung des Wortes folgend, nicht die am schwersten zu verstehende, sondern jene, welche die meisten Perspektiven, Stimmen, Deutungen, Sinngebungen *von jetzt und früher* miteinander ‚verfaltet' – und dies dann dem Leser nachvollziehbar präsentiert. Das Vermögen dazu ist eine große Gabe: Es beruht auf profunder Quellenkenntnis, lebendiger Erzählfähigkeit, konsequenter Haltung bei geistiger Flexibilität und permanenter Selbstreflexion. Und auf der demütigen Einsicht in die Vorläufigkeit aller historischen Erkenntnis, wiewohl wir seit Max Weber ohnedies wissen, dass es unser Schicksal, ja Auftrag als Forschende ist, von der Forschung [|270] dereinst überholt zu werden. Eine gute historische Erzählung weist also Deutungsvorbehalte im Vorhinein aus, markiert Sollbruchstellen und legt ihre eigene Verbesserungsbedürftigkeit offen. Dass man solches bereits im Geschichtsunterricht vermitteln kann, macht der britische *history educator* Denis Shemilt (2000, 98) deutlich: „First we say that there is no single right answer to the really significant questions in history and that pupils must work out for themselves. Then we say: ‚But not any answer will do. Some answers are indefensible even if no one answer is clearly right! And some admissible answers are not as good as other admissible answers.' Pupils then spend considerable time and effort learning how to determine which answers and accounts are better than others. If they succeed we say: ‚But even though some accounts are better because more valid or coherent or parsimonious than others, there is no one best account, since we find it useful to vary questions, assumptions and perspectives.'" Wenn wir historische Erzählungen dieser Art auf ihre spezifischen Entstehungskontexte, inhärenten Darstellungsabsichten und notwendig eingeschränkten Gültigkeitspostulate untersuchen – um ihnen zu guter Letzt auch einige „Informationen" und Sinnangebote zu „entnehmen" –, benötigen wir *Deutungs- und Analysekompetenz*.

Wir müssen uns indessen stets bewusst machen, dass der weit überwiegende Teil all dessen, was einmal geschehen ist, niemals von irgendjemandem erzählt worden ist oder wenigstens nicht von allen, deren Stimme im konkreten Fall wichtig wäre. Dies ist aus sehr unterschiedlichen Gründen so. Zunächst besteht das Problem der Mittel: Es fehlt uns an Zeit, die möglichen Geschichten zu verfassen oder zu lesen, oder es fehlen die Quellen, weil sie verloren gegangen oder nie entstanden sind: So gibt es quasi keine Selbstzeugnisse der des Schreibens unkundigen Bäuerinnen und Bauern des europäischen Mittelalters, und von den allermeisten der mehr als 12.000 namentlich bekannten Männer und Frauen, die allein in der Reichshauptstadt Berlin Widerstand gegen das NS-Regime leisteten (durch Anfertigung und Schmuggel von Flugschriften, Sabotage, Verstecken Verfolgter, Attentatsvorbereitungen etc.), verfügen wir nur über eine kurze Notiz in Polizei- oder Gerichtsakten. Sehr häufig verhindern politische Opportunitätsgründe die historische Erzählung: Dänische Schulkinder erfahren aus ihren Büchern kaum etwas über die gewalttätige westindische Kolonialvergangenheit ihres Königreichs ab dem 17. Jahrhundert, das sich heute lieber klein und friedliebend gibt, italienische wenig bis nichts über die Giftgasangriffe und das KZ-System der vom „Duce" geführten Armee ihres Landes während der völkerrechtswidrigen Invasion Abessiniens 1935/36. Manch andere Geschichten „passen" einfach nicht in die liebgewonnene *Great Occidental Novel* des steten und bewusst herbeigeführten Fortschritts der Menschheitsentwicklung: Wir erfreuen uns derzeit an opulenten archäologischen Ausstellungen mit ihren gewaltigen Schaustücken besonders aus Regionen Vorderasiens – während unerwähnt bleibt, dass Archäologie und Orientwissenschaft, welche bis weit in das 20. Jahrhundert hinein die Magazine unserer Museen zu füllen halfen, wenn nicht Raub-, so doch Propagandafeldzüge europäischer Staaten untereinander oder gegen das Osmanische Reich im Kampf um arabische Verbündete, Land und Ressourcen waren;[32] das Aufkommen der Zuckerrübe hat wahrscheinlich mehr zur Abschaffung der (mit dem Anbau von Rohrzucker direkt in Verbindung stehenden) Sklaverei in der Karibik, Lateinamerika und dem Süden der USA beigetragen als die eh- [|271] renwerten abolitionistischen Bewegungen seit dem 18. Jahrhundert; waren die Nürnberger Kriegsverbrecherprozesse 1945/46 nicht eigentlich eine Maskierung der erschreckenden Gleichgültigkeit der Alliierten gegenüber den eklatanten Verbrechen der Nationalsozialisten?; jedenfalls wurde die Allgemeine Erklärung der Menschenrechte 1948 eben nicht auf alleinige Initiative westlicher Nationen, sondern unter dem Druck lateinamerikanischer (vor allem in der Frauenrechtsfrage) und muslimisch geprägter Staaten sowie Chinas (!) durchgesetzt, während die USA sowie Großbritannien und andere Herren über damals noch weiträumige Kolonialreiche manche Privilegien zu wahren versuchten; und zum langsamen Mentalitätswandel im Spanien unter Franco, durch welchen nach dem Tod des Despoten die Tilgung der Diktatur möglich wurde, hat seit den 1950er Jahren wohl nicht nur die erlahmende Opposition beigetragen, sondern genauso der Zustrom von Touristen gerade auch aus Deutschland, die sich ihrerseits um die politischen Verhältnisse nicht scherten und das von Franco persönlich an manchen Stränden erlaubte Tragen freizügiger Badebekleidung genossen. In der Summe wird offenbar, dass die erzählten Geschichten sich gegenüber den nicht (so häufig) tradierten außer durch Formung, Sinnreichtum und Poetik durch *Schicklichkeit* ausweisen. Ein Extremfall der Nicht-Erzählung ist indes der trotz Bemü-

---

32 So war die Zeitschrift „El Dschihad" eine Gründung des zuletzt wieder hochgelobten deutschen Ausgräbers Max von Oppenheim während des Ersten Weltkrieges. Mit diesem Organ der „Nachrichtenstelle für den Orient" wollte und sollte Oppenheim zur religiösen Aufstachelung von Arabern in den von Frankreich und Großbritannien begehrten Territorien beitragen. Dass also das scheinbar Islamischste des Islamischen – der Heilige Krieg – eine deutsche Tradition besitzt, daran wird heute fast nicht mehr gedacht.

hens *vergebliche* Versuch der Sinnbildung: So können Holocaust-Überlebende und andere Gewaltopfer systematischer Menschenrechtsverbrechen keine bedeutungsvolle Geschichte über ihre „Zeiterfahrung" erzählen, können ihr Leben nicht wie wir fast alle anderen als adrette Erzählung zuschneiden, die Ordnung schafft und hinterlässt – diese *Sinndefizienz* führt zum *Trauma*. Die bewusste Auswahl von Geschichten, die erzählt, und solchen, die nicht weitergetragen werden sollen, kann nur im Hinblick auf deren Nutzen in unserer Lebenswelt geschehen. Nur wenn wir von jenem überzeugt sind und eine vorgängige Idee der Sache besitzen, werden wir eine Nachfrage an die Vergangenheit stellen (*Fragekompetenz*) und diese unter Aufwendung von *Urteils- und Orientierungskompetenz* beantworten sowie individuell verfügbar machen.

Nun fehlt bisher überhaupt eine Begründung dafür, ob und warum Schülerinnen und Schüler Geschichte erzählen können sollen, wenn das doch ein so überaus schwieriges und von großer intellektueller Kraft abhängiges Geschäft ist, das man besser an die Fachleute delegiert (ergo: Warum es Geschichtsunterricht geben soll). Diese Frage rührt an den Kern des professionellen Selbstverständnisses von Geschichte als akademischer Disziplin. Aber sie lässt im Grunde nur eine Antwort zu: Geschichte ist eben nur *unter anderem* Wissenschaft. Es bleibt ja ganz unstrittig, dass historische Erzählungen außer von Historikerinnen und Historikern genauso von vielen anderen berufenen Fachleuten (z. B. Journalisten, Juristen, Medizinern, Theologen, Lehrern), von berufsmäßigen künstlerischen Erzählern (Schriftstellern, Regisseuren), von historischen „Laien" (Zeitzeugen) verfasst werden – dass sich also *Top-down-* und *Bottom-up-Prozesse* bei der Suche nach historischer „Wahrheit" vermengen. Das ist so, weil ihnen allen gleichermaßen die Voraussetzungen zu Gebote stehen: die Fähigkeit zum Erinnern, zum Texten, der gleichberechtigte Zugang zu Argumentation und Kommunikation. Infolgedessen ist historisches Erzählen keineswegs lediglich ein Beruf, sondern vor allem anderen eine *kulturelle Praxis*. Was wäre das für ein Mensch, der nur die Geschichten der professionellen Historikerzunft kennte und nicht auch seine eigenen? [|272]

Doch die Rede von der Geschichte, die so vielstimmig erzählt wird, hat überhaupt nur dann Berechtigung, wenn sie sich auf die Historizität der Ereignisse, also ihre Vergangenheit und Vergänglichkeit, verlassen kann. Das war freilich immer schon schwierig und im Grunde von vielen Erzählinstanzen gar nicht gewollt, denn gleichzeitig mit einer Vorstellung von abgelebter Historie wurde bereits ganz zu Beginn der Zwilling der „lebendigen Geschichte" zur Welt gebracht, an der *alle Gegenwärtigen unvermittelt teilnehmen* (können): Die Nachstellung siegreicher Seeschlachten in den Arenen des alten Roms, historische Kostümbälle am Hofe des Sonnenkönigs, die Hannoveraner Wormsfeier des Jahres 1921 mit ihrer Nachstellung von Szenen aus dem Leben Luthers (Schmid 2010) oder die sommerliche Verlockung, nach der schweißtreibenden Teilnahme am Roskilde-Rockfestival vom Hafen der schönen dänischen Stadt aus auf „mittelalterlichen Wikingerschiffen" in die kühle See zu stechen, zeugen gleichermaßen von dieser Sehnsucht nach einer Vergangenheit, die nicht vergehen soll, an die man sich *erinnern will*. Geschichte soll eben nicht gleich Erinnerung sein, und Historizität diente lange dazu, den trennenden Graben zwischen jener und dieser, welch Letztere an der Vergänglichkeit ihrer Objekte und dem Vergehen von Zeit gar kein Interesse hat, sondern die Kontinuität der Präsenz bewirken will, nicht zu schmal werden zu lassen. Allerdings hat nun gerade der gesellschaftlich omnivore Einsatz des schillernden Erinnerungsbegriffs zu der Vernebelung seines metaphorischen Charakters und folglich seiner Quasi-Objektivierung geführt, sodass seit den 1970er Jahren trotz des obigen Vorbehalts die gemeine Erinnerung den Begriff der „Geschichte" als Definition dafür ablöst, was wir tun, wenn wir uns unverfügbare Vergangenheit verfügbar machen wollen. Erinnerungen indessen – geäußerte zumal – sind nichts anderes als entlang konstruktiver Kontexte verfertigte, an tradierten Wahrnehmungsmustern geschulte und im Rahmen eines gesellschaftlichen Wertgefüges angängige narrative Sinndeutungen (was Maurice Halbwachs als „cadres sociaux" bezeichnete). Entfalten sie sich unreflektiert im erlebenden Empfinden des Einzelnen oder eines Kollektivs, bilden sich jene ungeschützt authentischen, in einer Formulierung des historisch arbeitenden Sozialpsychologen Harald Welzer (2001) „opportunistischen" sozialen Gedächtnisse heraus, die maßgeblich die „Parallelgesellschaften" unserer *Einen Welt* verantworten (Barricelli 2009b, 2011b). Die zugehörigen berühmt-berüchtigten *Meister- oder Meta-Erzählungen* sind vor allem Instrumente von *Herrschaftskontrolle* – der anderen und des Selbst: So wie z. B. der gute männliche preußische Untertan im späten 19. Jahrhundert seine Identifikation mit dem Kaiserreich und der Hohenzollerndynastie unter anderem durch Barttracht und Unerschütterlichkeit in der borussischen Geschichtsschreibung anzeigte, ist desgleichen der noch nicht ausgestandene Streit darum, ob man die DDR als „Unrechtsstaat" apostrophieren dürfe, eine Angelegenheit der (De-)Legitimation eines Systems, von kollektiven Erfahrungen und individuellem Erleben – was sehr unterschiedliche Dinge sind – durch Erzählen. Und weil Geschichte damit sehr wohl eine Waffe sein kann, ist es zulässig, dass wir uns alle, solange allgemeine Abrüstung nicht zu erwarten ist, mit vielfältig alternativen Geschichten munitionieren. Die Fähigkeit zum selbstständigen Erzählen, um in einer globalisierten Wettbewerbsgesellschaft sich Platz und Raum, Anerkennung und Identität sowie Zukunftschancen zu verschaffen und zugleich das gedeihliche Auskommen einer an Kant gemahnenden Weltbürgergemeinschaft zu sichern, meint *narrative Kompetenz* im eigentlichen Wortsinn.[33] [|273]

---

[33] Insofern ist die Verkürzung von narrativer Kompetenz auf Reproduktion und Rekonstruktion (Körber 2007a, 127) unbedingt abzulehnen.

7. Didaktische und methodische Zugänge für einen narrativitätssensiblen Umgang mit Geschichte im Unterricht

Leicht einzusehen ist, dass narrative Kompetenz als individuelle Fähigkeit zur Bildung von triftigen Geschichten sich aus verschiedenen Befähigungen speist: Die reflektierte Kenntnis der Bauformen einer Erzählung, von Geschichtenschemata bzw. *narrative frameworks* und *colligatory patterns* (Shemilt 2000), wie sie oben vorgeführt, und Sinnbildungstypen, wie sie hier breit diskutiert wurden, bildet gewiss eine Voraussetzung. Gattungskompetenz im Sinne der Unterscheidungsfähigkeit unterschiedlicher narrativer Formate tritt hinzu. Die im Geschichtsunterricht altbekannte Ideologiekritik erhält noch einmal neuen Schub, denn es sind die Fragen nach den Authentizitätsansprüchen und diskursiven Geltungsbedürfnissen einer geschlossenen Erzählung, die diese überhaupt erst für Lernvorgänge verfügbar machen. Ohne Zweifel gehört aber neben diesen vornehmlich kognitiv-intellektuellen Impulsen genauso die Ausbildung einer eher ästhetisch zu verstehenden *narrativen Eloquenz* zum grundständigen Aufbau von Erzählfähigkeit:

Gemeint sind Übungen mit dem Zweck der aktiven Erweiterung von Wortschatz und Stilistik, die generative Beherrschung von Metaphorik, überhaupt ein Sinn für den Formenreichtum unserer und im Übrigen natürlich fremder Sprachen. Vorzüglich im bilingualen Geschichtsunterricht können Lernende mittels einer komparativen Meditation ein vertieftes Verständnis für die kulturelle Imprägnierung und Normierung von Sprache einschließlich Idiomatik, Lexik, Begriffsbildung oder Bilderreichtum und damit narrative Kompetenz als sprachlich-fachlich-diskursive Fähigkeit erwerben (Zydatiß 2007) [→ Kuhn: Bilingualer Geschichtsunterricht, Bd. 2].

Nach der langen Zeit der Theorieentwicklung liegen inzwischen empfehlenswerte Handreichungen, manchmal sogar in Form von Monografien vor, die das Lehren und Lernen des historischen Erzählens im Unterricht praktisch machen. Als Autoren zu nennen sind unter anderen Rolf Schörken (1999), Josef Memminger (2007), Olaf Hartung (2010a), der Verfasser und vor allem Hans-Jürgen Pandel, der dafür zuletzt (2010b, 127 ff.) eine umfangreiche Übersicht zusammen mit operationalisierten Beispielen vorgelegt hat. Pandel erläutert vorbildlich, an welchen sprachlichen Elementen narrative Kompetenz in Schülererzählungen erkennbar wird und, vice versa, wie diese mithilfe von Regelwissen systematisch einzuüben ist. Seine „Diagnosefragen für Lehrkräfte" in Bezug auf Schülererzählungen beziehen sich auf einzelne Komponenten, insbes. auf die erkennbare bzw. korrekte Darstellung von Zeitdifferenz, Geschehenskohärenz, Handlungssubjekten, empirische Triftigkeit, Perspektivik, Sinnbildung.

In der weiter anwachsenden Literatur erörtert werden darüber hinaus verschiedene Erzählhandlungen[34] (v. a. Nacherzählen, Umerzählen, ursprüngliches Erzählen; zeit-

---

34 Vgl. dazu breit exemplifiziert Barricelli u. a. (2008). Dort weitere Literatur bis 2008.

gestaffeltes, identifizierendes, opponierendes Erzählen), der Umgang mit erzählenden Vorlagen wie Traditionsquellen, Lehrererzählung, Verfassertexten in Schulbüchern, narrativen Zeitzeugeninterviews (Barricelli 2010), fiktionalen Formen wie Jugendliteratur und Belletristik (historischer Roman, Autobiografik; Barricelli 2012), genauso die Arbeit mit „nicht-kontinuierlichen" Texten, d. h. Fotografien[35], Karten (Böttcher 2011), Karikaturen (Schnakenberg 2011). [|274]

Welche einzelnen narrativen Aufgabenformate für eine konkrete Lehrsituation mit ihrer Inhalts-, Anspruchs- und Leistungsspezifik tatsächlich geeignet sind, kann nicht allgemein gesagt werden. Die „simple" Nacherzählung[36] einer verwickelten Geschichte mag Schülerinnen und Schülern zuweilen schwerer fallen als, bei entsprechender Hilfestellung, die Narrativierung dreier multiperspektivischer Quellen; das Verfertigen einer Erzählung aus einer Bildsequenz kann leichter von der Hand gehen als die Fiktion einer Alternativgeschichte zum hermetisch geschlossenen, imaginativ überwältigenden Historienfilm mit seinen zwingenden Deutungs- und Sinnangeboten. Schließlich ist an Narrativität ausgerichtetes Geschichtslernen besser als der rein quellenorientierte Unterricht in der Lage, die fiktionalen und fiktiven und sogar fantastischen Anteile der Befassung mit Geschichte in den Griff zu bekommen: Das in der Geschichtsdidaktik trotz seines mehr als hundertjährigen Bestehens nicht ausdiskutierte Problem der „Einfühlung" sowie die damit verbundene Praxis des „Hineinversetzens" in handelnde oder leidende Personen, um aus deren Perspektive heraus Geschichte zu verstehen, kann mit narrativen Begriffen beherrschbar gemacht werden.

Aus dem Spektrum des hinsichtlich der Ausbildung narrativer Kompetenz im alltäglichen Unterricht Möglichen, Zweckmäßigen und praktisch viel Versprechenden seien nachfolgend noch einige wenige Arrangements (oder *narrative settings*) herausgegriffen und beleuchtet:

- Zerschnittene Erzählungen ordnen: Die Schülerinnen und Schüler erhalten ein Set von fünf bis acht durchmischten Kärtchen oder Papierstreifen, die die Einzelteile einer Textquelle oder Darstellung enthalten, und sollen diese in die (oder eine) richtige Reihenfolge bringen. Entwickelt wird ein Gefühl für den folgerichtigen Aufbau von Texten: In der Regel beginnen diese mit einer Exposition, handelnde Figuren werden eingeführt und charakterisiert, weiter hinten vorausgesetzte oder verarbeitete Informationen müssen vorn erstmalig gegeben werden, es existiert ein Spannungsbogen, am Ende steht die Auflösung der Komplikation.

---

[35] Grundlegend und empfehlenswert zu diesem neuen Lieblingsthema der Geschichtsdidaktik weiterhin Hamann (2001) [→ Hamann: Bildquellen, Bd. 2].
[36] Nacherzählen ist, anders als in der geschichtsdidaktischen Literatur zuweilen behauptet, keineswegs ein nur vorbereitendes oder übendes Verfahren. Nacherzählen ist der Ursprung aller menschlichen Kultur im Zusammenspiel von Tradition, Diffusion und Innovation; es besitzt damit einen eigenen sinnverbürgenden Wert.

- Bildunterschriften für Fotografien finden: Die allermeisten fotografischen Erzeugnisse (Schnappschüsse, Studioaufnahmen, Bildreportagen) sind von sich aus völlig nichtssagend und höchstens mit allgemeinem Weltwissen grob zu erschließen: Man sieht viele oder wenige, leise oder aufgeregte, gut gekleidete oder abgerissene Menschen, die interessiert oder unbeteiligt, froh oder traurig, ruhig oder ängstlich schauen, dazu Häuser in einem bestimmten Zustand, Wohnungsinterieurs von gewisser Güte, Natur als Hintergrund oder Bildelement. Doch selbst bevor im Unterricht die für Analyse und Interpretation nötigen Kontexte zu Ort, Zeit und Bedeutung der Aufnahme gegeben werden, kann deutlich werden, dass von manchen Bildern ein Erzählsog ausgeht: Ein ernster Mann im Mantel, der umringt von entgeisterten Zuschauern vor einem regennassen Monument kniet; Kinder, die, in einer Trümmerlandschaft einen Hügel erklimmend, einem einschwebenden Flugzeug zujubeln und dabei dessen Unterseite fast berühren; ein entsetzlich schreiendes und weinendes, nacktes Mädchen, das vor einer Waldkulisse auf den Betrachter zustürzt; eine schmale, bunt bemalte Mauer, auf der mitten in der Nacht Hunderte von offensichtlich glücklichen Menschen balancieren – alle diese Bilder [|275] zeigen an, dass hier etwas Unerhörtes vor sich geht, das unbedingt erzählt werden muss (wofür freilich die Fotografie selbst dann nicht mehr ausreicht).
- Narrative Abbreviaturen „auserzählen": Durch das Narrativieren von Alltagsworten und historischen Fachbegriffen wird das Gefühl der Lernenden für vergehende Zeit und die Notwendigkeit des historischen Erzählens gestärkt. Zum Beispiel: „Narbe", „Witwe", „Jubiläum", „Verfassung" (ein für die Mitglieder einer politischen Gemeinschaft grundsätzliches Dokument, das bei deren erster oder einer neuen Konstituierung von einem oder mehreren Verantwortlichen ausgearbeitet wird und Aussagen zum gewünschten Umgang der Menschen miteinander, insbesondere zu Ordnung und Leitung der Gemeinschaft enthält, welche wiederum auf geschichtlicher Erfahrung beruhen; Bsp.: *Constitution* der USA, Weimarer Reichsverfassung, Grundgesetz), Reformator (Mensch, der einen gesellschaftlichen, geschichtlich bedingten Zustand durch aktives Handeln zielgerichtet, wenn auch Stück für Stück verändert oder zu dessen Veränderung entscheidend beiträgt, wörtlich: um einen ehemaligen Zustand, von dem man sich zum Schaden aller entfernt hat, wieder herbeizuführen; Bsp.: Martin Luther); ähnlich, wiewohl kaum einer einheitlichen Definition zugänglich: Revolution, Diktator, Globalisierung.
- Perspektivisches Erzählen: Im Grunde handelt es sich bei dieser Formulierung um eine Tautologie, da es ja keine historische Erzählung gibt, die nicht perspektivisch ist, und zwar gleich doppelt: Die Fokalisierung eines Referenzsubjektes (einzelne Personen, eine Stadt oder Region, eine Nation, eine geschichtsmächtige Idee) ermöglicht erst die stabile, sinnvoll zusammenhängende Narration – die Autorin oder der Autor betrachten das Geschehen in

einer Hinsicht aus ihrer jeweiligen Gegenwart. Insofern meint „perspektivisches Erzählen" ein Erzählen durch reflektierte *Perspektivenverschiebung*: Der „Gang nach Canossa" erhält aus Sicht der Parteigänger Heinrichs IV. oder des Papstes Gregor VII., der Ehefrau Heinrichs Bertha von Savoyen (von der sich der moralisch haltlose König immerhin hatte scheiden lassen wollen und die dem erbärmlichen Gatten doch im entscheidenden Augenblick über ihre familiären Beziehungen den Zugang zum einzig offenen Alpenpass des Mt. Cenis verschaffte) oder des französischen Königs ganz unterschiedlichen Sinn. Und auch die Geschichten katholischer und evangelischer, nicht christlicher, areligiöser („atheistischer") Schülerinnen und Schüler zu diesem Wendepunkt deutscher, europäischer und Weltgeschichte werden sich in ihrer Bedeutungsaufladung unterscheiden.

– Emplotment-Wechsel: Nahe am perspektivischen Erzählen liegt der bewusst vorgenommene Wechsel von Plot-Strukturen (nach Hayden White, s. o.), um die Aussageleistung von Narrationen zu ergründen. Dabei ist der Erkenntnisgewinn stärker an der Formgebundenheit der historischen Erzählung ausgerichtet: Die Proklamation des Deutschen Kaiserreiches im Spiegelsaal von Versailles (Januar 1871) lässt sich aus Sicht Bismarcks als Romanze (Austarierung eines vorteilhaften Verhältnisses zwischen Preußen und Reich, Deutschland und Frankreich, Reichskanzler und Kaiser), im Empfinden Wilhelms I. als Tragödie (Entscheidungsnotwendigkeit zwischen den Höchstwerten preußischer Selbstständigkeit und neuem Kaisertitel mit eingeschränkten Befugnissen), im Urteil der „einfachen Deutschen" als Komödie (versöhnlicher Abschluss des nationalen [|276] Selbstfindungsprozesses), von Frankreich aus betrachtet als Satire (schwere Niederlage und Demütigung im vorangegangenen Krieg, Demontage des französischen Kaisers, Aussichtslosigkeit) gestalten.[37] Gleiche Übungen empfehlen sich etwa für die Beispiele: der Prinzipat des Augustus, Friedrich II. von Hohenstaufen begünstigt die weltlichen und geistlichen Fürsten, die „Entdeckung Amerikas" durch Kolumbus, Emily Punkhurst und die Suffragetten-Bewegung, die Friedliche Revolution von 1989.

– Rollenspiele: In Rollenspielen (wie übrigens ebenso im Historienfilm) tritt Geschichte in zwei Formen in Erscheinung: als Dialog und Dekor. Beides kann sowohl symbolisch wie „eigentlich" sein. Relevanz besitzt das Rollenspiel hauptsächlich durch das Einüben von multiperspektivischem Denken sowie durch die Förderung von Empathie und Imaginationskraft. Seine Bedeutung für narratives Lernen wurde dagegen bisher unterschätzt: Denn selbst bei der

---

37 Vgl. als empirischen Beleg für die Verfügbarkeit dieser Modelle im Geschichtsdenken von Sekundarstufenschülern Barricelli 2005, 189 ff.

Inszenierung von Geschichte werden immer Geschichten erzählt, und zwar solche, die in Erfüllung der antiken Dramentheorie raumzeitlich konkret verortet sind. In den Dialogsequenzen spiegelt sich die triadische Struktur der Narration, das kausale und vor allem intentionale Verknüpfen von Handlung, der Akt der Sinnbildung (nicht selten in einem prägnanten Schlusssatz oder einer Coda). Grundsätzlich sind Rollenspiele a) unter Verwendung tatsächlicher historischer Personen bzw. Konstellationen (z. B. Gerichtsverhandlung gegen Sokrates, Cäsar vor Überschreiten des Rubicon, Christoph Kolumbus am spanischen Hof, Olympe de Gouges kämpft während der Französischen Revolution für Frauenrechte, Henri Dunant wirbt für die Idee des Roten Kreuzes, die letzte Besprechung der Attentäter vor dem 20. Juli 1944) von b) jenen, in denen repräsentative Figuren eine Bewegung, Denkrichtung, Klasse, ein Milieu, Volk usw. narrativieren (z. B. Neandertaler auf Mammutjagd, Germanen und Römer am Limes, der erste Tag des jungen Novizen im Kloster, Jerusalem 1099, eine Debatte in der Frankfurter Paulskirche, Familie Kellerhoff im Bremerhavener Auswandererlager, Anita trägt 1927 kurzes Haar und Hosen, Susi hat sich 1962 in den Sohn des italienischen Eissalonbesitzers verliebt, 9.11.89, 23.30: Berlin, Grenzübergang Bornholmer Straße), zu unterscheiden. Beide Zugriffe sind gleich empfehlenswert. Der Lerneffekt ergibt sich selbstverständlich nicht bereits aus dem Spiel selbst, sondern entsteht im Laufe eines *rezensierenden Gesprächs* über die faktischen und fiktionalen Anteile der Szenen, Figurenzeichnung und -entwicklung, Botschaft und Moral der Aufführung.

– Schulbuchtexte synchron (kulturell) und diachron vergleichen: Es gibt heute Beispiele dafür, wie sich Geschichtsschulbücher selbst historisieren, indem sie (oft auf „Methodenseiten") den Leserinnen und Lesern durch Reproduktionen aus früheren Ausgaben zeigen, wie sie einen zuvor behandelten curricular bedeutsamen Lehrinhalt vor 25 oder gar 50 Jahren dargestellt haben. Der Lerneffekt bei den Schülerinnen und Schülern kann im Zusammenhang mit einer solchen Übung als überaus groß eingeschätzt werden: Vermittelt wird eine für junge Lernende ansonsten unerhörte Erkenntnis über die Zeitgebundenheit historischer Darstellungen, die eben in aller Regel nicht von der Quellenlage abhängig ist.

Schließlich soll hier im Sinne der oben erwähnten ästhetischen Komponenten der historischen Erzählung noch einmal dafür plädiert werden, dass in einem Geschichtsunterricht, [|277] der an narrativer Kompetenz interessiert ist, hin und wieder Lektionen über Stilregeln für „gutes Schreiben" zu halten sind. In der Deutsch- und Fremdsprachendidaktik sind die auch für das Fach Geschichte häufig einschlägigen Diskurse zum prozessorientierten oder kreativen Schreiben, zu Schreiberziehung und Schreibförderung, aber genauso zu Oralität und Rhetorik mittlerweile dreißig Jahre alt.[38] Veritable Schulungen für Historikerinnen und Historiker bieten im angelsächsischen Sprachraum Curthoys/McGrath (2011), die Berichte, in denen (akademische) Literaturkritikerinnen ihr Handwerk erklären,[39] und von Coaches verfasste Ratgeber.[40] Bei der Komposition von „guten" (plausiblen, überzeugenden, angenehm auf Zunehmenden, unterhaltsamen) historischen Erzählungen im Fach Geschichte scheint, so der Blick in Letztere, die konstitutive syntaktische Ereignisverkettung besonders schwierig. Hier ist es offenbar wichtig, Silbenschleppzüge, Oberbegriffe (wenn genauso Konkreta zur Verfügung stünden), Hilfs- und substantivierte Verben, Partizipial-Konstruktionen, Verneinungen zu vermeiden. Eine historische Erzählung wird darüber hinaus – im Gegensatz zu einem literarischen Werk, das auch spielerische Kombinationen nutzt – erst durch konsequente Argument-Überschneidungen verständlich. Wie sehr wird nicht nur bei jungen Lernerinnen und Lernern Verstehen erschwert, wenn es in einem Buch über den Beginn des Ersten Weltkrieges in den Zeiten vorwärts und rückwärts springend heißt: Bald nach den Schüssen von Sarajewo lagen die großen europäischen Mächte miteinander im Krieg. Die alten, aus dem 19. Jahrhundert stammenden Bündnissysteme hatten noch einmal ihre Wirksamkeit entfaltet.

8. Schluss

Eine Ausrichtung des Geschichtsunterrichts am kategorialen Ziel der narrativen Kompetenz – das kann am Ende deutlich geworden sein – bedeutet keineswegs, erprobte und bewährte Lehr-Lern-Methoden zu verabschieden. Es geht unter Beibehaltung von Quellen- *und* Medienbasierung im Grunde um eine wenngleich deutliche Akzentverschiebung, eine fachlich spezifische Bündelung von im Unterricht sinnvoll zu erwerbenden Qualifikationen, eine erneuerte Relevanzsetzung für historische Unterweisung in der Schule. Geschichtsunterricht als Diskursraum wird sich in dem Maße wandeln, wie sich unsere Gesellschaft wandelt, weg von einem national, ethnisch, ge-

---

38 Vgl. lediglich Abraham u. a. (2005), Becker-Mrotzek (2006), Kruse u. a. (2006). Die angelsächsische Forschung unterscheidet z. B. für die Schreibentwicklung Phasen wie *associative, performative, communicative, unified, epistemic (writing)*, die mit einiger Fantasie auch für die Differenzierung narrativer Kompetenz im Geschichtsunterricht hilfreich sein könnten.
39 Grandios und zurzeit unerreicht Wood (2011). Der eher bildungsbürgerlich klingende Titel der deutschen Ausgabe „Die Kunst des Erzählens" (Ovid!) lautet im englischen Original viel verräterischer: How Fiction Works. Manche Rezensenten hierzulande bemängelten etwas beleidigt, dass hierin die deutsche Literatur zugunsten der angelsächsischen, französischen, russischen fast gar nicht berücksichtigt werde. Die „Erzählkunst" bleibt ohnedies eine merkwürdige deutsche, romantische Denkfigur: Lawrence Stones epochemachender Aufsatz „The Revival of Narrative" von 1979 wurde z. B. 1986 in Deutschland als „Rückkehr der Erzählkunst" veröffentlicht. Für eine „History that people want to read" fordern übrigens Curthoys/McGrath (2011, 140, 145) „narrative, plot, action" und „suspense".
40 Empfehlenswert (sogar auch unter Einbeziehung von Schulbuchnarrativen) Ch. Sauer (2007).

schlechtlich und sozial exklusiven Kollektiv mit seiner spezifisch verengten Sicht auf Vergangenheit, hin zu einer durch Heterogenität und Diversität ausgezeichneten Weltgemeinschaft (Lücke 2011) [→ Lücke: Diversität und Intersektionalität, Bd. 1] mit ihren umfassenden Erinnerungsbedürfnissen, durch welche die Erfahrungen aller ihrer Mitglieder geachtet und als *shared memories* im Diskurs gewürdigt werden (A. Heuer 2011). Damit verbunden wird wohl sein, dass die Geschichtsdidaktik ihre zwar analytisch-aufklärerische, aber eben auch westlich-elitäre Zentralkategorie des Geschichtsbewusstseins wieder dem annähert, woher „Geschichte" in der Vormoderne als nur im Plural denkbare *historiae* einmal gekommen ist: ein Geschicht*en*bewusstsein, das für unsere globalisierte Weltgemeinschaft als einzig angemessen erscheint. Wenn also die Frage lautet, was „guten Geschichtsunterricht" ausmacht, könnte die Antwort zukünftig sein: dass in ihm bewusst, zielgerichtet, sinnvoll, reflektiert und vor allem vielfältig erzählt wird. [|278]

Literatur

Abraham, Ulf / Kupfer-Schreiner, Claudia / Maiwald, Klaus (Hrsg.) (2005): Schreibförderung und Schreiberziehung, Donauwörth.
Ankersmit, Frank R. (1983): Narrative Logic. A Semantic Analysis of the Historian's Language, Den Haag.
Ankersmit, Frank R. (1994): History and Tropology. The Rise and Fall of Metaphor, Berkeley.
Ankersmit, Frank R. / Mooij, Jan J. A. (Hrsg.) (1993): Metaphor and Knowledge, Dordrecht.
Barricelli, Michele (2005): Schüler erzählen Geschichte. Narrative Kompetenz im Geschichtsunterricht, Schwalbach/Ts.
Barricelli, Michele (2008a): Buchbesprechung Andreas Körber / Waltraud Schreiber / Alexander Schöner (Hrsg.): Kompetenzen historischen Denkens. Ein Strukturmodell als Beitrag zur Kompetenzorientierung im der Geschichtsdidaktik, Neuried 2007, in: Zeitschrift für Geschichtsdidaktik, Jahresband 2008, S. 234–238.
Barricelli, Michele (2008c): Historisches Wissen ist narratives Wissen, in: Barricelli, Michele / Hamann, Christoph / Mounajed, René / Stolz, Peter (Hrsg.): Historisches Wissen ist narratives Wissen. Aufgabenformate für den Geschichtsunterricht in den Sekundarstufen I und II, Berlin, S. 7–12.
Barricelli, Michele (2008d): „The story we're going to try and tell". Zur andauernden Relevanz der narrativen Kompetenz für das historische Lernen, in: Zeitschrift für Geschichtsdidaktik, Jahresband 2008, S. 140–153.
Barricelli, Michele (2009a): Narrativität, in: Mayer, Ulrich / Pandel, Hans-Jürgen / Schneider, Gerhard / Schönemann, Bernd (Hrsg.): Wörterbuch Geschichtsdidaktik, Schwalbach/Ts., S. 149–150.
Barricelli, Michele (2009b): Narrativität, Diversität, Humanität. Vielfalt und Einheit im Prozess des historischen Lernens, in: Rüsen, Jörn / Laass, Henner (Hrsg.): Interkultureller Humanismus. Menschlichkeit in der Vielfalt der Kulturen, Schwalbach/Ts., S. 280–299.

Barricelli, Michele (2010): Kommemorativ oder kollaborativ? Historisches Lernen mithilfe digitaler Zeitzeugenarchive (am Beispiel des Visual History Archive), in: Alavi, Bettina (Hrsg.): Historisches Lernen im virtuellen Medium, Heidelberg, S. 13–29.

Barricelli, Michele (2011a): Historisches Erzählen – Was es ist, soll und kann, in: Hartung, Olaf / Steininger, Ivo / Fuchs, Thorsten (Hrsg.): Lernen und Erzählen interdisziplinär, Wiesbaden, S. 59–79.

Barricelli, Michele (2011b): Vielfältiges Erinnern und kreatives Vergessen. Geschichte, Geschichtsbewusstsein und historisches Lernen in gebrochenen Zeiten, in: Barricelli, Michele / Becker, Axel / Heuer, Christian (Hrsg.): Jede Gegenwart hat ihre Gründe. Geschichtsbewusstsein, historische Lebenswelt und Zukunftserwartung im frühen 21. Jahrhundert. Festschrift für Hans-Jürgen Pandel zum 70. Geburtstag, Schwalbach/Ts., S. 15–42.

Barricelli, Michele (2012): „Du warst schon mal hier." Formen der öffentlichen Didaktik zeitgeschichtlichen Erinnerns in autobiographischer Literatur zur DDR, in: Thielking, Sigrid / Dannecker, Wiebke (Hrsg.): Öffentliche Didaktik und Kulturvermittlung, Hannover (i. D.).

Baumgartner, Hans-Michael (1997): Narrativität, in: Bergmann, Klaus / Fröhlich, Klaus / Kuhn, Annette / Rüsen, Jörn / Schneider, Gerhard (Hrsg.): Handbuch der Geschichtsdidaktik. Seelze-Velber, S. 157–160.

Becker, Axel (2010): Urteilsbildung im Geschichtsunterricht aus erzähltheoretischer Sicht, in: Handro, Saskia / Schönemann, Bernd (Hg.): Geschichte und Sprache. Berlin, S. 131–138.

Becker-Mrotzek, Michael (2006): Schreibkompetenz entwickeln und beurteilen, Berlin.

Bonnet, Andreas / Breidbach, Stephan (2004): Didaktiken im Dialog. Konzepte des Lehrens und Wege des Lernens im bilingualen Sachfachunterricht, Frankfurt/M.

Böttcher, Christina (2011): „Die jämerliche WASSER=FLUT :" von 1717 – Eine Kartenquelle als kulturgeschichtlicher Erinnerungsort, in: Barricelli, Michele / Becker, Axel / Heuer, Christian: Jede Gegenwart hat ihre Gründe. Geschichtsbewusstsein, historische Lebenswelt und Zukunftserwartung im frühen 21. Jahrhundert. Festschrift für Hans-Jürgen Pandel zum 70. Geburtstag, Schwalbach/Ts., S. 106–122.

Curthoys, Ann / McGrath, Ann (2011): How to Write History that People Want to Read, Basingstone/Hampshire.

Danto, Arthur C. (1980): Analytische Philosophie der Geschichte. Frankfurt/M.

Fried, Johannes (1996): Wissenschaft und Phantasie. Das Beispiel der Geschichte, in: Historische Zeitschrift 263/1996, S. 291–316.

Frings, Andreas (2008): Erklären und Erzählen. Narrative Erklärungen historischer Sachverhalte, in: Frings, Andreas / Marx, Johannes (Hrsg.): Erklären, Erzählen, Verstehen. Beiträge zur Wissenschaftstheorie und Methodologie der Historischen Kulturwissenschaften, Berlin, S. 129–164.

Frye, Northrop (1957): Anatomy of Criticism, Princeton.

Fulda, Daniel (1999): Die Texte der Geschichte. Zur Poetik modernen historischen Denkens, in: Poetica, 31/1999, S. 27–60.

Gergen, Kenneth J. (1998): Erzählung, moralische Identität und historisches Bewusstsein. Eine sozialkonstruktionistische Darstellung, in: Straub, Jürgen (Hrsg.): Erzählung, Identität, historisches Bewusstsein. Die psychologische Konstruktion von Zeit und Geschichte. Erinnerung, Geschichte, Identität I, Frankfurt/M., S. 170–202.

Goertz, Hans-Jürgen (2001): Unsichere Geschichte. Zur Theorie historischer Referentialität, Stuttgart.

Günther-Arndt, Hilke (2010): Hinwendung zur Sprache in der Geschichtsdidaktik – Alte Fragen und neue Antworten, in: Handro, Saskia / Schönemann, Bernd (Hrsg.): Geschichte und Sprache, Münster, S. 17–47.

Haller, Rudolf (1986): Facta und Ficta. Studien zu ästhetischen Grundlagenfragen, Stuttgart.

Hamann, Christoph (2001): Bilderwelten und Weltbilder. Fotos, die Geschichte(n) machten, Berlin.

Hartung, Olaf (2010a): Geschichte schreiben. Eine empirische Studie, in: Handro, Saskia / Schönemann, Bernd (Hrsg.): Geschichte und Sprache, Berlin, S. 61–77.

Heuer, Andreas (2011): Geschichtsbewusstsein. Entstehung und Auflösung zentraler Annahmen westlichen Geschichtsdenkens, Schwalbach/Ts.

Jenkins, Keith (1991): Re-thinking History. London.

Kocka, Jürgen / Nipperdey, Thomas (Hg.) (1979): Theorie und Erzählung in der Geschichte, München.

Körber, Andreas (2007a): Die Dimensionen des Kompetenzmodells ‚Historisches Denken', in: Körber, Andreas / Schreiber, Waltraud / Schöner, Alexander (Hrsg.): Kompetenzen Historischen Denkens. Ein Strukturmodell als Beitrag zur Kompetenzorientierung in der Geschichtsdidaktik, Neuried, S. 89–154.

Kruse, Otto / Berger, Katja / Ulmi, Marianne (Hrsg.) (2006): Prozessorientierte Schreibdidaktik, Bern.

Lücke, Martin (2011): Halbe Kraft voraus. Überlegungen während einer Suche nach dem Ort von Gender in der Geschichtsdidaktik, in: Barricelli, Michele / Becker, Axel / Heuer, Christian (Hrsg.): Jede Gegenwart hat ihre Gründe. Geschichtsbewusstsein, historische Lebenswelt und Zukunftserwartung im frühen 21. Jahrhundert. Festschrift für Hans-Jürgen Pandel zum 70. Geburtstag, Schwalbach/Ts., S. 214–226.

Memminger, Josef (2007): Schüler schreiben Geschichte. Kreatives Schreiben im Geschichtsunterricht zwischen Fiktionalität und Faktizität. Schwalbach/Ts.

Nünning, Ansgar (Hrsg.) (2005): Grundbegriffe der Kulturtheorie und Kulturwissenschaften, Stuttgart.

Pandel, Hans-Jürgen (1986): Visuelles Erzählen, in: Pandel, Hans-Jürgen / Schneider, Gerhard (Hrsg.): Handbuch Medien im Geschichtsunterricht, Düsseldorf, S. 389–408.

Pandel, Hans-Jürgen (2002): Erzählen und Erzählakte. Neuere Entwicklungen in der didaktischen Erzähltheorie, in: Demantowsky, Marko / Schönemann, Bernd (Hrsg.): Neue geschichtsdidaktische Positionen, Bochum, S. 39–55.

Pandel, Hans-Jürgen (2010b): Historisches Erzählen. Narrativität im Geschichtsunterricht, Schwalbach/Ts.

Rössler, Andrea (2010): „Es gibt Dinge, die gibt's gar nicht". Zur Förderung der Fiktionalitätskompetenz im Fremdsprachenunterricht, in: Altmayer, Claus / Mehlhorn, Grit / Neveling, Christiane / Schlüter, Norbert / Schramm, Karen (Hrsg.): Grenzen überschreiten: sprachlich – fachlich – kulturell, Baltmannsweiler, S. 167–177.

Rüsen, Jörn (1982): Geschichtsdidaktische Konsequenzen aus einer erzähltheoretischen Historik, in: Quandt, Siegfried / Süssmuth, Hans (Hrsg.): Historisches Erzählen. Formen und Funktionen, Göttingen, S. 129–170.

Rüsen, Jörn (1990): Geschichtsschreibung als Theorieproblem der Geschichtswissenschaft. Skizze zum historischen Hintergrund der gegenwärtigen Diskussion, in: Rüsen, Jörn (Hrsg.), Zeit und Sinn. Strategien historischen Denkens, Frankfurt/M., S. 135–152.

Rüsen, Jörn (1994): Historisches Lernen. Grundlagen und Paradigmen, Köln.

Rüsen, Jörn (1997a): Historisches Erzählen, in: Bergmann, Klaus / Fröhlich, Klaus / Kuhn, Annette / Rüsen, Jörn / Schneider, Gerhard (Hrsg.): Handbuch der Geschichtsdidaktik, Seelze-Velber, S. 57–63.

Sauer, Christian (2007): Souverän schreiben. Klassentexte ohne Stress. Wie Medienprofis kreativ und effizient arbeiten, Frankfurt/M.

Schnakenberg, Ulrich (2011): Geschichte in Karikaturen. Karikaturen als Quelle 1945 bis heute, Schwalbach/Ts.

Schörken, Rolf (1999): Das Aufbrechen narrativer Harmonie. Für eine Erneuerung des Erzählens mit Augenmaß, in: Verband der Geschichtslehrer Deutschlands (Hrsg.): Geschichtsunterricht heute. Grundlagen – Probleme – Möglichkeiten, Seelze-Velber, S. 90–98.

Seixas, Peter (1998): Historisches Bewusstsein. Wissensfortschritt in einem post-progressiven Zeitalter, in: Straub, Jürgen (Hrsg.): Erzählung, Identität, historisches Bewusstsein. Die psychologische Konstruktion von Zeit und Geschichte. Erinnerung, Geschichte, Identität I, Frankfurt/M., S. 234–265.

Shemilt, Denis J. (2000): The Caliph's Coin. The Currency of Narrative Frameworks in History Teaching, in: Stearns, Peter N. / Seixas, Peter / Wineburg, Sam (Hrsg.): Knowing, Teaching and Learning History. National and international Perspectives, New York, S. 83–101.

Straub, Jürgen (2001): Über das Bilden von Vergangenheit. Erzähltheoretische Überlegungen und eine exemplarische Analyse eines Gruppengesprächs über die „NS-Zeit", in: Rüsen, Jörn (Hrsg.): Geschichtsbewusstsein: Psychologische Grundlagen, Entwicklungskonzepte, empirische Befunde, Köln, S. 45–114.

Topolski, Jerzy (Jeretz) (2000): The Structure of Historical Narratives and the Teaching of History, in: Voss, James F. / Carretero, Mario (Hrsg.): Learning and Reasoning in History, London, S. 9–22.

Welzer, Harald (Hrsg.) (2001): Das soziale Gedächtnis. Geschichte, Erinnerung, Tradierung. Hamburg.

White, Hayden (1973): Metahistory: The Historical Imagination in Nineteenth-Century Europe, Baltimore.

White, Hayden (1990): Die Bedeutung der Form. Erzählstrukturen in der Geschichtsschreibung, Frankfurt/M.

White, Hayden (1991a): Auch Klio dichtet oder Die Fiktion des Faktischen. Studien zur Tropologie des historischen Diskurses, Stuttgart.

White, Hayden (2000): Historische Modellierung (emplotment) und das Problem der Wahrheit, in: Kiesow, Rainer M. / Simon, Dieter (Hrsg.): Auf der Suche nach der verlorenen Wahrheit. Zum Grundlagenstreit in der Geschichtswissenschaft, Frankfurt/M., S. 142–167.

Wood, James (2011): Die Kunst des Erzählens, Reinbek.

Zipfel, Frank (2001): Fiktion, Fiktivität, Fiktionalität. Analysen zur Fiktion in der Literatur und im Fiktionsbegriff in der Literaturwissenschaft, Berlin.

Zydatiß, Wolfgang (2007): Bilingualer Sachfachunterricht in Deutschland: eine Bilanz, in: Fremdsprachen Lehren und Lernen, 36/2007, S. 8–25.

IV. Kompetenzmodelle historischen Lernens

Kompetenzen für den Geschichtsunterricht
Ein pragmatisches Modell als Basis
für die Bildungsstandards des Verbandes
der Geschichtslehrer

MICHAEL SAUER

Der Verband der Geschichtslehrer Deutschlands hat einen eigenen Entwurf von Bildungsstandards für die Sekundarstufe I (Gymnasium) entwickelt, der für die einzelnen Bundesländer als Anregung und Orientierungshilfe dienen soll.[1] Der folgende Beitrag erläutert das diesem Entwurf zugrunde liegende Kompetenzmodell.

„Bildungsstandards" und „Kompetenzmodelle" – diese beiden Schlüsselbegriffe beherrschen die gegenwärtige Diskussion über fachspezifische Bildungsziele in der Schule. In Gang gebracht worden ist diese Diskussion durch die Expertise „Zur Entwicklung Nationaler Bildungsstandards"[2]. Über den Charakter und den Sinn der Kompetenzmodelle heißt es dort: „Ein solches Kompetenzmodell unterscheidet Teildimensionen innerhalb einer Domäne (also z. B. [innerhalb des Faches Deutsch] Rezeption und Produktion von Texten, mündlichen und schriftlichen Sprachgebrauch), und es beschreibt jeweils unterschiedliche Niveaustufen auf solchen Dimensionen. Jede Kompetenzstufe ist durch kognitive Prozesse und Handlungen von bestimmter Qualität spezifiziert, die Schüler auf dieser Stufe bewältigen können, nicht aber Schüler auf niedrigeren Stufen. Zum Bildungsstandard gehört, dass für einzelne Jahrgänge festgelegt wird, welche Stufen die Schülerinnen und Schüler erreichen sollen."[3] Und

---
1 Zur Entstehung dieses Entwurfs vgl. den Beitrag von Martin Stupperich in diesem Heft [Ergänzung des Hg.: Martin Stupperich, Die Arbeit der Standards-Kommission(en) des Verbandes der Geschichtslehrer Deutschlands (VGD), in: Informationen für den Geschichts- und Gemeinschaftskundelehrer 72, 2/2006, S. 21–30].
2 Eckard Klieme u. a., Zur Entwicklung Nationaler Bildungsstandards. Eine Expertise, Berlin 2003.
3 Ebd., S. 61.

an anderer Stelle: „Die Kompetenzen werden so konkret beschrieben, dass sie in Aufgabenstellungen umgesetzt und prinzipiell mit Hilfe von Testverfahren erfasst werden können [...]. Kompetenzmodelle bieten den Lehrerinnen und Lehrern ein Referenzsystem für ihr professionelles Handeln."[4]

Kompetenzbeschreibungen müssen sich demnach an folgenden Kriterien orientieren:
- Sie müssen fachspezifisch sein.
- Sie müssen für ein Fach konstitutive Teilbereiche (Dimensionen) unterscheiden.
- Sie müssen der Orientierung von Lehrkräften dienen.
- Sie müssen outputorientiert sein, d. h. ein angestrebtes (und möglichst überprüfbares) Kompetenzziel beschreiben.
- Sie müssen eine Lernprogression beschreiben (Kompetenzstufen).

Zwar gehört das Fach Geschichte weder zu jenen Fächern, die in die PISA-Studie einbezogen waren, noch zu jenen, von denen die Erstellung eines Kerncurriculums bislang schon verbindlich erwartet wird. Dennoch kann sich das Fach dem vorgegebenen Entwicklungstrend nicht verschließen. Freilich stellt sich der momentane Stand bei der Entwicklung von Kompetenzmodellen und Standards in Geschichte noch recht unbefriedigend dar. Alle Rahmenrichtlinien, die bislang die neuen Vorgaben aufzugreifen versucht haben, bleiben hinter den oben aufgeführten Kriterien mehr oder weniger deutlich zurück. Das fällt besonders ins Auge bei solchen Kompetenzbeschreibungen, die sich auf Kernbereiche [|8] historischen Denkens beziehen. Wir haben es dort fast immer mit gewissermaßen präambelhaften Formulierungen zu tun, die so allgemein gehalten sind, dass nicht klar wird, wie sie im Hinblick auf Unterricht operationalisiert und am Beispiel konkreter Themen umgesetzt werden könnten.[5] Solche Formulierungen sind kaum dazu geeignet, Geschichtsunterricht im Sinne von Kompetenzentwicklung zu fördern. Sie sind nicht ausreichend konkret, um eine Orientierung für Unterrichtskonzeptionen zu bieten, um für Lehrkräfte handlungsleitend zu wirken, um sich sinnvoll auf Themen und Inhalten beziehen zu lassen oder um Überprüfungsmöglichkeiten für das Erreichen von Kompetenzzielen zu bieten. Im Wesentlichen handelt es sich um klassische Bildungsziele des Geschichtsunterrichts, wie sie üblicherweise in den Einleitungen der Rahmenrichtlinien beschrieben werden. Bezeichnend ist auch, dass in den vorliegenden Bildungsstandards zumeist nur Endziele formuliert werden; wenn überhaupt eine Stufung vorgeschlagen wird, dann handelt es sich um begriffli-

---

4 Ebd., S. 4.
5 So etwa auch im (nicht veröffentlichten und inzwischen wieder zurückgezogenen) B-Länder-Entwurf der Bildungsstandards, formuliert für den Abschluss der S I Gymnasium mit Klasse 10, z. B. unter dem Stichwort „Orientierungskompetenz". Arbeitsfassung vom August 2005, S. 11 f.

che Differenzierungen, die in konkreter Umsetzung nur schwer nachvollziehbar sind.⁶ Was als neue „Bildungsstandards" firmiert, ist in vielen Fällen ein klassischer Stoffplan, bei dem die eigentlich zentralen Kompetenzfragen in einer Präambel (Baden-Württemberg) oder in einem Nachwort (Hamburg) abgehandelt werden.

Die universitäre Geschichtsdidaktik hat erst verhältnismäßig spät – auch im Vergleich mit anderen Fachdidaktiken – die Notwendigkeit erkannt, sich mit diesem Thema intensiver zu befassen. Ein Modell, das von der Geschichtsdidaktik in ihrer ganzen Breite getragen würde, gibt es bislang nicht.⁷ Vorgelegt worden sind vorwiegend mehr oder minder komplexe Struktur- und Regelkreismodelle, die sich vielfach auf einer recht abstrakten Ebene bewegen und noch nicht zu einer ausreichenden Differenzierung oder Operationalisierung von Kompetenzen, geschweige denn Stufung (Beschreibung einer Lernprogression) oder Graduierung (Beschreibung der Ausprägung von Kompetenzen) gelangen. Sie sind in der vorliegenden Form an die übliche Gestaltung von Rahmenrichtlinien kaum anzuknüpfen und im Hinblick auf die Praxis des Geschichtsunterrichts schwer zu vermitteln. Ein besonderes Problem scheint mir in der geschichtsdidaktischen Diskussion die Verwendung von Begriffen zu sein, die Bedeutungshaltigkeit ausstrahlen und scheinbare Übereinstimmung suggerieren, tatsächlich aber unklar oder unterschiedlich definiert sind.⁸

Ein Teilbereich von Kompetenzentwicklung hat allerdings schon seit längerem – und noch bevor der Begriff in Gebrauch gekommen ist – in Schulbüchern, speziel-

---

6 Das gilt selbst für den in dieser Hinsicht avanciertesten Entwurf, den Berliner Rahmenlehrplan für die Sekundarstufe I, Entwurfsfassung vom 26.8.2005, www.senbjs.berlin.de/schule/rahmenplaene/curriculare_vorgaben/cv_geschichte.pdf.
7 Vgl. als Überblick Wolfgang Hasberg, Von Pisa nach Berlin. Auf der Suche nach Kompetenzen und Standards historischen Lernens, in: GWU 56, 2005, H. 12, S. 684–702. Dort noch nicht behandelt ist Hans-Jürgen Pandel, Geschichtsunterricht nach Pisa. Kompetenzen, Bildungsstandards und Kerncurricula, Schwalbach/Ts. 2005.
8 Als Beispiel der Begriff „narrative Kompetenz". Bodo von Borries verwendet ihn folgendermaßen: „Narrative Kompetenz meint die Fähigkeit zur Analyse, Interpretation und Produktion (einschließlich Legitimation) historischer Darstellungen von normativer Triftigkeit, die erst eigene Sinnbildung ermöglichen. Sie geht insofern weit über die bisher übliche ‚Quellenarbeit' hinaus." (Bodo von Borries, Kerncurriculum Geschichte in der gymnasialen Oberstufe, in: Heinz-Elmar Tenorth (Hrsg.), Kerncurriculum Oberstufe II. Biologie, Chemie, Physik, Geschichte, Politik. Expertisen, Weinheim/Basel 2004, S. 287) Der Begriff wird hier so weit gefasst, dass man sich fragt, welche Bereiche eigentlich nicht darunter fallen. Die Verwendung solcher kaum eingrenzbaren „Superkompetenzen" hilft bei der Formulierung eines Kompetenzmodells nicht viel weiter. Am ausführlichsten und differenziertesten zum Konstrukt „narrative Kompetenz" Michele Barricelli, Schüler erzählen Geschichte. Narrative Kompetenz im Geschichtsunterricht, Schwalbach/Ts. 2005. Er bezeichnet damit ähnlich wie von Borries „das Vermögen, Geschichten bilden, erzählen und verstehen zu können" (S. 78), wird aber insofern präziser, als er die Merkmale solcher Geschichten genauer definiert. Allerdings siedelt er um den Kern der narrativen Kompetenz ein weites Spektrum damit verknüpfter Voraussetzungen an („Fundamentale Gedächtnis- und Erinnerungsfunktionen – Sprachkompetenz – Identitätsbewusstsein (Ich/Welt-Differenzierung) – Zeitbegriff und Historizitätsbewusstsein – politisches, ökonomisches und moralisches Bewusstsein – Selbstreflexivität, Bereitschaft zu Perspektivenübernahme und Identität"). Das Problem abweichender Begriffsdefinitionen tritt auch – im Vergleich mit anderen Konzepten – beim vorliegenden Modell auf, kann im Folgenden aber nur punktuell angesprochen werden.

len Methodentrainern und wohl auch im Geschichtsunterricht selber seinen Niederschlag gefunden: Unter dem Begriff Methodenlernen soll Schülerinnen und Schülern der adäquate Umgang mit verschiedenen Arten von historischen Quellen und Darstellungen vermittelt werden. Das ist ohne Zweifel ein wichtiger und sogar fachkonstitutiver Teil von Kompetenzentwicklung; allerdings kann sich diese in einem solchen eher instrumentell verstandenen Methodenlernen nicht erschöpfen. In jüngerer Zeit ist außerdem ein Trend zur Unterweisung in weitgehend fachunspezifischen Lern-, Arbeits-, Organisations- und Präsentationstechniken erkennbar, die vielfach auch unter dem verheißungsvollen Begriff „Schlüsselkompetenzen" gehandelt werden – dieser Trend ist vor allem mit dem Namen Heinz Klippert verbunden. Gewiss sind solche allgemeinen Kompetenzen wichtig, sie können aber fachspezifische Kompetenzen keinesfalls ersetzen. Die „Expertise" hat sich dazu in wünschenswerter Deutlichkeit geäußert: „Diese starke Ausrichtung des hier vertretenen Kompetenzbegriffs auf Lernbereiche, Fächer bzw. ‚Domänen' mag Leser, die mit pädagogischen Debatten über Kompetenzförderung vertraut sind, überraschen, weil dort [|9] der Begriff der Kompetenz häufig für allgemeinere, Fächer übergreifende Fähigkeiten verwendet wird. Die pädagogisch-psychologische Forschung zeigt jedoch, dass es nicht ausreicht, Fächer übergreifende ‚Schlüsselqualifikationen' als Allheilmittel bzw. als eigenständige Zieldimensionen schulischer Bildung auszuweisen. [...] Die Forschung legt sogar nahe, dass die Entwicklung Fächer übergreifender Kompetenzen das Vorhandensein gut ausgeprägter fachbezogener Kompetenzen voraussetzt."[9]

Für diesen unbefriedigenden Entwicklungsstand spielen – abgesehen von den inhaltlichen Schwierigkeiten – auch politische Fragen eine elementare Rolle: Wie auch sonst bei der Entwicklung von Rahmenrichtlinien und Lehrplänen macht sich die föderalistische Struktur der Bundesrepublik mit der Länderkompetenz in Bildungsfragen außerordentlich nachteilig bemerkbar. Jedes Bundesland geht unterschiedlich vor und entwickelt seine eigenen Konzepte, ohne die der anderen genauer zur Kenntnis zu nehmen – eine übergreifende Diskussion findet nicht statt. Das ist in diesem Fall, wo (eigentlich) nicht nur ein Lehrplan erneuert werden soll, sondern – wenngleich dieses Wort allzu anspruchsvoll und einschüchternd klingen mag – eine Art Paradigmawechsel angestrebt wird, besonders bedauerlich.[10] In dieser Situation ist die bundesweite Initiative des Verbandes der Geschichtslehrer Deutschlands, die Anregungen für ein stärker aufeinander abgestimmtes Vorgehen geben will, außerordentlich sinnvoll.

---

9 Klieme, Bildungsstandards (Anm. 2), S. 61.
10 Ohnehin werden Lehrpläne üblicherweise in einem wenig transparenten Verfahren gleichsam im Stile von Kabinettspolitik entwickelt. Kritisch zur Lehrplanentwicklung Hans-Jürgen Pandel, Die Curriculumforschung ist tot – es lebe die Interessenpolitik, in: Zeitschrift für Geschichtsdidaktik Bd. 1, 2002, S. 151–164.

Das dem (ausschließlich auf das Gymnasium bezogenen) Entwurf des VGD zugrunde liegende Kompetenzmodell hat eine pragmatisch-funktionale Ausrichtung.[11] Es greift unterschiedliche Ansätze und Anregungen aus der geschichtsdidaktischen Diskussion auf, ohne deren theoretische Verästelungen genauer zu verfolgen – entsprechende Bezüge können hier nur angedeutet werden.[12] Das Modell soll in mehrfacher Hinsicht anschlussfähig und nutzbar sein, nämlich als Basis
- für die Entwicklung von Bildungsstandards;
- für die empirische Erforschung von Teilkompetenzen;
- für die Gestaltung von Unterrichtsmaterialien, die auf Kompetenzentwicklung zielen;
- für eine kompetenzorientierte Planung und Reflexion von Unterricht;
- für die Diagnose, Messung und Förderung von Kompetenzentwicklung bei Schülerinnen und Schülern.

Um das zu ermöglichen, bewegt sich das Modell auf einer mittleren Konkretionsebene. Die drei Kompetenzbereiche (1) Sachkompetenz, (2) Deutungs- und Reflexionskompetenz und (3) Medien-Methoden-Kompetenz[13] werden in Teilkompetenzen entfaltet, die im Bereich 2 dann noch einmal in weitere Unterkompetenzen differenziert werden. Die Kompetenzbeschreibungen sind fachspezifisch, unterscheiden konstitutive Teilbereiche des Fachs und können – insbesondere in der Ausformulierung der darauf aufbauenden Schulstufenstandards – der Orientierung von Lehrkräften dienen. Allerdings bietet das Modell im Bereich der Deutungs- und Reflexionskompe-

---

11 Ich habe dabei auf ältere Überlegungen zurückgegriffen, diese aber modifiziert und im Bereich „Deutungs- und Reflexionskompetenz" erheblich differenziert. Vgl. Michael Sauer, Methodenkompetenz als Schlüsselqualifikation. Eine neue Grundlegung des Geschichtsunterrichts?, in: Geschichte, Politik und ihre Didaktik 30, 2002, H. 3/4, S. 183–192. Für hilfreiche Anregungen danke ich Michele Barricelli und Ulrich Mayer.
12 Am differenziertesten theoretisch begründet, aber in Richtung auf pragmatische Nutzungsmöglichkeiten weniger entfaltet ist das Kompetenzmodell der Forschungsgruppe „FUER Geschichtsbewusstsein" (Förderung und Entwicklung von reflektiertem und (selbst-)reflexivem Geschichtsbewusstsein) mit den Kompetenzbereichen Fragekompetenz, Sachkompetenz, Methodenkompetenz und Orientierungskompetenz. Dabei meinen die Begriffe Sach-, Methoden- und Orientierungskompetenz anderes als hier. Die Basiskompetenzen des FUER-Modells sind aber als Teilkompetenzen von „Deutungs- und Reflexionskompetenz" (näherungsweise) in das vorliegende Modell aufgenommen (die Fragekompetenz unter 2.7, die Sachkompetenz unter 2.2, 2.3 und 2.5, die Methodenkompetenz unter 2.7, 2.8 und 2.9. Vgl. als konzentrierteste Darstellung Waltraud Schreiber, Geschichte denken statt pauken. Theoretische Grundlegungen für ein praktisches Konzept, in: Sylvia Mebus / Waltraud Schreiber, Geschichte denken statt pauken. Didaktisch-methodische Hinweise zur Förderung historischer Kompetenzen, Meißen 2005, S. 17–23. Eine umfangreichere Gesamtdarstellung der Projektergebnisse ist in Vorbereitung.
13 Aus lernpsychologischer Sicht würde eine Zweiteilung in deklarative (1.) und prozedurale Kompetenzen (2. und 3.) nahe liegen; die hier vorgenommene Aufteilung soll dagegen einerseits den den Lehrkräften vertrauten Bereich der Medien-Methoden-Kompetenz gesondert ausweisen, andererseits auf dem weniger vertrauten und anspruchsvolleren Bereich der Deutungs- und Reflexionskompetenz einen besonderen Akzent setzen.

tenz keine genau ausdifferenzierte Lernprogression und durchweg keine Graduierung. An diesen Problempunkten sind in der Geschichtsdidaktik generell noch zahlreiche konzeptionelle Vorklärungen, vor allem aber auch empirische Überprüfungen vorzunehmen[14]: Wann und in welcher Ausprägung Schülerinnen und Schüler dazu in der Lage sind, „das Handeln von Menschen früher auf der Basis der zeitgenössischen Wertvorstellungen, Rahmenbedingungen und Handlungsspielräume wahr[zu]nehmen" (2.3.2), wann sie bestimmte „Kategorien zur Deutung und Wertung historischer Prozesse kennen und anwenden" können (2.6.2), darüber lassen sich im Moment nur erfahrungsgestützte [|10] Mutmaßungen anstellen. Genauer zu überprüfen wäre im Übrigen auch, inwieweit es sich überhaupt klar definierbar um historische Kompetenzen und nicht lediglich um fachspezifische Akzentuierungen allgemeiner kognitiver Kompetenzen handelt. Nicht zuletzt im Bereich der Empirie liegt die Crux bei der raschen Umsetzung von Bildungsstandards im Fach Geschichte: Es sollen Kompetenzziele definiert werden zu einem Zeitpunkt, zu dem wir über die möglichen Fähigkeiten von Schülerinnen und Schülern in vielen Bereichen noch viel zu wenig wissen. Auch bei der Frage, mit welchen Lernarrangements Kompetenzentwicklung bei Schülerinnen und Schülern gezielt gefördert und mit welchen Aufgabenformaten sie adäquat überprüft werden kann, stehen wir noch ganz am Anfang.[15]

---

14 Auf vorliegende Bausteine empirischer Forschung wird hier nicht weiter eingegangen. Vgl. zur internationalen Forschung die Sammelbände Mario Carretero / James F. Voss (Hrsg.), Cognitive and Instructional Processes in History and the Social Sciences, Hillsdale/N. Y. 1994; James F. Voss / Mario Carretero, (Hrsg.): Learning and Reasoning in History. International Review of History Education Volume 2, London 1998; Peter N. Stearns / Peter Seixas / Sam Wineburg (Hrsg.): Knowing, Teaching, and Learning History. National and International Perspectives, New York/London 2000; Alaric Dickinson / Peter Gordon / Peter Lee (Hrsg.), Raising Standards in History Education (International Review of History Education, Volume 3), London/Portland 2001. Um die Vermittlung internationaler Forschungsergebnisse hat sich in Deutschland vor allem Bodo von Borries verdient gemacht: Bodo von Borries, Lehr-/Lernforschung in europäischen Nachbarländern – ein Stimulus für die deutschsprachige Geschichtsdidaktik, in: Saskia Handro / Bernd Schönemann (Hrsg.), Methoden geschichtsdidaktischer Forschung, Münster 2002, S. 13–50; Bodo von Borries, Angloamerikanische Lehr-/Lernforschung – ein Stimulus für die deutsche Geschichtsdidaktik?, in: Marko Demantowsky / Bernd Schönemann (Hrsg.), Neue geschichtsdidaktische Positionen, Bochum 2002, S. 65–92; vgl. auch Bodo von Borries, Lehr- und Lernforschung im Fach Geschichte, in: Claudia Finkbeiner, / Gerhard W. Schnaitmann (Hrsg.), Lehren und Lernen im Kontext empirischer Forschung und Fachdidaktik, Donauwörth 2001, S. 399–439. Vgl. jetzt auch Hilke Günther-Arndt / Michael Sauer (Hrsg.), Geschichtsdidaktik empirisch. Untersuchungen zum historischen Denken und Lernen, Berlin 2006.
15 Erste praxisorientierte, aber nicht breiter systematisch entwickelte und empirisch überprüfte Vorschläge dazu bei Martina Tschirner, Kompetenzerwerb im Geschichtsunterricht, in: Geschichte lernen H. 96 (2003), S. 34–38.

Kompetenzbereich 1: Sachkompetenz

1.1   *Themenbezogene Sachkompetenz*
1.1.1   Die Schülerinnen und Schüler kennen wichtige Ereignisse, Entwicklungen und Strukturen in den jeweiligen Themengebieten und können sie beschreiben
1.1.2   Sie kennen Ursachen und Auswirkungen dieser Ereignisse und Prozesse
1.1.3   Sie kennen themenbezogene Daten und Namen und können themenbezogene Fachbegriffe korrekt verwenden

1.2   *Orientierung in der Geschichte*
1.2.1   Die Schülerinnen und Schüler können einzelne Großabschnitte der Geschichte zeitlich einordnen
1.2.2   Sie können historische Ereignisse und Prozesse adäquat benennen, zeitlich zueinander in Beziehung setzen und ihre Abfolge bestimmen
1.2.3   Sie können historische Ereignisse und Prozesse räumlich einordnen

Kompetenzbereich 2: Deutungs- und Reflexionskompetenz

2.1   *Konstruktcharakter von Geschichte erkennen*
2.1.1   Die Schülerinnen und Schüler können erkennen, dass historische Kenntnisse aus Überlieferungen gewonnen werden, deren Aussagekraft begrenzt ist
2.1.2   Sie können erkennen, dass Überlieferungen aus der Vergangenheit in unterschiedlicher Weise ausgelegt werden können
2.1.3   Sie können erkennen, dass „Geschichte" nicht an sich existiert, sondern erst durch die Auslegung von Überlieferungen aus der Vergangenheit entsteht

2.2   *Mit Perspektivität in der Geschichte umgehen*
2.2.1   Die Schülerinnen und Schüler können Perspektivität in Quellen erkennen und analysieren
2.2.2   Sie können sich in unterschiedliche historische Perspektiven hineinversetzen und in ihnen sprechen und handeln
2.2.3   Sie können historische Situationen und Ereignisse parallel aus unterschiedlichen Perspektiven betrachten

2.3   *Fremdverstehen leisten*
2.3.1   Die Schülerinnen und Schüler können historische Verhältnisse und das Handeln von Menschen früher unvoreingenommen als anders (nicht rückständig) wahrnehmen [|11]

2.3.2 Sie können das Handeln von Menschen früher auf der Basis der zeitgenössischen Wertvorstellungen, Rahmenbedingungen und Handlungsspielräume wahrnehmen
2.3.3 Sie können gegenwärtige und historische Wertvorstellungen und Urteilsnormen kritisch aufeinander beziehen

2.4 *Veränderung in der Geschichte wahrnehmen*
2.4.1 Die Schülerinnen und Schüler können einfache punktuelle Vergleiche zwischen „damals" und „heute" vornehmen
2.4.2 Sie können Veränderungen in der Geschichte prozesshaft wahrnehmen
2.4.3 Sie können das Wechselspiel zwischen Kontinuität und Wandel in der Geschichte erkennen (bis hin zur „Gleichzeitigkeit des Ungleichzeitigen")

2.5 *Gegenwartsbezüge herstellen*
2.5.1 Die Schülerinnen und Schüler können Spuren der Vergangenheit in der Gegenwart finden und die historische Bedingtheit heutiger Phänomene erkennen
2.5.2 Sie können historische Situationen durch Vergleich und Analogiebildung auf die Gegenwart beziehen
2.5.3 Sie können aus Wissen und Einsichten über die Vergangenheit Beurteilungsmaßstäbe und Handlungsanleitungen für die Gegenwart gewinnen

2.6 *Mit Dimensionen/Kategorien/Begriffen arbeiten*
2.6.1 Die Schülerinnen und Schüler können Dimensionen der Geschichte (wie Politik, Wirtschaft, Kultur, Arbeit, Technik, Alltag, Geschlecht) unterscheiden und ihnen einzelne Themen zuordnen
2.6.2 Sie können Kategorien zur Deutung und Wertung historischer Prozesse anwenden (z. B. Herrschaft und Partizipation, Ideologie und Legitimation, Menschenrechte, Emanzipation)
2.6.3 Sie können zwischen historisch-zeitgenössischen und geschichtswissenschaftlich-analytischen Begriffen unterscheiden („Schwertleite", „Manufaktur"; „Imperialismus", „Modernisierung") und den Wandel von Begriffsbedeutungen nachvollziehen („Kaiser", „Regierung", „Staat")

2.7 *Verfahren historischer Untersuchung beherrschen*
2.7.1 Die Schülerinnen und Schüler können auf der Grundlage von erworbenem Wissen historische Fragen in Form von Hypothesen formulieren
2.7.2 Sie können historische Handlungen, Ereignisse und Prozesse im Hinblick auf Anlässe, Ursachen, Motive, Folgen prüfen

2.7.3 Sie können Ansätze historischer Untersuchung (Epochenquerschnitt, Längsschnitt, Vergleich, Fallanalyse) unterscheiden und anwenden
2.7.4 Sie können selbstständig a. d. Gegenwart Fragen an die Vergangenheit formulieren

2.8 *Eigene Deutungen von Geschichte vornehmen und sprachlich adäquat umsetzen*
2.8.1 Die Schülerinnen und Schüler können historische Sachverhalte sprachlich angemessen beschreiben
2.8.2 Sie können eigene Deutungen und Wertungen historischer Sachverhalte erproben und argumentativ begründen (zeitliche Beziehungen präzise ausdrücken, Thesen begründen, Ursache-Folge-Beziehungen erläutern, Einzelbeobachtungen generalisieren, allgemeine Aussagen konkretisieren, verschiedene Grade von Triftigkeit ausdrücken) [|12]
2.8.3 Sie können eigene kritische Deutungen historischer Sachverhalte vornehmen und dabei Quellen und Darstellungen in angemessener Weise in die eigene Argumentation einbeziehen

2.9 *Mit Darstellungen von Geschichte kritisch umgehen*
2.9.1 Die Schülerinnen und Schüler können zwischen beschreibenden und deutenden Elementen in Darstellungen von Geschichte unterscheiden
2.9.2 Sie können historische Darstellungen und Deutungen unter dem Gesichtspunkt der Perspektivität untersuchen
2.9.3 Sie können Deutungen, Präsentationen und Verwendungen von Geschichte (in der Geschichtskultur) kritisch (vergleichend) analysieren

Kompetenzbereich 3: Medien-Methoden-Kompetenz

3.1 *Die Schülerinnen und Schüler können Quellen und Darstellungen unterscheiden*
3.2 *Sie können die Perspektivität von Quellen wahrnehmen*
3.3 *Sie können verschiedene Quellengattungen nach ihrem Aussagewert unterscheiden*
3.4 *Sie können mit einzelnen Gattungen von Quellen und Darstellungen adäquat umgehen*
3.5 *Sie können fachbezogene Lernprozesse für sich und mit anderen organisieren und reflektieren und deren Ergebnisse präsentieren*

1. Sachkompetenz

Dieser Bereich ist unterteilt in die „Themenbezogene Sachkompetenz" (1.1) und die „Orientierung in der Geschichte" (1.2). Die „Themen bezogene Sachkompetenz" bezieht sich auf die im Geschichtsunterricht übliche Behandlung einzelner historischer Themen, zumeist als Epochenquerschnitt. Freilich reicht es nicht aus, hierfür einen bloßen Themenkatalog zusammenzustellen – damit bliebe man auf der Ebene herkömmlicher Stoffpläne. Es gilt möglichst präzise zu beschreiben, welche Kenntnisse, Erkenntnisse und Einsichten Schülerinnen und Schüler beim jeweiligen Thema gewinnen sollen, und darüber zu reflektieren, welchen Stellenwert diese im weiteren Kontext der historischen Bildung haben. Kurz gesagt: Kompetenzorientierung bedeutet auch, intensiver auf kategorialer Ebene über die Auswahl und Begründung von Themen nachzudenken.[16] Zur „Themenbezogenen Sachkompetenz" gehört auch die Kenntnis themenbezogener Daten, Namen und Fachbegriffe. Dabei ist es notwendig, sich auf ein möglichst knappes, aber auch sehr verbindliches Repertoire zu konzentrieren. Seit Geschichte sich vom klassischen Lern- zum Denkfach entwickelt hat, sind solche „Kanonfragen" nicht mehr sonderlich wichtig genommen worden; es gibt zu diesem Thema so gut wie keine Veröffentlichungen. Das ist insofern erstaunlich, als offenbar die Vorstellungen, was Schülerinnen und Schüler an Daten und Fakten zu beherrschen hätten, erheblich auseinanderklaffen; sie reichen von der Konzentration auf wenige „Ankerzahlen" bis hin zu umfangreichen Auflistungen.[17] Wahrscheinlich gilt es hierbei noch intensiver darüber nachzudenken, welche Kenntnisse tatsächlich dauerhaft gelernt werden sollen und welche nur in einen themenbezogenen „Arbeitsspeicher" gehören. Dass solche Fragen immer wieder aufs Neue verhandelt werden müssen, versteht sich von selbst.

„Orientierung in der Geschichte"[18] ist in der letzten Zeit immer wichtiger geworden. [|13] Je mehr der Geschichtsunterricht tendenziell auf eine flächendeckende Be-

---

16 Bodo von Borries, Inhalte oder Kategorien? Überlegungen zur kind-, sach-, zeit- und schulgerechten Themenauswahl für den Geschichtsunterricht, in: GWU 46, 1995, H. 7/8, S. 421–435; Michael Sauer, Geschichte unterrichten. Eine Einführung in die Didaktik und Methodik, Seelze 5., akt. u. erw. Aufl. 2006, S. 41–52.
17 Ursula Plöger, Was muß man über Geschichte wissen? Versuch eines Grundgerüsts historischen Wissens für Gymnasiasten, in: Pädagogik H. 4/2001, S. 14–17, beschränkt sich auf ein Grundgerüst von „Ankerzahlen"; vgl. dagegen etwa die Liste der Merkzahlen unter „Lehrplan online Hessen" (http://lehrplan.digam.net/go/default.asp?nav=12).
18 Die Bezeichnung „Orientierung in der Geschichte" soll verdeutlichen, dass etwas anderes gemeint ist als Rüsens Begriff der „historischen Orientierung", der auch der „Orientierungskompetenz" im FUER-Modell (Anm. 12) zugrunde liegt. Bei Rüsen geht es um Orientierung durch Geschichte im Sinne einer Orientierungsleistung von Geschichte für die Gegenwart und Zukunft. Dies ist hier unter Punkt 2.5. aufgegriffen, der sich wiederum maßgeblich an Klaus Bergmann ausrichtet. Vgl. Jörn Rüsen, Historische Orientierung. Über die Arbeit des Geschichtsbewusstseins, sich in der Zeit zurechtzufinden, Köln/Weimar/Wien 1994; Klaus Bergmann, Der Gegenwartsbezug im Geschichtsunterricht, Schwalbach/Ts. 2002.

handlung der Geschichte verzichtet und stattdessen thematische Schwerpunkte setzt, umso notwendiger ist es, dass Schülerinnen und Schüler ein chronologisches und räumliches Orientierungswissen besitzen, mit dessen Hilfe sie Einordnungen vornehmen und Bezüge herstellen können.[19] Unentbehrliches Mittel dafür sind Zeitleiste und Geschichtskarte.[20] Entsprechende Kompetenzen lassen sich nur durch kontinuierliche unterrichtsbegleitende Verweise und weiträumigere Zusammenfassungen entwickeln. Die Daten, Namen und Fachbegriffe aus der „Themenbezogenen Sachkompetenz" gehen als Basisbausteine darin ein.

2. Deutungs- und Reflexionskompetenz

Hierbei handelt es sich gewiss um den schwierigsten und anspruchsvollsten der drei Kompetenzbereiche.[21] Die Abfolge der Teilkompetenzen führt von Grundeinsichten in die Struktur historischen Fragens und Erkennens (2.1.–2.5.) über den Umgang mit Begriffen und Untersuchungsverfahren (2.6./2.7.) bis hin zur Produktion eigener Deutungen und zur kritischen Analyse vorliegender Deutungen von Geschichte (2.8./2.9.). Die einzelnen Teilkompetenzen voneinander abzugrenzen ist oft nicht einfach (z. B. hängen Perspektivität und Fremdverstehen eng miteinander zusammen). Jede Teilkompetenz ist in weitere Teilkompetenzen operationalisiert; sie werden im Folgenden zur besseren Unterscheidung als Unterkompetenzen bezeichnet. Diese Unterkompetenzen bilden (in der Regel) eine Progression, d. h. die Unterkompetenz 1.1.2 ist anspruchsvoller als die Unterkompetenz 1.1.1. Jedoch lassen sich diese Unterkompe-

---

19 Zu den interessanten einschlägigen Konzepten in den Niederlanden vgl. Susanne Popp, Geschichtliches Überblickswissen aufbauen – ein konzentrisch-longitudinales Geschichtscurriculum aus den Niederlanden, in: Elisabeth Erdmann / Robert Maier / Susanne Popp (Hrsg.): Geschichtsunterricht international – Bestandsaufnahme und Visionen, Hannover 2006, S. 269–300.
20 Vgl. dazu Michael Sauer, Die Zeitleiste, in: Hans-Jürgen Pandel / Gerhard Schneider (Hrsg.), Handbuch Medien im Geschichtsunterricht, Schwalbach/Ts. 1999, S. 197–210 sowie ders., Kompetenz konkret. Kartenarbeit als Beispiel für einen Kompetenz-Baustein, in: Geschichte, Politik und ihre Didaktik 34, 2006, H. 1/2, S. 36–41.
21 Ähnliche Überlegungen wie bei der Kompetenzentwicklung bzw. vorausgehende Grundlegungen sind in der Geschichtsdidaktik bei der Modellierung fachspezifischer Kategorien vorgenommen worden und in das vorliegende Modell eingeflossen. Vgl. zuletzt Michele Barricelli / Michael Sauer, „Was ist guter Geschichtsunterricht?" Fachdidaktische Kategorien zur Beobachtung und Analyse von Geschichtsunterricht, in: GWU 57, 2006, H. 1, S. 4–26. Die Grundlage haben bereits in den Siebzigerjahren Ulrich Mayer und Hans-Jürgen Pandel gelegt: Ulrich Mayer / Hans-Jürgen Pandel, Kategorien der Geschichtsdidaktik und Praxis der Unterrichtsanalyse, Stuttgart 1976. Mayer hat das dort vorgestellte Kategorienmodell in jüngerer Zeit modifiziert. Vgl. dazu Ulrich Mayer, Qualitätsmerkmale historischer Bildung. Geschichtsdidaktische Kategorien als Kriterien zur Bestimmung und Sicherung der fachdidaktischen Qualität des historischen Lernens, in: Wilfried Hansmann / Timo Hoyer (Hrsg.), Zeitgeschichte und historische Bildung. Festschrift für Dietfrid Krause-Vilmar, Kassel 2005, S. 223–243 und ders., Wie viel Geschichte braucht der Geschichtsunterricht?, in: Jens Flemming u. a.: Lesarten der Geschichte. Ländliche Ordnungen und Geschlechterverhältnisse. Festschrift für Heide Wunder zum 65. Geburtstag, Kassel 2004, S. 45–64.

tenzen nicht verbindlich einzelnen Schulstufen zuordnen, sondern können in jeder einzelnen Schulstufe auf unterschiedlichem Niveau umgesetzt werden; die langfristige Entwicklung soll von einer allmählichen Anbahnung über eine Vertiefung zu einer möglichst freien Verfügung führen.

Die beschriebenen Kompetenzen lassen sich durchaus an traditionellen Themen gewinnen bzw. vermitteln. Ein Beispiel aus der Antike: Üblicherweise wird beim Thema „Rom" auch die Gründungssage der Stadt behandelt. Über die bloße Kenntnis des Inhalts hinaus kann daran gut deutlich gemacht werden, dass hier eine höchst vage Überlieferung gleichsam kodifiziert und im kulturellen Gedächtnis der Stadt äußerst wirkungsmächtig wird. Freilich müssen die entsprechenden (ggf. auch sonst schon vermittelten) Einsichten im Sinne einer Kompetenzentwicklung gezielt angesprochen und explizit gemacht werden. „Metakognition" lautet das entsprechende Stichwort aus der Psychologie: Bestimmte Prozeduren, Techniken und Strategien werden umso erfolgreicher umgesetzt, je stärker sie den Lernenden nicht nur antrainiert, sondern ausdrücklich bewusst gemacht werden.

Im Vergleich der Teilkompetenzen liegen die einzelnen Unterkompetenzen nicht zwangsläufig auf demselben Anspruchsniveau: Die erste Unterkompetenz der Teilkompetenz „Fremdverstehen" (2.3.1: „Die Schülerinnen und Schüler können historische Verhältnisse und das Handeln von Menschen früher unvoreingenommen als anders (nicht rückständig) wahrnehmen") ist sicherlich anspruchsvoller als die erste der Teilkompetenz „Veränderung in der Geschichte wahrnehmen" (2.4.1: „Die Schülerinnen und Schüler können einfache punktuelle Vergleiche zwischen ‚damals' und ‚heute' vornehmen").

Einige Stichworte zu den einzelnen Teilkompetenzen: [|14]

2.1   Konstruktcharakter von Geschichte erkennen

Aussagen über die Vergangenheit können wir nur aufgrund historischer Zeugnisse (Quellen) machen. Auf dieser Basis konstruieren wir „Geschichte". Die entsprechende Kompetenz können Schülerinnen und Schüler z. B. dadurch besonders gut gewinnen, dass sie sich mit der Rezeptionsgeschichte bestimmter historischer Ereignisse in Vergangenheit und Gegenwart befassen. Dadurch wird die Darstellung von Geschichte als Deutungsgeschäft erkennbar, das von den jeweiligen Zeitumständen und Fragestellungen abhängt.

2.2   Mit Perspektivität in der Geschichte umgehen

Die historischen Zeugnisse sind in den meisten Fällen durch eine bestimmte Wahrnehmungsperspektive geprägt, die sich aus dem Standpunkt desjenigen ergibt, der sich dort äußert. Dabei können ganz verschiedene Aspekte eine Rolle spielen: kulturelle, religiöse, nationale Zugehörigkeit, soziale Position, Geschlecht, politisches oder wirtschaftliches Interesse. Schülerinnen und Schüler können den Umgang mit Perspektivität z. B. dadurch schulen, dass sie so oft wie möglich mit multiperspektivischen Quellenzusammenstellungen arbeiten oder systematische Übungen im Wechsel und in der Übernahme von Perspektiven vornehmen.[22]

2.3 Fremdverstehen leisten

Schülerinnen und Schüler nehmen historische Verhältnisse und das Handeln und Denken von Menschen in früheren Zeiten leicht als rückständig und minderwertig wahr. Historisches Verstehen bedeutet, sich auf die vergangene Zeit einzulassen und gleichsam ihren Horizont zu rekonstruieren. Allerdings darf dies nicht zu völliger Übernahme der damaligen Maßstäbe führen: weder jene noch die heutigen dürfen letztlich alleine angelegt werden, vielmehr geht es darum, zwischen beiden zu vermitteln und sich dieses Wechselspiel auch bewusst zu machen.

2.4 Veränderung in der Geschichte wahrnehmen

Die Unterkompetenz 2.4.1 wird schon im Sachunterricht Geschichte in der Grundschule angestrebt. Das Kompetenzniveau von 2.4.3 setzt voraus, dass Geschichte tatsächlich auch als langfristiger Prozess in den Blick genommen wird (z. B. die vom Hochmittelalter bis ins 18./19. Jahrhundert kaum veränderte Art bäuerlichen Wirtschaftens im Vergleich zur massiven Veränderung bzw. Beschleunigung im 19./20. Jahrhundert).[23]

---

22 Vgl. dazu Rolf Schörken, Geschichtsunterricht in einer kleiner werdenden Welt. Prolegomena zu einer Didaktik des Fremdverstehens, in: Hans Süssmuth (Hrsg.), Geschichtsdidaktische Positionen, Paderborn 1980, S. 315–335; Lutz Tornow / Bodo von Borries, Fremdverstehen durch systematische Einübung in Perspektivenwechsel? Von gelegentlich „multiperspektivischer" Quellenarbeit zu konsequent „kontroverser" Behandlung, in: Andreas Körber (Hrsg.), Interkulturelles Geschichtslernen. Geschichtsunterricht unter den Bedingungen von Einwanderung und Globalisierung. Konzeptionelle Überlegungen und praktische Ansätze, Münster u. a. 2001, S. 227–238.
23 Diese Teilkompetenz findet im – schon lange methodenorientierten – englischen „National Curriculum" starke Beachtung. Das gilt auch für die Punkte 2.7, 2.8 und 2.9. Vgl. dazu die Zusammenfassung der Anforderungsniveaus für das Fach Geschichte in The National Curriculum. History. Department for Education, London 1995, S. 15 f. Dazu die Lehrerhandreichungen Teaching History at Key Stage 1/2/3. National Curriculum Council, York 1993. Vgl. auch hier für die Niederlande Popp, Überblickswissen (Anm. 19).

2.5 Gegenwartsbezüge herstellen

Bezugspunkt für unsere Beschäftigung mit Vergangenheit ist stets die Gegenwart. Aus ihr kommt zuallererst unser Interesse an der Vergangenheit, stammen die Fragen, die wir an sie richten, die Maßstäbe, die wir an sie anlegen, auf sie beziehen wir die Lehren, die wir uns vielleicht aus der Vergangenheit erhoffen. Geschichte kann, Geschichtsunterricht soll einer historisch fundierten Gegenwartsorientierung dienen. Gegenwartsbezüge bieten sich häufig an oder werden unter der Hand vorgenommen. Auch hier geht es wieder darum, solche Bezüge ausdrücklich zu benennen und mit den Schülerinnen und Schülern systematisch zu üben, sie zu bedenken.[24] [|15]

2.6 Mit Dimensionen/Kategorien/Begriffen arbeiten

Geschichte lässt sich unter ganz verschiedenen Sachgesichtspunkten untersuchen: Politik, Wirtschaft, Krieg, Technik, Arbeit, soziale Verhältnisse, Geschlecht, Kultur, Alltag usw. Bei diesen Dimensionen handelt es sich gewissermaßen um Sonden, mit denen sich verschiedenartige Einsichten über die Vergangenheit zutage fördern lassen. Enger gefasste Kategorien – die Abgrenzung ist nicht immer eindeutig – dienen der Analyse und Beschreibung jeweiliger historischer Verhältnisse: Herrschaft und politische Partizipation; Krieg und Frieden; Religion, Ideologie, Legitimation; Menschenrechte, Emanzipation, Solidarität. Noch auf einer anderen Ebene liegen spezifische Deutungsbegriffe, hinter denen sich gewissermaßen Miniaturtheorien verbergen: Feudalismus, Imperialismus, Modernisierung. Am engsten gefasst sind objekt- oder ereignisbezogene Begriffe wie „Manufaktur" oder „Schwertleite". Von diesen abzuheben sind wiederum Begriffe, die je nach Zeit eine andere Bedeutung annehmen und deshalb stets nur kontextbezogen aufzufassen sind: Kaiser, Regierung, Adel, Staat. Oft sind sie den Schülerinnen und Schülern aus der Alltagssprache scheinbar vertraut, haben aber im historischen und/oder fachlichen Kontext eine andere bzw. eine komplexere Bedeutung. Generell gilt es zu unterscheiden zwischen zeitgenössischen und rückblickend analytischen Begriffen und Begriffsverwendungen. Diese Beispiele zeigen, dass es mit der Begriffsbildung im Bereich der Geschichtswissenschaft schwierig ist.[25] Es handelt sich nicht, wie zumeist in den Naturwissenschaften, um eine klare Klassifizierung und

---

[24] Die Modellierung der Unterkompetenzen orientiert sich vor allem an Bergmann, Gegenwartsbezug (Anm. 18).
[25] Der Bereich der Begriffsbildung hat in der Geschichtsdidaktik bislang wenig Beachtung gefunden. Vgl. vor allem Martina Langer-Plän / Helmut Beilner, Zum Problem historischer Begriffsbildung, in: Hilke Günther-Arndt / Michael Sauer (Hrsg.): Geschichtsdidaktik empirisch. Untersuchungen zum historischen Denken und Lernen, Berlin 2006, S. 215–250. Vgl. auch Bettina Alavi, Begriffsbildung im Geschichtsunterricht. Problemstellungen und Befunde, in: Uwe Uffelmann / Manfred Seidenfuß (Hrsg.), Verstehen und Vermitteln. Armin Reese zum 65. Geburtstag, Idstein 2004, S. 39–61.

Hierarchisierung innerhalb eines Sachgebietes. Vielmehr überlappen unterschiedliche systematische Zugriffe einander, sind Kontextualisierungen notwendig und verschiedenartige Begriffsverwendungen möglich. Deswegen lassen sich solche Begriffe nicht einfach als „Wissensbausteine" erlernen. Umso wichtiger ist, dass die Schülerinnen und Schüler einschlägige Kompetenzen im Umgang mit Begriffen erwerben.

2.7   Verfahren historischer Untersuchung beherrschen

Hier geht es um solche analytischen Verfahren, wie sie – über quellenbezogene Methodenkompetenzen hinaus – Historiker beherrschen müssen. Auch Schülerinnen und Schüler sollten eine Kompetenz für die Gestaltung des „Designs" einer historischen Untersuchung erlangen – nicht zuletzt als Voraussetzung für das kritische Verständnis anderer Untersuchungen.

2.8   Eigene Deutungen von Geschichte vornehmen und sprachlich
       adäquat umsetzen

Viele der vorhergehenden Teilkompetenzen (und auch die entsprechenden Medien-Methoden-Kompetenzen) müssen hierfür aktiviert werden und bündeln sich in dieser Kompetenz. Es handelt sich dabei um eine anspruchsvolle, komplexe Darstellungsleistung, die über die Interpretation einzelner Quellen hinausgeht und sie einbindet. In dieser Form hat sie zumindest im Geschichtsunterricht der Sekundarstufe I oft keinen eigenen, klar definierten Ort – dabei handelt es sich, wie Hans-Jürgen Pandel schreibt, um die „Königsdisziplin im Umgang mit Geschichte".[26] [|16]

2.9   Mit Darstellungen von Geschichte kritisch umgehen

Geschichte konstituiert sich – wie schon gesagt – erst in späteren Deutungen. Auch diese Deutungen sind geprägt durch Perspektivität – im Ablauf der Zeit, aber auch innerhalb derselben Zeitebene. Wir sprechen dabei in der Regel von Kontroversität.[27] Schülerinnen und Schüler sollten also verstehen können, inwiefern und warum historische Ereignisse, Situationen, Prozesse oder Personen von Zeitgenossen und Nachgeborenen unterschiedlich gesehen und beurteilt werden. Und sie sollten in der Lage

---

26 Pandel, Geschichtsunterricht nach PISA (Anm. 7), S. 38. Pandel verwendet hierfür den Begriff „narrative Kompetenz", der allerdings von unterschiedlichen Autoren verschiedenartig ausgelegt wird. Vgl. Anm. 8.
27 Diese Unterscheidung geht zurück auf von Bodo von Borries, Geschichte lernen – mit heutigen Schulbüchern?, in: GWU 34, 1983, H. 9, S. 558–585, hier S. 569.

sein, solche verschiedenartigen Deutungen zu analysieren und zu bewerten – das gilt vor allem für jene besonders wirkungsmächtigen, die ihnen im Bereich der öffentlichen Geschichtsvermittlung und dort wiederum am ausgeprägtesten in Film und Fernsehen begegnen.[28]

3. Medien-Methoden-Kompetenz

Diese Kompetenz bezieht sich auf das herkömmliche „Methodenlernen". Dabei geht es zunächst um zwei elementare und für das Fach konstitutive Einsichten, die Schülerinnen und Schüler gewinnen müssen[29]; diese hängen wiederum mit den entsprechenden Teilkompetenzen der Deutungs- und Reflexionskompetenz zusammen: die Unterscheidung von Quellen und Darstellungen und die Wahrnehmung der Perspektivität von Quellen und Darstellungen. Außerdem gilt es die vielen Arten von Quellen, mit denen wir es zu tun haben, nach ihrem Aussage- bzw. Quellenwert zu unterscheiden und zu bewerten.[30] Schließlich verlangt jede Gattung von Quelle oder Darstellung spezifische Methoden zu ihrer Deutung und Erschließung – eben dieser Zusammenhang soll mit dem Doppelbegriff „Medien-Methoden-Kompetenz" signalisiert werden. Häufig sind einzelne Quellen und Darstellungen auch an bestimmte Themen oder Epochen gebunden. Diese Teilkompetenz wird in den VGD-Bildungsstandards für die einzelnen Gattungen nach Schulstufen detailliert entfaltet.[31] Neu daran sind die Breite der berücksichtigten Gattungen und die konsequent durchgeführte Stufung – beides zusammen ergibt eine übergreifende Systematik, wie sie sich in bislang vorliegenden Entwürfen noch nicht findet.[32] Schließlich gehört auch die Organisation und Reflexion fachbezogener Lernprozesse und die Präsentation einschlägiger Ergebnisse in diesen Kontext. Das sollte sich nicht nur auf besondere projektartige Vorhaben, sondern verstärkt auch auf „Alltagsunterricht" beziehen. Auch hier geht es – wie schon oben angesprochen – um Metakognition. Und Präsentationen spielen eine entscheidende Rolle, wenn nicht nur rezipierend gelernt, sondern Gelerntes in strukturierter Form gespeichert oder anderen vermittelt werden soll. Die dafür nötigen Formate

---

28 Bei FUER ist dies als „Dekonstruktion" Teil der Methodenkompetenz.
29 Grundsätzlich dazu Gerhard Henke-Bockschatz, Von den Lehrmethoden zu den Lernmethoden: Konsequenzen für die geschichtsdidaktische Forschung, in: Zeitschrift für Geschichtsdidaktik Bd. 1, 2002, S. 87–99.
30 Hans Jürgen Pandel bezeichnet dies als „Gattungskompetenz": Pandel, Geschichtsunterricht nach PISA (Anm. 7), S. 27–31.
31 Die Stufenkompetenzen für die Gattung „Textquellen" beispielsweise sind – auf der Basis grundlegender Kenntnisse und Einsichten – im Kern in den Schritten „Informationsentnahme" (Schwerpunkt 5./6. Klasse), „Interpretation" (7./8.) und „Einordnung und Bewertung" (9./10.) organisiert.
32 Vgl. dazu genauer den Beitrag von Rolf Brütting in diesem Heft [Anm. d. Hg.: Rolf Brütting, Methodenkompetenz im Rahmen der Bildungsstandards für das Fach Geschichte, in: Informationen für den Geschichts- und Gemeinschaftskundelehrer 72, 2/2006, S. 37–43].

(insbesondere visuelle Präsentationsformen) wirken nach innen und nach außen; sie stellen gedächtnispsychologisch sinnvolle Muster der mentalen Repräsentation historischen Wissens dar.[33]

4. Schluss

Ziel der VGD-Bildungsstandards und des zugrunde liegenden Kompetenzmodells ist es, Geschichte als „Denkfach" ernst zu nehmen und zu profilieren. Das bedeutet nicht, alles Vorhandene über Bord zu werfen und den Geschichtsunterricht völlig neu zu erfinden. Es gilt freilich, das Vorhandene gleichsam durch eine „Kompetenzbrille" neu zu mustern und zu prüfen. Wer dies als Lehrkraft nachvollzieht, wird ein solches Modell nicht als Zu- [|17] mutung, sondern als Chance begreifen. Klar ist aber auch: „Historisches Denken lernen" ist ein langfristiger Prozess; gerade angesichts der „Enthistorisierung" anderer Fächer wie Deutsch/Literatur, Kunst, Musik oder Religion kann er nur gelingen, wenn dem Fach die dafür notwendigen zeitlichen Ressourcen und der entsprechende Stellenwert zuerkannt werden.

---

33 Vgl. dazu Gerhard Steiner, Lernen und Wissenserwerb, in: Andreas Krapp / Bernd Weidenmann (Hrsg.), Pädagogische Psychologie. Ein Lehrbuch, Weinheim 4. vollst. überarb. Aufl. 2001, insbesondere S. 174–185.

Ein Kompetenz-Strukturmodell des historischen Denkens*

WALTRAUD SCHREIBER / ANDREAS KÖRBER /
BODO V. BORRIES / REINHARD KRAMMER /
SIBYLLA LEUTNER-RAMME / SYLVIA MEBUS /
ALEXANDER SCHÖNER / BÉATRICE ZIEGLER

1. Hinweise zur Terminologie[16]

Die *globale Kompetenz*, die durch das Kompetenz-Strukturmodell ausdifferenziert wird, wird als „Kompetenz historischen Denkens" bezeichnet.[17]

Die erste Aufgabe eines Kompetenz-Strukturmodells ist, klar unterschiedene *Kompetenzbereiche* auszuweisen. Es handelt sich dabei um Gruppen verwandter Kompetenzen, die aus der Systematik des historischen Denkens abzuleiten sind. Um den Vollzug des historischen Denkens [|23] zu charakterisieren, werden vier Kompetenzbereiche unterschieden. Drei dieser Kompetenzbereiche leiten sich unmittelbar aus dem Pro-

---

* Anm. d. Hg.: Bei abgedrucktem Text handelt es sich um ein Kapitel aus einem Grundlagenwerk mehrerer Autorinnen und Autoren (der sogenannten FUER-Gruppe: Das Akronym steht für „Förderung und Entwicklung von reflektiertem und (selbst-)reflexivem Geschichtsbewusstsein"). Der Ausschnitt entstammt dem Basisbeitrag dieses Buches [Körber u. a., Kompetenzen historischen Denkens, 2007 (Abschnitt I: Grundlegungen)], S. 17–53, und gibt die S. 22–39 wieder. Im Originaltext geht das Kapitel „I. Überlegungen zur Ableitung eines historischen Kompetenzmodells" voraus; dann folgt der vorliegende Text „II. Ein Kompetenzstrukturmodell historischen Denkens" (hier ohne Nummerierung abgedruckt). Die Fußnotenzählung setzt daher im Folgenden mit Nr. 16 ein. Vor Erscheinen des voluminösen Gesamtwerks war der Text im Jahr zuvor als Broschüre publiziert worden: Waltraud Schreiber u. a., Historisches Denken. Ein Kompetenz-Strukturmodell. Neuried 2006 (63 S.).

16 Vgl. hierzu auch das Glossar im Anhang dieses Bandes [Körber u. a., Kompetenzen historischen Denkens, 2007, S. 861–873].

17 Dass wir die globale Kompetenz nicht als „narrative Kompetenz" bezeichnen, bedeutet nicht, dass das Prinzip des Narrativismus hier nicht leitend wäre. Zu den Gründen vgl. Körber, Begründung der Dimensionen, in diesem Band [Körber u. a., Kompetenzen historischen Denkens, 2007] S. 89–154.

zess historischen Denkens ab (vgl. das von Hasberg/Körber vorgelegte Modell). Es handelt sich um die Bereiche der historischen Frage-, Methoden- und Orientierungskompetenzen. Diese auf den Prozess des historischen Denkens bezogenen Bereiche werden ihrerseits durch „Operationen" strukturiert.

Der vierte Kompetenzbereich – historische Sachkompetenzen – wird durch „Prinzipien"/„Konzepte"/„Kategorien"/„Scripts" strukturiert. Hier werden die Operationen, ihre Grundlagen und Ergebnisse „auf den Begriff gebracht" und stehen damit zur Strukturierung historischen Denkens zur Verfügung. Zwischen den vier Kompetenzbereichen bestehen notwendig Zusammenhänge.

Die Kompetenzbereiche setzen sich aus systematisch abzuleitenden, durch Operationen bzw. Strukturen bestimmte *Kernkompetenzen* zusammen. Diese werden, abhängig vom Kompetenzbereich, entweder durch Operationen oder durch Strukturen bestimmt. Die Kernkompetenzen eines Bereiches sind klar von einander abzugrenzen. Zugleich gilt: Weil sie wegen ihrer Zugehörigkeit zum selben Kompetenzbereich vergleichbare Funktionen haben, stützen sie sich gegenseitig.

Auf niedrigerem Abstraktionsniveau als die Kernkompetenzen liegen die *Einzelkompetenzen*. Sie werden definiert als Fähigkeit, Fertigkeit, Bereitschaft, (konkrete) Prozesse des historischen Denkens zu vollziehen bzw. über Prinzipien/Konzepte/Kategorien/Scripts historischen Denkens zu verfügen.

Kompetenzen haben notwendig deklarative, konzeptuelle, prozedurale und volitionale Bestandteile. Diese *Komponenten* spiegeln sich in der Definition von Kompetenzen als Fähigkeiten, Fertigkeiten und Bereitschaften wider.[18]

2. Die Kompetenzbereiche[19]

Ausgehend vom Prozessmodell des historischen Denkens lassen sich drei Kompetenzbereiche identifizieren, die nötig sind, wenn sich Menschen angesichts von Wahrnehmungen zeitlicher Veränderungen oder von aus ihrer Gegenwart rührenden Verunsicherungen historisch orientieren wol- [|24] len: historische Fragekompetenzen, Methodenkompetenzen, Orientierungskompetenzen. Sie sind jeweils durch Operationen strukturiert. Zu diesen Kompetenzbereichen tritt ein weiterer hinzu, der nicht

---

[18] Vice versa bedeutet dies: Lassen sich, für vermeintliche Teilkompetenzen, nur einzelne Komponenten ausweisen (nur Fähigkeiten oder nur Bereitschaften oder nur Fertigkeiten), haben wir es nicht mit Kompetenzen im vollen Sinne zu tun, sondern nur mit Bestandteilen.

[19] Vgl. hierzu die Einzelbeiträge zu den Kompetenzbereichen: Schöner, Kompetenzbereich Sachkompetenzen, S. 265–314; Schreiber, Kompetenzbereich Fragekompetenzen, S. 155–193, Schreiber, Kompetenzbereich Methodenkompetenzen, S. 194–235; Schreiber, Kompetenzbereich Orientierungskompetenzen, in diesem Band [Körber u. a., Kompetenzen historischen Denkens, 2007] S. 236–264. Dort finden sich auch ausführliche Literaturangaben auf die fundierenden Forschungsergebnisse aus der Geschichtsdidaktik und anderen Disziplinen.

prozesshaft angelegt, sondern durch Prinzipien/Konzepte/Kategorien/Scripts strukturiert ist, die historischen Sachkompetenzen. Darüber hinaus spielen auch überfachliche Kompetenzen in historischer Wendung eine Rolle.[20]

a) Die drei den Vollzug des Prozesses historischen Denkens charakterisierenden Kompetenzbereiche

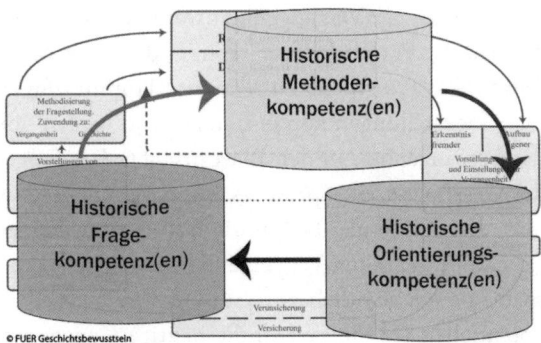

Abb. 3

Historische Fragekompetenzen[21]

Ausgangspunkt von historischen Denkprozessen sind Verunsicherungen/Interesse, für deren Ausgleich Vergangenheit/Geschichte als relevant angesehen werden. Zugrunde liegen damit Orientierungsbedürfnisse. Verunsicherungen/Interesse können aus erfahrenen Veränderungen entsprin- [|25] gen, aus der Notwendigkeit, Position zu beziehen / sich zu verhalten / zu agieren, aus Unklarheiten über zeitliche Zusammenhänge, aus Irritationen angesichts der Darstellung bestimmter Zusammenhänge in historischen Narrationen, aus Neugierde an historischen Situationen oder Entwicklungen, aus Forschungsanliegen etc. Um diese gegenwärtig erfahrenen[22] Verunsicherungen / das entstandene Interesse denkend zu verarbeiten, bedarf es einer Umwandlung in historische Fragen. Mit ihrer Hilfe wird ein historischer Orientierungsprozess in die Wege geleitet.

Im Kompetenzbereich der historischen Fragekompetenzen lassen sich zwei Kernkompetenzen unterscheiden:

---

20 Vgl. dazu den Beitrag zur historisch gewendeten allgemeinen Kommunikationskompetenz, Schöner/Mebus in diesem Band [Körber u. a., Kompetenzen historischen Denkens, 2007] S. 361–388.
21 Vgl. hierzu die Ausdifferenzierung im Beitrag Schreiber, Fragekompetenzen, in diesem Band [Körber u. a., Kompetenzen historischen Denkens, 2007] S. 155–193.
22 „Erfahren" verweist darauf, dass die Verunsicherung / das Interesse gegenwartsgebunden ist.

Es kann einmal um die Fähigkeit, Fertigkeit und Bereitschaft gehen, Fragen an die Vergangenheit/Geschichte zu stellen (a). Zum anderen steht die Fähigkeit, Fertigkeit und Bereitschaft im Zentrum, die Fragen, welche vorliegende historische Narrationen behandeln, zu erkennen, zu verstehen und auf die eigene Fragestellung zu beziehen.[23] Diese zweite Kernkompetenz schließt auch ein, Fragen, die man von anderen Personen gestellt bekommt, zu verstehen und im eigenen Denken zu verarbeiten (b). In der historischen Frage kommen u. a. die *Prinzipien* des historischen Denkens[24] zum Ausdruck.

Fragen an die Vergangenheit werden *retro-perspektivisch* gestellt, d. h. von der Gegenwart des Fragenden aus – somit notwendig im Nachhinein und zwingend perspektivisch. Das Prinzip der *Partikularität* kommt zum einen als *Selektivität* zum Ausdruck: Die Fragestellungen können, sollen und wollen nur einzelne Aspekte, nie das Ganze der Vergangenheit in den Blick bringen. Die Fragestellung steuert die Konstruktion der Geschichte, die später als Antwort angeboten wird. Dabei wirkt ein zweiter Aspekt von „Partikularität" in die historischen Fragen hinein, die *Partialität*: Weil nur Bruchteile der in der Vergangenheit gemachten Erfahrungen manifest wurden (sich in später als solche nutzbare [|26] Quellen „objektivierten"), weil nur Bruchteile dieser potentiellen Quellen bis in die heutige Gegenwart hinein überliefert wurden, müssen historisch Fragende grundsätzlich wissen, dass Antworten nur bruchstückhaft möglich sind, dass es fallweise auch völlig unmöglich sein kann, Antworten zu finden. Zwischen „Vergangenheit" und den historischen Narrationen über Vergangenes (Geschichte) besteht aus diesen prinzipiellen Gründen eine notwendige Differenz. Der *Konstruktcharakter von Geschichte* ist demzufolge ein weiteres, unumstößlich geltendes Prinzip historischen Denkens, das sich in den historischen Fragen niederschlägt. In den jeweiligen Fragestellungen sind die für die Entwicklung der auf sie antwortenden historischen Narrationen relevanten Konstruktionsprinzipien oftmals bereits angelegt.

Im historischen Fragen kommen nicht nur die Prinzipien historischen Denkens zum Ausdruck, sie betreffen auch Methodisches und Inhaltliches und beziehen die Träger und Adressaten des Denkprozesses ein. Die inhaltsbezogenen Fragen stecken den Horizont ab, innerhalb dessen auf zugrunde liegende Verunsicherungen bzw. das auslösende Interesse Antworten gesucht werden. Methodenbezogene Fragen regulieren, wie die Inhalte, die in den Blick genommen werden sollen, erschlossen und syste-

---

[23] Dies ist eine Form historischen Denkens, die im schulischen Lernen oft gefordert ist. Schüler werden selten ihre ureigenen Fragen an die Vergangenheit verfolgen können. Um so wichtiger ist, dass sie lernen, die ihnen im Lehrplan und Unterricht vorgegebenen Fragen zu verstehen und zu ihren eigenen in Beziehung zu setzen.

[24] Als die für ein Verständnis von Geschichte als historische Narration konstitutiven Prinzipien hat Michael Baumgartner die Retroperspektivität, die Partikularität, die Konstruktivität herausgearbeitet (Baumgartner, Narrativität, 1997). Vgl. auch Schöner, Kompetenzbereich historische Sachkompetenzen, in diesem Band [Körber u. a., Kompetenzen historischen Denkens, 2007] S. 265–314.

matisiert werden. Sie leiten die fachspezifischen Erschließungsverfahren. Subjektbezogene Fragen lenken den Blick auf die, die sich mit Vergangenheit befassen, und auf die, für die historische Narrationen bestimmt sind. Durch historische Fragen werden Kommunikation und Diskurse über Geschichte(n) angeregt.

Die Kernkompetenzen, die die historische(n) Fragekompetenzen ausmachen, werden durch grundlegende Operationen systematisiert:

- Zum einen geht es um das *Formulieren und Stellen historischer Fragen*, die Verunsicherungen/Interesse aufgreifen, das Suchen und Finden von Antworten grundlegen und so Orientierungschancen erst eröffnen.
- Dann geht es um das *Erschließen der Fragestellungen*, die vorliegende historische Narrationen kennzeichnen. Dies ist Bedingung dafür, den Umgang (einer Kultur, der eigenen und fremder Gruppen, von Individuen) mit Geschichte zu erfassen und auf Möglichkeiten und Grenzen historischer Orientierung aufmerksam zu werden. [|27]

Historische Methodenkompetenzen[25]

Dieser Kompetenzbereich umfasst die fachspezifischen Methoden der Erkenntnisgewinnung und -verarbeitung.[26] Es geht also um die Fähigkeit, Fertigkeit und Bereitschaft, Antworten auf historische Fragen zu erarbeiten. Die Prinzipien historischen Denkens, gerade auch der Konstruktcharakter historischer Narrationen, bestimmen notwendigerweise die spezifischen Umgangsweisen mit Vergangenem/Geschichte. Diese Umgangsweisen können als die *Basisoperationen des De- und Re-Konstruierens* klassifiziert werden. Re- und De-Konstruktionskompetenz sind somit die beiden zuzuordnenden Kernkompetenzen. Es geht damit um die Fähigkeit und Fertigkeit, historische Narrationen zu entwickeln (Re-Konstruktion) bzw. vorhandene historische Narrationen in ihrer (Tiefen-)Struktur zu erfassen (De-Konstruktion) und um die Bereitschaft, diese analytischen und synthetischen Fähigkeiten und Fertigkeiten im Lebensvollzug zu nutzen.

Was der Kompetenzbereich der historischen Methodenkompetenzen umfasst, wird am besten mit Hilfe der *Sechser-Matrix*[27] verdeutlicht: Es geht um das kompe-

---

25 Vgl. hierzu die Ausdifferenzierung im Beitrag Schreiber, historische Methodenkompetenzen, in diesem Band [Körber u. a., Kompetenzen historischen Denkens, 2007] S. 194–235, und die Überlegungen zur Graduierung der Kernkompetenzen im Beitrag von Beatrice Ziegler, Graduierung Re-Konstruktionskompetenz, in diesem Band [Körber u. a., Kompetenzen historischen Denkens, 2007] S. 523–545.
26 In einigen der Kompetenz-(Entwicklungs-)Modelle anderer Fächer wird ein vergleichbarer Kompetenzbereich mit dem Begriff „Erkenntnisgewinnung" bezeichnet. Dies würde den Aspekt des Re-Konstruierens überbetonen gegenüber dem Aspekt des De-Konstruierens.
27 Vgl. hierzu das Glossar im Anhang dieses Bandes [Körber u. a., Kompetenzen historischen Denkens, 2007] S. 861–873.

tente Beherrschen der „Basisoperationen des Re- und De-Konstruierens", und zwar in den Fokussierungen auf Vergangenes wie in der Fokussierung auf Gegenwart/Zukunft und in der Fokussierung auf „Geschichte". In Letzterer wird auf einer Metaebene die vorliegende bzw. im Entstehen begriffene historische Narration, die vorliegende Geschichte, in den Blick genommen: Es geht um die Zusammenhänge, die innerhalb der jeweiligen Zeit und zwischen den Zeiten hergestellt, und um die Kontextualisierungen, die gewählt werden/wurden. Es geht um die Frage, wie bei der Entwicklung der historischen Narration sach-, adressaten- und mediengerecht vorgegangen werden soll/wurde. Letztlich gerät damit der *Konstruktcharakter*[28] von Geschichte in den Blick und die Fähigkeit, Fer- [|28] tigkeit und Bereitschaft, damit sowohl synthetisch als auch analytisch umzugehen.[29]

Die zwei Operationen, die die historischen Methodenkompetenzen strukturieren, sind demzufolge das Re- und das De-Konstruieren.

- Das *Re-Konstruieren* umfasst einerseits die von einer Fragestellung geleitete Erschließung vergangener Phänomene, die letztlich mit Hilfe von Quellen erfolgt (Fokus Vergangenes). Von Bedeutung sind dabei sowohl Heuristik und Quellenkritik als auch das Herausarbeiten von „Vergangenheitspartikeln", in der Regel durch den Vergleich verschiedener Quellenaussagen und der Erkenntnisse aus historischen Darstellungen (Quelleninterpretation). Die Basisoperation der Re-Konstruktion umfasst darüber hinaus immer auch die Herstellung von Zusammenhängen zwischen diesen Phänomenen (Fokus Geschichte). Das beinhaltet die Darstellung der Ergebnisse in einer narrativen Form, in einer Geschichte, was die Entscheidung für bestimmte Kontextualisierungen voraussetzt. Dabei werden nicht nur vergangene Entwicklungen erklärt, sondern insbesondere auch Bezüge zu Gegenwart und Zukunft hergestellt (Fokus Gegenwart/Zukunft). Diachrone Zusammenhänge werden immer mit Hilfe von Sinnbildungsmustern konstruiert.[30] – Beim Re-Konstruieren handelt es sich also um einen Akt der Synthese, der auch die Beachtung der Triftigkeitskriterien[31] umfasst, die die Geltung der entstehenden Narration absichern sollen.

---

28 Konstruktivismus ist für die Geschichtswissenschaft nicht eine spezifische wissenschaftstheoretische Schule neben anderen, sondern die Grundbedingung, die man nicht a limine leugnen, sondern nur verschieden scharf herausarbeiten kann. Vgl. hierzu die prägnante Darstellung bei Völkel, Geschichte, 2002, S. 17–20.
29 Deshalb umfasst historische Methodenkompetenz mehr als den gattungsspezifischen Materialumgang: Die Befähigung zu „Textquellenarbeit", „Bildarbeit", „Kartenarbeit", „Filmarbeit" u. a. sind nur ein Teilaspekt der historischen Methodenkompetenzen.
30 Zu Sinnbildungsmustern vgl. die grundlegenden Überlegungen bei Rüsen, kompakt zusammengestellt in ders., Erzählen, 1997. Vgl. weiterführende Überlegungen bei Pandel, Erzählen, 2002, v. Borries, Bildung, 2003, außerdem v. Borries, Geschichtslernen, 1988, S. 59–62 zur kritischen Sinnbildung, sowie Barricelli, Schüler, 2005, v. a. S. 68–80 und S. 220–232.
31 Zu „Triftigkeit" vgl. u. a. Rüsen, Vernunft, 1983, v. a. S. 85–116.

- Das *De-Konstruieren* dagegen ist ein analytischer Akt. Vorliegende historische Narrationen werden in ihren Bestandteilen (Oberflächenstruktur) erfasst und auf die tiefer liegenden Strukturen hin untersucht. Dabei werden explizit sichtbare Strukturierungen (z. B. die für Beschreibungen oder Erklärungen gewählten Kontexte) ebenso erhoben wie solche, die nur implizit oder gar latent vorliegen. Mit Hilfe methodisierter Vorgehensweisen werden die Konstruktionsmuster sichtbar. Gesucht werden u. a. Hinweise auf die zugrunde liegenden Intentionen und auch die verfolgten Orientierungsabsichten. Die Tie- [|29] fenstruktur der Narration wird so erschlossen. Ein Teilaspekt der De-Konstruktion ist die Überprüfung der Triftigkeit der in der Darstellung vorgenommenen und durch die Analyse sichtbar gemachten Entscheidungen. Eine transparente Präsentation der Ergebnisse schließt den De-Konstruktionsprozess ab.[32]

Historische Orientierungs-Kompetenzen[33]

Dieser Kompetenzbereich umfasst die Kompetenzen, die nötig sind, um historisches Denken und seine Ergebnisse lebensweltlich wirksam werden zu lassen. Es geht also um die Fähigkeit, Fertigkeit und Bereitschaft, die Erkenntnisse und Einsichten, die durch die Re- und De-Konstruktionsprozesse – auf der Basis eigener oder fremder Fragestellungen – gewonnen wurden, auf die eigene Person und Lebenswelt bzw. die eigene Weltsicht zu beziehen.

Es werden vier Kernkompetenzen eingeschlossen:
- *Erstens* die Fähigkeit, Fertigkeit und Bereitschaft, das eigene *Geschichtsbewusstsein zu re-organisieren* und den jeweils neu gewonnenen Kenntnissen, Einsichten, Verfahrensweisen, Haltungen etc. anzupassen. Diese Kompetenz ist gewissermaßen auf der Metaebene anzusiedeln: Erkenntniszuwächse, das Verfügen-Können über neue Verfahrensscripts, die Veränderung von Einstellungen werden erst wirkungsmächtig für den weiteren Umgang mit Geschichte, wenn sie in die „mentale Struktur" des eigenen Geschichtsbewusstseins übernommen worden sind.[34] Zusammengefasst geht es um die Fähigkeit, Fer-

---

32 Vgl. hierzu den „Leitfaden" zur De-Konstruktion historischer Narrationen in Gruner/Schreiber, Geschichte, 2007 [2010].
33 Vgl. hierzu die Ausdifferenzierung im Beitrag Schreiber, historische Orientierungskompetenzen, in diesem Band [Körber u. a., Kompetenzen historischen Denkens, 2007] S. 236–264, und die Überlegungen zur Graduierung der Kernkompetenzen im Beitrag Körber/Meyer-Hamme/Schreiber, S. 473–504.
34 Hier geht es also unter anderem darum, bislang verwendete und für valide gehaltene Begriffe und Klassifizierungen auf der Basis neu erworbenen Wissens zu revidieren, durch weitere zu ergänzen, ggf. ganz zu verwerfen etc. Hierzu gehört aber auch, den Umgang mit Geschichte durch neu erlernte Methoden zu professionalisieren oder die Fähigkeit und Bereitschaft, „lieb gewonnene" Vorstellungen dessen, was Geschich-

tigkeit und Bereitschaft, die eigene *mentale Disposition* für den Umgang mit Geschichte zu reflektieren und zu erweitern. [|30]

- *Zweitens* die Kompetenz zur Reflexion und Erweiterung des Welt- und Fremdverstehens, also die Fähigkeit, Fertigkeit und Bereitschaft, die eigenen Vorstellungen von der gegenwärtigen wie der vergangenen Welt und ihren Menschen auf der Basis gewonnener historischer Einsichten umzubauen. Ausdruck davon ist, dass die mit Hilfe der Operationen des Re- und De-Konstruierens neu erarbeiteten Geschichten in den ursprünglich vorhandenen Bestand an historischen Sinnbildungen eingebaut und zur Erklärung und Deutung herangezogen werden. Salopp gesprochen geht es darum, das eigene Geschichtsbild in Frage stellen und durch neue Erkenntnisse verändern zu können.[35] Um die Orientierungsmöglichkeiten der Geschichte zu nutzen, werden also Vorstellungen über Vergangenes, über die Zusammenhänge innerhalb der und zwischen den früheren Zeitebenen sowie mit der Gegenwart/Zukunft, überprüft, in Frage gestellt, revidiert oder erweitert. „Alteritätserfahrungen", also zeitliche, kulturelle, aber auch intersubjektive Differenzen, stehen im Zentrum.
- *Drittens* die Fähigkeit, Fertigkeit und Bereitschaft zur Reflexion und Erweiterung des Selbstverstehens. Das heißt, es werden diejenigen Vorstellungen überprüft, die das Verhältnis der eigenen Person und/oder Gruppe zur historischen Welt und ihren Menschen betreffen. Während sich die Reflexion und Erweiterung des Welt- und Fremdverstehens nicht zwingend auf die aktuelle Welt beziehen müssen, hat die Revision und Erweiterung des Selbstverständnisses notwendig mit dem eigenen Leben zu tun und verändert es. Damit geht es – in historischer Dimension – um *„Identität"*, darum, das eigene Selbst durch die Orientierung mit Hilfe der Vergangenheit tiefer zu verstehen, indem das Gewordensein und die kulturelle Geprägtheit von Mensch und Welt einbezogen werden.[36] Dazu gehört auch die Möglichkeit, sich [|31] seine eige-

---

te will und kann, zu relativieren. Hierzu ein Beispiel: Wer eine früher gehegte Auffassung, Geschichte sei die möglichst vollständige Abbildung „der" als Gesamtzusammenhang gedachten „Vergangenheit" aufgibt, weil er die konstitutive Bedeutung der Perspektivität erkannt hat, beweist, dass er diese Kompetenz ausgeprägt hat. Das Niveau der Ausprägung ist näher zu bestimmen.

35 Auch hierfür ein Beispiel: Wir haben es mit einem veränderten Welt- und Fremdverständnis zu tun, wenn jemand lernt, dass die großen Hexenverfolgungen in Europa keineswegs dem Mittelalter, sondern der Frühen Neuzeit zuzurechnen sind. Die Neuorientierung kann sowohl derart geschehen, dass seine Vorstellungen von „Mittelalter" und „Neuzeit" unverändert bleiben, er also nur die Zuordnung dieser Ereignisse umbaut. Weitergehende Orientierung gewinnt, wer durch das „Einbauen" dieser Information auch seine bestehenden „Bilder" der Epochen (etwa des Mittelalters als „dunkel" und „abergläubisch" und der Neuzeit als „aufgeklärt") verflüssigt. Bei den eigenen Urteilen über Hexenverfolgung „Alterität" einzubeziehen wäre Ausdruck von „Fremdverstehen"; die Konsequenz muss dabei selbstverständlich nicht sein, „alles zu verstehen und alles zu verzeihen".

36 Zugrunde liegt ein dynamischer Identitätsbegriff, wie ihn, in durchaus unterscheidbarer Weise Erikson, Mead und Krappmann vertreten, wie er auch im Zuge aktueller Überlegungen zur Interkulturalität dominiert.

nen „Vorfahren zu adoptieren"³⁷ z. B. indem man auf seine Weise versucht, von den Erfahrungen der Anderen zu lernen. Zusammengefasst kann festgestellt werden, dass historische Identität im Blick steht.

- *Viertens* schließlich geht es bei der historischen Orientierungskompetenz um die Kompetenz zur Reflexion und Erweiterung der Handlungsdispositionen. Dabei werden Bedingungen und Möglichkeiten, aber auch Ziele und Strategien eigenen Handelns auf historische Erfahrungen bezogen. Die historische Dimension der Handlungsdisposition operationalisiert sich einmal darin, über ein Repertoire von historischen Vorbildern und Regeln für aktuelles Handeln zu verfügen.³⁸ Zugleich geht es darum, ihre Anwendbarkeit jeweils neu zu prüfen, und dabei die möglicherweise veränderten Rahmenbedingungen zu berücksichtigen. Teil dieser Kompetenz ist auch die Fähigkeit, Fertigkeit, Bereitschaft, Handlungsbedingungen „historisch zu betrachten". Dann werden in die eigenen Handlungsentscheidungen z. B. die historisch erklärbaren Erwartungen des Gegenübers einbezogen oder die Gewordenheit der Situationen, in denen gehandelt werden muss, bzw. die kulturell geprägten Einstellungen, auf die reagiert werden muss. – Der Aspekt *„Praxis"* steht also in Rede.³⁹

b) Historische Sachkompetenzen⁴⁰

Historische Frage-, Methoden- und Orientierungskompetenzen als dem Prozess historischen Denkens zuzuordnende Kompetenzbereiche haben gemeinsam, dass sie durch Operationen strukturiert werden. Der vierte Kompetenzbereich der historischen Sachkompetenzen ist dagegen durch Prinzipien/Konzepte/Kategorien/Scripts strukturiert: [|32]

---

37 Pandel, Dimensionen, 1987.
38 „Regelkompetenz" im Sinne der „exemplarischen Sinnbildung" Rüsens ist nämlich nur dann eine Kompetenz, wenn sie nicht in einer Regelhörigkeit, sondern in der flexiblen und kritischen Verfügung über ein Repertoire an Regeln besteht. Dabei geht es nicht nur um Handlungen im Sinne großer politischer Aktionen – etwa einer Ableitung der Notwendigkeit feministischer Aktion aus der Erkenntnis historisch konstanter Unterdrückung der Frauen. Auch der Vorsatz, die etwa aus der Lektüre einer Unternehmerbiographie gewonnenen Erkenntnisse über Führungsverhalten im eigenen Betrieb umzusetzen, gehört z. B. hierher.
39 Obwohl Praxis die Leitidee ist, darf nicht von konkretem, auf einzelne Situationen bezogenem „Handeln" gesprochen werden. Es geht nicht um Performanz, sondern um ein durch die Beschäftigung mit Vergangenheit/Geschichte angelegtes „Handlungsrepertoire", das in entsprechenden Situationen auch zu konkretem Handeln befähigt.
40 Vgl. hierzu die Ausdifferenzierungen im Beitrag von Schöner, historische Sachkompetenzen, in diesem Band [Körber u. a., Kompetenzen historischen Denkens, 2007] S. 265–314.

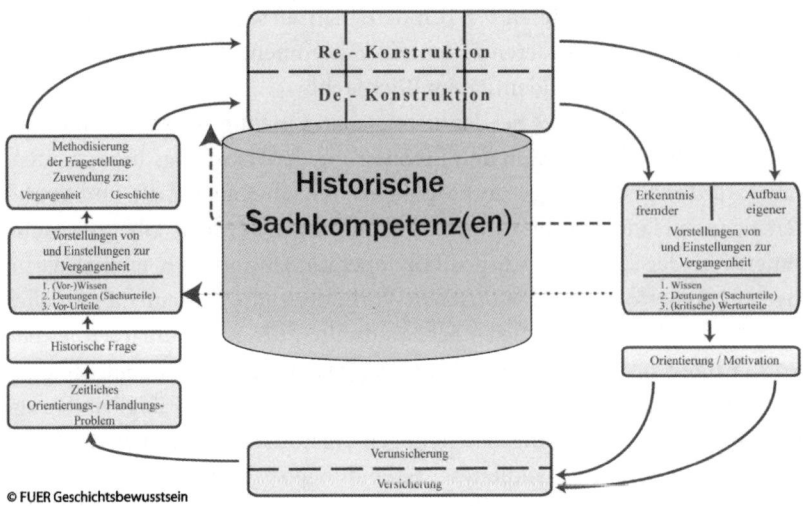

Abb. 4

- Zunächst sind für die Systematisierung des Kompetenzbereichs *die epistemologischen Prinzipien von Bedeutung*. Sie sind konstitutiv für historische Erkenntnis und schränken die Möglichkeit a priori ein, durch Geschichte eine vergangene „Wirklichkeit" abzubilden. Mit Hans-Michael Baumgartner gesprochen sind das die Prinzipien der Retroperspektivität, der Partikularität und der Konstruktivität von Geschichte.[41] Einzubeziehen sind auch deren kategoriale Substrukturierungen.
- Erkenntnisprozesse sind immer an Subjekte und deren Geschichtsbewusstsein gebunden. Auch die *subjektbezogenen Konzepte* – konkret sind das z. B. historische Identität und Alterität – dienen der Systematisierung des Kompetenzbereichs historischer Sachkompetenzen. Damit kommt der sich mit Vergangenheit/Geschichte Befassende in seiner „Standort- und Gegenwartsgebundenheit" in den Blick, und zwar als Individuum oder Mitglied von Gruppen.
- Auch *inhaltsbezogene Kategorien* und deren kategoriale Substrukturierungen spielen bei der Systematisierung historischen Denkens eine Rolle. Es geht hier vor allem um allgemeine Kategorien, die vorrangig von anderen Disziplinen ausdifferenziert werden (Politik, Gesellschaft, Wirtschaft …). Allerdings werden diese „historisch ge- [|33] wendet". Das heißt: Indem diese Kategorien zur Erklärung, Beschreibung und Strukturierung von Kontinuität und Wandel herangezogen werden, werden sie mit der genuin historischen Kategorie „Zeit" korreliert und so historisch aufgeladen. In einem weiteren Schritt leiten

---

41 Vgl. Baumgartner, Narrativität, 1997, S. 157–160.

sich daraus Zeitverlaufsvorstellungen oder Muster historischer Sinnbildung ab.
– Der vierte Bestandteil betrifft die *kategoriale, begriffliche Bestimmung von (forschungs-)methodischen Verfahrensscripts* (z. B. Heuristik, innere und äußere Quellenkritik, die kategoriale Unterscheidung von Gattungen, von Quellen und Darstellungen etc.).

Der Kompetenzbereich *historische Sachkompetenzen* umfasst die Fähigkeit, Fertigkeit und Bereitschaft, die Domäne des Historischen zu strukturieren und mit dafür entwickelten bzw. adaptierten Begriffen zu erschließen. Als *Kernkompetenzen* können eine historische Begriffs- sowie eine historische Strukturierungskompetenz unterschieden werden.

Begriffskompetent ist, wer fachspezifische Begriffe und die dahinter stehenden Konzepte kennt, daraus semantische Netze bilden kann, Begriffe der Quellen- und Gegenwartssprache, Fach- und Alltagssprache unterscheiden und aufeinander beziehen kann. Begriffe und die zugrunde liegenden gedanklichen Konzepte unterliegen, weil sie historisch geprägte Konstrukte sind, ihrerseits historischem Wandel.

Strukturierungskompetent ist, wer Domänenspezifisches theorie-, subjekts-, inhalts- und methodenbezogen systematisieren und hierfür strukturierende Begriffe auf verschiedenen Abstraktionsniveaus nutzen kann. – Beide Kompetenzen bedingen und stützen sich gegenseitig, gehen aber nicht ineinander auf. Strukturierungskompetenz ermöglicht die Systematisierung der verschiedensten – konventionellen und unkonventionellen – Themen. Begriffskompetenz erleichtert deren Erschließung.

Zusammenfassend kann festgehalten werden: Es geht bei den Sachkompetenzen nicht um schlichtes Daten- und Faktenwissen. Sachkompetenz ist nicht an bestimmte Inhalts- und Wissenskanones gebunden und setzt diese auch nicht voraus. – Entgegen den alltagsweltlichen Vermutungen sind zwar, wenn man historisch denken will, Inhalte unerlässlich, nicht aber bestimmte kanonisierte Inhalte. Orientierungsbedürfnisse und Fragestellungen entscheiden situationsabhängig darüber, was von Bedeutung ist. Dieselbe Offenheit gilt auch für die Systematisierung durch Prinzipien/Konzepte/Kategorien/Scripts. Entbehrlich sind die jeweils eingeführten und konventionalisierten Begriffe und Kategorien deshalb aber keineswegs: Die in „Konventionen", also Abstimmungsprozessen verschiedener Indi- [|34] viduen und Gruppen entstandenen Strukturierungen und Begriffe ermöglichen Austausch und Kommunikation. Sie erleichtern es auch, die Triftigkeit historischer Narrationen zu diskutieren. Zumindest eine Auswahl sollte man also kennen, anwenden, evaluieren, auch relativieren können, wenn man historisch denken will. Sie überspringen – und ohne Bezug auf sie sofort eine eigene, noch so geniale Neuregelung wählen – kann man nicht.

3. Zusammenhänge zwischen den Kompetenzbereichen

Weil die vier Kompetenzbereiche systematisch aus der Matrix des historischen Denkens abgeleitet werden, sind sie klar von einander zu unterscheiden. Zugleich bestehen notwendigerweise Zusammenhänge zwischen den Kompetenzbereichen: Wegen der Prozesshaftigkeit des historischen Denkens gibt es z. B. logische Bezüge zwischen der (den) historischen Frage-, Methoden- und Orientierungskompetenzen. Zusätzlich gilt: Der Aufbau der am Prozess historischen Denkens orientierten Kompetenzen hängt eng mit der Entwicklung einer Sachkompetenz im oben verstandenen Sinne zusammen: Eine solche Begriffs- und Strukturierungskompetenz ist Bedingung und Folge des Umgangs mit Geschichte zugleich. Damit ergeben sich zwischen der Sachkompetenz und den anderen Kompetenzbereichen Überlappungsbereiche. Diese können, weil sie systematisch begründet sind, klar ausgewiesen werden. – Die nachfolgende Grafik visualisiert die Zusammenhänge:

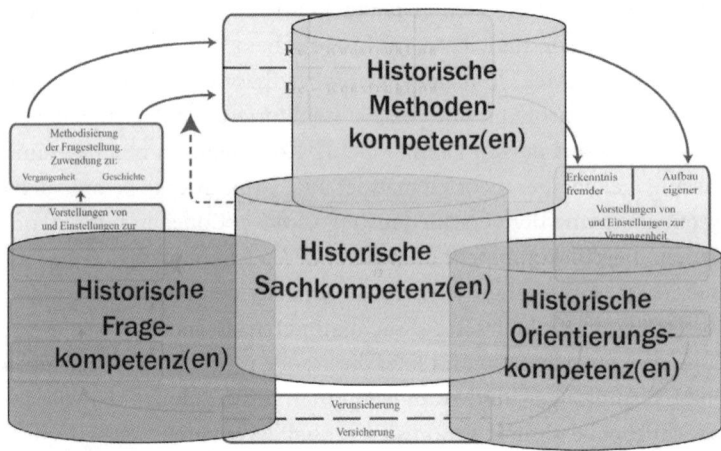

Abb. 5 [|35]

Exemplarisch sollen die Zusammenhänge zwischen den Kompetenzbereichen ausgehend von der Fragekompetenz dargestellt werden: Idealtypisch betrachtet steht historisches Fragen am Anfang des Prozesses historischen Denkens, insofern Verunsicherungen/Interesse an historischen Fragen übersetzt werden müssen, damit der Denkprozess in Gang kommt.[42] Weil jede historische Frage mit der Erklärbarkeit durch eine „Geschichte" rechnet, hängen historische Frage- und Orientierungskompetenzen zusammen. Historisches Fragen zielt darauf, Zeitpunkte (aus verschiedenen

---

42 Zur Sprache als Werkzeug für die sprachliche Fassung und damit Externalisierung dieser historischen Fragen vgl. Schöner/Mebus zur Kommunikationskompetenz, in diesem Band [Körber u. a., Kompetenzen historischen Denkens, 2007] S. 361–388.

Vergangenheiten bzw. aus Vergangenheit und Gegenwart/Zukunft) miteinander in Verbindung zu bringen und dadurch heutiges Verständnis, vielleicht auch Handeln zu orientieren. – Der Prozess ist nicht wie ein Kreismodell, das suggeriert, im einmaligen Durchgang abgeschlossen, vielmehr kann jederzeit ein neuer Zyklus beginnen. Es handelt sich also um eine spiralige Struktur.[43]

So notwendig wie historische Frage- und Orientierungskompetenzen hängen auch historische Frage- und Methodenkompetenzen zusammen: In ihrer verfahrensbezogenen Wendung steuert die Fragestellung z. B., welches Quellenmaterial bzw. welche Darstellungen zur Antwortsuche herangezogen werden. Methoden- / verfahrensbezogene Fragen regulieren den Re- und De-Konstruktionsprozess.

Die Verknüpfung mit der strukturbezogenen Sachkompetenz besteht insofern, als die Fähigkeit, Fragen an die Vergangenheit zu stellen, bzw. historische Fragestellungen zu „durchblicken", elementar vom Grad der erreichten Begriffs- und Strukturierungskompetenz abhängt. Weil das Fragen auf Antworten und auf das Herstellen von Zusammenhängen gerichtet ist, unterstützt historisches Fragen umgekehrt auch die Weiterentwicklung von Sachkompetenz: Begriffe und die Möglichkeit, sie zur Strukturierung zu nutzen, werden geschärft, hinterfragt, bestätigt oder neu ausgehandelt und entwickelt.

Auf ähnliche Weise können die Zusammenhänge auch zwischen den anderen Kompetenzbereichen ausdifferenziert werden. – Sich dieser Zusammenhänge bewusst zu sein, bedeutet, Prozesshaftigkeit und Kumulativität der Kompetenzentwicklung zu erkennen. Empirisch ist zu beobachten, wie sich langsam ein Vorrat an historischen Fähigkeiten, Fertigkeiten, Bereitschaften sedimentiert, in den natürlich auch Irrtümer und [|36] Missverständnisse, Fehlhaltungen und Fehlschlüsse eingebaut sein können. Bei der späteren Erarbeitung von Kompetenz-Entwicklungs- bzw. Kompetenz-Förderungsmodellen muss dies berücksichtigt werden.

4. Kompetenzbereiche und historische Kompetenzen (Kern- und Einzelkompetenzen)

a) Kernkompetenzen

Davon, dass Kompetenzbereiche sich mit systematischen Begründungen in Kernkompetenzen strukturieren lassen, war bereits bei der Ableitung und Beschreibung der Kompetenzbereiche die Rede. Die Grafik visualisiert die Strukturierung der Kompetenzbereiche in Kernkompetenzen.

---

43 Vgl. hierzu noch einmal Körber, Stresemann, 1999.

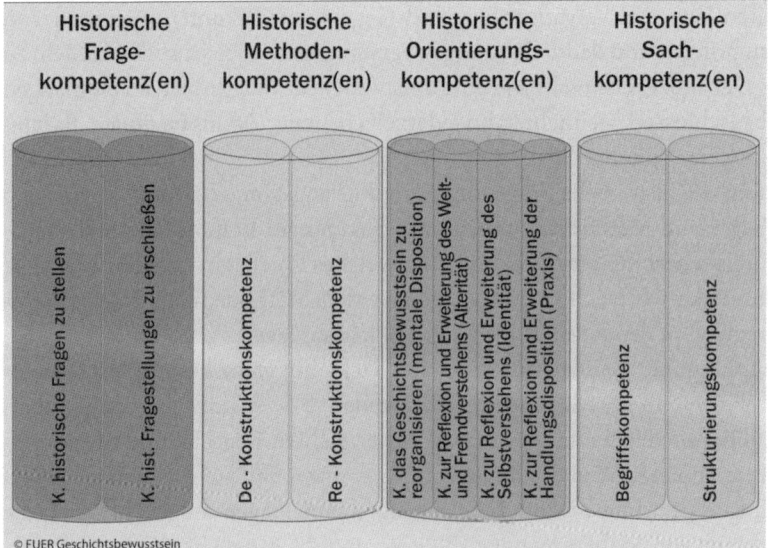

Abb. 6

Auch wenn die Kompetenzbereiche systematisch in Kernkompetenzen differenziert werden können, gilt, dass das Ganze „mehr" ist als die Summe seiner Teilbereiche. Das sei am Beispiel der historischen Methodenkompetenzen, die durch die Kernkompetenzen der De- und Re-Konstruktion bestimmt sind, verdeutlicht: Bei der Erschließung konkreter historischer Fragen werden De- und Re-Konstruktionsprozesse ständig auf- [|37] einander bezogen: Ein Geschichtsstudent findet in der Literatur ihn verunsichernde Interpretationen und Deutungen. Er beschließt, die vorliegende Narration zu de-konstruieren und betrachtet schließlich im Zusammenhang mit der Triftigkeitsprüfung den zugrunde liegenden Quellenbezug. Er beschließt, die in der Darstellung zitierten – eventuell darüber hinaus noch zusätzliche – Quellen selbst zu analysieren: Es wird also ein Re-Konstruktionsprozess „eingeschoben". Durch ihn kann die Qualität der De-Konstruktionsergebnisse gesteigert werden; z. B. weil sich ergeben hat, dass der Autor wichtige Aspekte der Quellenanalyse ignoriert hat. Aus dieser Erkenntnis leiten sich neue Fragestellungen für die Erschließung der Tiefenstruktur der Narration ab. – Durch das Aufeinander-Beziehen von Re- und De-Konstruktion entsteht ein „Mehrwert", ein „+ x".[44] – In der obigen Visualisierung zum Verhältnis Kompetenzbereiche – Kernkompetenzen kommt dies dadurch zum Ausdruck, dass die Zylinder, die die Kompetenzbereiche versinnbildlichen, durch die Säulen, die für die Kernkompetenzen stehen, nicht ganz ausgefüllt werden.

---

44 Vgl. hierzu insbesondere die Hinweise bei Schreiber, Kompetenzbereich historische Methodenkompetenzen, in diesem Band [Körber u. a., Kompetenzen historischen Denkens, 2007] S. 194–235.

b) Einzelkompetenzen

Anders als die Kompetenzbereiche und die Kernkompetenzen werden Einzelkompetenzen nicht immer systematisch aus dem Modell historischen Denkens abgeleitet. Empirisch beobachtbar sind sie im Umgang mit konkreten Themen. Die Zahl ausweisbarer Einzelkompetenzen ist insofern offen, als unterschiedliche Grade der Differenzierung möglich sind. Dadurch ergeben sich im Verhältnis der Einzelkompetenzen zueinander sowohl hierarchische Untergliederungen, als auch Nebenordnungen und Überschneidungen.

Einzelkompetenzen können auf unterschiedlichem Weg ausgewiesen werden.
- Sie können aus den Kernkompetenzen bzw. aus Überlappungsbereichen zwischen Kompetenzbereichen abgeleitet werden. So deduzieren sich aus der Re-Konstruktionskompetenz als Einzelkompetenzen z. B. die Fähigkeit, Fertigkeit und Bereitschaft, aufgrund einer Fragestellung nach relevanten Quellen zu suchen,[45] oder die Fähigkeit, Fertig- [|38] keit und Bereitschaft, Quellen historisch einzuordnen[46] oder die Fähigkeit, Fertigkeit und Bereitschaft, die Perspektivität der Quellen in die Beantwortung der Frage einzubeziehen.[47]
- Einzelkompetenzen müssen nicht notwendig aus den Kernkompetenzen abgeleitet werden: Beispiele für auf anderem Wege begründete historische Einzelkompetenzen sind „Gattungskompetenz" (Pandel),[48] „Perspektivenkompetenz" (Schönemann), „Kartenkompetenz" (Sauer), „globalgeschichtliche Kompetenz" (Kühberger), „interkulturelle Kompetenz" (Alavi). Wegen der Komplexität historischen Denkens können noch zahllose weitere Einzelkompetenzen bestimmt werden.

Somit wird nicht Differenzierung (als Voraussetzung der Operationalisierung historischen Denkens) zum Problem, sondern Abstraktion und Konzentration. Ein Kompetenz-Strukturmodell historischen Denkens muss dem Anspruch genügen, die Vielfalt

---

45 Es handelt sich dabei um eine Einzelkompetenz, die neben den Elementen aus der Re-Konstruktionskompetenz (Operation: Heuristik) auch Elemente aus der Fragekompetenz (methodenbezogenes Fragen) und der Sachkompetenz enthält (wenn auf „Leitfäden", auf Verfahrensscripts zurückgegriffen werden kann).
46 Nunmehr bezieht sich die Einzelkompetenz neben der Re-Konstruktionskompetenz (Quelleninterpretation) auch auf inhaltsbezogene Kategorien (Sachkompetenz) und auf die Fragekompetenz, insofern eine „Übersetzung" in eine historische Frage erfolgt.
47 Die Einzelkompetenz besteht nunmehr aus Elementen der Sachkompetenz (Prinzip Perspektivität muss als Begriff und Strukturierungsprinzip bekannt sein; dazu muss über inhaltsbezogene Kategorien verfügt werden können, auch über Verfahrensscripts), der Re-Konstruktionskompetenz (Operationen der Interpretation und der Erstellung einer Narration müssen ausgeführt werden können) sowie der Fragekompetenz (Übersetzung in geeignete historische Fragen muss möglich sein).
48 Vgl. hierzu den Beitrag Körber/Meyer-Hamme, Gattungskompetenz, in diesem Band [Körber u. a., Kompetenzen historischen Denkens, 2007] S. 389–412.

der Einzelkompetenzen zu ordnen. Das bedeutet nicht, dass ein Monopol auf Kompetenzbenennungen, -definitionen, -ableitungen erhoben würde. Aber unabhängig davon, auf welchem Weg die Einzelkompetenzen gewonnen wurden: Wenn sie zum Umgang mit Geschichte befähigen sollen, dann müssen sie sich auf die vier aus der Systematik des historischen Denkens abgeleiteten Kompetenzbereiche zurückbeziehen lassen. Sie müssen damit auch in die hier vorgestellte Terminologie übersetzt werden können.

Die Grafik (Abb. 7) visualisiert dies mit Hilfe der Farbgebung. Optisch erkennbar wird dadurch auch, dass, je weiter der Umgang mit Geschichte durch die Einzelkompetenzen ausdifferenziert wird, desto weniger eindeutig die Zuordnung zu den Kompetenzbereichen und Kernkompetenzen ist. Je detaillierter eine Einzelkompetenz das historische Denken aufschließt, desto wahrscheinlicher korreliert sie mit unterschiedlichen historischen Kernkompetenzen.

Die oben erwähnte Einzelkompetenz, „mit der Perspektivität von Quellen umzugehen", lässt sich der Re-Konstruktionskompetenz, die den [|39]

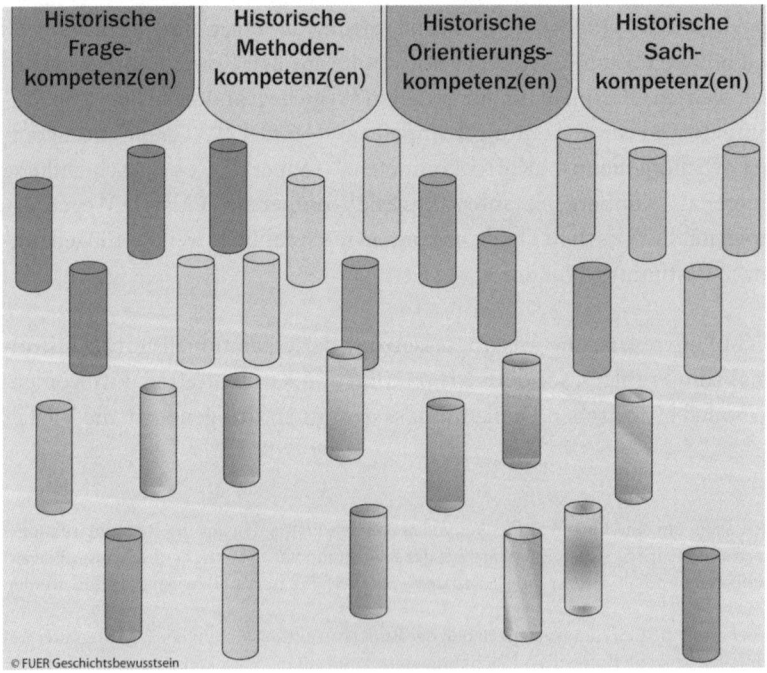

Abb. 7

methodisch geregelten Umgang mit Quellen umfasst (von der inneren und äußeren Quellenkritik zur Quelleninterpretation), ebenso zuordnen wie den historischen Sachkompetenzen, die den Umgang mit historischen Prinzipien einschließen (z. B.

Perspektivität als epistemologisches Prinzip),[49] oder der De-Konstruktionskompetenz, die die Überprüfung der Triftigkeiten als Teilaspekt umfasst, oder der Kompetenz, historische Fragen zu stellen. Der Gewinn dieser Erkenntnis liegt darin, die Einzelkompetenz durch die Zuordnung zu unterschiedlichen Kernkompetenzen systematischer bestimmen zu können: Die auf die jeweiligen Kernkompetenzen verweisenden Indikatoren erleichtern es, Niveaus der Ausprägung zu unterscheiden und in der Folge Ansatzpunkte für die Förderung zu geben.

Literatur

Barricelli, Michele: Schüler erzählen Geschichte. Narrative Kompetenz im Geschichtsunterricht, Schwalbach/Ts. 2005.
Baumgartner, Hans Michael: Narrativität, in: Bergmann, Klaus (Hg.): Handbuch Geschichtsdidaktik, 5. überarb. Auflage, Seelze-Velber 1997, S. 157–160.
Borries, Bodo von: Die Bildung von Identitäten – Was Erinnern und Vergessen nutzen und schaden können (2003), in: ders. (Hg.): Lebendiges Geschichtslernen: Bausteine zu Theorie und Pragmatik, Empirie und Normfrage. Bodo von Borries zum 60. Geburtstag, hg. von Klaus Bergmann, Ulrich Mayer, Hans-Jürgen Pandel, Gerhard Schneider, Schwalbach/Ts. 2004, S. 259–287.
Borries, Bodo von: Geschichtslernen und Geschichtsbewußtsein. Empirische Erkundungen zu Erwerb und Gebrauch von Historie, Stuttgart 1988.
Gruner, Carola / Schreiber, Waltraud (Hgg.): Geschichte durchdenken. Schüler dekonstruieren internationale Schulbücher. Das Beispiel: Wende 1989/1990, Neuried 2010.
Körber, Andreas: Gustav Stresemann als Europäer, Patriot, Wegbegleiter und potentieller Verhinderer Hitlers: historisch-politische Sinnbildungen in der öffentlichen Erinnerung, Hamburg 1999.
Körber, Andreas / Schreiber, Waltraud / Schöner, Alexander (Hgg.): Kompetenzen historischen Denkens. Ein Strukturmodell als Beitrag zur Kompetenzorientierung in der Geschichtsdidaktik, Neuried 2007.
Pandel, Hans-Jürgen: Erzählen und Erzähllakte. Neuere Entwicklungen in der didaktischen Erzähltheorie, in: Demantowsky, Marco / Schönemann, Bernd (Hgg.): Neue geschichtsdidaktische Positionen, Bochum 2002, S. 39–55.
Pandel, Hans-Jürgen: Dimensionen des Geschichtsbewusstseins. Ein Versuch, seine Struktur für Empirie und Pragmatik diskutierbar zu machen, in: Geschichtsdidaktik 12 (1987), S. 130–142.
Rüsen, Jörn: Historisches Erzählen, in: Bergmann, Klaus et al. (Hgg.): Handbuch der Geschichtsdidaktik, Seelze-Velber, ⁵1997, S. 57–63.
Rüsen, Jörn: Historische Vernunft: Grundzüge einer Historik I: Die Grundlagen der Geschichtswissenschaft, Göttingen 1983.

---

49 Vgl. hierzu auch den Beitrag von Körber, Graduierung des Verfügens über einen Quellenbegriff, in diesem Band [Körber u. a., Kompetenzen historischen Denkens, 2007] S. 546–562.

Schreiber, Waltraud u. a.: Historisches Denken. Ein Kompetenz-Strukturmodell, Neuried ²2006.
Völkel, Bärbel: Wie kann man Geschichte lehren? Die Bedeutung des Konstruktivismus für die Geschichtsdidaktik, Schwalbach/Ts. 2002.

Schulfach für „Historisches Lernen" – Kompetenzmodell für den Geschichtsunterricht*

PETER GAUTSCHI

1. Schulfach für „Historisches Lernen"

Die Frage, was Geschichtsunterricht sei, lässt sich auch mit einem *fachspezifischen Lernmodell* näher bestimmen. Ob von einem Lern- oder einem Denkmodell ausgegangen werden soll, ist Gegenstand geschichtsdidaktischer Debatten. Da erstens Lernen der umfassendere Begriff ist – Lernen umfasst langfristige Veränderungen von Wissen, Überzeugungen, Fähigkeiten und Interessen – da zweitens die vorliegende Arbeit theoretisch vor allem auf den im Abschnitt 2.2.2 erläuterten Dreischritt aufbaut, bei dem Rüsen Erfahrung, Deutung und Orientierung als drei Dimensionen des historischen Lernens bezeichnet (Rüsen 2008a, S. 61), und da die Studie drittens auf Unterricht als Lernanlass fokussiert, wird von einem Lernmodell – nicht von einem Denkmodell – gesprochen.

Im Zuge der neueren Debatte um Kompetenzen und Bildungsstandards ist dieser Erklärungsansatz mittels eines Lernmodells von zentraler Bedeutung: „Bildungsstandards sollen die Kernideen der Fächer bzw. Fächergruppen besonders klar herausarbeiten, um Lehren und Lernen zu fokussieren. Zu diesen Kernideen gehören: die grundlegenden Begriffsvorstellungen, (...) die damit verbundenen Denkoperationen

---

* Anm. d. Hg.: Bei abgedrucktem Text handelt es sich um ein Kapitel aus der Monografie „Guter Geschichtsunterricht". Es ist im Originaltext eingebettet in das Großkapitel „2. Grundlagen: Qualitätsdiskussionen über Geschichtsunterricht". Vorausgegangen ist das Kapitel „2.1 Was ist Unterricht?"; das Kapitel „2.2 Was ist Geschichtsunterricht?" eröffnet mit „2.2.1 Schulorganisatorisches Zeitgefäß" und „2.2.2 Lehrplanbasiertes Bildungsanliegen". Der oben als 1. nummerierte Abschnitt folgt als 2.2.3, der zweite Teil („Kompetenzmodell für den Geschichtsunterricht") als 2.2.4. Die Fußnotenzählung setzt aus diesem Grund mit Nr. 14 ein. In der Monografie schließen sich noch die Kapitel „2.3 Was ist guter Unterricht?" und „2.4 Was ist guter Geschichtsunterricht?" an.

und Verfahren und das ihnen zuzuordnende Grundlagenwissen" (Klieme/Avenarius/Blum u. a. 2003, S. 19).

Schulfächer bilden das „*Strukturgerüst*" des Bildungswesens und der institutionalisierten Lehr-Lern-Praxis inklusive der Ausbildung des Lehrpersonals und der Lehrmittelproduktion (Künzli 1986, S. 75). Ein Schulfach zeichnet sich also einerseits durch bestimmte, oft in Lehrmitteln kodifizierte Inhalte und die dazugehörige Begriffsstruktur, andererseits durch charakteristische Zugriffsweisen, Wissens- und Denkformen aus.

Viele konkrete Inhalte können dabei Gegenstand verschiedener Schulfächer werden. Ob „Schokolade" im Geografie-, im Geschichts-, Hauswirtschafts- oder Biologieunterricht behandelt wird, hängt von der Perspektive ab, aus der dieser Inhalt thematisiert wird. Wenn Schokolade unter der Perspektive ihrer Herstellung und Verwertbarkeit thematisiert wird, ist sie am ehesten Thema des Hauswirtschaftsunterrichts. Wird sie unter der Perspektive ihrer Wirkung auf den menschlichen Körper thematisiert, ist sie am ehesten Thema des Biologieunterrichts. Wird sie hingegen unter der Perspektive des Wandels ihrer Herstellung und Verwendung in Europa behandelt, ist sie Thema des Geschichtsunterrichts. [|43] Jede charakteristische Art und Weise der Thematisierung erfordert bestimmte Dimensionen der Auseinandersetzung von Lernenden mit den Inhalten.

Ein Inhalt (Phänomen, Sachverhalt, Person) ist dann Gegenstand von Historischem Lernen, wenn er hinsichtlich der Dimension Zeit und in diesem Rahmen in Bezug auf die grundlegenden Sinnbildungsbereiche *Herrschaft*, *Wirtschaft* und *Kultur* (Wehler 2006, S. 7) thematisiert wird. Die Dimension und die Bereiche weisen charakteristische Grundorientierungen auf. Bei *Zeit* geht es um Zeitpunkte, Zeitdauer, Zeitvorstellungen und vor allem um Veränderungen. Bei *Herrschaft* geht es um Macht und Unterordnung, um Recht und Unrecht, um eigene und andere Identitäten – bei *Wirtschaft* um Gewinn und Verlust, Wohlstand und Armut – bei *Kultur* um Wissen und Nichtwissen, um Wahrheit und Sinngebung, um Form und Inhalt, um Ästhetik und Moral. Die unendliche Fülle von Inhalten und Themen, von Personen und Ereignissen der Vergangenheit, bildet das *Universum des Historischen*. Dieses umfasst die geschehene Geschichte und die unmittelbar erfahrbare geschehende Geschichte (Bergmann 1998, S. 53 und 79)[14]. Nicht alles, was geschehene Geschichte ist, ist als Relikt der Vergangenheit überliefert und referiert, und nicht alles was überliefert ist, ist wissenschaftlich aufgearbeitet und dargestellt[15].

---

14 Wilmanns bezeichnet diesen Aspekt der Geschichte als „erlebte Geschichte" (1962, S. 13).
15 Wilmanns bezeichnet dies als „dargestellte Geschichte" und beschreibt sie wie folgt: „Ihr Gegenstand ist die geschehene Geschichte. Aber so sehr sie das Geschehen selbst sucht, nicht unmittelbar vermag sie es aufzufangen, und damit wird ihr innerer Gehalt ein anderer. War die geschehene Geschichte identisch mit dem im Geschehen sich vollziehenden Leben, so ist die dargestellte nur ein Bericht von ihnen, und zwar in doppelter Weise von vermittelnden Faktoren abhängiger. Er ist gebunden an die Zeugnisse, die vom Ge-

Die Auseinandersetzung von Individuen mit Ausschnitten aus dem Universum des Historischen wird als *„Historisches Lernen"* bezeichnet. Dabei geht es nach Pandel um Folgendes: „Historisches Lernen ist ein Denkstil und nicht das Akkumulieren von Wissen. Es ist wie Philosophieren und mathematisches Denken eine abendländische Kulturerrungenschaft, die 2500 Jahre alt ist und sich in ehrwürdiger Tradition durch die Jahrhunderte ausdifferenziert, entmythologisiert und rationalisiert hat" (Pandel 2006, S. 126). Rüsen definiert Historisches Lernen als einen „Vorgang des menschlichen Bewusstseins, in dem bestimmte Zeiterfahrungen deutend angeeignet werden und dabei zugleich die Kompetenz zu dieser Deutung entsteht und sich weiterentwickelt" (Rüsen 2008a, S. 61).

Historisches Lernen kann mit einem *Struktur- und Prozessmodell* grafisch veranschaulicht werden (Grafik 2.1[16]): Die Prozesse sind als Pfeile, die Produkte [|44] als Quadrate dargestellt. Historisches Lernen (in den Grafiken 2.1b und 2.1c als grösserer Kreis in der Mitte dargestellt) geschieht in der Auseinandersetzung des Individuums (in der Grafik 2.1 rechts als Kreis), das in eine Gesellschaft und den zeitlichen Wandel eingebunden ist, mit Ausschnitten aus dem Universum des Historischen (in der Grafik links als Kreis), das durch den zeitlichen Wandel stetig wächst. Historisches Lernen bewirkt eine Veränderung des Individuums und/oder eine Ausweitung des Universums des Historischen und/oder der Geschichtskultur. Historisches Lernen kann beginnen, wenn Lernende ihre Aufmerksamkeit (zum Beispiel auf der Grundlage einer selbst gestellten oder an sie heran getragenen Frage, eines Interesses, einer Aufforderung) gezielt auf einen Ausschnitt des Universums des Historischen richten und geeignete Sachverhalte aus der Geschichte (Quellen, Darstellungen) wahrnehmen oder wenn sie Menschen begegnen, die Geschichte repräsentieren oder erzählen. Die Lernenden erschliessen danach das Wahrgenommene, beschreiben also ein aus historischen Zeugnissen rekonstruiertes Faktum, und klären so den historischen Sachverhalt. Sie erarbeiten sich (jetzt in der Begrifflichkeit von Jeismann 2000, S. 63) eine „*Sachanalyse*", in der sie „Sachverhalte" (Weymar 1979, S. 202) darstellen. Im nächsten Schritt interpretieren sie das Beschriebene, stellen Bezüge zu anderen historischen Zeugnissen her und ordnen es auf diese Weise in einen grösseren Zusammenhang von Ursachen und Wirkungen, ins Universum des Historischen ein. Sie gewinnen dadurch (wiederum nach Jeismann 2000, S. 64) ein *„historisches Sachurteil"*. Anschliessend stellen die Lernenden eine Beziehung zwischen dem historischen Faktum und seiner geschichtlichen Bedeutung einerseits und einer persönlichen oder sozialen Betroffenheit andererseits her. Sie beurteilen das Eingeordnete entlang individueller Fragestel-

---

schehen vorhanden sind, und an den berichtenden Menschen, der vom Leben und Geschehen auf Grund dieser Zeugnisse erzählt" (Wilmanns 1962, S. 14).
16 Als „Grafik" werden Abbildungen bezeichnet, die durch den Autor speziell für diese Arbeit zur Veranschaulichung zentraler Gedanken entwickelt wurden. Sie sind im Verzeichnis am Schluss (vgl. Unterkapitel 8.2) separat ausgewiesen.

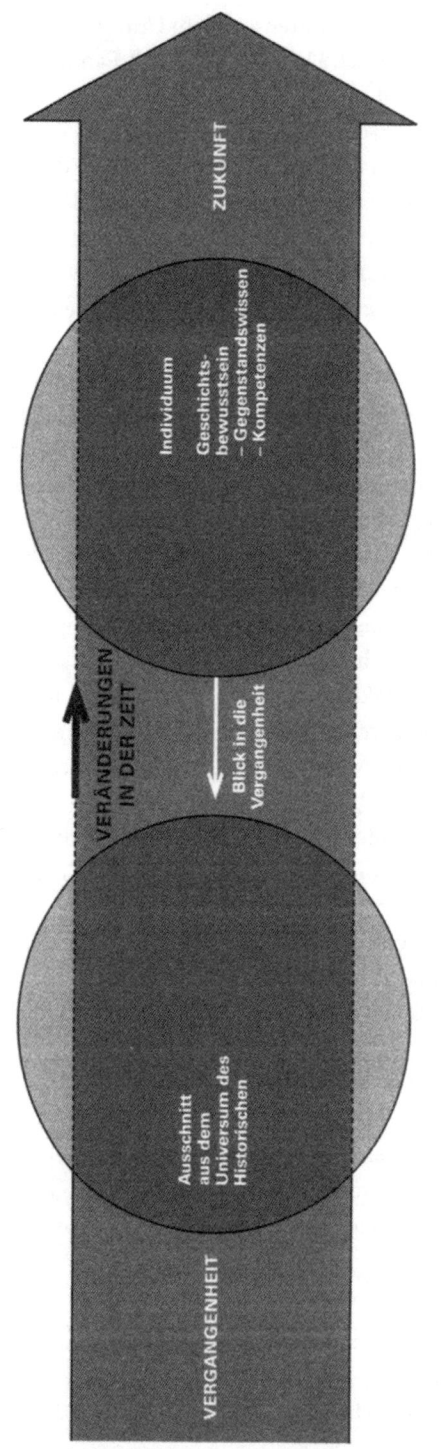

Grafik 2.1a Struktur- und Prozessmodell „Historisches Lernen": Begegnung des Individuums mit einem Ausschnitt aus dem Universum des Historischen [|46]

lungen und entwickeln so ein „*historisches Werturteil*" (Jeismann 2000) im Hinblick auf gegenwärtige oder künftige, individuelle oder gesellschaftliche Situationen und Problemlagen.

Nicht nur eine Frage an Vergangenes oder eine Begegnung kann Ausgangspunkt für Historisches Lernen sein. Es kann auch beginnen, wenn ein Werturteil an ein Sachurteil oder wenn ein Sachurteil an eine Sachanalyse zurückgebunden wird. Historisches Lernen ist also ein Prozess, der in verschiedene Richtungen möglich ist[17].

Historisches Lernen bedeutet auch, dass Sachanalysen, Sachurteile und Werturteile an Quellen und Darstellungen beziehungsweise an gegenwärtig geltenden gesellschaftlichen Normen überprüft werden.

Diese beschriebenen Vorgänge des menschlichen Bewusstseins – die geistige Bewegung zwischen Sachanalysen, Sachurteilen und Werturteilen – vollziehen [|45] sich mittels des *Historischen Erzählens* (Rüsen 2008a, S. 75). Seit Arthur Danto (1974) dargelegt hat, dass Erzählen die spezifische Form des Erklärens für historische Erkenntnis ist, ist in der Geschichtsdidaktik das *Historische Erzählen*[18] als zentraler Vorgang der Sinnstiftung beim Historischen Lernen anerkannt[19]. Vor allem Rüsen hat in verschiedenen Publikationen dieses eigenständige Produzieren hervorgehoben: „Erst wenn man sich vergegenwärtigt, was das Subjekt denn eigentlich lernt, wenn es Geschichte lernt, nämlich die Fähigkeit, durch historisches Erzählen auf eine bestimmte Weise Sinn über Zeiterfahrungen zu bilden, mit dem es sein Dasein im Fluss der Zeit orientieren kann, erst dann wird deutlich, dass und wie das lernende Subjekt nicht nur rezeptiv, sondern immer auch produktiv handelt" (Rüsen 2008a, S. 44). Aus diesen Gründen sind in der Grafik 2.1 „Quellen/Darstellungen" als zentrale Manifestation Historischen Lernens in der Mitte abgebildet. Die Grafik macht auch deutlich, dass „Sachanalyse", „Sachurteil" und „Werturteil" Ausprägungen des „Historischen Erzählens" sind. Historisches Erzählen ist der Kern Historischen Lernens. Deshalb führen von allen Stationen des Lernprozesses Pfeile[20] in die Abbildungsmitte – und umgekehrt. Historisches Erzählen schliesslich trägt zur Ausweitung des Universums des Historischen bei.

---

17 Im Prozessmodell historischen Denkens / historischer Orientierung „Geschichtsbewusstsein dynamisch" bezeichnen die Autorinnen, Autoren der Arbeitsgruppe „FUER Geschichtsbewusstsein" die beiden Denkrichtungen als Re-Konstruktion und De-Konstruktion (Schreiber/Körber/Borries u. a. 2007, S. 21).
18 Pandel spricht in diesem Zusammenhang von der „narrativen Kompetenz" (Pandel 1999a, S. 387), Barricelli von „Narrativität für Geschichte" (Barricelli 2008, S. 140).
19 Vgl. dazu etwa Rüsen 2008a, S. 25–60.
20 Als Bezeichnung der Prozesspfeile in Abb. 2.1c wird aus didaktischen Gründen und mit Blick auf das Zielpublikum Lehrpersonen „darstellen" und nicht „erzählen" oder „narrativieren" gewählt.

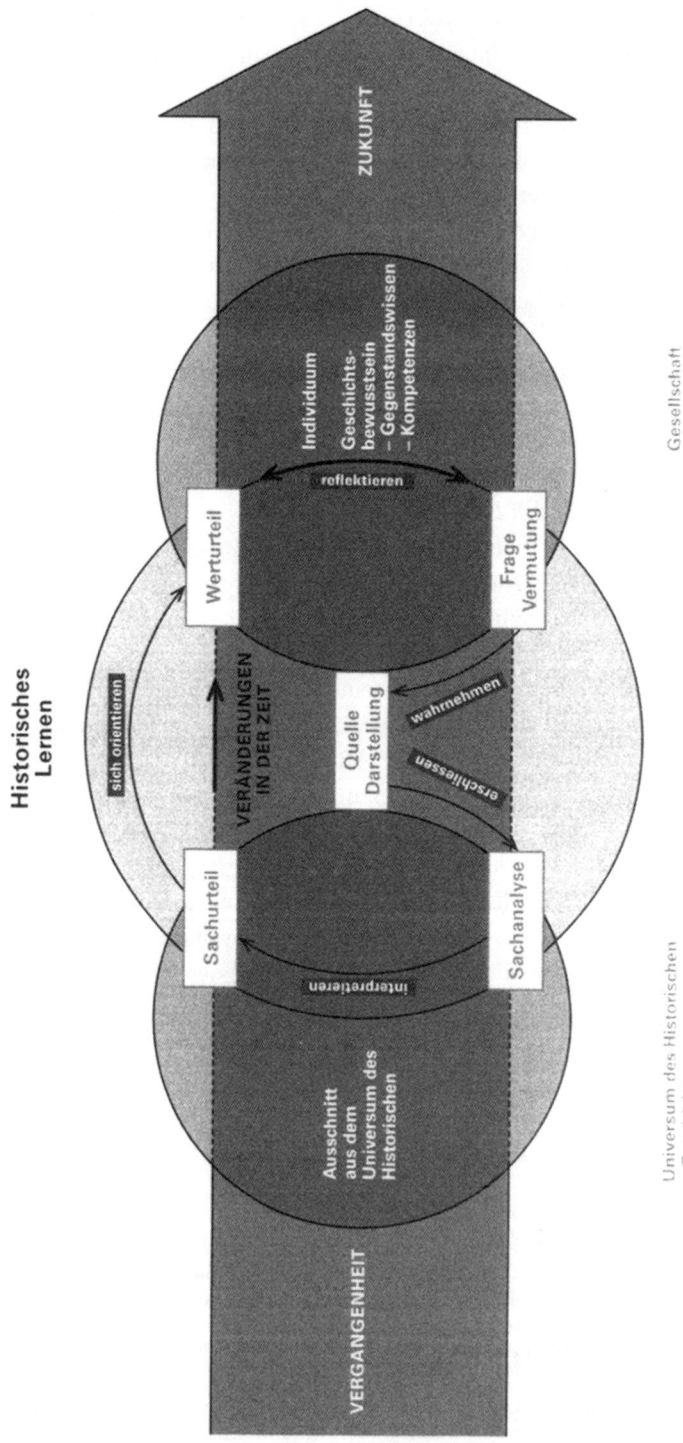

Grafik 2.1b Struktur- und Prozessmodell „Historisches Lernen": Idealtypischer Ablauf eines ausgewählten Lernprozesses [|48]

Historisches Lernen kann auch durch die Wahrnehmung einer geschichtskulturellen Präsentation oder durch die Befragung eines gegenwärtigen Phänomens angeregt werden (in der Grafik 2.1 unten rechts dargestellt).[21]

Das Werturteil schliesslich soll mit den geltenden und akzeptierten Moralvorstellungen der gegenwärtigen Gesellschaft, in denen das Individuum lebt, vereinbar sein und muss auch daran überprüft werden. Das geschieht im „objektivitätsbildenden Diskurs", in welchem die „normative Triftigkeit" mittels „Reflexion und Begründung" des eigenen Standpunkts ermittelt wird (Rüsen 1997a). Dadurch wird das Werturteil Ausgangspunkt für einen Kommunikationsprozess mit anderen, der selbst wieder Anlass zu weiterführenden Fragen an die Geschichte, an die Vergangenheit, Gegenwart oder Zukunft ist. Das Werturteil kann zudem eine Handlung des Individuums auslösen (in der Abbildung oben rechts).

Selbstverständlich gibt es auch beim Historischen Lernen unerwünschte Kurzschlüsse, die ebenfalls in der Grafik 2.1c ersichtlich sind: Lernende stel- [|47] len Vermutungen zu Sachanalysen an, ohne ihre Vermutungen an Quellen zurückzubinden. Lernende adaptieren Darstellungen unreflektiert und bauen Werturteile auf, ohne den für Historisches Lernen notwendigen Umweg über die Sachanalyse und das Sachurteil zu nehmen.

Der „Motor" des ganzen Lernprozesses ist die *„Reflexion"*. Wenn Lernende nicht bereit sind, sich in der Zeit zu orientieren, ihr Geschichtsbewusstsein auszudifferenzieren oder neues geschichtliches Wissen zu erwerben, oder wenn sie den Nutzen der Begegnung mit dem Universum des Historischen nicht einsehen, ist Historisches Lernen nicht möglich.

2. Kompetenzmodell für den Geschichtsunterricht

Historisches Lernen führt dazu, dass Individuen wissen, wieso ein ausgewählter Inhalt im historischen Universum wichtig ist, wie dieser mit anderen Inhalten zusammenhängt, wie der ausgewählte Inhalt eingebunden ist ins Universum des Historischen und welche Folgen der Inhalt auf die individuelle oder gesellschaftliche Gegenwart und Zukunft hatte, hat oder haben könnte (nach Wineburg 1997, S. 255). Um dieses Historische Lernen erfolgreich zu praktizieren, benötigen die Individuen *Kompetenzen*.

Dabei soll für den Begriff „Kompetenz" folgende Definition nach Weinert gelten: Kompetenzen sind „die bei Individuen verfügbaren oder durch sie erlernbaren kognitiven Fähigkeiten und Fertigkeiten um bestimmte Probleme zu lösen, sowie die damit

---

[21] Das in Grafik 2.1 abgebildete Struktur- und Prozessmodell „Historisches Lernen" ist in intensiven Gesprächen mit Jan Hodel, Rudolf Künzli, Ulrich Mayer, Kurt Messmer, Helmut Messner, Gerhard Schneider und weiteren Kolleginnen und Kollegen entwickelt worden.

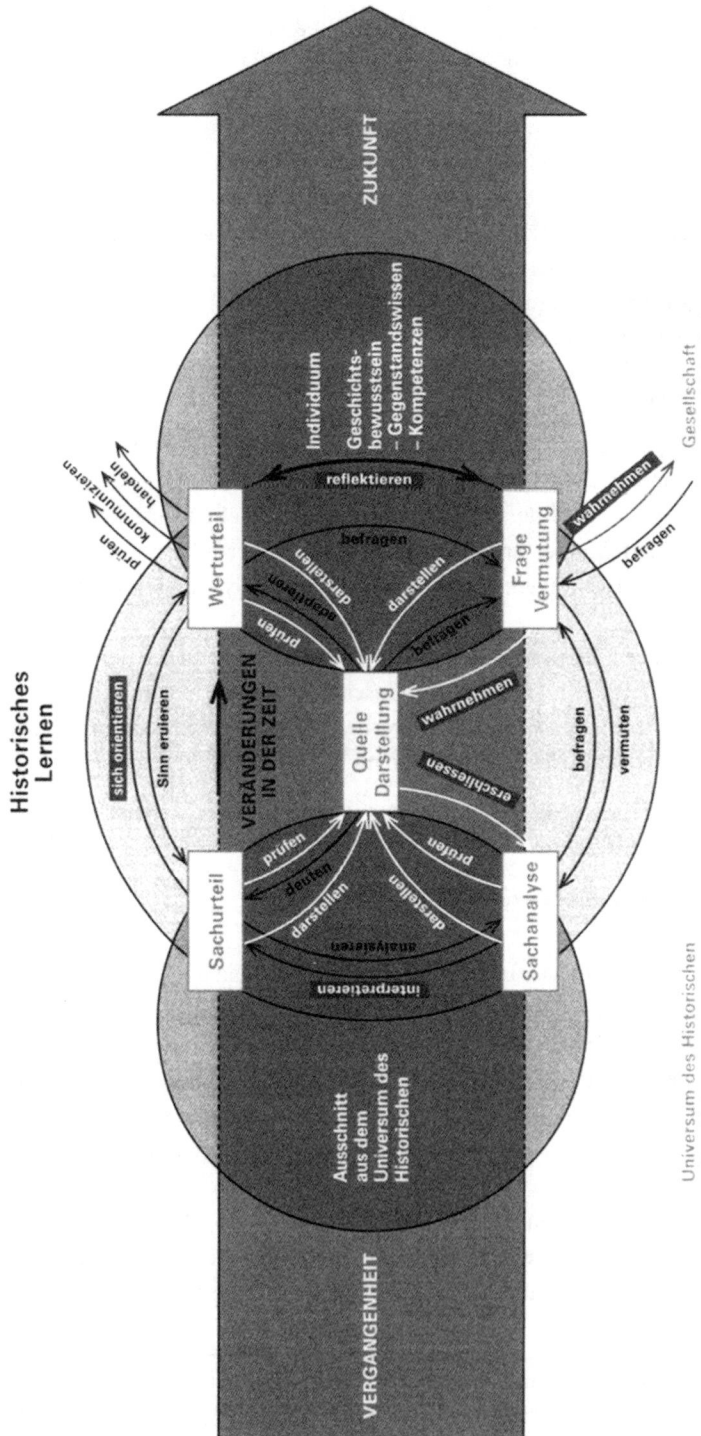

Grafik 2.1c Struktur- und Prozessmodell „Historisches Lernen" [|50]

verbundenen motivationalen, volitionalen und sozialen Bereitschaften und Fähigkeiten, um die Problemlösungen in variablen Situationen erfolgreich und verantwortungsvoll nutzen zu können" (Weinert 2001b, S. 27–28).

Folgt man Rüsens Diktum von der Fähigkeit „durch historisches Erzählen auf eine bestimmte Weise Sinn über Zeiterfahrungen zu bilden" (Rüsen 2008a, S. 62), dann benötigen die Lernenden *„narrative Kompetenz"* (Barricelli 2005, S. 7), um Historisches Lernen zu beherrschen. Diese „narrative Kompetenz" auszubilden, ist das zentrale Lernziel des Geschichtsunterrichts[22]. Um anschlussfähig an die bildungspolitische Entwicklung zu bleiben, scheint es sinnvoll, pro Fach nicht bloss eine einzige Kompetenz zu definieren, sondern sie in Operationen oder Dimensionen aufzugliedern[23]. Auch Jeismann hat für eine solche Trennung plädiert und dies wie folgt begründet: „Um den Umgang mit Geschichte aus der Blindheit zu lösen, die ihn gewöhnlich im gesellschaftlichen und politischen Alltag charakterisiert, ist es notwendig, methodisch verschiedene Operationen oder Dimensionen des Denkens und Urteilens zu trennen, die in historischen [|49] Vorstellungen sich gewöhnlich ununterscheidbar miteinander verbinden. Notwendig ist eine solche, Distanz zu eigenen Geschichtsvorstellungen schaffende methodische Trennung, weil sie die Selbstreflexion auf die naiven Gewissheiten ermöglicht und die Voraussetzungen unserer historischen Vorstellungen auf eine sehr elementare Weise zu erklären erlaubt" (Jeismann 2000, S. 63).

Das in Grafik 2.1 dargestellte Lernmodell erlaubt, die „narrative Kompetenz" auszudifferenzieren und vier Probleme zu identifizieren, mit denen Individuen konfrontiert sind, wenn sie historisch lernen:

– Wie finde und erkenne ich historische Zeugnisse und Menschen, die mir über Vergangenes berichten können? Wie komme ich zu *Fragen und Vermutungen*, die mich ins Universum des Historischen führen?

– Wie erschliesse ich Quellen und Darstellungen, die über das Universum des Historischen erzählen? Wie komme ich zu einer *Sachanalyse*, und wie kann ich sie überprüfen?

– In welchem Zusammenhang stehen die einzelnen Sachanalysen zu anderen Sachanalysen, wo sind sie im Universum des Historischen verortet, was sind Ursachen und Wirkungen? Wie komme ich zu einem *Sachurteil*, und wie kann ich es überprüfen?

– Was ist der *Sinn*, den ich der Beschäftigung mit dem Universum des Historischen entnehme? Wieso soll ich mich mit Geschichte beschäftigen? Wie hängt das Vergangene mit dem Gegenwärtigen zusammen, und was bedeutet dies für mich und die Zukunft?

---

22 Vgl. dazu insbesondere Barricelli 2005, S. 8.
23 Auch Körber plädiert aus verschiedenen Gründen für diesen Weg. Vgl. dazu Körber 2007a, S. 55–58.

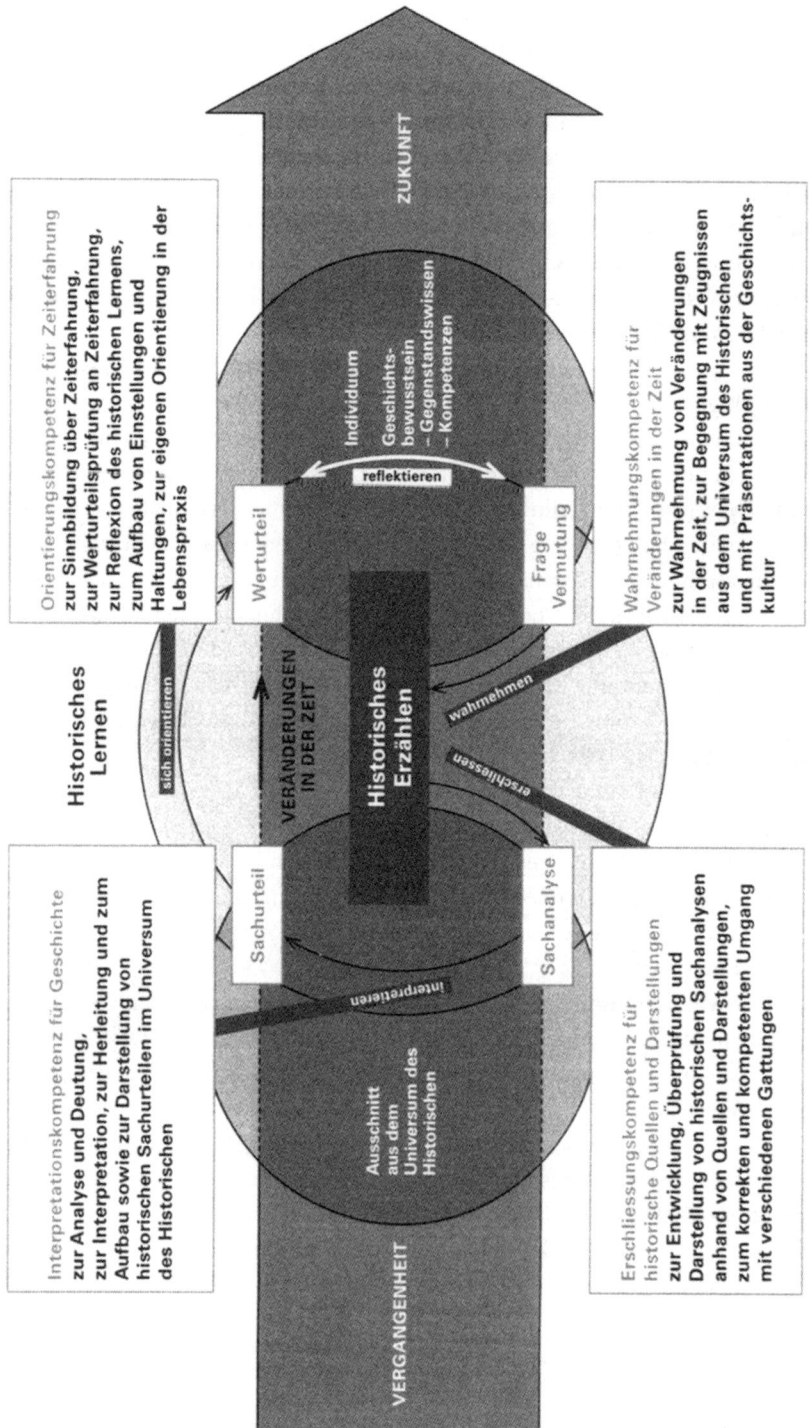

Grafik 2.2 Kompetenzmodell „Historisches Lernen" [|52]

Zur Bewältigung dieser vier Anforderungen Historischen Lernens sind vier Teilbereiche[24] der „narrativen Kompetenz" erforderlich:
- Kompetenzbereich zur Wahrnehmung von Veränderungen in der Zeit, zur Begegnung mit Zeugnissen aus dem Universum des Historischen und Präsentationen aus der Geschichtskultur; dieser Kompetenzbereich führt zu eigenen Fragen und Vermutungen an Quellen und Darstellungen; die Kurzbezeichnung für den Kompetenzbereich lautet *„Wahrnehmungskompetenz für Veränderungen in der Zeit"*;
- Kompetenzbereich zur Entwicklung, Überprüfung und Darstellung von historischen Sachanalysen anhand von Quellen und Darstellungen, zum korrekten und kompetenten Umgang mit verschiedenen Gattungen, kurz als [|51] *Erschliessungskompetenz für historische Quellen und Darstellungen* bezeichnet. Dieser Kompetenzbereich führt zu eigener Sachanalyse;
- Kompetenzbereich zur Analyse und Deutung, zur Interpretation, zur Herleitung und zum Aufbau sowie zur Darstellung von historischen Sachurteilen im Universum des Historischen; dieser Kompetenzbereich führt zu eigenem Sachurteil; die Kurzbezeichnung für den Kompetenzbereich lautet *„Interpretationskompetenz für Geschichte"*;
- Kompetenzbereich zur Sinnbildung über Zeiterfahrung, zur Werturteilsprüfung an Zeiterfahrung, zur Reflexion des historischen Lernens, zum Aufbau von Einstellungen und Haltungen, zur eigenen Orientierung in der gegenwärtigen Lebenspraxis; kurz als *„Orientierungskompetenz für Zeiterfahrung"* bezeichnet; dieser Kompetenzbereich führt zu eigenem Werturteil.

Diese Operationen sind allgemeine Operationen des menschlichen Bewusstseins und nicht geschichtsspezifisch, solange die Richtung der Operation nicht angegeben wird[25]. Es ist deshalb auch in der Kurzbezeichnung unumgänglich, diese Perspektive bei den einzelnen Kompetenzen mitzunennen.

Das in Grafik 2.2 dargestellte Kompetenzmodell bildet eine Theorie ab, in der versucht wird, verschiedene Gesichtspunkte in eine systematische Ordnung zu bringen. Das Kompetenzmodell setzt auf dem Struktur- und Prozessmodell Historischen Lernens auf und identifiziert vier Teilbereiche Historischen Erzählens. Dieser Umstand ist in der Abbildung dadurch visualisiert, dass in der Mitte „Historisches Erzählen" steht. Obwohl diese Teilbereiche getrennt dargestellt sind, hängen sie eng zusammen,

---

24 Da in der Geschichtsdidaktik Kompetenzen entlang der Prozessdimension in „Bereiche" unterschieden werden (z. B. Körber/Schreiber/Schöner 2007), folge ich dieser Terminologie und verwende nicht die Begrifflichkeit von Linneweber-Lammerskitten/Wälti (2006). Sie unterscheiden in ihrem Modell in der Prozessdimension „Aspekte" und in der Inhaltsdimension „Bereiche". Diese beiden Dimensionen bilden die Matrix und darin Zellen, die mit den unterschiedlichen Kompetenzbeschreibungen gefüllt werden.
25 Vgl. dazu auch Barricelli 2005, S. 5.

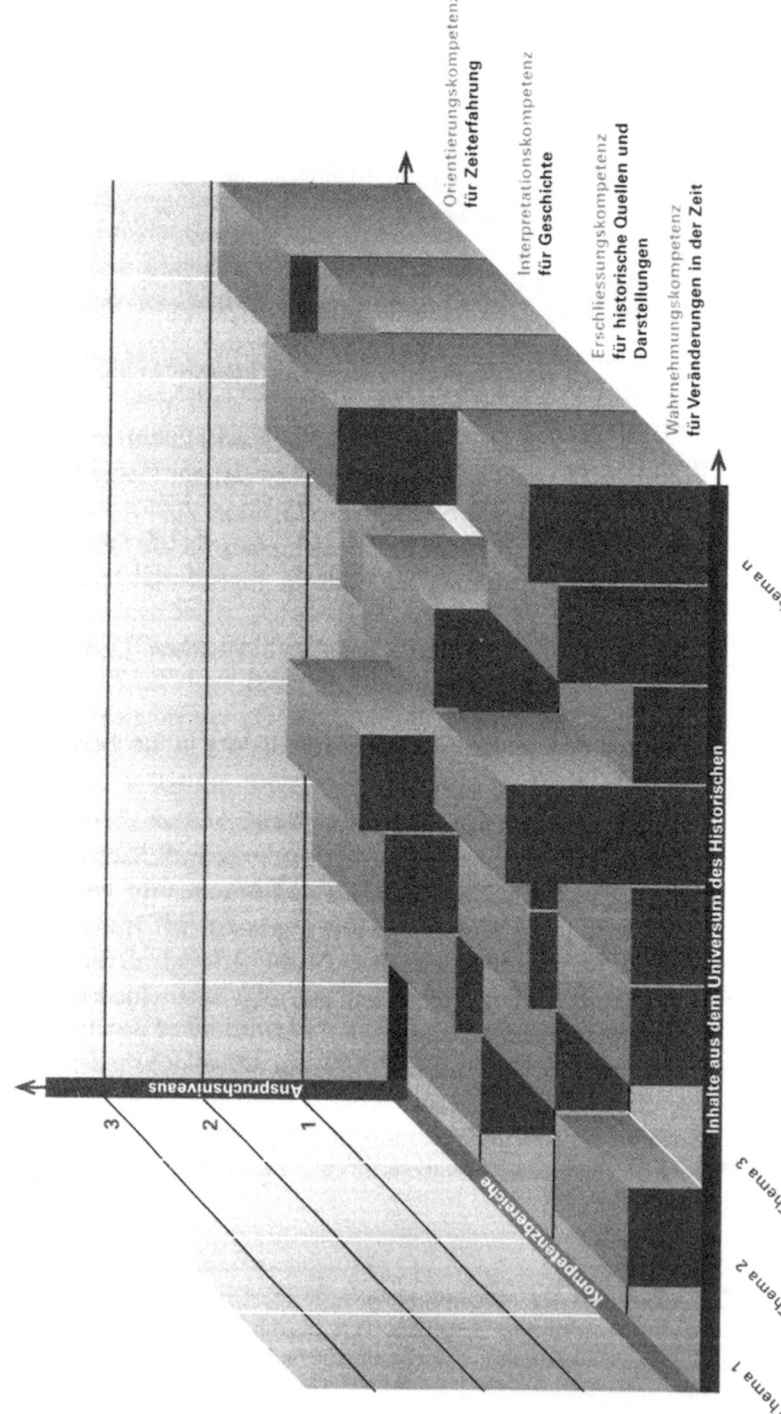

Grafik 2.3 Matrix mit Kompetenzbereichen und Themen für „Historisches Lernen"

voneinander ab und unterstützen sich gegenseitig. Sie bilden in ihrer Verknüpfung Historisches Lernen ab. Alle Kompetenzbereiche verlangen historische Inhalte, damit sie ausgebildet oder angewendet und ausdifferenziert werden können. Es handelt sich dabei „um das Substrat, an dem sich Kompetenzen erwerben und entwickeln lassen und an welchem sie zum Tragen kommen" (Körber 2007b, S. 142). Dieses Verhältnis von grundlegenden Inhalten aus der Vergangenheit und Kompetenzbereichen für Historisches Lernen[26] kommt in der Grafik 2.3, die eine mögliche individuelle Kompetenzentwicklung durch Beschäftigung mit verschiedenen Themen darstellt, zum Ausdruck. [|53]

Literaturverzeichnis

Barricelli, Michele (2005): Schüler erzählen Geschichte. Narrative Kompetenz im Geschichtsunterricht. Schwalbach/Ts.: Wochenschau Verlag.

Barricelli, Michele / Hamann, Christoph / Mounajed, Rene / Stolz, Peter (2008): Historisches Wissen ist narratives Wissen. Aufgabenformate für den Geschichtsunterricht in den Sekundarstufen I und II. Ludwigsfelde-Struvesmof: Landesinstitut für Schule und Medien Berlin-Brandenburg.

Bergmann, Klaus (1998): Geschichtsdidaktik. Beiträge zu einer Theorie historischen Lernens. Schwalbach/Ts.: Wochenschau Verlag.

Danto, Arthur C. (1974): Analytische Philosophie der Geschichte. Frankfurt am Main: Suhrkamp.

Jeismann, Karl-Ernst (2000): Geschichte und Bildung: Beiträge zur Geschichtsdidaktik und zur Historischen Bildungsforschung. Paderborn/München/Wien/Zürich: Schöningh.

Klieme, Eckhard / Avenarius, Hermann / Blum, Werner u. a. (2003): Zur Entwicklung nationaler Bildungsstandards. Eine Expertise. Herausgegeben vom Bundesministerium für Bildung und Forschung (Bildungsforschung, 1). http://www.bmbf.de/pub/zur_entwicklung_nationaler_bildungsstandards.pdf (aufgerufen am 12.10.2007).

Körber, Andreas (2007a): Grundbegriffe und Konzepte: Bildungsstandards, Kompetenzen und Kompetenzmodelle. In: Körber, Andreas / Schreiber, Waltraud / Schöner, Alexander (Hrsg.): Kompetenzen Historischen Denkens. Ein Strukturmodell als Beitrag zur Kompetenzorientierung in der Geschichtsdidaktik. Neuried: Ars Una (Kompetenzen: Grundlagen – Entwicklung – Förderung; 2), S. 54–86.

Körber, Andreas (2007b): Die Dimensionen des Kompetenzmodells ‚Historisches Denken'. In: Körber, Andreas / Schreiber, Waltraud / Schöner, Alexander (Hrsg.): Kompetenzen Historischen Denkens. Ein Strukturmodell als Beitrag zur Kompetenzorientierung in der Ge-

---

[26] In der Schweiz haben sich im Rahmen der HarmoS-Arbeiten und der Entwicklung des Deutschweizer Lehrplans dreidimensionale Darstellungsweisen von Kompetenzmodellen durchgesetzt, bei der zum Beispiel auf der einen Achse die Kompetenzbereiche, auf der anderen Achse die Themenbereiche und auf der dritten die Kompetenzniveaus (Performanz) abgebildet werden. Selbstverständlich lassen sich auch die hier vorgeschlagenen Kompetenzbereiche graduieren, und es lassen sich auch die Themen nach Komplexität steigern, was in vielen Darstellungen vergessen geht. Vgl. zum dreidimensionalen Kompetenzmodell z. B. Metzger/Labudde 2007, S. 14.

schichtsdidaktik. Neuried: Ars Una (Kompetenzen: Grundlagen – Entwicklung – Förderung; 2). S. 89–154.

Körber, Andreas / Schreiber, Waltraud / Schöner, Alexander (Hrsg.) (2007): Kompetenzen historischen Denkens. Ein Strukturmodell als Beitrag zur Kompetenzorientierung in der Geschichtsdidaktik. Neuried: Ars Una (Kompetenzen: Grundlagen – Entwicklung – Förderung; 2).

Künzli, Rudolf (1986): Topik des Lehrplandenkens I. Architektonik des Lehrplanes: Ordnung und Wandel. Kiel: Mende.

Linneweber-Lammerskitten, Helmut / Wälti, Beat (2006): Was macht das Schwierige schwierig? Überlegungen zu einem Kompetenzmodell im Fach Mathematik. In: Criblez, Lucien / Gautschi, Peter / Hirt Monico, Pia u. a. (Hrsg.): Lehrpläne und Bildungsstandards. Was Schülerinnen und Schüler lernen sollen. Festschrift zum 65. Geburtstag von Prof. Dr. Rudolf Künzli. Bern: h. e. p. Verlag, S. 197–227.

Metzger, Susanne / Labudde, Peter (2007): HarmoS Naturwissenschaften – Bildungsstandards für die Schweiz. In: Praxis der Naturwissenschaften – Physik in der Schule, Jg. 56, Heft 6, S. 14–18.

Pandel, Hans-Jürgen (1999a): Visuelles Erzählen. In: Pandel, Hans-Jürgen / Schneider, Gerhard (Hrsg.): Handbuch Medien im Geschichtsunterricht. Schwalbach/Ts.: Wochenschau Verlag, S. 387–404.

Pandel, Hans-Jürgen (2006): Quelleninterpretation. Die schriftliche Quelle im Geschichtsunterricht. 3. Auflage. Schwalbach/Ts: Wochenschau Verlag.

Rüsen, Jörn (1997a): Objektivität. In: Bergmann, Klaus / Fröhlich, Klaus / Kuhn, Annette (Hrsg.): Handbuch der Geschichtsdidaktik. 5., überarbeitete Auflage. Seelze-Velber: Kallmeyer. S. 160–163.

Rüsen, Jörn (2008a): Historisches Lernen. Grundlagen und Paradigmen. 2., überarbeitete und erweiterte Auflage. Schwalbach/Ts.: Wochenschau Verlag.

Schreiber, Waltraud / Körber, Andreas / Borries, Bodo von u. a. (2007): Historisches Denken. Ein Kompetenz-Strukturmodell. In: Körber, Andreas / Schreiber, Waltraud / Schöner, Alexander (Hrsg.) (2007): Kompetenzen historischen Denkens. Ein Strukturmodell als Betrag zur Kompetenzorientierung in der Geschichtsdidaktik. Neuried: Ars Una (Kompetenzen: Grundlagen – Entwicklung – Förderung; 2), S. 17–53.

Wehler, Hans-Ulrich (2006): Deutsche Gesellschaftsgeschichte. Band 1. 4. Auflage. München: C. H. Beck.

Weinert, Franz E. (2001b): Vergleichende Leistungsmessung in Schulen – eine umstrittene Selbstverständlichkeit. In: Weinen, Franz E. (Hrsg.): Leistungsmessungen in Schulen. Weinheim: Beltz. S. 17–31.

Weymar, Ernst (1970): Werturteile im Geschichtsunterricht. In: Geschichte in Wissenschaft und Unterricht, Jg. 21, Heft 3, S. 198–215.

Wilmanns, Ernst (1962): Grundlagen des Geschichtsunterrichts. Stuttgart: Klett.

Wineburg, Samuel S. (1997): Beyond „Breadth and Depth": Subject Marter Knowledge and Assessment. In: Theory into Practice, Jg. 36, Heft 4, S. 255–261.

V. Empirie in der Geschichtsdidaktik

Nationalsozialismus in Schulbüchern und Schülerköpfen
Quantitative und qualitative Annäherungen an ein deutsches Trauma-Thema[1]

BODO VON BORRIES

Obwohl mit gutem Grund ein wesentlicher Teil der geschichtsdidaktischen Arbeit der letzten Jahrzehnte der Schulbuchverbesserung gewidmet war, ist über Schulbuchbenutzung und Schulbuchverständnis im Fach Geschichte in Deutschland nicht sehr viel bekannt.[2] Befragungen (vgl. Anm. 2) haben gezeigt, dass das Schulbuch unter den bekannten Präsentationsformen von Geschichte am häufigsten benutzt wird, aber auch besonders unbeliebt ist, während AV-Medien und Unterrichtsgänge (Exkursion, Be-

---

1 Am Anfang soll ein herzliches „Dankeschön" an alle stehen, die als Befragte, als Testleiter(innen) oder als Kooperationspartner(innen) an der Pilotierungs-Vorbereitung, der Erhebung 2001 und der Auswertung Anfang 2002 beteiligt waren. Das gilt besonders für die Lernenden und Studierenden, die die umfangreichen Fragebögen ausgefüllt haben. Ohne den guten Willen und die engagierte Aktivität von „Betroffenen" kann man bei der empirischen Erforschung von Geschichtsbewusstsein und Geschichtsunterricht nicht weiter kommen.
2 Besonders ärgerlich ist es, dass wir praktisch nur wissen, dass Geschichts-Schulbücher sehr viel benutzt werden. Lehrer- und Schülerangaben stimmen da übrigens durchaus nicht völlig überein. Vgl.: *Bodo v. Borries* (unter Mitarbeit von Sigrid Weidemann, Oliver Baeck, Sylwia Grzeskowiak und Andreas Körber): Das Geschichtsbewußtsein Jugendlicher. Erste repräsentative Untersuchung über Vergangenheitsdeutungen, Gegenwartswahrnehmungen und Zukunftserwartungen in Ost- und Westdeutschland (= Jugendforschung). Weinheim/München 1995, S. 312 ff.; *Bodo v. Borries* (unter Mitarbeit von Andreas Körber, Oliver Baeck und Angela Kindervater): Jugend und Geschichte. Ein europäischer Kulturvergleich aus deutscher Sicht (Schule und Gesellschaft 21). Opladen 1999, S. 63 ff. Leider ist aber weitgehend unbekannt, wie der Schulbuchgebrauch im Detail abläuft. Zur Art der Schulbuchbenutzung vgl. inzwischen *Bodo v. Borries* (unter Mitarbeit von Andreas Körber und Johannes Meyer-Hamme): Reflexiver Umgang mit Geschichts-Schulbüchern? Befunde einer Befragung von Lehrern, Schülern und Studierenden 2002. In: Zeitschrift für Geschichtsdidaktik 2, 2003, S. 114–136 (Jahresband).

sichtigung, Museumsbesuch) ausgesprochen geschätzt werden, aber – wie auch Projekte – sehr selten bleiben.³

Der „Quellenbegriff" wird offenbar nicht sorgfältig herausgearbeitet. Erweislich halten Schüler(innen) – und das mit steigendem Alter immer entschiedener – „Quellen" für „objektiv (und unparteiisch)" und „Darstellungen" für „(subjektiv und) tendenziös".⁴ Das bedeutet zugleich: aufgrund der verkürzten Aufnahme des Prinzips „Quellenorientierung" scheint die eigentliche Hauptaufgabe von Historiker(inne)n und Schüler(inne)n, nämlich das „Deutungsgeschäft", die Erstellung von Synthesen/Erzählungen und die „historische Sinnbildung", eben der „Dialog mit der Vergangenheit im Hinblick auf die Zukunft", überhaupt nicht in den Blick zu geraten. Das schließt natürlich die Wiedergabe „sozial erwünschter" und „politisch korrekter" Floskeln über den nötigen Gegenwartsbezug von Geschichte nicht aus.

Schließlich konnte durch eine ganze Reihe von Versuchen nachgewiesen werden, dass ein großer Teil der Kinder und Jugendlichen die Texte in den geläufigen Schulbüchern nicht genau versteht.⁵ Weniger klar sind die Gründe: lexikalische Schwierigkeiten (z. B. unbekannte Fremdworte), syntaktische Überkomplexität (d. h. „mehrebige Hypotaxen"), grammatische Besonderheiten (z. B. Konjunktiv), fehlende Anschaulichkeit (bes. „Abstraktheit") und unzureichende Redundanz könnten ebenso verantwortlich sein wie eigentliche fachspezifische Überforderungen, d. h. zu komplexe logische Denkfiguren des Umgangs mit Geschichte selbst. Nachdem inzwischen über zurückgehende Lesefähigkeit und Lesebereitschaft öffentlich diskutiert wird (PISA-Schock),⁶ ist die Frage offener und wichtiger denn je.⁷

Es gab und gibt genug Grund, ein größeres Forschungsprojekt zu Geschichtsschulbüchern zu wagen, das Richtlinienprüfung und Schulbuchanalyse, empirische Schulbucherprobung und Unterrichtsdokumentation einschließt. Ein solches Verbundprojekt [|136] verschiedener Länder (auch Österreich, Schweiz, Italien, Belgien und Ungarn) und Universitäten findet seit 2001 unter der Leitung von Waltraud Schreiber (Universität Eichstätt-Ingolstadt) statt.⁸ In diesem Rahmen gab es auch eine größere

---

3 Es ist wichtig, dass neben der Motivationskraft des Geschichts-Schulbuches sogar seine Zuverlässigkeit ausgesprochen niedrig bewertet wird, wenn sie auch – anders als in manchen osteuropäischen und nahöstlichen Ländern – nicht hinter die fiktionalen Vermittlungsformen „historischer Roman" und „historischer Spielfilm" zurückfällt, vgl. *v. Borries* u. a.: Jugend (Anm. 2), S. 54 ff. Selbst das Fiktionalitätsproblem wird im Unterricht also nicht wirklich geklärt.
4 Vgl. jetzt *v. Borries* u. a.: Reflexiver Umgang (Anm. 2).
5 Vgl. *v. Borries* u. a.: Geschichtsbewußtsein (Anm. 2), S. 162 ff., *v. Borries* u. a.: Jugend (Anm. 2), S. 123 ff., *v. Borries* u. a.: Reflexiver Umgang (Anm. 2).
6 Vgl. *Cordula Artelt* u. a.: Lesekompetenz: Testkonstruktion und Ergebnisse. In: PISA 2000. Basiskompetenzen von Schülerinnen und Schülern im internationalen Vergleich. Opladen 2001, S. 69–137.
7 Ergänzt werden sollte, dass die dramatische Überlegenheit der Lesebereitschaft bei den Mädchen auch schon 1994/95 im Bereich Geschichte gemessen wurde (vgl. *v. Borries* u. a.: Jugend (Anm. 2), S. 53).
8 *Waltraud Schreiber*: Reflektiertes und (selbst-)reflexives Geschichtsbewusstsein durch Geschichtsunterricht fördern – ein vielschichtiges Forschungsfeld der Geschichtsdidaktik. In: Zeitschrift für Geschichts-

Schüler- und Lehrerbefragung,[9] von der hier jedoch nicht die Rede sein soll. Die weiteren Ausführungen stellen einen Werkstattbericht über solche Teile der Pilotphase der Schülerbefragungen 2001 dar, die in der Hauptstudie 2002 nicht weiter verfolgt worden sind, obwohl sie höchst lohnende Ergebnisse erbracht haben. Dabei ging es um die Erkundung von Schülerreaktionen auf das deutsche Trauma-Thema Nationalsozialismus wie um die Erprobung von qualitativen Erhebungsverfahren.

1. Voreinstellungen von Lernenden zum Nationalsozialismus (vor Lektüre von drei Schulbuchkapiteln)

Wenn, wie gut belegt ist (s. o.), Schulbücher weithin von ihren Benutzern nicht angemessen erfasst werden können, dann ist es wichtig, die Bedingungen des Prozesses von Verstehen und Missverstehen genauer aufzuklären. Ein Weg dazu besteht darin, verschiedene Schulbuchauszüge deutlich abweichender Machart in Klassen mit einem gemeinsamen und geschlossenen „problemorientierten" Fragebogen sowie einem identischen Interviewleitfaden für Nachinterviews zu erproben.[10] So lässt sich zugleich der Umgang der Lernenden mit Schulbüchern, ihre Kritik am und ihr Urteil über das Schulbuch sowie ihre Fähigkeit zum Verstehen und Weiterdenken anhand des Schulbuches testen. Dafür braucht man – da es nicht um Repräsentativität, sondern um Struktureinsichten geht – nur relativ kleine Probandengruppen. Zunächst wurden für die 9. Klassenstufe verschiedene Schulbuchversionen über das Thema „‚Hitlerkult' als ‚Ersatzreligion'" vorbereitet.

Die drei Varianten stammen aus drei Schulbüchern, von denen man eines (A) als einigermaßen reflektierte und bewusst von Orientierungsproblemen der Gegenwart ausgehende Abwägung[11] und eines (C) als ziemlich unreflektierten und wenig logischen Leitfaden[12] bezeichnen muss. Das dritte (B) nimmt eine Mittelstellung ein.[13] Die Frageblöcke beziehen sich – wie seit 1992 mehrfach praktiziert[14] – auf das Empfinden

---

didaktik 1, 2002, Jahresband, S. 18–43; *Waltraud Schreiber* (Moderat.): FUER Geschichtsbewusstsein. Ein internationales geschichtsdidaktisches Forschungsprojekt zum Geschichtsunterricht (Zeitschrift für Geschichtsdidaktik 2, 2003, Jahresband).
9 Vgl. *v. Borries* u. a.: Reflexiver Umgang (Anm. 2), *Bodo v. Borries*: Moralische Aneignung und emotionale Identifikation im Geschichtsunterricht. Empirische Befunde und theoretische Erwägungen. In: *Wolfgang Meseth* u. a. (Hrsg.): Schule und Nationalsozialismus. Ansprüche und Grenzen des Geschichtsunterrichts. Frankfurt/M. u. a. 2004, S. 268–297.
10 Rein praktisch sollten die drei Auszüge jeweils von einem Drittel der Klasse – bei gleichem Fragebogen – bearbeitet werden („third-split-Methode"). Genauso wurde in den Pilotklassen verfahren.
11 „Geschichte und Gegenwart" III, Schöningh 2001, S. 158–163.
12 „Wege durch die Geschichte" IV, Cornelsen 1994 [4. Aufl.], S. 150–152.
13 „Erinnern und urteilen" IX, Klett 1997, S. 122–127.
14 Vgl. *Bodo v. Borries* (unter Mitarbeit von Susanne Dähn, Andreas Körber und Rainer H. Lehmann): Kindlich-jugendliche Geschichtsverarbeitung in West- und Ostdeutschland 1990. Ein empirischer Ver-

bei der Lektüre, auf Informationsentnahme und -prüfung, auf einen Empathieversuch und auf Folgerungen für das eigene Leben, außerdem auf eine Beurteilung des Auszuges und des eigenen Lernprozesses.

Die Stichprobe (N = 70) bestand aus zwei gymnasialen 9. Klassen (N = 16 + 28), einem Universitätsseminar als Kontrollgruppe (N = 24) und einigen Einzelpersonen (N = 2). Bereits vor der Schulbuchlektüre wurde eine Frage nach den schon vorhandenen Einsichten zum NS („wie Du Dir das Verhältnis der damaligen Deutschen zu Hitler und zum Nationalsozialismus [...] vorstellst und klargemacht hast") gestellt; für ihre Beantwortung können die jeweiligen Schulbuchauszüge demnach noch nicht ursächlich sein.[15]

Alle drei Gruppen sind einig: „Ich möchte die demokratischen Grundwerte sowie die ‚Menschen- und Bürgerrechte' verteidigen" (M > 4.35 auf einer Skala von 1 [„trifft gar nicht zu"] bis 5 [„trifft voll zu"]); ähnlich intensiv verurteilen sie den NS „als System großer Massenverbrechen", stellen sich „gegen neofaschistische Gewalttäter" und wollen „NS- [|137] ähnliche (...) Massenverbrechen in anderen Ländern" zu verhindern beitragen. Auch „gegen etwaige heutige Versuche der Manipulation und Indoktrination" und beim Unterschied „zwischen wirklichen Religionen (z. B. Christentum, Islam, Judentum) und politischen Ersatz-Religionen" fühlen sich alle drei Gruppen ziemlich sattelfest (M = ca. 3.90).

Die gefundenen großen Unterschiede der beiden 9. Gymnasialklassen dürften auf Besonderheiten des sozialen Umfelds beruhen, die Differenzen zwischen Schüler(inne)n und Studierenden sozialisationsbedingt sein. Die Studierenden melden z. B. viel mehr Kritik gegenüber dem eigenen „Geschichts-Schulbuch" – mit Bereitschaft zum selbstständigen Weitersuchen und -denken ($M_{Studenten}$ = 4.33, $M_{Schüler}$ = ca. 2.60) und etwas mehr „Nachdenken" über abweichende Meinungen, eigene Meinungsbildung und Eintreten gegen Neofaschismus an. Dafür weisen sie – gegenüber den Schülern – eine Art „Schlussstrichmentalität" deutlicher zurück ($M_{Studenten}$ = 2.54, $M_{Schüler}$ = ca. 3.55). Sie sind auch vorsichtiger beim angeblichen Wissen, wie es „eigentlich und wirklich" gewesen sei, und beim Versprechen, die eigenen Großeltern „genau" verstehen zu wollen.

Die Schüler(innen) trauen sich alle angesprochenen „Leistungen" bei der NS-Einschätzung bereits vor Schulbuchlektüre tendenziell zu. Nur ihrer eigenen Empathiefähigkeit ($M_{Schüler}$ = ca. 2.70) und Schulbuchkritik ($M_{Schüler}$ = ca. 2.60) stehen sie etwas skeptischer gegenüber und das klassische Verharmlosungsstereotyp von den „vielen guten Seiten" des NS wird – allerdings nur in einer Klasse – zurückgewiesen (diese Klasse sitzt auch nicht der „Schlussstrichmentalität" auf). Auch ein eigenes intensives Nachdenken „über gegensätzliche Berichte von Zeitgenossen und abweichende Meinungen

---

gleich (Geschichtsdidaktik. Studien, Materialien. Neue Folge 8). Pfaffenweiler 1992, *v. Borries* u. a. Geschichtsbewußtsein (Anm. 2) und *v. Borries* u. a.: Jugend (Anm. 2).
15 Aus Platzgründen wird auf eine Tabelle mit den vollständigen Ergebnissen verzichtet.

von Historikern" wird zwar der Tendenz nach akzeptiert (M > 3.00), aber keineswegs lebhaft behauptet ($M_{Studenten}$ = 3.75, $M_{Schüler}$ = ca. 3.20).

2. Reaktionen auf drei Schulbuchkapitel zum „Hitlerkult"

Der Löwenanteil aller Fragebogenitems war natürlich erst nach der Schulbuchlektüre zu beantworten. Bekanntlich sind *Schlussfolgerungen für das eigene Leben* (Jeismann nennt sie „Werturteile" und Rüsen „historische Orientierungen") ein konstitutiver Teil geschichtlicher Erkenntnis, werden aber in Schulbüchern nur äußerst selten explizit angesprochen, sondern verbleiben meist implizit und fallen daher – wahrscheinlich – umso wirkungsvoller aus. Hierzu wurde eine ganze Gruppe von Fragen gestellt (vgl. Tabelle 1).[16] Den Jugendlichen ist sehr bewusst, was sie ablehnen, nämlich einerseits: *„In einem hatten die Leute damals recht: Die eigene Nation muss über alles gehen und darf nicht überfremdet werden"* und andererseits: *„Obwohl Staat, Wirtschaft und Alltag (Lebensstandard) sich seit 1945 gründlich geändert haben, kommen wir alle – schon in den Familien – vom Nationalsozialismus her"*. Dazu kommt – in einer Klasse – auch *„Wer sich der Vergangenheit nicht erinnert, ist verdammt, sie zu wiederholen'"*. Das bedeutet eine Verwerfung von „Ethnozentrismus" (*„Nation [...] über alles"*), aber auch eine erstaunliche Distanz gegenüber „Kontinuität und Folgewirkung" (wohl auch „Verantwortungsübernahme" oder „Haftungsbereitschaft"), ja selbst „Erinnerungskultur" (*„erinnern*, um *Wiederholung* zu vermeiden") und ist keineswegs trivial. [|138]

Tabelle 1 Schlussfolgerungen aus dem Nationalsozialismus (nach der Schulbuchlektüre)
Was trägt die kritische Beschäftigung mit dem Nationalsozialismus, hier dem „Hitlerkult", eigentlich FÜR GEGENWART UND ZUKUNFT aus? Kommt ihr noch Bedeutung zu? Was ist deine Position? (Mittelwerte auf Skalen von 1 [„trifft nicht zu"] bis 5 [„trifft voll zu"], N = 68)

		9. Kl. A	9. Kl. B	Studierende
a	„Zwischen der Sicht von 1938 und der Sicht von 2001 müssen wir scharf unterscheiden – schon um gerecht zu bleiben"	3.81	4.37	3.46
b	„Wer damals nicht dabei war, kann die Verhaltensweisen auch nicht wirklich verstehen – Moralisieren von heute aus ist billig und sinnlos."	3.16	3.28	2.50
c	„Es gibt nichts zu beschönigen oder zu relativieren: Gewalt und Unterdrückung waren stets abzulehnen – vor 65 wie vor 1000 Jahren – und heute noch immer."	3.77	4.02	4.21
d	„Schon damals hätte man den NS als moralischen Rückschritt erkennen können – und heute ist jede Verherrlichung oder Verharmlosung erst recht dumm."	3.82	3.88	4.17

---

16 Die geringe Probandenzahl und die Unwahrscheinlichkeit, mit einem einzigen Schulbuchauszug das Schülerurteil zum NS merklich zu ändern, machen es nicht sinnvoll, die folgenden Daten für die drei Schulbuchversionen zu differenzieren.

		9. Kl. A	9. Kl. B	Studierende
e	„Die alten NS-Texte und NS-Bilder muss man als zeitgenössische Propaganda kennen und erkennen; sie jetzt noch ernst zu nehmen verbietet sich."	3.49	3.56	2.95
f	„Was damals mit allgemeiner Zustimmung passierte, kann nicht ganz falsch gewesen sein. Heute alles besser wissen zu wollen, ist bequem, aber töricht."	3.21	2.80	1.57
g	„Damals zwar gab es idealistische und gutwillige Menschen mit NS-Sympathie. Heute aber darf davon nichts mehr übrig sein."	3.36	3.90	3.75
h	„In einem hatten die Leute damals recht. Die eigene Nation muss über alles gehen und darf nicht überfremdet werden."	2.43	2.00	1.33
i	„Das Herumreiten auf der Faszination des NS bringt wenig. Seit damals ist die Welt ganz anders geworden; so etwas wiederholt sich nicht."	2.67	2.86	1.71
j	„Menschliches Verhalten bleibt im Kern gleich. Man sieht ja in anderen Ländern, wie auch heute junge Männer fanatisch und aggressiv gemacht werden."	4.33	4.25	4.08
k	„Die Heilserwartung an einen Politiker war 1938 verständlich – wenn auch nicht verzeihlich. 2001 dagegen – nach unseren Erfahrungen – wäre sie ein Verbrechen."	3.73	4.18	4.08
l	„Wer nicht versteht, warum damals so viele begeistert waren, kann leicht selbst auf neue Verführung hereinfallen."	3.24	3.78	4.33
m	„Obwohl Staat, Wirtschaft und Alltag (Lebensstandard) sich seit 1945 gründlich geändert haben, kommen wir alle – schon in den Familien – vom Nationalsozialismus her."	2.27	2.14	2.58
n	„Wer sich der Vergangenheit nicht erinnert, ist verdammt, sie zu wiederholen."	2.47	3.29	3.79
o	„Entschiedene Verurteilung des NS ist die unaufgebbare Basis der Rückkehr Deutschlands in die Gemeinschaft der Völker."	3.83	3.59	4.42

[|139]

Die besonders beliebten Items verteilen sich ebenfalls auf verschiedene Argumentationslinien. Am meisten Zustimmung findet eine anthropologische Konstante mit deutlich exemplarischem Charakter und tendenziell enthistorisierender Tendenz (Item j). Die anderen akzeptierten Aussagen wenden sich programmatisch und überzeugt gegen den NS (Items c, d und o), fordern allerdings auch die Unterscheidung der Zeitpunkte ein (Items a, k). Das sind überwiegend Items, die ziemlich deutlich auf Zeitlosigkeit der Moralmaßstäbe abzielen (c, d, o), auch wenn gelegentlich explizit das Gegenteil behauptet wird („Historizität", „Gerechtigkeit", a, k).

Die Studierenden äußern sich in vielen Punkten deutlich anders als die Lernenden aus der Schule: Item f wird dramatisch (eineinhalb Punkte) schärfer abgelehnt. Ganz Ähnliches gilt für zwei andere Statements (Items h und i). Umgekehrt gibt es auch mehrere Äußerungen, die bei den Studierenden deutlich (Diff. > .50, meist > 1.00) mehr Akzeptanz finden als bei den Schüler(inne)n (Items l und n). In dieser merkwürdigen Mischung von erhöhter „Historisierung" und erhöhter „Moralisierung" werden die Jugendlichen – und erst recht die Experten im Studium – sozialisiert.[17]

Insgesamt bleibt also die solide Zurückweisung von plakativem „Ethnozentrismus" (Chauvinismus) erhalten, aber zugleich eine heftige Reaktion auf die Zumutung, aus der „Tätergesellschaft" (Item m) zu stammen (zudem lassen relativ viele das Item einfach aus, was die empfundene psychische Belastung ebenfalls unterstreicht). Tabus und Bedürfnisse liegen in den Jugendlichen erkennbar im Widerstreit; sie wollen zugleich – das ist „sozial erwünscht" und „politisch korrekt" – die Bedeutsamkeit der Erinnerung an den NS und seine Greuel anerkennen und doch mental und sozial nichts mehr damit zu tun haben.[18] Natürlich werden die üblichen Einsichten („Erinnern gegen Wiederholung", „Rückkehr unter Auflagen", „Unterscheidung von Prospektive und Retrospektive") durchaus anerkannt. Aber was bedeutet das noch angesichts des deutlichen Wunsches, sich psychisch zu entziehen?

3. Schulbuchverständnis (Informationen, Emotionen und Empathieversuche)

Bei der Informationsentnahme[19] – eine Differenzierung zwischen den drei Schulbuchvarianten ist durch die kleine Stichprobe leider ausgeschlossen – erweist sich die Kontrollgruppe (die Studierenden) als besonders wertvoll (auf die Wiedergabe einer Tabelle wird verzichtet). Eindeutig wird in allen drei Büchern von Hitlers großer Popularität berichtet, der Führerkult überall erwähnt und die Ersatzreligion stets betont. Ebenso klar ist, dass die Mehrheit nicht ständig Angst- und Unterdrückungsgefühle hatte, dass die meisten keinen Widerstand leisteten und dass viele Menschen sich von der Propaganda durchaus über die Diktatur täuschen ließen. Auch ist deutlich, dass Kenntnis oder Unerkennbarkeit der NS-Verbrechen nicht erwähnt werden, dass von einem nennenswerten Steigen des Lebensstandards nicht ausdrücklich die Rede ist und dass der (mögliche oder unmögliche) Widerstand nicht thematisiert wird.

---

17 Beide Momente sind höchst wünschenswert und nötig; die Frage ist nur, ob für die Jugendlichen das logische und methodische Verhältnis von historischer Betrachtung aus zeitgenössischer Sicht und rückblickender Beurteilung von heute aus zureichend geklärt ist.
18 Vgl. *Harald Welzer* u. a.: „Was wir für böse Menschen sind!" Der Nationalsozialismus im Gespräch zwischen den Generationen. Tübingen 1997, *Harald Welzer* u. a.: „Opa war kein Nazi". Nationalsozialismus und Holocaust im Familiengedächtnis. Frankfurt/M. 3. Aufl. 2002.
19 Nach früherem Vorbild war einfach anzukreuzen, ob bestimmte Informationen nach dem Text „richtig", „falsch" oder „unentscheidbar" seien. Beim Vergleich mehrerer Schulbuchauszüge kommt als Erschwerung der Entscheidung, aber interessante methodische Variante hinzu, dass eine Aussage sehr wohl nach einem Buch „richtig", nach einem anderen „falsch" und nach dem dritten „unentscheidbar" sein kann, vgl. *v. Borries* u. a.: Reflexiver Umgang (Anm. 2).

Bei diesen neun Items ergibt sich bei der Informationsentnahme ein Vorsprung der [|140] Studierenden (im Mittel 83 % korrekte Antworten) vor den gymnasialen Schüler(inne)n der 9. Klassen (im Mittel 66 %); das ist erwartungskonform, insgesamt aber durchaus bescheiden, besonders wenn man die Ratewahrscheinlichkeit von 33 % bedenkt. Wichtiger scheint die Feststellung, dass auch Lehramtsstudierende kurz vor dem Examen die Schulbuchtexte gelegentlich nicht richtig und vollständig entschlüsseln können. Das dürfte nur teilweise auf schlechten Formulierungen des Fragebogens beruhen. Entweder es fehlt an Qualifikation – oder Schulbuchtexte gehören *per se* nicht zu einer Gattung, bei der man Eindeutigkeit und Sorgfalt erwarten kann. Das ist eine höchst wichtige, weiter zu untersuchende Überlegung.[20]

Wichtig ist, dass anderweitige Vorurteile und Vorinformationen in die Interpretation hineingetragen werden – und wohl auch hineingetragen werden müssen, weil eine Kontextualisierung – erkenntnislogisch wie psychologisch – schlechterdings unvermeidlich ist. Das wird besonders da deutlich, wo verharmlosende Stereotype durchschlagen, etwa die Überzeugung von 26 % der Schüler (aber auch 17 % der Studierenden), von den Verbrechen der Nazis hätten die einfachen Menschen nichts wissen können (das war in allen drei Schulbüchern keineswegs explizit formuliert!). Die Unmöglichkeit einer rationalen Erklärung der NS-Gefolgschaft (Schüler 19 %, Studenten 13 %) und des Nachvollziehens damaliger Prozesse heute (Schüler 26 %, Studenten 25 %) wird ebenfalls von beachtlichen Minderheiten fest behauptet, obwohl sie in keinem der drei Texte ausdrücklich aufzufinden war, sondern eher bekämpft wurde.

Auch die – wie immer besonders relevanten – *Empathieleistungen* (hier in eine[n] Jugendliche[n] um 1938) sind, soweit das angesichts der winzigen Stichprobe ersichtlich ist, von dem jeweils gelesenen Schulbuchtext im Wesentlichen unabhängig.[21] Schon wegen der niedrigen Probandenzahl hat es – wie erwähnt – ohnehin keinen Zweck, statistisch nach den drei Schulbüchern zu differenzieren. Manche Jugendlichen beklagen zudem in handschriftlichen Kommentaren ausdrücklich, dass die Texte zum Hineinversetzen nichts oder wenig hergegeben hätten. Unter diesen Bedingungen schlagen auch hier im Wesentlichen die Vorverständnisse durch (vgl. Tabelle 2).

---

20 Vgl. *v. Borries* u. a.: Reflexiver Umgang (Anm. 2). Insgesamt lassen die Ergebnisse an der gewählten Methode der Abprüfung des Schulbuchverständnisses gewisse Zweifel aufkommen. Die Benutzung schon vorhandener (früherer) Informationen („Vorkenntnisse") z. B. wird man kaum verbieten können. Die verstärkte Anwendung qualitativer Methoden liegt als Ausweg nahe; erste Versuche, so: *Helmut Beilner*: Empirische Zugänge zur Arbeit mit Textquellen in der Sekundarstufe I. In: *Bernd Schönemann* und *Hartmut Voit* (Hrsg.): Von der Einschulung bis zum Abitur. Prinzipien und Praxis des historischen Lernens in den Schulstufen. Idstein 2002, S. 84–96, *Martina Langer-Plän*: Problem Quellenarbeit. In: Geschichte in Wissenschaft und Unterricht 54, 2003, S. 319–336, haben allerdings recht ähnliche und eher deprimierende Ergebnisse erbracht.
21 In ähnlicher Weise hat sich auch eine Fragegruppe, die direkt auf die Wirkung des jeweiligen Textes auf die Lesende / den Lesenden zielte, als – jedenfalls bei einer so kleinen Stichprobe – nicht sinnvoll auswertbar erwiesen.

Tabelle 2 Empathieversuch „Jugendliche(r) 1938" (nach der Schulbuchlektüre)
„Versetze Dich einmal in die Lage eines gleichaltrigen Jugendlichen / einer gleichaltrigen Jugendlichen in der Nazizeit (um 1938), der/die ständig der Propaganda und dem Hitlerkult ausgesetzt ist. Wie kann er/sie reagieren?"
(Mittelwerte auf Skalen von 1[„hätte ich sicher nicht gedacht] bis 5 [„hätte ich ganz sicher gedacht"]; N = 68)

		9. Kl. A	9. Kl. B	Studierende
a	„Da alle begeistert mitmarschieren und dem Führer zujubeln, bin ich auch dabei."	3.20	2.85	3.46
b	„Meine jüdischen Freunde kann ich einfach nicht fallen lassen; das wäre schäbig."	3.98	4.26	3.58
c	„Immerhin hat Hitler die Arbeitslosigkeit abgeschafft und die Autobahnen gebaut. Ich bin dafür!"	3.52	2.96	3.04
d	„Wer Hitler wählt, wählt den Krieg! Ich gehe in den Widerstand."	2.37	3.04	2.50
e	„So angesehen in der Welt war Deutschland noch nie – und das nur zwanzig Jahre nach der Katastrophe von 1918. Das verdanken wir dem Nationalsozialismus."	2.86	3.07	2.46
f	„Wenn das nur weiter gut geht – bisher ist ja alles ohne Blutvergießen gelungen. Hoffentlich wird der Führer nicht größenwahnsinnig."	3.63	3.58	3.16
g	„Ich freue mich nicht gerade auf einen Krieg. Aber für Deutschlands Größe werde ich gerne hingehen."	2.08	1.77	2.12
	[|141]			
h	„Immer dieser brutale Zugriff auf meine Freizeit – ich habe wirklich was Besseres zu tun, als im Gelände zu latschen, Lieder zu grölen und mich herumkommandieren zu lassen."	2.99	3.69	2.95
i	„Die Bonzen machen wirklich vieles falsch – auch das mit den Juden. Wenn das der Führer wüsste! Auf den lasse ich nichts kommen; er könnte helfen."	2.48	2.19	2.00
j	„,Wo gehobelt wird, fallen Späne! Und der Zweck heiligt die Mittel!' Da Deutschland wieder auf die Füße kommt, muss man über Schönheitsfehler hinwegsehen."	2.80	2.26	3.16
k	„Der Führer ist wirklich Deutschlands größtes Glück. Was der Mann geleistet hat, vor allem für die Jugend!"	2.69	2.90	2.50
l	„Kein Mensch darf vergötzt und vergottet werden. Schon der vorgeschriebene Gruß „Heil Hitler" zeigt, wo solcher Größenwahnsinn hinführt."	3.26	3.48	3.04
m	„Ich pfeife auf euren ‚Führer'. Das ist doch alles bloß Propaganda und schöner Schein – Die Macht ist bei den Bossen, und wer die Wahrheit sagt, kommt ins KZ."	2.66	2.94	2.56
n	„Mich darfst du nicht fragen, es gilt nur: ‚Lieber Gott, mach mich dumm, dass ich nicht nach Dachau kumm.'"	2.60	2.77	2.33
o	„Was mit so viel Idealismus angefangen wird, kann nicht falsch sein. Schon die ‚Volksgemeinschaft' und das Ende des ‚Klassenkampfes' überzeugen mich."	2.93	2.63	2.37

Lebhafte Zustimmung der Lernenden – wie der Studierenden – bekommen vor allem die Items zu den *„jüdischen Freunde(n)"* (Item b)[22] und der Sorge vor *„Größenwahnsinn"* (Item f). Dazu kommt in einer Klasse der *„Autobahnbau"* (Item c) und in der anderen eher entgegengesetzt der *„brutale Zugriff auf [...] Freizeit"* (Item h). Die Studierenden sind in allen vier Fällen etwas zurückhaltender. Die Gruppe der voll bejahten Items setzt sich also in interessanter Weise aus einem zeitgenössisch „triftigen" Mitläufersatz (*„weiter gut gehen"*) und einem – besonders akzeptierten (in beiden Gruppen erster Platz!) – leider ziemlich anachronistischen bzw. unrealistisch moralisierenden Satz (*„jüdische Freunde nichtfallen lassen"*)[23] zusammen.

Nennenswert abgelehnt werden – in allen drei Gruppen – zwei andere Statements: Opferbereitschaft für *„Deutschlands Größe"* (Item g) und Differenzierung zwischen *„Bonzen"* und *„Führer"* (Item i). Mit anderen Worten: die reale Kraft nationaler Gefühle und Identifikationen – natürlich längst vor dem NS – ist nicht mehr nachvollziehbar. Damit aber kann die Situation im NS schwerlich angemessen beschrieben und analysiert werden. Dagegen ist das zeitgenössisch geläufige Stereotyp vom Gegensatz zwischen den [|142] unbeliebten „Bonzen" und dem geliebten „Führer" offenbar nicht mehr vertraut; es wird wohl deshalb abgelehnt, weil es schlicht nicht verstanden wird. Einen Hinweis darauf kann man in der nicht seltenen Auslassung sehen. Das Item ist damit ebenso ungeeignet wie der – aus einem bekannten zeitgenössischen Anti-Nazi-Flüsterwitz stammende – „Dachau-Satz" (Item n) – und zwar aufgrund fehlender Information. In Wahrheit ist – trotz Allgegenwart des NS-Themas in Deutschland – das Eis der Kenntnisse äußerst dünn.

Eine Klasse und das Universitätsseminar können sich – realistischerweise – außerdem nicht mit dem Satz *„‚Wer Hitler wählt, wählt den Krieg!' Ich gehe in den Widerstand"* anfreunden. Umgekehrt nehmen, wie erwähnt, die Lernenden – und abgeschwächt die Studierenden – den Hinweis auf möglichen *„Größenwahnsinn"* Hitlers sofort auf; das ist ein auch heute noch – losgelöst von aller Information – geltendes Stück Mythos, tauglich für eine Schein-Empathie. Gerade die Items, die den Schulbuchtexten zum *„Führerkult"* näher stehen, z. B. *„Hitler als Deutschlands Glück"*, *„Vergötzung und Vergottung"*, *„Führer versus Bonzen"* werden also durchaus nicht im Sinne der Schulbuch-Auszüge beantwortet. Denn die Wendung gegen *„Bonzen"* und die Kennzeichnung Hitlers als *„Deutschlands Glück"* werden – aus angeblicher zeitgenössischer Perspektive – zurückgewiesen, stattdessen aber wird Kritik an *„Führerkult als Vergötzung"* geübt. Der klassische Mitläufersatz *„alle jubeln, also mache ich mit"* wird nur neutral eingeschätzt.

---

[22] Das ist vielleicht verständlich wegen der hohen normativen Besetzung des Wortes „Freund" heute; man erinnere sich auch an die weite Verbreitung des Romans „Damals war es Friedrich". Im Falle einer größeren Studie wäre es empfehlenswert, „Freunde" durch „Nachbarn" zu ersetzen, um den emphatischen heutigen Freundschaftsbegriff zu umgehen und ein verlässlicheres Ergebnis zu erzeugen.

[23] Es gehe hier um das tatsächliche Verhalten der überwältigenden Mehrheit 1938; dass winzige Minderheiten auch nach 1941 mutig und hilfreich waren, steht außer Zweifel, darf aber nicht als Alibi dienen.

Insgesamt spricht das für schwache Empathieleistungen – im Sinne des hypothetischen Perspektivenwechsels in die damalige Zeit – und einen geringen Einfluss des gerade gelesenen Schulbuches.[24]

Die Äußerungen zur Schulbuchqualität (hier ohne Tabelle) fallen nicht eben überzeugend aus. Die in einer unabhängigen Analyse durch außenstehende Forscher(innen) festgestellte Abstufung der Qualität (A vor B und B vor C) spiegelt sich in den Schülerkommentaren durchaus nicht. Das scheint nicht nur am zu kleinen Sample zu liegen; es mag zwar durch die größere Länge der Texte A und B mitbedingt sein, verweise im Kern aber darauf, dass Schüler beim Geschichtsschulbuch mutmaßlich nach anderen Kriterien – und eben nicht nach dem Grade der „Reflektiertheit und Selbstreflexivität" – urteilen. Diese Urteilsmaßstäbe sind erst noch empirisch zu erforschen, wobei sicherlich anders und raffinierter operationalisiert werden muss.

Das leitet zu einem Fazit über: Der Nationalsozialismus hat nicht bloß Platz im unbewohnten „Speichergedächtnis", einer Art Archiv, sondern auch im bewohnten „Funktionsgedächtnis", einer Art Hausschatz,[25] und das auch schon von relativ frühem Alter an. Damit aber ist nicht zu erwarten, dass eine einzelne Schulbuchbegegnung hier etwas nennenswert („signifikant") verändert. Das ist wahrscheinlich bei einem Thema wie „die Kirchen und die ‚soziale Frage'" oder „der Paraguaykrieg 1864–1870" durchaus anders, denn diese Gegenstände gibt es heute wohl nur noch im Speichergedächtnis.

Vorherige (eigene) Bedenken gegen eine Erhebung des Schulbuchverständnisses und der Schulbuchbeurteilung gerade zum Thema NS haben sich bestätigt. Vor(urteils)wissen und Konvention übertönen zu stark die aktuelle Schulbuchnutzung und den Denkprozess in der Testsituation. Von Anfang an hatte zudem ein großer Widerwille bestanden, beim Experiment in Klassen und im Seminar nicht-multiperspektivisches, nicht-kontroverses und nicht-pluralistisches Lernmaterial zu benutzen (obwohl es in der Praxis der Schulbü- [|143] cher quantitativ absolut dominiert). Das Problem liegt nicht darin, überhaupt interpretierbares und interessantes Material zu erheben, aber es ist höchst schwierig, gerade bei diesem Thema die anspruchsvollen theoriebezogenen Fragestellungen des Forschungsprojektes über „Reflexion und Selbstreflexion" einigermaßen angemessen umzusetzen.[26]

---

24 Die wichtige Fragegruppe zu den „Empfindungen" (Emotionen) bei der Schulbuch-Lektüre muss aus Platzgründen ganz ausgeklammert werden.
25 Zu den Begriffen vgl. *Aleida Assmann*: Erinnerungsräume. Formen und Wandlungen des kulturellen Gedächtnisses. München 1999.
26 Andererseits bleibt das Thema NS für das Geschichtsbewusstsein in Deutschland und in der jeweils neuen jungen Generation (jetzt der „vierten", der Urenkel der Täter) überaus wichtig. Man wird aber Lernprozesse und Bewusstseinszustände verstärkt qualitativ erkunden müssen. Zudem bietet der NS – trotz *Meseth*: Schule und Nationalsozialismus (Anm. 9) – nicht den besten und typischsten, sondern einen höchst besonderen und heiklen Zugang zu Geschichtslernen und Geschichtsunterricht.

Bei den Befragten von 2001 ist ein gewisser Widerstand gegen Thema und Frageart unverkennbar. Teilweise sehen sie sich durch Umfang und Schwierigkeit des Fragebogens zu stark belastet. Problematischer aber ist das Ausweichen vor Tabufragen und -formulierungen. Von manchen Proband(inn)en werden alle Sätze, bei denen man länger nachdenken muss, ob sie nun triftig sind oder provokativ oder gar hinterhältig („Fangfragen"), schlicht übersprungen.[27] Einzelne werfen dem Fragebogen auch vor, er sei „ideologisch" (was immer das sei). Leider wird nicht klar erkennbar, ob ihm „überwältigendes Moralisieren" oder „verharmlosende Tendenzen" angekreidet werden (vermutlich beides gleichzeitig, je nach eigenem Vorurteil).

Natürlich ist das kein Argument gegen eine größere Studie, aber man muss sich der Besonderheit des Themas bewusst bleiben. Zur Zeit ist unter Jugendlichen offenkundig – das zeigen auch mehrere Unterrichtsbeobachtungen und -aufzeichnungen – zwar die Bereitschaft zum Verurteilen der NS-Verbrechen vorhanden, gleichzeitig aber auch ein – tiefes? – Bedürfnis nach „Normalität" und „Stolz" (auch Nationalstolz). Dazwischen vermittelt eine – an sich berechtigte, aber nicht selten provokativ wirkende – Einforderung von „Multiperspektivität statt Einseitigkeit" und „eigenem Urteil statt vorgegebener Deutung" auch und gerade beim Nationalsozialismus.[28]

4. Nachbefragungen im „Gruppengespräch"

Qualitativ-empirische Studien zum Geschichtsbewusstsein und zur Schulbuchbenutzung sind im deutschsprachigen Raum noch seltener geblieben als quantitative. Besondere Methoden – Erfahrungen – schon gar zur zweistufigen Kombination beider Verfahren – liegen also kaum vor.[29] Versuche mit leitfadengebundenen Nachinterviews einerseits und explizitem „Nachträglichem Lautem Denken" andererseits waren

---

27 Das ist sonst nach allen Erfahrungen der Hamburger Forschungen bei geschlossenen Fragen, d. h. bloßem Ankreuzen, ausgesprochen selten. Im hohen bzw. fast vollständigen Rücklauf liegt gerade ein wesentlicher Vorteil bloß quantitativer Befragungen.
28 Bei aller Unterschiedlichkeit der Methoden lässt sich dieser Eindruck auch durch die Untersuchungen von *Alphons Silbermann / Manfred Stoffers*: Auschwitz: Nie davon gehört? Erinnern und Vergessen in Deutschland. Berlin 2000, *Welzer* u. a. „Böse Menschen" (Anm. 18), *Welzer* u. a.: „Opa" (Anm. 18) sowie *Klaus Ahlheim / Bardo Heger*: Die unbequeme Vergangenheit. NS-Vergangenheit, Holocaust und die Schwierigkeiten des Erinnerns. Schwalbach/Ts. 2002 stützen.
29 Methodisch überlegene (und schon publizierte) Forschungen dieses Typs gibt es in der deutschsprachigen Geschichtsdidaktik zur Zeit offenbar nicht, vgl. aber *Beilner*: Empirische Zugänge (Anm. 20), *Langer-Plän*: Problem Quellenarbeit (Anm. 20). Gegenüber hochstehender qualitativer Empirie nach internationalen Standards (differenzierte Interviewtechniken und elaborierte Interpretationsverfahren) bestehe noch ein gewisser Fortbildungs- und Einarbeitungsbedarf (vgl. *Bodo v. Borries*: Angloamerikanische Lehr-/Lernforschung – ein Stimulus für die deutsche Geschichtsdidaktik? In: *Marko Demantowski / Bernd Schönemann* (Hrsg.): Neuere geschichtsdidaktische Positionen (Dortmunder Arbeiten zur Schulgeschichte und zur historischen Didaktik Nr. 32). Bochum 2002, S. 65–91, *Bodo v. Borries*: Lehr-/Lernforschung in europäischen Nachbarländern – ein Stimulus für die deutschsprachige Geschichtsdidaktik? In: *Saskia*

daher unbedingt nötig. Sie sind Ende 2001 zum Fragebogen „Hitlerkult" durchgeführt worden. Die Schüleräußerungen verdienen eine kurze beispielhafte Auswertung.

Zunächst soll ein typisches Beispiel zitiert werden,[30] das sich auf den Auszug aus dem schwächsten (Buch C) der drei Lehrwerke (*„Wege durch die Geschichte"*) bezieht. Die Schülerin der 9. Klassenstufe (Gymnasium) arbeitet sich anfangs an einer Textseite mit Quellen-Fotos ab, wobei sie umstands- und distanzlos der hemmungslosen Personalisierung des Buches verfällt; Hitler ist einfach und selbstverständlich nur *„er"*, und seine *„Krankheit"* erklärt die Katastrophe. Zugleich zeigt sich, dass die in „deutscher Druckschrift" geschriebenen Teile der Slogans auf den Plakaten der abgebildeten Litfaßsäule sich als schlechterdings nicht zu entziffern erweisen.[31] Schulbuchmacher müssten das wissen und solche Stücke „übersetzen".

> *B.: (…) Hier wird dann auch noch auf die Propaganda gleich zu sprechen gekommen, dass er eben diese …, diesen …, diese Anhänger von seinem Führer … kult … oder … der Führerkult, der wurde, [|144] ja, vorsätzlich eingesetzt, damit die anderen Bürger dazu … auch übertreten würden, jetzt den Nationalsozialismus als gut zu heißen. Und ich denk mal, die sollten dadurch auch beeindruckt werden, dass … so viele Leute schon Anhänger von seinen Gedanken waren. Und … danach hab ich mir dann auch das Bild angeschaut, und da ist ja so eine Litfaßsäule zu sehen. Ich hab jetzt nicht genau lesen können, was da zu lesen …, also was da steht, aber ich denk mal, das ist so'n Werbe…plakat …, wo er wahrscheinlich …, was macht er da? Ich weiß nicht, ob da ‚Deutsches Brot' steht … oder ‚Kauf mich' oder ‚Kauf nicht'; also, das kann ich jetzt nicht richtig lesen. Aber man sieht dann eben so 'ne Menschenmenge davor stehen, die sich das Plakat auch … oder es sind mehrere Plakate, nur dass eben eins ziemlich groß ist. Und dadrüber steht auch ‚Helft', ‚Gebt' – und ich denk mal –, nicht auf oder irgendwie sowas. Und die Leute gucken sich das auch an beim Vorbeigehen, und das ist wahrscheinlich auch so 'ne Propagandamaßnahme, die er da betreibt, damit … seine Gedanken oder seine … – wie er wahrscheinlich denkt – ‚guten' Taten an die …, also an das Volk bringen möchte.*
>
> *I: Hast Du mit dem Begriff ‚Massenhysterie' Schwierigkeiten? (…)*
>
> *B.: Also, nicht Schwierigkeiten, dass ich das jetzt nicht richtig verstanden hab, aber … Es kam mir einfach so vor, als wenn das alles so unvorstellbar ist, dass eine Person … Da hab ich jetzt … weiter nach …, drüber nachgedacht, also der Text sagt das ja nicht aus, aber ich find das irgendwie 'n bisschen … schockierend auch, dass eine …, ich sag jetzt mal so, dass eine kranke Person in ziemlich kurzer Zeit es schafft, so, so viele Leute auch da zu bewegen …, ihn als Helden zu sehen, und dass er sich so als Helden darstellt und von sich selbst so überzeugt ist. Und dass er*

Handro / Bernd Schönemann (Hrsg.): Methoden geschichtsdidaktischer Forschung (Zeitgeschichte – Zeitverständnis 10). Münster u. a. 2002, S. 13–49).

30 Die methodischen Probleme bei der Transkription (z. B. Zeichensetzung, Genauigkeit der Aufnahme bei Wort- und Satzfragmenten, Dialektformen und Slang, Wiedergabe von Lautstärke, Unterton, Lauten und Körpersprache, Umgang mit Zitaten) sind hier nicht im Detail zu diskutieren.

31 Die wichtige – für das Verständnis unerlässliche – Inschrift lautet eigentlich *„Deutsches Volk(.) Wehr Dich! Kauf nicht bei Juden!"*

> die Leute eben auch dazu bringt, dass so 'ne Massenhysterie da so ausbricht, das finde ich schon 'n bisschen schockierend.
> I.: (Verweis auf die Überschrift ‚Waren alle Deutschen überzeugte Nationalsozialisten?')
> B.: Ja, also die Frage, das fand ich schon mal gut, dass man so wusste, worum es da jetzt genau geht. Wenn da jetzt so stehen würde ‚Alle Deutschen … oder Nationalsozialisten in Deutschland', dann wär das für mich nicht so anregend gewesen wie diese Frage. Also ich find das … gut gemacht … Und … ja was sagt der Text aus? … ja, da wird eben so 'n bisschen drauf eingegangen, ob jetzt alle Deutschen auch dem Nationalsozialismus so angehörten. Und die Frage wird ja auch nicht richtig … geklärt, so dass man jetzt sagen kann ‚Ja, das ist so gewesen oder so', sondern es lässt auch noch so ein paar Ausschweifungen offen, so dass die auch sagen, ehm … dass … man jetzt nicht davon ausgehen kann, dass alle … total dahinterstanden, aber dass einige das wohl einfach so auch … über sich haben ergehen lassen oder einfach so 'ne passive Haltung hatten … ja, und in diesem Text wird auch gesagt, dass … sich einige Leute auch nur so bestimmte Gedanken, die Hitler hatte, herausgesucht hatten und die auch wahrscheinlich selbst vertreten haben und darum … auch den national … sozialistischen Gedankengut … zugestimmt hatten.
> I.: Hast Du den Text sehr eindeutig gefunden?
> B.: Auf den ersten Blick so mit der Frage, die genaue Beantwortung habe ich da nicht gefunden, so dass ich jetzt genau gewusst hab, wie das nun aussah. Weil ich das 'n bisschen eigenartig fand, dass …, ja, passive Haltung, das ist für mich eigentlich, wenn so passiv ist, dann ist das für mich eigentlich gar keine Haltung. Ich denk, dann könnte man sagen, dass sie … nicht dafür waren, aber auch nicht dagegen und … ja, weiß nicht.
> I.: Hat Dich der Text überzeugt? (…)
> B.: Überzeugt jetzt von den ganzen Geschehnissen? [|145]
> I.: Überzeugt von sich selbst? (…)
> B.: Ja, informativ ist er, weil man eben auch hier gleich merkt, dass nicht alle dafür waren, aber jetzt auch keiner sich direkt dagegen gestellt hat … ja, also, … ich hab dadurch schon jetzt verstanden, wie er es geschafft hat, die Anhänger zu finden und …, Ja …
> I.: Gut!

Dieser erste Interviewauszug stammt von einer überdurchschnittlich intelligenten farbigen Schülerin nicht-deutscher Herkunft, jedoch mit perfekter Sprachbeherrschung. Sie bekommt, wie auch das ganze Interview zeigt, die entscheidenden Inhalte durchaus mit, kann aber die „affirmative" und „defensive" Tendenz des – in sich vielfach gebrochenen und unlogischen –Textes durchaus nicht entschlüsseln. Bei aller Klugheit und aller Bereitschaft zum Nachdenken fehlt eine Fähigkeit zur Reflexion, die es erlauben würde, das „schlechte" Schulbuch zu kritisieren. Ein weiteres Textbeispiel aus diesem Nachinterview soll das differenzieren. Diesmal wird eine lyrische Verherrlichung Hitlers – vom NS-Barden Will Vesper – kommentiert. Dabei gelingt die „Empathie" in die Zeitgenossen besser als eine eigene distanzierte Reflexion, z. B. über die Methoden der Propaganda und die Inszenierung des Führerkults:

> *I.: Wie kommt so ein Text bei Dir an?*
>
> *B.: Ja, also erst mal habe ich gar nicht verstanden, worum es jetzt genau ging, bei diesem Text jetzt: ‚Es steigt der Führer', hm ..., aber ..., ja ... gut ..., also richtig gut fand ich ihn nicht, dass ich jetzt gesagt hab: ‚Ja, der ist super', aber, hm, er stellt eben auch wieder dar, dass ... Hitler der Führer des Reiches ist ... und dass er beliebt ist und ... Darum denke ich, dass er schon einen, so einen Eindruck vermittelt, wie die Leute das so damals gesehen haben.*
>
> *I.: Haben Dir die Arbeitsfragen genutzt? (...)*
>
> *B.: Ja also, die haben mich auf jeden Fall auf den Gedanken gebracht, dass ich ... nicht nur einfach lese, sondern dass ich auch mal drüber nachdenke, warum die Leute das so schreiben und ... wie sie selbst dazu jetzt genau stehen ... und ...*
>
> *I.: ... und die Gedichte?*
>
> *B.: Als ich gelesen hatte, nicht direkt ... Welche Funktion die Gedichte und die Feier haben? ... Also ich denke mal, dass diese Gedichte und diese nationalsozialistische Weihe, das wird ja alles so ... so gut dargestellt ... und dass es eben ein Stolz ist, wenn man ... oder dass man stolz drauf sein kann, wenn man dieser Gruppe angehört, und dass Hitler der Führer ist und dass er sie ans Ziel bringen wird. Das spiegelt ja da, dass sie hinter Hitler standen und dass Hitler eben auch so 'ne Person war, die solche Gefühle ... oder solche Eindrücke eben auch bei denen hervorgeweckt hat, dass sie jetzt so viele Hoffnungen wieder haben und auch 'ne gute Einstellung dem ganzen gegenüber ... Also, die sind ja total begeistert wohl von ihm.*

Abschließend soll ein weiterer ausführlicher Auszug aus dem Nachinterview mit einem anderen – sicherlich noch leistungsstärkeren – Schüler (ebenfalls Gymnasium 9. Klasse) gebracht werden; diesmal wird der Versuch gemacht, das gelungenste der drei Schulbücher (Buch A), *„Geschichte und Gegenwart"*, zu verstehen und zur Reflexion zu benutzen. Ausgegangen wird von Quellen, nämlich – nach Diskussion typischer Reichsparteitags- [|146] bilder im Stile Leni Riefenstahls – vom Auszug aus einer Hitlerrede und einem Augenzeugenbericht.

> *B.: Ja, in dem einen Text M6, der ist halt also anscheinend eine Rede von Hitler, wie die ... – das steht in dem Text zwar nicht so richtig drin, aber ... das könnt ich mir jetzt so denken ..., so wie das da steht und wie das da gesagt wird, dass das halt eine Rede von ihm sein soll und anscheinend auch bei diesem Parteitag halt. Naja und aber ... was der so sagt ... Also, wenn das jemand heute sagen würde, würde derjenige wahrscheinlich nicht mehr so ernst genommen werden. Die Leute damals scheint das scheint's beeindruckt zu haben, was er da gesagt hat. Und er hat ... sich selbst ... als ..., so ein bisschen als ..., als Retter oder so dargestellt ... und er hat aber auch ... sich selber ... Und dass er jetzt an die Macht gekommen ist, wahrscheinlich ..., hat er so erklärt, dass das ein Glück für Deutschland ist und dass sie sich alle freuen sollen, dass er jetzt da ist, sich selber als Retter sozusagen auch dargestellt ...*
>
> *I.: Wie hast Du darauf reagiert?*
>
> *B.: Ich fand's übertrieben und das so zu sagen und wie er das gesagt hat: ‚Ihr habt einst die Stimme des Mannes vernommen und sie schlug an eure Herzen, sie hat euch geweckt, und ihr seid*

> dieser Stimme gefolgt.' Also, das klingt schon fast wie aus der Bibel so ein Text. Das klingt auch nicht so wie ein Politikertext. Das ist n' ..., nee, ich fand den ..., also ich könnte mir nicht vorstellen, dass das heute so jemand sagen würde und dann auch noch von so 'ner Masse Menschen Zustimmung finden würde ...
> I.: Das ist eine bestimmte Stillage, die Dir fremd vorkommt?

Bis hier ist die Interpretation klar und überzeugend. Trotz der missverständlichen Einführung der Textquelle, die nur in der Seitenüberschrift „Hitler spricht" – nicht aber in der Anmoderation – als Hitlerrede gekennzeichnet wird und deren Fundstelle zudem sehr missverständlich nachgewiesen ist, wird der richtige Zusammenhang korrekt erschlossen.[32] Das Material wird zutreffend paraphrasiert und die Fremdheit gegenüber heute ist triftig bezeichnet und eingeordnet. Die „Alteritätserfahrung" dominiert die Schülerreaktion. Eine persönliche Stellungnahme klingt durchaus durch. Die Denkfigur beginnt sich aber gleich mit dem nächsten Satz – ohne Pause – zu ändern.

> B.: Ja ... Und der zweite Text, M7 also, das ist halt ein Dabeigewesener, ein Zuschauer, der das erzählt und ... der ... Am Anfang wirkt das ..., ist er vielleicht ..., (dass er) sich beängstigt gefühlt hat, wo er z. B. sagt ‚Wir saßen dadurch plötzlich wie in einem Riesendom gefangen', als diese ganzen Scheinwerfer ... da halt zu so 'ner Kuppel zusammen waren, aber auch, aber auch wieder, wie das erzählt wurde, dass das Licht, 150 Militärscheinwerfer in 6000 Meter Höhe, zusammentreffen, auch wieder, genauso wie alles andere eigentlich, dieses ..., dieses Protzige, dieses, dieses ... übermäßig ... Übermäßige halt ...
> I.: (Einhilfe): ... Größe ...
> B.: das man sich so normalerweise eigentlich gar nicht richtig vorstellen könnte und so. Und der erzählte dann später doch schon begeistert irgendwie auch, wie das da war, und ..., und ... wie er das wiedergibt ‚15000 Fahnen wiederum von Scheinwerferlicht getroffen'. Und am Ende sagt er auch ‚eine überwältigende Symphonie von Licht und Farben, wie sie die Welt wohl noch nie gesehen hatte', scheint also ziemlich begeistert zu sein, also dass wahrscheinlich das, was die [|147] bezwecken wollten, die Leute zu beeindrucken, dass das auch angekommen ist, dass die sich wirklich beeindruckt gefühlt haben.
> I.: Es muss immer ein Weltrekord sein. Hast Du Dir auch noch 'ne Gesamtüberlegung gemacht zu diesem Kapitel?
> B.: Ja, also, anscheinend, also was heißt anscheinend, also ... Die Nationalsozialisten haben also alles getan, damit das Volk sie liebt und damit das Volk auch Hitler liebt und haben riesig Propaganda gemacht und z. B. jetzt beim Reichsparteitag unheimlich viel ... Aufwand betrieben,

---

[32] In einem anderen Nachinterview kommt deutlich heraus, dass die Entschlüsselung der Herkunftsstelle definitiv nicht gelingt – mit erheblichen Konsequenzen bei der Aufnahme (d. h. dem eindeutigen Missverstehen) des Buchauszuges im ganzen. Auf die Quelle wird zwar in der Überschrift angespielt („Hitler spricht"), im Vorspann („Kopfzeile") fehlt aber der ausdrückliche Hinweis auf den Autor und der Zitatnachweis am Ende führt einen Titel aus den neunziger Jahren an (Peter Reichel [...] 1993). Das Beispiel stammt – wie erwähnt – aus dem „besten" der drei Bücher.

um die Leute zu beeindrucken und um zu zeigen ..., wie ..., wie zufrieden sie sein können mit den Nationalsozialisten und wie toll das eigentlich ist und ... dass die's einfach nur toll finden sollen. Und auch diese Propaganda mit Hitler und (dass) Hitler in den Mittelpunkt gestellt ist, dass er ... richtig toll ist und der Retter Deutschlands ist. Und dass er einfach nur Gutes tut für Deutschland und für das Volk, und anscheinend ist das bei den Leuten dann auch angekommen, und die Leute fanden den auch ..., Hitler auch gut und hatten breite Zustimmung zu den Nationalsozialisten und haben gar nicht jetzt, also aus dem Text konnte das ..., schien das jetzt so, dass die ... eigentlich ... gar nicht daran gedacht haben, dass Hitler etwas Schlechtes tut, sondern dass er halt nur Gutes tun will und tut für Deutschland und das Volk.
I: Das heißt: Hast Du in diesem ... wirklich eine Antwort auf die Fragen am Anfang gesehen?
B.: Naja, es ist irgendwie auch nur ... Man konnte sich jetzt schon etwas hineinversetzen, wie ... wieso die Leute das so toll gefunden haben. Und durch die ganze Propaganda kann man sich vorstellen und durch dieses riesige Schauspiel am Reichsparteitag, würde man sich schon wahrscheinlich beeindruckt fühlen. Und wenn man jetzt da gelebt hätte, hätte man wahrscheinlich ... Also, alle fanden die Nationalsozialisten gut, dann hätte man es wahrscheinlich auch gut gefunden. Diese Begeisterung da, man kann das schon nachvollziehen jetzt.

Das ist gewiss eine wortreiche und wortgewandte Interpretation eines weit überdurchschnittlichen Schülers (vom „mündlichen" Sprachgebrauch darf man sich nicht täuschen lassen!). Eine ausgesprochen kritische und reflexive Wendung fehlt jetzt allerdings. Propaganda und Führerkult werden – selbst bei diesem Könner – eigentlich nur auf der Erscheinungsebene nachvollzogen, fast schon „internalisiert"; der gelungenen Empathie in den (oder: die) Zeitgenossen folgt – pointiert gesagt – keine neue Distanzierung und abschließende Synthese (Retrospektive). Die Nazis bleiben – selbst bei diesem Thema – „ausgebürgert", werden den Deutschen stillschweigend gegenübergestellt statt einbezogen. Eine multiperspektivische Betrachtung, z. B. der Verweis auf „unbelehrbare Gegner" und „verfolgte Einsichtige", fehlt. Solche Empathie ohne Rückkehr zur Distanz kann zum Problem werden.

Die quantitative und qualitative Pilotierung einer Befragung und eines Experimentes zu Schulbuchauszügen über den Nationalsozialismus hat dazu geführt, *keine große Studie* nach diesem Verfahren aufzulegen (und das nicht nur wegen fehlender Finanzen).³³ Das heißt keinesfalls, dass lohnende Befunde mangelten. Im Gegenteil, manches ist so klar geworden, dass man nicht noch einmal Tausende fragen muss. Hier sind abschließend zwei methodische Befunde zu nennen:

1. Die Gespräche über die Schulbuchauszüge (besonders zum „Hitlerkult") haben sich als [|148] durchaus fruchtbar erwiesen: Sie bestätigen deutlich den Eindruck der sprachlichen Überforderung eines großen Teiles sogar der gym-

---

33 Da es hier nicht um elaborierte Forschungsverfahren, sondern um interessante Sachbefunde gehen soll, sei auf eine ausführliche Diskussion methodischer Erfahrungen und Vorlieben verzichtet.

nasialen Klientel durch die Leseaufgabe selbst, wie man sie inzwischen auch aus den deutschen Ergebnissen von PISA 2000 folgern kann (vgl. Artelt u. a. 2001 [Anm. 6], v. Borries 2004 [Anm. 9]). Die Voraussetzungen, das Verständnis und die Missverständnisse der Jugendlichen kommen gut heraus, z. B. die Unmöglichkeit bzw. Schwierigkeit, in Schulbuch-Version A eine Hitlerrede als solche zu erkennen oder „deutsche" statt „lateinischer" Druckschrift zu lesen (siehe oben).[34] Die Kritik am verkürzenden „quellenorientierten" Unterricht, der *überflüssige Schwierigkeiten* aufbaut und das *konstitutive Deutungsgeschäft* verbirgt, braucht hier nicht wiederholt zu werden.

2. Ein gewisser Widerspruch besteht darin, dass die theoretisch angeleitete Geschichtsdidaktik einerseits auf *„Multiperspektivität"*, *„Kontroversität"* und *„Pluralität"* der Geschichts-Schulbücher Wert legen muss, andererseits aber auch zu fordern hat, dass die Schulbücher einigermaßen leicht, richtig und eindeutig verstanden werden können. Beides steht in erheblicher Spannung, die erst noch theoretisch aufgedröselt werden muss. Das Problem lässt sich auch nicht dadurch auflösen, dass man bei den „Quellen" Gegensätzlichkeit und Denkbewegung sowie in den „Autorentexten" („Darstellungen") Klarheit und Eindeutigkeit fordert. Das wäre sogar ein fatales Missverständnis. Als Arbeitsmaterial und Untersuchungsgegenstand beim Geschichtslernen der Jugendlichen sind nämlich beide Gruppen, Quellen wie Darstellungen (und zudem die Orientierungsangebote!), anzusehen, einmal vorwiegend im Sinne von (Re)-Konstruktion, das andere Mal zum Zwecke von (De)-Konstruktion.

---

34 Wegen solcher Missverständnisse hat es sich herausgestellt, dass während des Interviews eine bloß freundlich-neutrale, eigene Stellungnahmen vermeidende, nicht auf Fragen antwortende und keine provokativen Impulse gebende Gesprächsführung gar nicht einfach ist. Die Situation unterliegt ständig der Tendenz, sich in ein ernsthaftes und u. U. pädagogisches Gespräch zu verwandeln. Mit welcher Berechtigung soll man auch Jugendlichen Antworten auf von ihnen direkt gestellte wichtige Fragen zur Geschichte verweigern? Der Verweis auf den Forschungscharakter klingt da – jedenfalls beim Thema NS – nicht sehr überzeugend.

Nachweis der Druckorte

Jeismann, Karl-Ernst: Didaktik der Geschichte. Die Wissenschaft von Zustand, Funktion und Veränderung geschichtlicher Vorstellungen im Selbstverständnis der Gegenwart. In: Erich Kosthorst (Hg.): Geschichtswissenschaft. Didaktik – Forschung – Theorie, Göttingen 1977, S. 9–33.

Pandel, Hans-Jürgen: Dimensionen des Geschichtsbewußtseins. Ein Versuch, seine Struktur für Empirie und Pragmatik diskutierbar zu machen. In: Geschichtsdidaktik 12 (1987), S. 130–142.

Schönemann, Bernd: Geschichtsdidaktik und Geschichtskultur. In: Bernd Mütter / Bernd Schönemann / Uwe Uffelmann (Hg.): Geschichtskultur. Theorie – Empirie – Pragmatik. Weinheim/Basel 2000, S. 26–58.

Bergmann, Klaus: Warum sollen Schüler Geschichte lernen? In: Geschichtsdidaktik 1 (1976), S. 3–14.

Völkel, Bärbel: Immer mehr desselben? Einladung zu einer kritischen Auseinandersetzung mit dem chronologischen Geschichtsunterricht. In: Geschichte in Wissenschaft und Unterricht 62 (2011), H. 5/6, S. 353–362.

Rüsen, Jörn: Die vier Typen der historischen Sinnbildung. In: Jörn Rüsen, Historik. Theorie der Geschichtswissenschaft. Köln/Weimar/Wien 2013, S. 209–215.

Barricelli, Michele: Narrativität. In: Michele Barricelli / Martin Lücke (Hg.): Handbuch Praxis des Geschichtsunterrichts. Bd. 1, Schwalbach/Ts. 2012, S. 255–280.

Sauer, Michael: Kompetenzen für den Geschichtsunterricht. Ein pragmatisches Modell als Basis für die Bildungsstandards des Verbandes der Geschichtslehrer. In: Informationen für den Geschichts- und Gemeinschaftskundelehrer, Heft 72 (2006), S. 7–20.

Schreiber, Waltraud / Körber, Andreas / von Borries, Bodo / Krammer, Reinhard / Leutner-Ramme, Sibylla / Mebus, Sylvia / Schöner, Alexander / Ziegler, Béatrice. In: Andreas Körber / Waltraud Schreiber / Alexander Schöner (Hg.): Kompetenzen historischen Denkens. Ein Strukturmodell als Beitrag zur Kompetenzorientierung in der Geschichtsdidaktik. Neuried 2007, S. 22–39.

Gautschi, Peter: Schulfach für „Historisches Lernen" – Kompetenzmodell für den Geschichtsunterricht, in: Peter Gautschi: Guter Geschichtsunterricht. Grundlagen, Erkenntnisse, Hinweise. Schwalbach/Ts. 2009, S. 42–53.

Borries, Bodo von: Nationalsozialismus in Schulbüchern und Schülerköpfen. Quantitative und qualitative Annäherungen an ein deutsches Trauma-Thema. In: Markus Bernhardt / Gerhard Henke-Bockschatz / Michael Sauer (Hg.): Bilder – Wahrnehmungen – Konstruktionen. Reflexionen über Geschichte und historisches Lernen. Schwalbach/Ts. 2006, S. 135–151.

Auswahlbibliographie

Ammerer, Heinrich / Hellmuth, Thomas / Kühberger, Christoph (Hg.), Subjektorientierte Geschichtsdidaktik, Schwalbach 2015.
Barricelli, Michele, Schüler erzählen Geschichte. Narrative Kompetenz im Geschichtsunterricht, Schwalbach/Ts. 2005.
Barricelli, Michele, Worte zur Zeit. Historische Sprache und narrative Sinnbildung im Geschichtsunterricht, in: Zeitschrift für Geschichtsdidaktik 14, 2015, S. 25–46.
Barricelli, Michele / Lücke, Martin (Hg.), Handbuch Praxis des Geschichtsunterrichts. 2 Bde., Schwalbach/Ts. 2012.
Barricelli, Michele / Gautschi, Peter / Körber, Andreas, Historische Kompetenzen und Kompetenzmodelle, in: Michele Barricelli / Martin Lücke (Hg.), Handbuch Praxis des Geschichtsunterrichts. Bd. 1, Schwalbach/Ts. 2012, S. 207–235.
Barsch, Sebastian / Degner, Bettina / Kühberger, Christoph / Lücke, Martin (Hg.), Handbuch Diversität im Geschichtsunterricht. Zugänge zu einer inklusiven Geschichtsdidaktik, Frankfurt a. M. 2020.
Baumgartner, Hans-Michael, Narrativität. In: Klaus Bergmann u. a. (Hg.): Handbuch der Geschichtsdidaktik, 5. überarb. Auflage, Seelze-Velber 1997, 157–160.
Baumgärtner, Ulrich, Wegweiser Geschichtsdidaktik. Historisches Lernen in der Schule, Paderborn 2015.
Baumgärtner, Ulrich, Was sollen Schülerinnen und Schüler wissen? Zu Inhalten und Themen im Geschichtsunterricht, in: Thomas Sandkühler / Charlotte Bühl-Gramer / Anke John / Astrid Schwabe / Markus Bernhardt (Hg.), Geschichtsunterricht im 21. Jahrhundert. Eine geschichtsdidaktische Standortbestimmung (Beihefte zur Zeitschrift für Geschichtsdidaktik, Bd. 17), Göttingen 2018, S. 113–130.
Bergmann, Klaus, Multiperspektivität. Geschichte selber denken. Schwalbach/Ts. 2000.
Bergmann, Klaus, Der Gegenwartsbezug im Geschichtsunterricht, Schwalbach/Ts. 2001.
Bergmann, Klaus / Fröhlich, Klaus / Kuhn, Annette / Rüsen, Jörn / Schneider, Gerhard (Hg.), Handbuch der Geschichtsdidaktik, 5. überarb. Auflage, Seelze-Velber 1997.
Bergmann, Klaus / Pandel, Hans-Jürgen, Geschichte und Zukunft. Didaktische Reflexionen über veröffentlichtes Geschichtsbewusstsein, Frankfurt a. M. 1975.
Bergmann, Klaus / Schneider, Gerhard (Hg.), Gesellschaft – Staat – Geschichtsunterricht, Düsseldorf 1982.
Bernhardt, Markus / Conrad, Franziska, Sprachsensibler Geschichtsunterricht, in: Geschichte lernen 182, 2018, S. 2–9.

Bernhardt, Markus / Wickner, Mareike-Cathrine, Die narrative Kompetenz vom Kopf auf die Füße stellen. Sprachliche Bildung als Konzept der universitären Geschichtslehrerausbildung, in: Claudia Benholz / Magnus Frank / Erkan Gürsoy (Hg.), Deutsch als Zweitsprache in allen Fächern. Konzepte für Lehrerbildung und Unterricht, Stuttgart 2015, S. 281–296.

Borries, Bodo von, Das Geschichtsbewußtsein Jugendlicher: erste repräsentative Untersuchung über Vergangenheitsdeutungen und Zukunftserwartungen von Schülerinnen und Schülern in Ost- und Westdeutschland, Weinheim/München 1995.

Borries, Bodo von, Jugend und Geschichte. Ein europäischer Kulturvergleich aus deutscher Sicht. Unter Mitarbeit von Andreas Körber, Oliver Baeck und Angela Kindervater (Schule und Gesellschaft, Bd. 21), Opladen 1999.

Bracke, Sebastian / Flaving, Colin / Jansen, Johannes u. a., Theorie des Geschichtsunterrichts (Geschichtsunterricht erforschen, Bd. 9), Frankfurt/M. 2018.

Danto, Arthur C., Analytische Philosophie der Geschichte, Frankfurt/Main 1974.

Deile, Lars, Didaktik der Geschichte, Version: 1.0, in: Docupedia-Zeitgeschichte, 27.1.2014 (URL: http://docupedia.de/zg/Didaktik_der_Geschichte?oldid=130132, zuletzt aufgerufen: 11.01.2020).

Demantowsky, Marko, Die Geschichtsmethodik in der SBZ und DDR, Idstein 2003.

Frings, Andreas, Erklären und Erzählen. Narrative Erklärungen historischer Sachverhalte, in: Andreas Frings / Johannes Marx (Hg.), Erzählen, Erklären, Verstehen. Beiträge zur Wissenschaftstheorie und Methodologie der Historischen Kulturwissenschaften, Berlin 2008, S. 129–164.

Fritz, Gerhard, „Immer mehr desselben?" Anmerkungen zu Bärbel Völkel, in: Geschichte in Wissenschaft und Unterricht 63, 2012, H. 1/2, S. 92–100.

Gautschi, Peter: Guter Geschichtsunterricht. Grundlagen, Erkenntnisse, Hinweise. Schwalbach/Ts. 2009.

Geiss, Peter, Objektivität als Zumutung. Überlegungen zu einer postnarrativistischen Geschichtsdidaktik, in: Zeitschrift für Geschichtsdidaktik 17, 2018, S. 28–41.

Gerber, Doris, Analytische Metaphysik der Geschichte. Handlungen, Geschichten und ihre Erklärung, Frankfurt/M. 2012.

Günther-Arndt, Hilke / Zülsdorf-Kersting, Meik (Hg.), Geschichts-Didaktik. Praxishandbuch für die Sekundarstufe I und II, 6. überarb. Neuaufl., Berlin 2014.

Günther-Arndt, Hilke / Handro, Saskia (Hg.), Geschichts-Methodik. Handbuch für die Sekundarstufe I und II, 5. überarb. Neuaufl., Berlin 2015.

Handro, Saskia, „Sprachsensibler Geschichtsunterricht". Systematisierende Überlegungen zu einer überfälligen Debatte. In: Wolfgang Hasberg / Holger Thünemann (Hg.), Geschichtsdidaktik in der Diskussion. Grundlagen und Perspektiven. (Geschichtsdidaktik diskursiv – Public History und historisches Denken, Bd. 1). Frankfurt/M. 2016, S. 265–296.

Handro, Saskia / Schönemann, Bernd (Hg.), Aus der Geschichte lernen? Weiße Flecken der Kompetenzdebatte (Geschichtskultur und historisches Lernen, Bd. 15), Münster/Hamburg/Berlin/London 2016.

Hanke, Barbara, Dimensionen des Geschichtsbewusstseins 2.0 – ein Vorschlag, in: Zeitschrift für Didaktik der Gesellschaftswissenschaften 10, 2019, H. 1, S. 126–136.

Hasberg, Wolfgang, Empirische Forschung in der Geschichtsdidaktik. Nutzen und Nachteil für den Geschichtsunterricht. 2 Bde. Neuried 2001.

Hasberg, Wolfgang, Unde venis? Betrachtungen zur Zukunft der Didaktik der Geschichte, in: Arand, Tobias / Seidenfuß, Manfred (Hg.), Neue Wege – neue Themen – neue Methoden?

Ein Querschnitt aus der geschichtsdidaktischen Forschung des wissenschaftlichen Nachwuchses (Beihefte zur Zeitschrift für Geschichtsdidaktik, Bd. 7), Göttingen 2014, S. 15–62.

Hasberg, Wolfgang / Körber, Andreas, Geschichtsbewusstsein dynamisch, in: Andreas Körber (Hg.), Geschichte – Leben – Lernen. Bodo v. Borries zum 60. Geburtstag, Schwalbach/Ts. 2003, S. 177–200.

Hasberg, Wolfgang / Seidenfuß, Manfred (Hg.), Geschichtsdidaktik(er) im Griff des Nationalsozialismus?, Münster 2005.

Hasberg, Wolfgang / Seidenfuß, Manfred (Hg.), Modernisierung im Umbruch. Geschichtsdidaktik und Geschichtsunterricht nach 1945, Berlin 2008.

Heil, Werner, Kompetenzorientierter Geschichtsunterricht, 2. überarb. Auflage, Stuttgart 2011.

Henke-Bockschatz, Gerhard, Arbeiterbewegung und Geschichte. Über den Umgang mit Geschichte im politischen Alltag der frühen Sozialdemokratie. Eine Fallstudie am Beispiel der Hamburger Arbeiterbewegung (1860–1880), Kassel 1997.

Jeismann, Karl-Ernst, Didaktik der Geschichte: Das spezifische Bedingungsfeld des Geschichtsunterrichts, in: Günter C. Behrmann / Karl-Ernst Jeismann / Hans Süssmuth, Geschichte und Politik. Didaktische Grundlegung eines kooperativen Unterrichts, Paderborn 1978, S. 50–76.

Jeismann, Karl-Ernst / Kosthorst, Erich, Geschichte und Gesellschaftslehre. Die Stellung der Geschichte in den Rahmenrichtlinien für die Sekundarstufe I in Hessen und den Rahmenlehrplänen für die Gesamtschulen in Nordrhein-Westfalen. Eine Kritik, in: Geschichte in Wissenschaft und Unterricht 24, 1973, S. 261–288.

John, Anke, Disziplin am Scheideweg. Die Konstituierung einer universitären Geschichtsdidaktik in den 1970er Jahren, in: Michele Barricelli / Axel Becker / Christian Heuer (Hg.), Jede Gegenwart hat ihre Gründe. Geschichtsbewusstsein, historische Lebenswelt und Zukunftserwartung im frühen 21. Jahrhundert, Schwalbach/Ts. 2011, S. 192–213.

Körber, Andreas, Graduierung von Kompetenzen, in: Michele Barricelli / Martin Lücke (Hg.), Handbuch Praxis des Geschichtsunterrichts. Bd 1, Schwalbach/Ts. 2012, S. 236–254.

Körber, Andreas / Schreiber, Waltraud / Schöner, Alexander (Hg.): Kompetenzen historischen Denkens. Ein Strukturmodell als Beitrag zur Kompetenzorientierung in der Geschichtsdidaktik, Neuried 2007.

Köster, Manuel / Thünemann, Holger, Geschichtsdidaktische Forschung im Schatten von PISA, in: Zeitschrift für Didaktik der Gesellschaftswissenschaften 6, 2015, Heft 2, S. 34–55.

Kosthorst, Erich (Hg.), Geschichtswissenschaft. Didaktik – Forschung – Theorie, Göttingen 1977.

Kühberger, Christoph (Hg.), Historisches Wissen. Geschichtsdidaktische Erkundung zu Art, Tiefe und Umfang für das historische Lernen, Schwalbach/Ts. 2012.

Kuhn, Annette, Einführung in die Didaktik der Geschichte, München 1974.

Leidinger, Paul (Hg.), Geschichtsunterricht und Geschichtsdidaktik vom Kaiserreich bis zur Gegenwart, Stuttgart 1988.

Lücke, Martin / Zündorf, Irmgard, Einführung in die Public History, Göttingen 2018.

Mayer, Ulrich, Keine Angst vor Kompetenzen – eine typologische, historische und systematische Einordnung, in: Geschichte für heute 3, 2014, Heft 3, S. 6–19.

Memminger, Josef, Der Untergang?! Ist der Geschichtsunterricht noch zu retten? In: Public History Weekly 4 (2016) 39 (DOI: http://dx.doi.org/10.1515/phw-2016-7764).

Memminger, Josef, Historisches Lernen in größeren Zusammenhängen – Längsschnittartige, epochenübergreifende Geschichtsbetrachtung im Unterricht. In: Geschichte lernen 187, 2019, S. 2–11.

Münch, Daniel, Geschichtskultur im Geschichtsunterricht – Deutungen reflektieren oder Inhalte vermitteln?, in: Zeitschrift für Geschichtsdidaktik 16, 2017, S. 176–182.

Mütter, Bernd / Schönemann, Bernd / Uffelmann, Uwe (Hg.), Geschichtskultur. Theorie – Empirie – Pragmatik (Schriften zur Geschichtsdidaktik, Bd. 11), Weinheim 2000.

Norden, Jörg van, Geschichte ist Bewusstsein. Historie einer geschichtsdidaktischen Fundamentalkategorie, Frankfurt a. M. 2018.

Pandel, Hans-Jürgen, Geschichtsunterricht nach PISA. Kompetenzen, Bildungsstandards und Kerncurricula, Schwalbach/Ts. 2005.

Pandel, Hans-Jürgen, Historisches Erzählen, in: Geschichte lernen 2, 1988, S. 8–12.

Pandel, Hans-Jürgen, Historisches Erzählen. Narrativität im Geschichtsunterricht, Schwalbach/Ts. 2010.

Pandel, Hans-Jürgen, Geschichtsdidaktik. Eine Theorie für die Praxis, Schwalbach/Ts. 2013.

Pandel, Hans-Jürgen, Geschichtskultur, in: Michele Barricelli / Martin Lücke (Hg.): Handbuch Praxis des Geschichtsunterrichts. Bd. 1, Schwalbach/Ts. 2012, S. 147–159.

Pandel, Hans-Jürgen, Geschichtstheorie. Eine Historik für Schülerinnen und Schüler – aber auch für ihre Lehrer, Schwalbach 2017.

Pohl, Karl-Heinrich, Bildungsstandards im Fach Geschichte. Kritische Überlegungen zum Modellentwurf des Verbandes der Geschichtslehrer Deutschlands (VGD), in: Geschichte in Wissenschaft und Unterricht 11, 2008, Heft 11, S. 647–653.

Quandt, Siegfried, Deutsche Geschichtsdidaktiker des 19. und 20. Jahrhunderts, Paderborn 1978.

Rauthe, Simone, Geschichtsdidaktik – ein Auslaufmodell? Neue Impulse der amerikanischen Public History, in: Zeithistorische Forschungen/Studies in Contemporary History, Online-Ausgabe, 2 (2005), H. 2, URL: https://zeithistorische-forschungen.de/2-2005/4647, Druckausgabe: S. 287–291.

Reeken, Dietmar von, Geschichtskultur im Geschichtsunterricht – Begründungen und Perspektiven, in: Geschichte in Wissenschaft und Unterricht 55, 2004, S. 233–240.

Resch, Mario, Aufgaben formulieren können. Entwicklung und Validierung eines Vignettentests zur Erfassung professioneller Kompetenz für historisches Lehren (Geschichtsunterricht erforschen, Bd. 8), Frankfurt/M. 2018.

Rohlfes, Joachim, Geschichtsbewußtsein. Leerformel oder Fundamentalkategorie?, in: Ursula A. J. Becher / Klaus Bergmann (Hg.), Geschichte – Nutzen oder Nachteil für das Leben? Düsseldorf 1986, S. 92–95.

Rohlfes, Joachim, Geschichte und ihre Didaktik, 2. bibliographisch ergänzte Auflage, Göttingen 1997.

Rüsen, Jörn, Das ideale Schulbuch, in: Internationale Schulbuchforschung 14, 1992, S. 237–250.

Rüsen, Jörn, Die vier Typen des historischen Erzählens, in: Reinhart Koselleck / Heinrich Lutz / Jörn Rüsen (Hg.), Formen der Geschichtsschreibung (DTV Wissenschaft, Bd. 4), München 1982, S. 514–605.

Rüsen, Jörn, Historik. Theorie der Geschichtswissenschaft, Köln/Weimar/Wien 2013.

Rüsen, Jörn, Historisches Lernen. Grundlagen und Paradigmen, Köln/Weimar/Wien 1994.

Rüsen, Jörn, Historische Vernunft: Grundzüge einer Historik I: Die Grundlagen der Geschichtswissenschaft, Göttingen 1983.

Rüsen, Jörn, Was ist Geschichtskultur? Überlegungen zu einer neuen Art, über Geschichte nachzudenken, in: Klaus Füßmann / Heinrich Theodor Grütter / Jörn Rüsen (Hg.), Historische Faszination. Geschichtskultur heute, Köln u. a. 1994, S. 3–26.

Sabrow, Martin, Nach dem Pyrrhussieg. Bemerkungen zur Zeitgeschichte der Geschichtsdidaktik, in: Zeithistorische Forschungen / Studies in Contemporary History, Online-Ausgabe, 2 (2005), H. 2, S. 268-273 (online unter: URL: https://zeithistorische-forschungen.de/2-2005/4668, zuletzt aufgerufen: 11.01.2020).

Sandkühler, Thomas, Historisches Lernen denken. Gespräche mit Geschichtsdidaktikern der Jahrgänge 1928–1947. Mit einer Dokumentation zum Historikertag 1976, Göttingen 2014.

Sandkühler, Thomas, Geschichtsdidaktik als gesellschaftliche Repräsentation. Diskurse der Disziplin im zeitgeschichtlichen Kontext um 1970, in: Michael Sauer u. a. (Hg.), Geschichtslernen in biographischer Perspektive. Nachhaltigkeit – Entwicklung – Generationendifferenz (Beihefte zur Zeitschrift für Geschichtsdidaktik, Bd. 9), S. 313–332.

Sandkühler, Thomas / Blanke, Horst Walter (Hg.), Historisierung der Historik. Jörn Rüsen zum 80. Geburtstag (Beiträge zur Geschichtskultur, Bd. 39), Köln 2018.

Sauer, Michael, Geschichte unterrichten. Eine Einführung in die Didaktik und Methodik. 10. erneut aktualisierte und erweiterte Auflage, Seelze-Velber 2012.

Sauer, Michael, „Sinnbildung über Zeiterfahrung". In: Public History Weekly 2, 2014, 4, (DOI: dx.doi.org/10.1515/phw-2014-1203).

Saupe, Achim / Wiedemann, Felix, Narration und Narratologie. Erzähltheorien in der Geschichtswissenschaft, Version: 1.0, in: Docupedia-Zeitgeschichte, 28.01.2015, (DOI: http://dx.doi.org/10.14765/zzf.dok.2.580.v1).

Schinkel, Etienne, Holocaust und Vernichtungskrieg. Die Darstellung der deutschen Gesellschaft und Wehrmacht in Geschichtsschulbüchern für die Sekundarstufe I und II (Beihefte zur Zeitschrift für Geschichtsdidaktik, Bd. 16), Göttingen 2018.

Schneider, Gerhard, Wie die Zeitschrift Geschichtsdidaktik entstand – Erinnerungen eines Beteiligten, in: Ursula A. J. Becher / Klaus Bergmann (Hg.), Geschichte – Nutzen oder Nachteil für das Leben? Düsseldorf 1986, S. 157–165.

Schönemann, Bernd, Geschichtsdidaktik, Geschichtskultur, Geschichtswissenschaft, in: Hilke Günther-Arndt / Meik Zülsdorf-Kersting (Hg.), Geschichts-Didaktik. Praxishandbuch für die Sekundarstufe I und II, 6. überarb. Neuaufl., Berlin 2014.

Schreiber, Waltraud, Schulreform in Hessen zwischen 1967 und 1982. Die curriculare Reform der Sekundarstufe I. Schwerpunkt: Geschichte in der Gesellschaftslehre (Bayerische Studien zur Geschichtsdidaktik, Bd. 10), Neuried 2005.

Schreiber, Waltraud / Ziegler, Béatrice / Kühberger, Christoph (Hg.), Geschichtsdidaktischer Zwischenhalt. Beiträge aus der Tagung „Kompetent machen für ein Leben in, mit und durch Geschichte" in Eichstätt vom November 2017, Münster 2019.

Schwalm, Eberhardt (Hg.), Texte zur Didaktik der Geschichte, Braunschweig 1979.

Süssmuth, Hans (Hg.), Geschichtsdidaktische Positionen. Bestandsaufnahme und Neuorientierung, Paderborn 1980.

Thünemann, Holger, Historische Werturteile. Positionen, Befunde, Perspektiven, in: Geschichte in Wissenschaft und Unterricht 71, 2020, Heft 1/2, S. 5–18.

Thünemann, Holger / Zülsdorf-Kersting, Meik, Methoden geschichtsdidaktischer Unterrichtsforschung (Geschichtsunterricht erforschen, Bd. 5), Schwalbach/Ts. 2016.

Trautwein, Ulrich / Bertram, Christiane / von Borries, Bodo u. a., Kompetenzen historischen Denkens erfassen. Konzeption, Operationalisierung und Befunde des Projekts „Historical Thinking – Competencies in History" (HiTCH), Münster 2017.

Uffelmann, Uwe, Problemorientierter Geschichtsunterricht. Grundlegung und Konkretionen, Villingen-Schwenningen 1990.

Verband der Geschichtslehrer Deutschlands (VGD) (Hg.), Bildungsstandards Geschichte. Rahmenmodell Gymnasium 5.–10. Jahrgang, Schwalbach/Ts. 2006.

Volkmer-Tolksberg, Friederike, Zur Verbandsgeschichte der KGD 1970–1995, in: Michael Sauer u. a. (Hg.), Geschichtslernen in biographischer Perspektive. Nachhaltigkeit – Entwicklung – Generationendifferenz (Beihefte zur Zeitschrift für Geschichtsdidaktik, Bd. 9), S. 333–348.

Wehen, Britta, Macht das (historischen) Sinn? Narrative Strukturen von Schülern vor und nach der De-Konstruktion eines geschichtlichen Spielfilms, Berlin 2018.

Weymar, Ernst, Werturteile im Geschichtsunterricht, in: Geschichte in Wissenschaft und Unterricht 21, 1970, Heft 3, S. 198–215.

Yildirim, Lale, Der Diasporakomplex. Geschichtsbewusstsein und Identität bei Jugendlichen mit türkeibezogenem Migrationshintergrund der dritten Generation (Histoire, Bd. 141), Bielefeld 2018.

Personenregister

A

Alavi, Bettina 215
Ankersmit, Frank 148 f.
Assmann, Jan 76
Augustus 173

B

Bach, Wolfgang 79
Barricelli, Michele 24, 170, 185
Barthes, Roland 154
Baumgartner, Hans-Michael 152, 210
Baumgärtner, Ulrich 10, 13, 27
Beck, Ulrich 77
Berger, Peter L. 76 f., 91
Bergmann, Klaus 13, 16–19, 34, 192
Bernhardt, Markus 25
Bertha von Savoyen 173
Bismarck, Otto von 153, 173
Boldt, Werner 16
Borries, Bodo von 32 f., 85, 91, 153, 185
Bourdieu, Pierre 77, 100
Bruner, Jerome 154
Burckhardt, Jacob 94 f., 141

C

Caesar, Gaius Julius 128, 157, 174
Chakrabarty, Dipesh 163
Cicero, Marcus Tullius 94 f.
Cincinnatus, Lucius Quinctius 157
Croce, Benedetto 154
Curthoys, Ann 175

D

Dahn, Felix 99
Danto, Arthur C. 21, 151, 223
Diner, Dan 129
Dörr, Margarete 108
Droysen, Johann Gustav 8, 22, 109, 115–117, 124, 139, 153 f., 162
Dunant, Henri 174

E

Eco, Umberto 154

F

Faber, Karl-Georg 79
Flaubert, Gustave 163
François, Étienne 82
Freytag, Gustav 99, 153
Friedrich I., Barbarossa 63
Friedrich II., der Große 63
Friedrich II. von Hohenstaufen 173

G

Galileo Galilei 113
Gautschi, Peter 13, 26, 29 f.
Gehlen, Arnold 93
Genette, Gérard 154
Gergen, Kenneth 154
Glaubitz, Gerald 89
Goetz, Hans-Werner 83
Goldmann, Lucien 121
Gollwitzer, Heinz 81
Gregor VII. 157, 173
Günther-Arndt, Hilke 19

H

Habermas, Jürgen 18, 109, 110, 112
Halbwachs, Maurice 76 f., 169
Haller, Rudolf 162
Hartung, Olaf 170
Hasberg, Wolfgang 19, 31, 202
Hegel, Georg Wilhelm Friedrich 153 f.
Heil, Werner 30
Heinrich I. 157
Heinrich IV. 157, 173
Henke-Bockschatz, Gerhard 89
Heuss, Alfred 47, 54
Hey, Bernd 85
Hitler, Adolf 63, 150, 153, 237, 239, 243 f., 247 f., 250–252
Hug, Wolfgang 85
Huhn, Jochen 79
Huizinga, Johann 14, 77 f.
Humboldt, Wilhelm von 97

J

Jeismann, Karl-Ernst 10–13, 16 f., 19, 29, 34, 55, 83, 86, 90 f., 227, 239
Jeismann, Michael 80
Jenkins, Keith 165

K

Kampen, Wilhelm van 83
Kant, Immanuel 113, 153, 154
Kirchhoff, Hans-Georg 83
Klafki, Wolfgang 135
Kleopatra 128
Klippert, Heinz 186
Koenen, Gerd 165
Körber, Andreas 202
Körner, Hans-Michael 86
Kohlberg, Lawrence 69
Kolumbus, Christoph 173 f.
Koselleck, Reinhart 45, 80, 94
Kraushaar, Wolfgang 165
Kühberger, Christoph 215
Kuhn, Annette 10, 12, 16 f., 19, 34, 52, 85

L

Lottes, Günther 82
Luckmann, Thomas 76 f., 91

Lucas, Friedrich J. 107
Lücke, Martin 13
Luther, Martin 153, 168, 172

M

Mann, Golo 152
Mann, Heinrich 99
Martin von Tours 157
Mayer, Ulrich 26, 193
McGrath, Ann 175
Meinecke, Friedrich 81
Memminger, Josef 170
Mütter, Bernd 89

N

Napoleon 157
Newton, Isaac 113
Niebuhr, Barthold Georg 97
Nietzsche, Friedrich 14, 75 f., 103, 139
Nipperdey, Thomas 80
Nora, Pierre 82

O

Oehlers, Katharin 79
Oexle, Otto Gerhard 82
Olympe de Gouges 174

P

Pandel, Hans-Jürgen 12 f., 15, 17, 21, 34, 91, 102, 133, 156, 159, 170, 197, 215, 221
Pankhurst, Emely 173
Pellens, Karl 81, 87
Piaget, Jean 65

Q

Quandt, Siegfried 85, 87
Quintilian 153

R

Ranke, Leopold von 12, 38, 44, 97, 153
Ricoeur, Paul 154
Riefenstahl, Leni 249
Riesenberger, Dieter 85
Rohlfes, Joachim 10, 16
Rüsen, Jörn 14–16, 21–23, 27 f., 34, 78, 87–92, 148, 152, 158 f., 161, 192, 221, 223, 227, 239

S

Said, Edward W. 163
Sandkühler, Thomas 7, 10
Sauer, Michael 13, 26 f., 215
Saupe, Achim 22
Schabowski, Günter 156
Schallenberger, Horst 86
Scheidemann, Philipp 157
Schinkel, Karl Friedrich 97
Schneider, Gerhard 16 f., 80, 85
Schönemann, Bernd 10, 14 f., 215
Schörken, Rolf 84, 170
Schreiber, Waltraud 28, 78, 88, 236
Schröckh, Johann Matthias 94
Schulz-Hageleit, Peter 19
Schulze, Gerhard 77, 96
Schulze, Hagen 82
Seidensticker, Mike 89
Seixas, Peter 159
Sokrates 174
Speitkamp, Winfried 80
Spiegel Gabrielle 156
Steinbach, Lothar 16
Straub, Jürgen 154
Süssmuth, Hans 87
Sybel, Heinrich von 99

T

Tacke, Charlotte 80
Tauch, Max 85
Thukydides 153, 165
Thurn, Susanne 13
Topolski, Jerzy (Jeretz) 161
Treitschke, Heinrich von 99

U

Uffelmann, Uwe 19

V

Vesper, Will 248
Vierhaus, Rudolf 81
Völkel, Bärbel 19, 21

W

Wehler, Hans-Ulrich 152
Welzer, Harald 169
Weymar, Ernst 29, 86
White, Hayden 22, 139, 148, 154, 160 f., 173
Wiedemann, Felix 22
Wilhelm I. 173
Wilhelm II. 108 f.
Wilmanns, Ernst 220